Karl Rahner · Im Gespräch Band 1: 1964–1977

Karl Rahner

Im Gespräch

Band 1: 1964–1977

Herausgegeben von Paul Imhof
und Hubert Biallowons

Kösel-Verlag München

Mit 14 Fotos

CIP-Kurztitelaufnahme der Deutschen Bibliothek

Rahner, Karl:
Im Gespräch / Karl Rahner. Hrsg. von Paul Imhof
u. Hubert Biallowons. – München: Kösel
Bd. 1. 1964–1977. – 1982.
    ISBN 3-466-20234-5

ISBN 3-466-20234-5
© 1982 by Kösel-Verlag GmbH & Co., München
Printed in Germany. Alle Rechte vorbehalten
Gesamtherstellung: Kösel, Kempten
Umschlag: Günther Oberhauser, München

Inhalt

9

Vorwort

Wer Karl Rahner kennt, weiß, daß er im Gespräch aufblüht. Es ist der Ort, an dem der »dozierende Professor« in den Hintergrund tritt, während die »Sache«, um die es ihm geht, in verstehbarer und menschlicher Weise zum Vorschein kommt. Im spontanen Gespräch werden sogar die schwierigsten theologischen Fragen interessant, gewinnen Konturen und Farbe. Immer geht es dabei um den konkreten Menschen, um den nach Gott Suchenden, mag für diesen auch im Augenblick die *ausdrückliche* Frage nach Gott keine Rolle spielen. »Am Anfang des Denkens Rahners steht nicht der theologische Lehrsatz, sondern der heutige Mensch in seinem Selbstverständnis. Allerdings hört man nicht selten die Klage, Rahner sei schwer verständlich und in seiner Terminologie und in seinem Denkstil eine Zumutung, die den Durchschnittschristen überfordert.«[1] Jemand sprach von einem »theologischen Atomphysiker«[2].

Die vorliegenden Gespräche helfen hier weiter. Denn sie bieten einen neuen und relativ einfachen Zugang zur Anthropologie und Theologie Karl Rahners, ja zur theologischen Fragestellung überhaupt. Sie sind gleichsam eine *Einführung* in die praktische und in die spekulative Theologie. Der Leser findet Orientierungspunkte, die ihm in einer Zeit der weltanschaulichen Verwirrung von existentiellem Nutzen sein können.

[1] *K.-H. Weger*, Karl Rahner. Eine Einführung in sein theologisches Denken, Freiburg i. Br. 1978, 4. Darstellungen des Lebens und Denkens Karl Rahners: *H. Vorgrimler*, Karl Rahner. Leben – Denken – Werke, München 1963, und *K. Lehmann*, Karl Rahner, in: Bilanz der Theologie im 20. Jahrhundert. Bahnbrechende Theologen, hrsg. von *H. Vorgrimler* und *R. Vander Gucht*, Freiburg i. Br. 1970.
[2] Vgl. dazu eine anonyme Zeichnung im 2. Band.

Karl Rahner, der Christ, der Theologe, der Religionsphilosoph »im Gespräch«: Natürlich sind die hier vorgelegten Interviews nicht alle mit einem platonischen Dialog, jener Vermittlungsform klassischer griechischer Philosophie vergleichbar. Zuweilen jedoch mag mancher Leser gewisse Ähnlichkeiten verspüren, so daß ihm diese Assoziation ganz unwillkürlich kommt. Nicht zufällig äußert sich Karl Rahner als Theologe *im Gespräch*. Der Dialog nämlich ist und bleibt die Grundform, in der theologische Überzeugungen und Inhalte vermittelt werden, gehört doch das gesprochene Wort konstitutiv zum Evangelium Jesu selbst.

Im Gefüge von Frage und Antwort vermittelt *Er* seine Botschaft; sie ist eine Grundweise *seiner* eigenen Selbstmitteilung. Und in *Ihm* teilt *Gott sich* mit. »Durch Jesus Christus, den Gekreuzigten und Auferstandenen, ist die siegreiche, von Gott selbst her sich durchsetzende Selbstmitteilung Gottes als siegreiche, als eschatologische, als definitive endgültig in Erscheinung getreten.«[3] Jesus Christus ist das *Wort* Gottes, der *Logos,* der erschienen ist. Dieses Wort wirkt weiter. Im Laufe der Geschichte sind in Prozessen des Dialogs und der Diskussion die Formulierungen der einzelnen Dogmen, die den Inhalt des Glaubens zum Austrag bringen, entstanden. Im Gespräch mit der Heiligen Schrift und der Überlieferung der Kirche wird auch heutzutage das lebendige Wort Gottes tradiert, das immer wieder an Jesus Christus zurückzubinden ist. Daraus entspringt die lebendige Überlieferung und eine pastoral relevante Theologie. Gewiß besteht eine bleibende Differenz, eine geradezu unüberbrückbare Kluft zwischen gesprochener und geschriebener Theologie, doch das geschriebene Wort gewinnt um so mehr an Bedeutung, als es ihm gelingt, sich nahe an das *gesprochene Wort* zu halten. Diese Bedingung einer lebendigen Theologie aber erfüllen in ganz besonderer Weise die hier vorliegenden Niederschriften der Gespräche Karl Rahners.

Im Dialog also werden die praktischen Ratschläge und das

---

[3] *K. Rahner,* In Sorge um die Kirche (=Schriften zur Theologie) Bd. XIV, bearb. von *P. Imhof,* Zürich/Einsiedeln/Köln 1980, 80.

theologische Denken Karl Rahners zugänglich und leichter verständlich als in seinen großen systematischen Werken. Im lebendigen Hin und Her des Gesprächs vollzieht Rahner mit besonderer Meisterschaft jene kategoriale Vermittlung seines transzendental-philosophischen und metaphysischen Gedankengutes, ohne die Theologie allzuoft blaß und blutleer wirkt[4]. An konkreten Beispielen werden viele seiner dogmatischen und pastoralen Grundsätze einsichtig, und Rahner scheut sich nicht, eigene Meinungen auch pointiert zu formulieren.

Die hier gesammelten Interviews machen deutlich, daß Rahner das Gespräch mit grundsätzlich allen Menschen, Gläubigen wie Nichtgläubigen sucht; die 33 Bilder dieser Bände wollen dies ein wenig demonstrieren. Der Dialog findet statt mit Jugendlichen, mit Fachkollegen, Journalisten, Verlegern oder mit Politikern und kirchlichen Amtsträgern. Anders formuliert: Menschen, ihre Fragestellungen und Probleme boten den aktuellen Anlaß für Rahners Themenauswahl und seine Antwortversuche. Immer wieder sucht er den lebendigen Kontakt mit der Welt und stellt seine Beiträge auf dem Forum der geistigen Auseinandersetzung vor. Diese Interviews sind ein *Schlüssel* zu Rahners Gedankenwelt, ein wesentliches Element seiner *Autobiographie,* in der er selbst Stellung nimmt, seine Weltsicht vermittelt und sich selbst ausspricht. Zugleich ist diese Sammlung von Gesprächen ein authentischer *Kommentar* eines Zeugen unserer Zeit – einer Epoche, auf deren Basis die Zukunft gestaltet werden wird.

Menschen, mit denen Karl Rahner im Gespräch stand, wirkten den »roten Faden«, der seine Interviews (und seine ca. 4000 Publikationen) zusammenhält; so erklärt sich die thematische Vielfalt der vorliegenden Texte. Sie reichen von A bis Z, vom »*A*nonymen Christen« über Befreiungstheologie, Geburtenregelung, Heilige, Jugendfragen, Leben nach dem Tod, Revolution, Unfehlbarkeit des Papstes bis hin zur Zukunft des

---

[4] Vgl. *L B. Puntel,* Zu den Begriffen »transzendental« und »kategorial« bei Karl Rahner, in: Wagnis Theologie (Festschrift zum 75. Geburtstag Karl Rahners), hrsg. von *H. Vorgrimler,* Freiburg/Basel/Wien 1979, 189–198.

Christentums, um nur ein paar Beispiele zu nennen. Schon ein erster Blick auf die in diesem Band behandelten Themen verdeutlicht die Breite des Spektrums. Der aufmerksame Leser wird merken, daß sich im Laufe der Jahre die Einstellung Karl Rahners zu konkreten Einzelfragen geändert hat, obwohl – aber auch gerade deswegen, weil – seine gläubige Grundeinstellung dieselbe geblieben ist.

Eine Konsequenz der immer wieder bekundeten Bereitschaft Karl Rahners zum Gespräch mit seiner Zeit besteht darin, daß sein theologisches Denken stets aufs neue das *Tagesgespräch* bestimmten und bestimmen. Jedoch bringt ihm sein Wille, sich auch banalen, lästigen, ja feindseligen Anfragen auszusetzen und ungeschützt in der Öffentlichkeit von Kirche und Gesellschaft aufzutreten, nicht nur Ehre, sondern auch mancherlei Anfeindung ein. Trotz manchen Ärgers und vieler Enttäuschungen macht ihn seine durchgehaltene Mitmenschlichkeit zu jemandem, mit dem man sinnvollerweise im Gespräch bleiben kann. Rahners menschliche Mitsorge, die über sein amtspriesterliches Wirken hinaus im beratenden und den anderen fördernden Dialog zum Ausdruck kommt, ist ein wesentlicher Aspekt seiner am Menschen und dessen Sorgen orientierten Gesprächsbereitschaft.

Rahner vermittelt nicht bloß sein Gedankengut, sondern er gibt auch anderen Raum, sich im persönlichen Gespräch auszusprechen. Er wirkt als *Seelsorger* im ursprünglichen Sinn des Wortes, u. a. im Beichtgespräch. Hier ereignet sich, was zu jedem, auch Rahners, *priesterlichen* Wirken unverzichtbar gehört: ein Sakrament. Wortverkündigung und Dienst an den Sakramenten bilden zwei Seiten seiner priesterlichen Existenz: In diesem Jahr, am 26. Juli 1982, feiern die Mitbrüder von Karl Rahner im Jesuitenorden zusammen mit ihm – der Höhepunkt ist die gemeinsame Feier der Eucharistie – sein *50jähriges Priesterjubiläum.* Die Eucharistie ist Erinnerung an das Zentrum der christlichen Verkündigung: Jesus Christus, seine Gegenwart, sein Tod und seine Auferstehung werden gefeiert. Im Vertrauen auf seine Gnade war K. Rahner vor 60 Jahren, am 20. April 1922, in den Jesuitenorden eingetreten. Diesen Schritt hat er nie bereut. Im Rückblick schreibt er: »Man muß Jesus lieben in der bedingungslosen Annahme seines Lebensschicksals als der eigenen Norm der Existenz, um die eigene Existenz als im allerletzten eben doch gelöst, heiter, fröhlich erfahren zu können«[5].

Die Herausgeber möchten an dieser Stelle – auch im Namen von Pater Karl Rahner – seinen verschiedenen *Interview-Partnern* danken, die sehr kooperativ ihre Textanteile zur Verfügung stellten. Durch ihre Fragen und ihr Mitdenken hat die »gesprochene Theologie« Rahners viel an Aktualität, Lebendigkeit und vereinfachender Präzision gewonnen. Die meisten Fernseh- und Rundfunk-Interviews wurden über das Karl-Rahner-Archiv in Innsbruck vermittelt[6]. Unser Dank gilt auch den zahlreichen Damen und Herren aus dem Rundfunk- und Fernseh-Bereich, durch deren hilfsbereite Mitarbeit manche Texte erst zugänglich wurden. Es sind zu nennen: Herr Dr. Ernst Emrich und Herr Hans-Jörg Xylander (Bayerischer Rundfunk); Herr Dr. Heinrich Büttgen, Herr Dr. Edgar Lersch und Herr Dr. Ulf Scharlau (Süddeutscher Rundfunk Stuttgart); Frau Dr. Erika Ahlbrecht-Meditz und Herr Frank-Rainer Huck (Saarländischer Rundfunk); Frau Liselotte Braun, Frau Hanneliese Niggemeyer und Herr Helmut Schwarz (Westdeutscher Rundfunk Köln); Herr Dr. Michael Albus und Herr Joachim Krischer (Zweites Deutsches Fernsehen); Herr Christian Modehn (RIAS-Berlin); Herr Dr. Anton Fellner (Österreichischer Rundfunk) und Pater Reinold Iblacker SJ (Institut für Kommunikationsforschung und Medienarbeit an der Hochschule für Philosophie in München). Ebenso gilt unser Dank Frau Annegret Biallowons, Krailling, Frau Elisabeth Meuser

---

[5] *K. Rahner,* Gott und Offenbarung (Schriften zur Theologie, Bd. XIII), bearb. von *P. Imhof,* Zürich/Einsiedeln/Köln 1978, 187. Vgl. auch *ders.:* Was heißt Jesus lieben? Freiburg/Br. 1982.

[6] Dieses Archiv (A-6021 Innsbruck, Sillgasse 6, Postfach 569) ergänzt fortlaufend die »Primär- und Sekundär-Bibliographie Karl Rahners (1924 ff.)«; vgl. Bibliographie Karl Rahner 1924–1979, hrsg. von *R. Bleistein, P. Imhof, E. Klinger, A. Raffelt* und *H. Treziak,* Freiburg i. Br. 1979.

und Frau Michaela Reuther, München, die bei der Drucklegung halfen.

Besonders danken wir Herrn Dr. Christoph Wild für seine Initiative; er erschloß mit dieser Werkausgabe nicht nur verlegerisches Neuland, sondern komplettierte damit zugleich das Werk Karl Rahners. Herrn Dr. Bogdan Snela, der die Anregung zu diesem Buch gab, danken wir für seine Tätigkeit als Lektor. Er half entscheidend bei der Redaktionsarbeit.

Die meisten Gespräche des 1. Bandes (1964–1977) fanden statt zwischen dem Ende des *Zweiten Vatikanischen Konzils* (8. 12. 1965), das in vielfacher Hinsicht zugleich einen Neuanfang darstellte, und jener Zeit, während der die *Gemeinsame Synode der Bistümer in der Bundesrepublik Deutschland* tagte – eine Synode, die ihrerseits ebenso zur Erneuerung beitragen wollte. Deren letzte Vollversammlung fand am 22. 11. 1975 in Würzburg statt. Der 2. Band (1978–1982) enthält weitere Gespräche mit Karl Rahner. Mit diesen beiden Bänden sollte eine umfangreiche, relativ vollständige *Quelle* von noch nicht in Buchform publizierten Gesprächen vorgelegt werden – auch wenn es natürlich, prinzipiell gesehen, unzählig viele Gespräche gibt, die nirgendwo aufgezeichnet sind, sondern als gesprochenes Wort weiterwirken[7]. Band I und Band II werden durch ein *gemeinsames Register* erschlossen, das analog zu den Registern in Band XIII und Band XIV der »Schriften zur Theologie« aufgebaut wird.

Die Texte der Interviews sollten ihren Gesprächscharakter möglichst behalten. Doch zuweilen mußte das gesprochene Wort redaktionell überarbeitet werden. Die Zwischentitel sind meist Zitate oder Pointen aus dem Text, manchmal auch eine inhaltliche Zusammenfassung. Diese und weitere redaktionelle Eingriffe sind von Karl Rahner autorisiert.

München, 20. April 1982   *Paul Imhof SJ/Hubert Biallowons*

---

[7] Ein eventueller Ergänzungsband zu dieser Anthologie würde die folgenden Jahre (1983 ff.) dokumentieren – darüber hinaus Nachträge und Interviews, die bereits in Buchform erschienen sind, enthalten.

I Das Konzil – ein neuer Beginn

1 Einige praktische Vorschläge zur Einheit des Christentums

Gespräch mit *John A. O'Brien*, Chicago (1964)

Ökumene für »Normalchristen«?

Pater Rahner, bekanntlich sind viele Ihrer Bücher tiefe und nicht gerade einfache Studien, bestimmt für Fachtheologen. Trotzdem würde es uns interessieren, ob Sie nicht ein paar Vorschläge machen könnten, die auch dem »Normalchristen« helfen würden, die christliche Einheit – wenn auch in ganz bescheidener Weise – voranzutreiben. Glauben Sie, daß die erwähnten Normalchristen mithelfen können, indem sie sich etwa über die zentralen, in Frage kommenden Streitpunkte informieren oder indem sie eine größere Freundlichkeit gegenüber Christen anderer Konfessionen an den Tag legen und – dies ganz besonders – indem sie für die christliche Einheit beten?

Die Wiedervereinigung getrennter Christen sollte auch für den schlichten Normalchristen von Wichtigkeit sein. Er sollte an ihr dann ein ganz besonderes Interesse haben, wenn er tatsächlich mit nicht-katholischen Christen zusammenlebt. Ökumenisches Interesse ist ein Gebot der Liebe für ihn und zugleich die Wahrnehmung jener Verantwortung, die er in Taufe und Firmung auf sich genommen hat. Durch diese Sakramente ist er ein Apostel geworden, ein Zeuge für Christus und die Kirche.

Deshalb sollte ein Katholik zum Mittel der Information über die nicht-katholischen Christen greifen, Mittel, die ihm ja in seinem täglichen Leben von der Hierarchie angeboten werden. Dort, wo ein einzelner Bischof lediglich halbherzig oder indifferent der Frage der Ökumene gegenübersteht, dort muß der Katholik in brüderlicher Offenheit fordern, daß diese bischöfliche Pflicht und Aufgabe besser erfüllt werde. Doch das Wichtigste ist das Gebet, ob privat oder in der Gemeinde.

Entsprechend einer Empfehlung von Oscar Cullmann können Katholiken und Protestanten den Geist der Ökumene dadurch pflegen, daß die Katholiken veranlaßt werden, in ihren Gemeinden für die Armen in einer protestantischen Nachbargemeinde zu sammeln. Das Gleiche sollen die Mitglieder einer protestantischen Gemeinde tun, um den Armen einer katholischen Nachbargemeinde zu helfen. Dr. Cullmann berichtet, daß in dieser Weise bereits in einer Reihe von Gemeinden verfahren worden ist, und zwar mit guten Resultaten. Was sagen Sie zu diesem Vorschlag?

Christen sollten immer und überall einander in wahrer brüderlicher Liebe unterstützen. Ein Katholik kann in materieller Hinsicht einem anderen Christen selbst dann helfen, wenn dieser Christ aus Treue zur Stimme seines Gewissens kein Katholik ist. Nur eine Bedingung muß erfüllt sein: Solche Hilfeleistung darf nicht den Anschein erwecken, daß der auf diese Weise helfende Katholik nun auch die nicht-katholische christliche Konfession als in jeder Hinsicht gleich mit der ganzen katholischen Christenheit erachtet. Zur Zeit besteht in dieser Hinsicht keine Gefahr. In der Praxis dürfte es im allgemeinen vernünftig und realistisch sein, katholische und protestantische Gemeinden ihre finanziellen Probleme selbst lösen zu lassen. Trotzdem kann hier und da eine konkrete Hilfe sicherlich jenen ökumenischen Geist, der für alle Christen eine Pflicht ist, in die Tat umsetzen. Dies kann besonders akut werden, wenn in einer Gemeinde eine unvorhergesehene Notlage eintritt oder wenn eine Gemeinde in einer wesentlich stärkeren finanziellen und sozialen Position ist als eine andere.

Dr. Robert McAfee Brown glaubt, ein gemeinsames Eingeständnis unserer Schuld an den Ereignissen, die uns in der Vergangenheit getrennt haben, wäre ein Schritt hin zur christlichen Einheit. Würden Sie dem zustimmen?
Papst Paul VI. hat im Namen der katholischen Kirche mit Blick auf die Ursachen der christlichen Spaltung ein Eingeständnis unserer Schuld abgegeben. Ich denke, auch die protestantischen Vereinigungen sind zu einem solchen Eingeständnis bereit, obwohl sie ein solches bisher noch nicht formuliert haben. Trotzdem, solch ein einzelnes Eingeständnis erscheint sehr leicht wie ein oberflächliches Ritual; aus diesem Grunde ist für unsere tägliche Glaubenspraxis und für den ökumenischen Dialog die fortwährende, die lebendige Überzeugung, daß wir *alle* schuldig sind, weitaus wichtiger. Beiderseits impliziert dies unsere protestantischen und katholischen Vorfahren, ob Laien oder Klerus, einschließlich des Papstes, wie aber auch uns selbst, die wir als Christen der Gegenwart kein genügend klares Zeugnis für das Christentum abgelegt haben und gegenüber Christen anderer Konfessionen nicht genügend jenen Respekt und jene Liebe bezeugt haben, die wir ihnen schuldig sind.

Voneinander lernen, was die eine und wahre Kirche Christi ist

Hans Küng verwies darauf, daß eine größere Freiheit der katholischen Theologen und Studenten hinsichtlich der Bekundung ihrer Ansichten – vorausgesetzt, sie bewegen sich innerhalb des allgemeinen Rahmens des katholischen Glaubens – und weniger Zensur seitens der kirchlichen Autoritäten für die christliche Einheit hilfreich wären. Stimmen Sie ihm zu?
In den meisten Fällen handelt es sich um die jeweiligen Bischöfe und ihre Delegaten, die ganz allein die kirchliche Zensur ausüben. Aus diesem Grunde ist es unmöglich, einen Standpunkt zu vertreten, der für jedes Land in gleicher Weise gilt. Man kann nicht sagen, die kirchliche Zensur sei in Fragen

der Ökumene zu streng gegenüber den katholischen Theologen, oder auch, sie sei es nicht. Aufs Ganze gesehen gibt es seit dem Konzil genügend Freiheit für die katholischen Theologen, ihre Meinungen auszudrücken. Sind die Bischöfe mutig, zeigen sie sich couragiert, dann werden die Theologen im allgemeinen keine tatsächlichen Schwierigkeiten mit dem Heiligen Offizium haben.

Dr. Douglas Horton meint, einer der Wege zur Förderung ökumenischen Geistes bestünde in der gemeinschaftlichen Beschäftigung mit Forschungsgegenständen, an denen beide interessiert wären und über die mehr zu erfahren der Wunsch beider wäre, so etwa das Studium der Heiligen Schrift selbst. Anstatt gegeneinander auf Konfrontationskurs zu gehen, wendet man sich einer gemeinsamen Sache zu, und dies erzeugt ein Gefühl des »Wir«, der Einheit.

Natürlich müssen Theologen der unterschiedlichen Konfessionen gemeinsame Studien zu Fragen biblischer Theologie, der Dogmatik, der Geschichte der Zivilisation, des verfassungsmäßigen Rechts, der Liturgie und anderer Dinge mehr betreiben. Nur Berufstheologen und Kirchenoffizielle sollten im allgemeinen solch präzise wissenschaftliche Arbeit durchführen, da ja die Diskussion über diese Dinge für Leute, die in der Theologie ungeübt sind, wenig fruchtbar ist. Nichtsdestoweniger sollten sich theologische Diskussionen nicht allein auf die »Kontroverstheologie« beschränken. Der Ausdruck »Kontroverstheologie« meint jene Diskussionen, die die Christenheit zur Zeit der Reformation gespalten haben. Theologische Dispute sollten um die Frage kreisen, die von primärer Bedeutung für alle heutigen gläubigen Christen ist: Wie kann der moderne Mensch den Nicht-Christen in seinem Land ein authentisches Christentum verkünden und vorleben, so daß es diesen nicht wie ein bloß formales geistliches Museumsstück vorkommt? Darin besteht die dringende Aufgabe aller Konfessionen. Eine gemeinsame Bemühung um dieses Problem wird der christlichen Einheit mehr erbringen als eine Beschränkung auf die alten Fragen der Kontroverstheologie. Selbstverständlich müssen die Theologen die Theologie der anderen christlichen Konfessionen ihren Grundsätzen nach studieren – nicht, um sie zu widerlegen, sondern um für ihre eigene Theologie etwas zu lernen. Ein solches Voneinander-Lernen ist in einem viel größeren Maße möglich als dies die meisten Theologen glauben. Um ein Beispiel zu nennen: Ich würde sagen, es gibt kein katholisches Handbuch der Dogmatik, das nicht viele Dinge, die für die Katholiken wertvoll sind, von der protestantischen biblischen Theologie übernommen hätte.

Viele Vertreter der protestantischen Spitze neigen zu der Ansicht, ein Schritt in Richtung Einheit bestünde in einer Erklärung des II. Vatikanischen Konzils folgenden Inhalts: Alle diejenigen, die in Christus getauft sind und die ihn anerkennen als Herrn und Meister, sind tatsächlich Mitglieder des geheimnisvollen Leibes Christi und nicht bloß mit ihm auf irgendeine äußere Weise verbunden.

Wahrscheinlich wird das II. Vatikanum erklären, daß alle diejenigen, die eine echte christliche Taufe erhalten haben, zu der einen wahren Kirche Christi gehören, und zwar in einem ganz realistischen Sinne selbst dann, wenn sie zu dieser Kirche nicht in der römisch-katholischen Weise gehören. Es gibt viel mehr Dinge, die uns mit diesen Christen vereinen, als es trennende Aspekte gibt. Die Taufe, die Heilige Schrift, die Gnade und der Heilige Geist sind verhältnismäßig wichtiger als die äußere Regierungsform, durch die wir z. B. getrennt sind – wenn auch diese katholische Regierungsform selbst wieder ein Element seiner, d. h. der von Christus gewollten Kirche ist. Deshalb können wir jederzeit zu unseren protestantischen Brüdern sagen, daß wir mit ihnen in der sichtbaren Einheit der katholischen Kirche vereint sein wollen, da wir ja wissen bzw. hoffen, eins zu sein im Bekenntnis zu Jesus Christus, unserem Herrn und Heiland, und in der Taufe und der Gnade des Heiligen Geistes. Behalten wir diese Einstellung bei, so ist gewiß die Einheit noch nicht vollendet, aber wir schaffen allmählich ein Klima, in dem ein ökumenischer Dialog fruchtbringender fortgeführt werden kann. Die Fragen, wo die wahre

Kirche Christi errichtet werden soll und welches die Bedingungen für eine Vollmitgliedschaft in ihr seien, bleiben trennende Streitfragen unter den Christen. Trotzdem gilt: Menschen, die noch nicht einig sind, aber dies sein wollen, werden sich leichter vereinen können, wenn sie in der Einheit, die sie bereits besitzen, jene Grundlage und Verpflichtung für die Einheit erkennen, über die sie noch nicht verfügen.

Der Kanoniker Bernard Pawley und Max Thurian meinen zusammen mit vielen anderen protestantischen Konzilsbeobachtern, die Bekräftigung des Prinzips der Kollegialität der Bischöfe seitens des Konzils sei ein realer Schritt auf die christliche Einheit hin. Stimmen Sie dem zu?

Das II. Vatikanum mag erklären, daß alle Macht und Lehrautorität in der Kirche im höchsten Maße beim Episkopat mit dem Papst als seinem persönlichen Oberhaupt verbleibt und daß der Papst – unbeschadet der Stellung, die ihm das I. Vatikanum zuerkannt hat – nicht einfachhin ein absoluter Herrscher ist, für den alle anderen Institutionen bloß passive Roboter sind. Wir hoffen, die Protestanten und ihre Theologen mögen ebenfalls deutlicher erkennen, daß die katholische Kirche durchaus ein synodales Element hat, das nach göttlichem Recht und dem Willen Christi zum Wesen der Kirche gehört. In diesem Fall nämlich können die Protestanten versichert sein, daß sie im Falle ihrer Katholisch-Werdung nicht völlig auf das wesentliche Element der Brüderschaft und der Synode, so wie sie dies von ihrer Gemeinschaft und ihrem Glauben her kennen, verzichten würden, sondern sie hätten die Sicherheit, dieses Element zusammen mit einem persönlichen Element (der Autorität der einzelnen Bischöfe und des Papstes) wiederzuerhalten, insoweit sie ihr eigenes Erbe in die Einheit der einen Kirche einbringen.

Trennungslinien überwinden

Karl Barth erklärt, daß protestantischerseits die deutlichste Trennungslinie zwischen der katholischen Kirche und den protestantischen Kirchen zweifelsohne in der »Jungfrauenverehrung« besteht. Er behauptet, die Protestanten seien in dieser Hinsicht äußerst empfindlich, und sie seien zu dem Schluß gekommen, der Jubel über die Jungfrau, also über einen Menschen, sei von Rom zu weit getrieben worden; sie hätten Angst vor dem Gedanken, die katholische Kirche könne eines Tages ihre Konzeption Mariens als Miterlöserin zum Dogma erheben. Wollen Sie bitte dazu Stellung nehmen?

Zur Zeit der Reformation war die Marienlehre keineswegs ein Streitpunkt zwischen Katholiken und Protestanten. Auch der alte Protestantismus anerkannte und ehrte die Mutterschaft der Jungfrau Maria, wenn er auch nichtsdestotrotz der Auffassung war, er müsse echte oder bloß angenommene Abirrungen in der Marienverehrung bekämpfen. Mit den Dogmen von der »Unbefleckten Empfängnis« (1854) und von der leiblichen Aufnahme der Jungfrau Maria in den Himmel (1950) nahm die Schwierigkeit eben hinsichtlich der kirchlichen Marienlehre und Marienpraxis an Bedeutung für das ökumenische Gespräch zu, denn praktisch werden alle Protestanten die genannten Lehren – zumindest als verbindliche Glaubensdogmen – ablehnen. Nichtsdestoweniger müssen wir Katholiken in der Lehre und in der Tat sehr deutlich herausstellen, daß wir all unsere Äußerungen über Maria als Beschreibungen des Gnadensieges unseres einen Mittlers Jesus Christus und der vollkommenen Erlösung verstehen, einer Erlösung, die Gott für die Kirche in einer sichtbaren Weise eben in dieser Person Mariens bewirkt hat. Wir Katholiken können die Hoffnung nicht aufgeben, daß die Marienlehre und die Liebe zu ihr eines Tages Gemeingut für all diejenigen werden, die den wahren Gottessohn anerkennen, damit aber seine reale historische Existenz und den vollen Sieg seiner Gnade. Wir müssen klar und deutlich herausstellen: Dank Christi und seiner Gnade ist ein jedes Glied des geheimnisvollen Leibes Christi ein Heilsgebärer für jedes andere Glied. Marias Bedeutung für uns in dem geheimnisvollen Leib liegt allein in ihrer Rolle, die ihr durch Christi Gnade verliehen wurde. Wir schreiben Maria jene

Stellung in der Heilsgeschichte zu, die die Schrift ihr deutlich zuschreibt: eine Glaubende und eine Jungfrau, die aufgrund ihres freien »Ja« das Wort Gottes für uns empfing und die durch alle Generationen hindurch gepriesen werden sollte. Protestanten müssen verstehen, was katholische Theologen meinen, wenn sie von Marias »Mittlerschaft« und ihrer »Miterlösung« reden. Vielleicht könnten wir diese Begriffe vermeiden, ohne die gemeinte Wirklichkeit zu leugnen oder zu überschatten. Ein Protestant hat Angst vor diesen Begriffen, weil sie für ihn eine Leugnung jener Erlösung und Mittlerschaft implizieren, die Christus allein gebührt.

Karl Barth glaubt, es gäbe im katholischen Gottesdienst zuviel Pomp. »Man stelle sich bloß vor«, so sagt er, »der heilige Paulus käme zurück, mitten unter uns, und er nähme an einem Pontifikalamt in St. Peter teil. Was würde er damit anfangen? Was mich anbetrifft, so ziehe ich eine schlichte und auf das Wesentliche beschränkte Form des Gottesdienstes vor. Eine katholische Messe erinnert mich an ein Bühnenstück in einer fremden Sprache.«

Die Liturgie der Kirche sollte dergestalt sein, daß der einfache Katholik ohne Schwierigkeit an ihr in einer zutiefst persönlichen und echten Art und Weise teilnehmen kann. Wenn die katholische Liturgie mit all ihren Feierlichkeiten diesen Zweck erfüllt – mit anderen Worten: Wenn sie nicht ein Geheimkult ist, lediglich verständlich für eingeweihte Kleriker, sondern wenn die Liturgie der Verehrung Gottes in der Kirche dient, und zwar besonders durch eine für alle verständliche Feier des Letzten Abendmahls des Herrn –, dann wird sie einer künftigen Union mit den Protestanten nicht im Wege stehn. Das II. Vatikanum stellt einen großen Schritt auf dem Weg zu diesem Ziel dar. Die Bischöfe und die Bischofskonferenzen der einzelnen Länder und Kontinente werden gewiß vollen Gebrauch von den Möglichkeiten zur Liturgiereform machen, die ihnen durch die Liturgieanweisungen seitens des Konzils gegeben worden sind. In der täglichen Meßfeier sollte größtenteils deutlich die Muttersprache verwandt werden. Dies schließt die Feier rein lateinischer Liturgien zu sehr festlichen Gelegenheiten nicht aus. Wenn die Muttersprache in dem vollen Umfang eingesetzt wird, den das Kirchenrecht ihr zugesteht, dann wird dies einen gewaltigen Sprung vorwärts auf den Gebieten der Pastoral und der Ökumene bedeuten.

Die meisten Protestanten wie auch die meisten Katholiken scheinen einen echten Schritt zur christlichen Einheit in einer Erklärung des Vatikanischen Konzils zu sehen, nach der ein jeder Mensch das Recht habe, Gott entsprechend dem Spruch seines eigenen, wohlunterrichteten Gewissens zu verehren. Als Sprecher einer Reihe amerikanischer Bischöfe auf dem II. Vatikanum erklärte Kardinal Ritter »die Religionsfreiheit zur Basis und zur Vorbedingung für ökumenische Kontakte mit anderen christlichen Körperschaften«, und er forderte »eine unzweideutige Erklärung der Religionsfreiheit ... Ohne eine solche Erklärung wird ein gegenseitiges Vertrauen unmöglich sein und ein ernsthafter Dialog ausgeschlossen!« Stimmen Sie dem zu?

Man kann nur hoffen, daß das II. Vatikanum erklären wird, daß jede Person das unverletzliche Recht hat, ihrem Gewissen in Freiheit zu folgen, und daß weder Staat noch Gesellschaft noch die Kirche diese Freiheit durch physische oder moralische Gewaltanwendung einschränken dürfen. Dies gilt auch, wenn das Gewissen eines einzelnen ungewollt in einen Irrtum verfällt, vorausgesetzt, er verstößt nicht gegen die unverletzlichen Rechte eines anderen oder der Gesellschaft. Wirkliche Einheit unter den Menschen wird nicht durch Zwang und Gewalt bewirkt, sondern durch persönliche Wahrheit und Liebe. Das Streben nach einer wahren Einheit unter den Menschen setzt deshalb die Achtung vor der religiösen Freiheit des einzelnen Menschen voraus. Eine Erklärung des Konzils zur Religionsfreiheit kann für die Bemühungen um eine christliche Einheit nur von Vorteil sein.

2 Ein Theologe bei der Arbeit

Gespräch mit *Dom Patrick Granfield,* Washington (1965)

Ich habe keine spezielle Methode – Ich setze mich bloß hin und schreibe

Pater Rahner, sie wurden wegen Ihrer zahlreichen schriftlichen Äußerungen zum Thema »Freiheit« häufig »Theologe der Freiheit« genannt. Halten Sie die entsprechenden Studien für Ihren größten Beitrag zur Theologie?
Auf keinen Fall. Es ist wahr, daß ich über die theologische Dimension der Freiheit geschrieben habe, aber ich habe genauso über viele, viele andere Themen geschrieben. Ich muß in aller Bescheidenheit sagen, daß manche meiner anderen Schriftstücke einen größeren Wert für die Theologie darstellen als meine Arbeit über die Freiheit.
Welche Werke halten Sie für Ihre bedeutendsten?
Ich habe über die Trinität geschrieben, über die Christologie und über viele andere Fragen, die intensiv fast jeden Aspekt dogmatischer Theologie behandeln. Insoweit aber habe ich keine komplette dogmatische Abhandlung für den Seminarge-brauch geschrieben, außer vielleicht den Notizen, die ich in meinen Dogmatikseminaren in Innsbruck benutze.
Fast alle Dinge, die ich geschrieben habe, sind kürzere Kommentare oder Essays zu bestimmten Aspekten dogmati-scher Theologie. Jedoch sind diese alle gleichwertig, wenn nicht sogar wertvoller als meine Arbeit, die direkt von der religiösen Freiheit handelt.
Ebenso bin ich Herausgeber des »Lexikons für Theologie und Kirche« zusammen mit Josef Höfer. Die neue Ausgabe dieser Theologischen Enzyklopädie wird aus zehn großen Bänden bestehen, und ich habe viele der Artikel zu dogmatischen Problemen geschrieben[1]. Ebenso habe ich das »Kleine theolo-gische Wörterbuch« geschrieben, in dem ich in gedrängter

---

[1] Lexikon für Theologie und Kirche (zus. mit J. Höfer), 2. Aufl. Freiburg i. Br. 1957 – 1963; 10 Bde. mit Registerband.

Version das ganze Feld dogmatischer Theologie vorstelle[2]. Dann gibt es meine Arbeit »Hörer des Wortes«[3], die den notwendigen spekulativen Hintergrund für die Fundamentaltheologie präsentiert. Dort erörtere ich die transzendentale Struktur des Menschen selbst, insofern seine innerlich geistige Natur offen für die göttliche Offenbarung ist. Ich habe auch ein Buch »Geist in Welt« zur Erkenntnislehre nach Thomas von Aquin geschrieben[4]. Alle diese Arbeiten sind viel wichtiger als meine Arbeiten zur religiösen Freiheit.

Sie haben über dreihundert Artikel und mehrere Bücher geschrieben. Haben Sie ein bestimmtes System oder eine Methode, die Sie befähigt, so viel zu produzieren?

Ich habe gar nicht so viel geschrieben, wenn man einmal die Werke des hl. Thomas, die des Suarez und anderer betrachtet. Ich verfüge über keine spezielle Methode. Ich setze mich bloß hin und schreibe. An einigen Tagen schreibe ich gar nichts.

»Geist in Welt« war Ihr erstes Buch und vielleicht Ihr umstrittenstes. Könnten Sie uns erzählen, wie Sie dazu kamen, es zu schreiben?

»Geist in Welt« ist eine Studie über die Ontologie der Erkenntnis bei Thomas von Aquin. Ursprünglich war sie konzipiert als eine Doktorarbeit in Freiburg. Jedoch waren zur gleichen Zeit die Nazis an der Macht, und aus Gründen, die darzustellen hier zu kompliziert wäre, war es mir nicht möglich, meine These bei Heidegger einzureichen. Stattdessen arbeitete ich bei dem katholischen Professor Martin Honecker, der Philosophie an der staatlichen Universität zu Freiburg dozierte. Prof. Honecker lehnte die These ab, weil er empfand, ich hätte in fälschlicher Weise die Lehre des hl. Thomas zu sehr der modernen Philosophie (besonders den Ideen Heideggers) und

[2] Kleines theologisches Wörterbuch (zus. mit H. Vorgrimler) (Herderbücherei Bd. 108–109), Freiburg/Br., 1961, [12]1976.

[3] Hörer des Wortes. Zur Grundlegung einer Religionsphilosophie (München 1941); neubearbeitet von J. B. Metz, München 1963.

[4] Geist in Welt. Zur Metaphysik der endlichen Erkenntnis bei Thomas von Aquin, München [3]1964.

den Lehren des Deutschen Idealismus angepaßt. Aber ich bin überzeugt, daß meine Interpretation richtig ist. Wenn man den hl. Thomas unter dem geeigneten Blickwinkel analysiert, dann ist es ganz klar, daß er ein *penseur moderne* ist. Es gibt sicherlich eine Konformität, eine Affinität und Entsprechung zwischen der neuzeitlichen Weise des Fragens und Forschens und jenem Fragen, das ›transzendental‹ genannt werden kann. Dies kann im Werk des hl. Thomas gefunden werden. Diese Tatsache zu verstehen ist sehr wichtig für ein genuines, wechselseitiges Verständnis des modernen Begriffes vom Menschen und dem des Thomismus.

»Geist in Welt« war jahrelang Thema vieler Diskussionen. Pater C. Ernst O.P., der Band I Ihrer »Schriften zur Theologie« übersetzte, stellt das Grundprinzip Ihrer Theorie in Frage, nämlich: »Erkennen ist das Beisichsein des Seienden, und dieses Beisichsein ist das Sein jedes Seienden.«[5] Dieses, so findet er, ist unvereinbar mit den Bedingungen der thomistischen These, nach der unser ontologisches Wissen über die Realität abgeleitet ist aus unserer Erfahrung der Welt. Wie würden Sie diesen Einwand beantworten?

Zunächst möchte ich sagen, daß Pater Ernst ein guter Freund von mir ist. Ich bin überzeugt, daß er meine theologischen oder philosophischen Ideale nicht grundsätzlich negiert. Nun zum Einwand selbst. Ich glaube, die in »Geist in Welt« ausgedrückten Ideen sind wirklich thomistisch. Aber gewiß, diese Frage wurde unter den katholischen Theologen offen diskutiert. Die Deutung, die ich gegeben habe, wird aber nicht nur von mir vertreten. Die ganze Schule gegenwärtigen philosophischen Denkens hält diese Interpretation. Zum Beispiel Max Müller, Pater Lotz und der späte Gustav Siewerth und andere Gelehrte haben keine Schwierigkeit bei dieser Ansicht. Natürlich muß sie richtig aufgefaßt werden. Wir sind nicht das »esse«. Wir sind ein Kompositum, eine Mischung aus Akt und Potenz, wenn wir diese klassischen Begriffe verwenden wollen. Beisichsein hat,

---

[5] Geist in Welt, a.a.O. 82.

sogar in uns, ein gewisses Moment von Potentialität. Jedes Seiende, insoweit es »in Akt« ist, ist bei sich. Insoweit ich *bin,* bin ich bei mir. Diese These ist gewiß thomistisch; es handelt sich um eine metaphysische These, die nicht unmittelbar empirisch ist. Wenn Pater Ernst sagt, daß das Wissen in der thomistischen Sicht verstanden werden muß als ein Wissen *a posteriori,* dann würde ich mit dem hl. Thomas sagen: Während ich die individuelle Spezies von den Dingen erhalte, die zu mir auf einem aposteriorischen Weg gelangen, habe ich ebenso ein Licht vom *intellectus agens.* Und wenn wir versuchen, auf metaphysischem Wege die Erscheinungsweise des Lichtes dieses *intellectus agens* zu interpretieren, dann erweist sich diese als nichts anderes als eben eine transzendentale Dynamik, als ein intellektuelles Moment im Seienden selbst.

Die Wiederbelebung der christlichen Gedankenwelt im philosophischen Denken

Es ist hinreichend bekannt, daß Heidegger Sie stark beeinflußt hat. Wie sah die konkrete Form dieses Einflusses aus?
Ich studierte nach meiner Priesterweihe zwei Jahre lang Philosophie unter Martin Heidegger an der Universität zu Freiburg. Ich besuchte seine Vorlesungen und philosophischen Seminare. Gelegentlich sehen wir uns immer noch[6]. Trotzdem muß man zunächst daran erinnern, daß meine eigentliche Studienzeit dreißig Jahre zurückliegt. Man darf vielleicht sagen, daß ich keine spezielle Lehre von Heidegger übernommen habe, sondern vielmehr einen Stil zu denken und zu forschen, einen Stil, der sich als überaus wertvoll erwiesen hat. Dieser Stil kann beschrieben werden als ein Verfahren oder eine Annäherungsmethode, aufgrund deren man dogmatische Wahrheiten nicht untersucht als bloß evidente Gegebenheiten, die aus den positiven Quellen resultieren, sondern man bemüht sich, eine Synthese zu schaffen. Man nimmt die verschiedenen

---

[6] Martin Heidegger ist am 26. Mai 1976 gestorben.

dogmatischen Lehrsätze und führt sie zurück auf gewisse fundamentale Prinzipien. Auf diese Weise wird eine innerlich kohärente Gestalt dogmatischer Wahrheiten begründet. Der moderne Mensch wird somit fähig, die Ordnung und Harmonie in den geheimnisvollen Wahrheiten von Kirche und Christentum zu durchschauen. Der moderne Mensch begnügt sich nicht weiterhin damit, eine Ansammlung von Wahrheiten und verschiedenen Urteilen – bezeugt im Denzinger – zu übernehmen und nicht mehr darüber nachzudenken. Er sucht vielmehr einen Leitgedanken – sei er noch so einfach – um das umfangreiche Material des christlichen Dogmas zu ordnen. Ist dies einmal zustandegebracht, so ist er in der Lage, andere spezifische Wahrheiten als offenbare und notwendige Konsequenzen des prinzipiellen Gedankens zu verstehen.

Welche anderen Philosophen haben Sie beeinflußt?

Ich muß Jean-Pierre Rousselot und Joseph Maréchal von Louvain erwähnen, denn beide haben auf meine Philosophie einen großen Einfluß ausgeübt. Gewiß, obwohl Maréchal mich stark beeinflußt hat, wird man nicht sagen können, daß meine philosophischen Ideen vollständig mit seinen übereinkommen. Es gab viele andere und tiefe Einflüsse, die dazu verhalfen, das von Maréchal Gesagte auszuarbeiten und bisweilen zu transformieren. Aber die anfängliche, wirklich philosophische Einsicht wurde mir von Maréchal gegeben. Sein Buch »Le point de départ de la métaphysique«[7], besonders Cahier V, hat mich sehr beeinflußt, als ich noch jünger war. Man darf Erich Przywara nicht vergessen. Für die Katholiken Deutschlands der zwanziger, dreißiger und vierziger Jahre war er einer der größten Geister. Er hatte auf uns alle, als wir noch jünger waren, einen starken Einfluß.

Wie steht es mit Blondel?

Sein Einfluß war mehr indirekt im Vergleich zu dem der anderen. Jeder Mensch lebt in einer ganz besonderen Atmosphäre, und er wird von vielen Dingen beeinflußt, ohne dies

[7] Bruges/Paris 1922–1926.

wirklich wahrzunehmen. Ich kann nicht sagen, ich sei ein ausgesprochener Leser Blondels gewesen, obwohl ich manche seiner Ansichten akzeptiere. Robert Scherer, einer meiner Freunde, der in Freiburg lebt, übersetzte die Werke Blondels ins Deutsche. Aber objektiv gesehen, könnte ich nicht sagen, daß Blondel auf mich irgendeinen großen, direkten und unmittelbaren Einfluß ausübte, dessen ich mir bewußt wäre.

Die zeitgenössische europäische Theologie ist charakterisiert durch ihre Verquickung mit der modernen Philosophie. Worin liegt der Ursprung für diese neuartige Annäherung?

Die wechselseitige Befruchtung zwischen der modernen Philosophie und dem thomistischen Gedankengut ist solchen Leuten wie Blondel, Maréchal, Sertillanges, Rousselot und Hans Urs von Balthasar zu verdanken. Man könnte ebenso Martin Heidegger, Max Scheler, Gustav Siewerth und Max Müller erwähnen. Diese Männer bilden keine Schule im eigentlichen Sinne des Wortes, da sie sehr unterschiedliche Ansichten vertreten. Dennoch ist ihnen eines gemeinsam: Sie stimmen darin überein, daß wir aufnahmefähig für die moderne Philosophie sein müssen, ohne sie für absurd zu halten oder für etwas, dem man sich entgegenstellen und das man kritisieren müsse. Was nottut, ist ein vertrauensvolles Gespräch zwischen der traditionellen scholastischen Philosophie und der modernen Philosophie. Einerseits ist dies notwendig, wenn wir Menschen unserer Zeit sein sollen, die die gleiche Sprache sprechen müssen, die man sprechen muß, wenn man einander verstehen will. Andererseits ist dies notwendig, wenn wir die wirklichen Reichtümer der Tradition nicht verlieren wollen.

Max Müller, Gustav Siewerth, Johann B. Lotz und ich, wir alle haben über den heiligen Thomas geschrieben. Wir vier sind Schüler Heideggers; nichtsdestoweniger wird aufgrund unserer Schriften deutlich, daß wir eine große Verehrung für den hl. Thomas pflegen. Würde uns irgendjemand vorwerfen, wir seien keine Thomisten, dann würde ich erwidern, daß ich niemanden wüßte, der in der Lage wäre, präzise festzulegen, wer ein Thomist ist und wer nicht. Es wird wohl nicht indiskret sein, wenn ich sage, daß die jungen Dominikanerpriester zu Walberberg meine Schriften sehr hoch einschätzen. In der Tat gibt es einen Dominikanerpriester aus Walberberg, der bei mir in München studiert. Später wird er Professor am Dominikanerkolleg in Walberberg sein. Der sterile und eingeschränkte Typus einer traditionellen thomistischen Philosophie ist praktisch nirgendwo in Deutschland oder Frankreich mehr zu finden.

Glauben Sie, daß dies auch für Amerika gilt?

Das weiß ich nicht. Ich bin nicht qualifiziert, darüber zu urteilen. Dennoch würde ich sagen, daß die Richtung sicherlich entlang der gleichen Linie verläuft.

Durch die Geschichte christlicher Theologie hindurch tauchten verschiedenartige Denkschulen auf. Welchen Wert haben diese für den zeitgenössischen Menschen?

Die suarezianischen, die thomistischen und die scotistischen Schulen sind einige der überlieferten großen Denkrichtungen im Christentum. Sie haben ihre eigenen großen Reichtümer, aber sie haben auch ihre Mängel. Heute leben sie nicht mehr oder sind nicht mehr direkte Lebensspender. Aus diesem Grunde gehören sie der Geschichte an und nicht der Gegenwart. Unsere heutigen Bedürfnisse sind davon verschieden. Es gibt keinen Grund, abgeschlossene Gedankenschulen zu errichten oder geschlossene Systeme, die sorgsam voneinander unterschieden sind. Solche Schulen werden heute nicht gebraucht, noch wird dies in Zukunft der Fall sein. Es wird immer verschiedene Tendenzen geben, Voreingenommenheiten und Stimuli, die sich aus den unterschiedlichen Aspekten der geistigen Welt entwickeln. Daher werden einige vom orthodoxen Existentialismus beeinflußt werden, andere werden in Übereinstimmung mit der thomistischen Methode weiterdenken, und noch andere werden versuchen, ein neues System zu schaffen, wie z. B. Pater Lonergan und Pater de Finance an der Gregoriana in Rom.

Sie haben irgendwo geschrieben, daß die Erneuerung des christlichen Denkens mit den Philosophen begann.

Ja, die Wiederbelebung der christlichen Gedankenwelt begann eher in der Philosophie denn in der Theologie. Vom Zeitalter des Modernismus bis in die Gegenwart gab es einen langsamen, aber stetigen Fortschritt in der Philosophie; aber das Gleiche gilt nicht für die Theologie. Nun gibt es Anzeichen dafür, daß ein Fortschritt in der Fundamentaltheologie wie auch in der Dogmatik gerade einsetzt. Ich rede hier nicht über die Entwicklung in der biblischen und patristischen Theologie, die so große Fortschritte gemacht hat. Ich glaube, daß heutzutage die spekulative Theologie erneuert werden muß und kann. Es ist dies keine Frage reiner Spekulation, sondern es geht um die Antwort, die wir dem modernen Menschen geben sollen. Ein Beispiel: Wir sagen, daß die Begründung unseres Glaubens in dem Satz zusammengefaßt werden kann: *Verbum caro factum est* (Das Wort ist Fleisch geworden). Nun, wie können wir diesen Satz dem modernen, technisch und wissenschaftlich orientierten Menschen so darstellen, daß er ihn glauben kann? Das ist eine schwierige Aufgabe, aber keine unmögliche Aufgabe.

Die Erneuerung der Theologie im Dialog mit anderen

Was wird zur Zeit in Deutschland unternommen, um die Erneuerung der spekulativen Theologie zu erleichtern?
Gestatten Sie mir, namentlich zwei Theologen zu nennen, die als stellvertretend für diesen neuen Geist in Deutschland gelten. Einer davon ist mein Freund Bernhard Welte, der Professor für Religionsphilosophie an der theologischen Fakultät der Universität in Freiburg/Br. ist. Der andere ist mein ehemaliger Student und Freund, Johannes Baptist Metz, der Professor für Fundamentaltheologie in Münster ist. Diese Männer sind repräsentativ, nun, ich will nicht sagen für eine Schule, aber für eine Geisteshaltung, die in Deutschland allgemein wird. Sie gilt allerdings nicht schlechthin überall in Deutschland, da es ja einige Leute gibt, die der mehr

traditionellen Weise des Lehrens dogmatischer Theologie folgen. Wir müssen uns aber der modernen Mentalität mit einem schlichten Vertrauen nähern und philosophisch wie theologisch in einer Weise Erörterungen geben, die den Menschen unseres Zeitalters überhaupt noch etwas bedeuten. Auch wir gehören dieser Generation an, und wir sollten jedes katholische intellektuelle Getto vermeiden.

Es ist unsere Pflicht, mit Wissenschaftlern zu reden, mit Marxisten, mit nicht-christlichen Philosophen, mit Existentialisten und mit jenen Leuten in Amerika und England, die man logische Positivisten nennen darf. Zu lange waren wir auf diesem Gebiete nachlässig. Ich glaube, daß in Philosophie und Theologie mehr getan werden muß, als bis jetzt in Deutschland geschehen ist. Man hat erst begonnen, einen aufrichtigen und offenen Dialog mit anderen aufzunehmen. Es liegt ein ungeheueres Arbeitsfeld vor uns. Zu lange blieben wir abgesichert zu Hause, und wir haben darin falsch gehandelt. Es gibt mehr zu tun als einfach unsere Katholiken schlicht und fromm zu bewahren, so wie sie im Kindergarten und in der Volksschule waren. Wir müssen in einen Wettstreit eintreten, oder vielmehr in einen offenen und ehrlichen Dialog mit den Nicht-Christen. Ein herausragendes Beispiel hierfür vollzog sich in Deutschland in der Paulusgesellschaft, in der jährlich über zweihundert Professoren aus Wissenschaft, Philosophie und Theologie zusammenkommen und allgemeine Probleme miteinander diskutieren.

Können wir in Anbetracht der zeitgenössischen Entwicklung eines Gespräches zwischen der Theologie und dem modernen philosophischen Denken noch zurecht von der Theologie als einer deduktiven Wissenschaft reden?

Es besteht kein Zweifel, daß der hl. Thomas eine Theologie entwickelte, orientiert an einem Wissenschaftsbegriff, der heute nicht mehr vollständig akzeptiert wird. Persönlich habe ich eine große Abneigung gegen den dogmatischen Positivismus, der in den katholischen Schulen im letzten Jahrhundert geblüht hat. Wenn man z. B. eine Auskunft über die sieben

Sakramente wünschte, wurde gesagt, man solle den Denzinger benutzen. Es war dies eine Krankheit, die sich die Theologie zugezogen hatte. Gleichwohl – obwohl ich einen dogmatischen Positivismus verabscheue – bin ich ein großer Liebhaber spekulativer Theologie, die man, wenn man so will, »deduktive Theologie« nennen darf. Aber dies ist kein günstiges Wort, da es nur unzureichend deren Vorgehensweise beschreibt.

Die Theologie will ganz selbstverständlich zu einem bestimmten Wissen über die innere Verknüpfung all der Wahrheiten gelangen, die von Gott geoffenbart sind. Einzelne Lehrsätze können gar nicht korrekt verstanden werden, es sei denn, man sieht sie im Kontext des Ganzen. Ich glaube, ein Beispiel wird verdeutlichen, was ich meine. Die Unfehlbarkeit des Lehramtes kann nur richtig verstanden werden im Zusammenhang mit der christlichen Eschatologie. Welche Antwort gibt man denn, wenn jemand fragt, ob es ein unfehlbares Lehramt im Alten Testament gegeben habe? Warum hat Gott zum Heil der Israeliten nicht irgendeine höchste Autorität oder vielleicht eine besondere Versammlung von Rabbinern eingesetzt? Dies wäre doch äußerst nützlich und sogar fast notwendig gewesen, da das I. Vatikanum lehrt, daß Gott sich selbst zuerst geoffenbart haben muß, wenn wir ihn genausogut wie alle natürlichen Wahrheiten ohne jeden Irrtum kennen sollen. Trotzdem wissen wir um die Tatsache, daß es im Alten Testament kein unfehlbares Lehramt gegeben hat. Wenn wir den modernen Menschen erzählen, daß Gott das, was er im Alten Testament nicht getan hat, im Neuen Testament durch seine Gnade tut, dann werden wir uns bei ihnen lächerlich machen. Was wir tun müssen, ist zu erklären, *warum* wir nun ein unfehlbares Lehramt haben. Ich habe jetzt nicht die Zeit zu einer vollständigen Erklärung, aber was wir in Zukunft noch mehr tun müssen, ist, zu zeigen, wie diese Lehre zur Geschichte der Erlösung und zur eschatologischen Situation gehört. Es wird von großer Bedeutung sein (nicht zuletzt in ökumenischer Hinsicht), zu erklären, inwieweit ein unfehlbares Lehramt im Neuen Testament grundgelegt ist. Denn es reicht sicher nicht, einen Text nach dem anderen zu zitieren, weil dann nämlich andere Exegeten daherkommen und sagen, daß diese Texte auf verschiedene Weise interpretiert werden können. Deshalb muß man einen spezifischen Punkt des Dogmas, welcher auch immer es sein mag, vom Zusammenhang und von der Totalität der christlichen Botschaft erklären. Diese Art von Theologie ist nicht die formale, deduktive Art, die der aristotelischen Logik folgt. Nichtsdestoweniger ist es spekulative Theologie, die ein einfaches inneres Prinzip sucht und durch dieses die Einheit aller dogmatischen Gedanken sieht. Darin besteht die Arbeit, die unsere Beachtung erfordert.

Einmal zugestanden, daß die Theologie eine übertriebene positivistische Methode verhindern muß, können wir dann sagen, daß das Hauptziel der Theologie in der Kontemplation der Wahrheit besteht?

Nein. Die Erlösung des Menschen ist das Hauptziel. Wahrheit ist das innere konstitutive Element dieser Erlösung; Besitz und Kontemplation der Wahrheit sind so dicht beieinander, daß wir sie nicht voneinander trennen sollten. Christus und die Kirche verkündigen den Menschen die heilbringende Botschaft. Zu dieser Verkündigung, von der Gott will, daß die Menschen sie empfangen, gehört notwendig die sie begleitende Reflexion. Es muß eine bestimmte systematische Reflexion auf das Wort erfolgen, in dem der Mensch von Gott, über Gott und so auch über sich selbst etwas erfährt. Da es ein Kerygma gibt, muß es auch eine Reflexion über das Kerygma geben, und dies nennen wir »Theologie«. Das Kerygma unterscheidet sich von der Theologie, aber es besteht nichtsdestoweniger ein wechselseitiges Verhältnis. Folglich kann die Theologie als eine reflexive Wissenschaft angesehen werden, als etwas Sekundäres, das sich von den kerygmatischen Worten über Gott, Christus und die Kirche herleitet. Die Theologie kann vom Kerygma unterschieden werden, aber sie muß letztlich dem Kerygma dienen.

Das gleiche kann gesagt werden über den Versuch, Liebe und Caritas zu definieren. Man muß der eigenen Praxis von Liebe und Caritas große Aufmerksamkeit widmen. Eine subtile

Reflexion ist nicht notwendigerweise eine liebende Reflexion. Die alten Erörterungen über den Primat des Intellekts und den Primat des Willens erscheinen mir töricht und unnütz. Letzten Endes können wir Gott nicht wahrhaft kennen, es sei denn, wir kennen Ihn als den Einen, der das Wort spricht und der die Liebe, den Heiligen Geist, atmet. Ebenso kann auch der Mensch nicht erkannt werden, außer in der gegenseitigen Durchdringung von Liebe und Wissen. Beide erfordern einander. Solange der Mensch ein »homo viator« ist, muß er diese Wahrheit suchen, die ihn zum Heile führt. Hier auf Erden muß alles reflexe Wissen der Wahrheit Gottes, das wir »Theologie« nennen, ausgerichtet sein auf die Erlösung des Menschen und auf nichts anderes.

Sie schreiben einmal, daß »die strikteste Theologie ... schließlich die am meisten kerygmatische ist«. Würden Sie dies bitte kommentieren?

Pater Lakner und andere in Innsbruck versuchten eine sogenannte »kerygmatische« Theologie zu etablieren, die Seite an Seite mit der Theologie existieren würde, die wir »wissenschaftlich«, »universitär« und »akademisch« nennen. Damit stimme ich nicht überein. Ich glaube, daß dieser Versuch, obwohl in guter Absicht unternommen, ein Fehler war. Die wissenschaftlichste Theologie ist die am meisten kerygmatische und umgekehrt. Wenn wir tatsächlich bestimmte Momente und Wahrheiten unseres Glaubens für den modernen Menschen rezipierbar gestalten wollen, dann müssen wir vor allem höchst wissenschaftliche und zutiefst dogmatische Fragen stellen.

Zur anthropozentrisch-transzendentalen Theologie

Stimmen Sie mit denen überein, die Ihre theologische Methode »anthropozentrisch« nennen?

Ich vermute, man kann meine Theologie auf diese Weise charakterisieren. Dennoch, meine Theologie anthropozentrisch zu nennen, kann leicht von jenen mißverstanden werden, die sagen, daß dies ein Gegensatz zu einer theozentrischen Theologie sei. In der modernen Philosophie gibt es eine begründete Entwicklung von einer kosmischen Philosophie zu einer mehr anthropologischen Philosophie. Johann Baptist Metz hat ein kleines Buch, die »Christliche Anthropozentrik«[8] geschrieben, in dem er den metaphysisch spekulativen Anthropozentrismus des hl. Thomas erklärt. Er hält den hl. Thomas und nicht Descartes für den ersten modernen anthropozentrischen Philosophen. Wenn der Mensch in seinem konkreten und historischen Wesen nicht beschrieben werden kann, außer, er sei der Seiende, dem Gott, als ungeschaffene Gnade, die Existenz mitteilt, dann können wir über den Menschen nicht reden, ohne zugleich von Gott zu sprechen. Wir können nicht verstehen, wer Gott ist, es sei denn bezugnehmend auf die unbegrenzte Transzendentalität des Menschen selbst. Es ist nicht möglich, nun in die ganze Philosophie dieser Angelegenheit einzusteigen, aber ich muß darauf insistieren, daß ein wirkliches Verständnis der Natur und der Existenz Gottes nicht gründlich von uns geleistet werden kann, es sei denn, wir entwickeln eine transzendentale, kategoriale Philosophie. Diese Transzendentalphilosophie ist zugleich eine Beschreibung des Menschen, insofern er ein geistiges Wesen ist. Was ist ein geistiges Wesen? Ich würde sagen, daß es sich um jenes Wesen handelt, das sich selbst besitzt, indem es zu Gott strebt und alle Beschränkungen des begrenzten Seins transzendiert. Auf diese Weise sieht man, daß in der tiefsten philosophischen und theologischen Analyse der Anthropozentrismus und der Theozentrismus das Gleiche sind. Wie kann ein Christ angemessen von Gott sprechen, wenn er nicht sogleich vom Menschen spricht? Das fleischgewordene Wort ist und bleibt der ewige und unbegrenzte Mensch. Man kann Gott nicht kennen, wie er ist, außer man denkt zugleich an ihn als an den Gott, der den Menschen schuf. Folglich kann man über keine

[8] Christliche Anthropozentrik. Über die Denkform des Thomas von Aquin. Mit einem einführenden Essay von Karl Rahner, München 1962.

vollständige Theologie verfügen, außer man betrachtet ihre anthropologischen Aspekte. Wenn man richtig von Gott sprechen will, muß man vom Menschen sprechen. Genausowenig kann man die Tiefe der menschlichen Natur erforschen, ohne zu sagen, daß der Mensch jenes Wesen ist, das von Gott geschaffen ist und im Dasein gehalten wird.

Man könnte dann Ihre Theologie zurecht als »inkarnatorische« bezeichnen?

Ja, gewiß. Christologie, Theologie und Anthropologie sind so zuinnerst miteinander verbunden, daß es helfen würde, den wirklichen Begriff einer anthropozentrischen Theologie an den Tag zu bringen, indem man sie »inkarnatorisch« nennt.

Pater Congar scheint darauf zu bestehen, daß die Theologie dem Priester angehöre. Demgemäß schreibt er: »Die Laien ... können für die Kirche sehr viel tun ... Aber niemals betreiben sie Theologie wie ein Priester, sie haben niemals völlig denselben Kontakt zur Tradition der Kirche ... Theologie im eigentlichen Wortsinne meint vornehmlich eine klerikale, priesterliche Tätigkeit.« Stimmen Sie damit überein?

Ich kenne nicht den vollständigen Zusammenhang der Bemerkungen von Pater Congar; aber beurteilt nach dem, was Sie zitiert haben, würde ich sagen, dies kann so nicht stimmen. Der Laie muß ebenso seine Seele retten. Warum sollten wir sagen, daß er weniger verständig ist als wir Priester? Der Laie von heute sucht nach einer Verbindung zwischen seinem Glauben und seinem ganzen intellektuellen Leben. In vielen Fällen, vielleicht sogar in den meisten, benötigt er die Theologie mehr als der einfache Pastor oder etwa der Kaplan, der Kindern Religionsunterricht erteilt. Wäre Einstein ein Katholik, dann könnte man nicht sagen, er wäre dies so wie ein normaler Laie oder eine fromme Hausfrau. Ganz sicher wäre er dies nicht! Das wäre einfach deshalb unmöglich, weil er einen Dialog zwischen seinem christlichen Glauben einerseits und seinen wissenschaftlichen Kenntnissen andererseits eröffnet hätte. Hätte er aber dies getan, so hätte er sicherlich zu einem tiefgreifenden Verständnis für die Theologie beigetragen.

Schließlich aber hätte er mehr von der Theologie gewußt, als im allgemeinen in unseren Seminaren vermittelt wird. Es ist wahr, daß der Priester, aus Gründen, die mit seinem Amt zusammenhängen, notwendigerweise auf die Theologie verwiesen ist. Aber der Laie kann, eben aus anderen Gründen, das gleiche Interesse haben. Beide sollten in gleichem Maße an der Theologie interessiert sein.

Das Konzil – ein neuer Beginn

Ihr Einfluß auf das II. Vatikanum war beträchtlich. Was glauben Sie...
Verzeihen Sie mir, aber man darf nicht einfachhin sagen, ich hätte irgendeinen großen Einfluß auf das Konzil gehabt. Etwas in dieser Weise zu behaupten, ist einfach nicht wahr. Es gab so viele *periti* und Mitarbeiter am Konzil, daß von niemandem, außer dem Papst selbst und den Vorsitzenden, gesagt werden kann, er hätte das Konzil in irgendeiner bedeutenden Weise beeinflußt. Es stimmt, daß ich die allermeisten Sitzungen der theologischen Kommission besucht habe und daß ich mit den anderen Theologen zusammengearbeitet habe. Bekanntlich waren die wichtigsten Schemata dieser Kommission die über die Kirche und über die Offenbarung. Ich war Mitglied an einer bestimmten Sub-Kommission, die an diesen Schemata arbeitete, aber mein Beitrag dazu war nicht groß.
Was ist mit dem Schema über die Religionsfreiheit?
Ich habe das Schema über die Religionsfreiheit, das im Sekretariat von Kardinal Bea vorbereitet wurde, nicht gesehen, weil ich kein Mitglied war. Den Gegenstand dieses Schemas selbst habe ich mit einigen Bischöfen ganz zu Anfang diskutiert, beispielsweise mit Bischof de Smedt. Aber in der zweiten und dritten Session des Konzils war ich größtenteils nicht in Rom. Ich kam nach Rom zur dritten Session nicht vor Ende Oktober und kurz darauf mußte ich wieder nach München zu meinen Vorlesungen zurückkehren. Praktisch hatte ich mit

diesem Schema wenig zu tun. Ich hörte einige Debatten darüber, ich sprach mit einigen der spanischen Bischöfe, und ich sah die *relatio* von Pater De Broglie, Professor am Katholischen Institut zu Paris. Größtenteils war ich Zuschauer. Über das Thema habe ich einiges geschrieben – Das freie Wort in der Kirche –, und etwas über den Begriff der »Toleranz«[9]; aber ich glaube nicht, daß diese Dinge einen großen Einfluß auf die schriftliche Abfassung des Schemas über die Religionsfreiheit hatten.

Sprachen Sie nicht mit vielen Bischöfen auf dem Konzil?

Gelegentlich hatte ich Unterredungen mit den deutschen, mit brasilianischen und spanischen Bischöfen. Es handelte sich dabei um freundschaftliche Begegnungen, in deren Verlauf wir manche der Probleme diskutierten, die mit den verschiedenen Schemata zusammenhingen. Meiner Meinung nach muß Msgr. Gerard Philips, Professor der Dogmatik in Louvain, große Anerkennung für seine Arbeit als Sekretär der theologischen Kommission ausgesprochen werden. Mit Ausnahme der Bischöfe selbst tat Monsignore Philips mehr als irgendein anderer, was die Vorbereitung des Schemas über die Kirche anbetrifft. Ebenso muß man Pater Yves Congar, Pater Alois Grillmeier, Pater Otto Semmelroth und viele, viele andere erwähnen, die sehr aktiv und einflußreich auf den Treffen der Kommission waren.

Was halten Sie für den größten Nutzen, der der Theologie aus dem Konzil erwachsen ist?

Das Konzil ist der Anfang, nicht das Ende. Es ist die Einleitung einer Tendenz, nicht deren Abschluß. Ich glaube, man kann dies leicht an den Konzilsdebatten über die Kirche, die Bischöfe, das Laienapostolat etc. sehen. Ich bin davon überzeugt, daß wir Theologen in den nächsten zehn Jahren sorgsam diesen und anderen Wahrheiten unsere Aufmerksamkeit schenken müssen, viel mehr, als wir es bisher taten. Wir müssen die Probleme der Existenz Gottes und seiner Möglichkeit, sich

[9] Schriften zur Theologie, Bd. II, Einsiedeln 1955, 247–277.

selbst in uns zu verwirklichen, bedenken. Wir müssen uns darauf konzentrieren, die Lehren von der Gnade und der Inkarnation für den modernen Menschen zugänglich darzustellen. Dies ist von der Sache selbst her wichtig. Unverzichtbar ist dabei die pastorale und kerygmatische Dimension. Die Theologen haben eine ungeheure Menge Arbeit in den Jahren zu leisten, die vor uns liegen.

Theologie: Mut zum schöpferischen Dialog

Würden Sie sagen, daß die Theologen in der Vergangenheit oft ihre Aufgabe mißverstanden haben?
So könnte man sagen. Vor nicht langer Zeit sah ich eine Liste von Arbeiten, herausgegeben von der Academia Mariana in Rom. Ich glaube, sie besagte, daß über hundert Bände zur Mariologie seit dem Krieg geschrieben worden sind. Das ist gut so: *De Maria numquam satis* (über Maria niemals genug). Aber heute, so will mir scheinen, stellen sich uns größere Probleme, die die fundamentale Verkündigung christlicher Wahrheiten betreffen. Wir haben einfach nicht die Zeit, dicke Bände über minutiöse Subtilitäten der Mariologie zu schreiben. Ich kann in aller Ehrlichkeit sagen, daß ich es nicht verstehe, warum das Institut für die Josephologie in Kanada gegründet worden ist. Wir haben für Dinge dieser Art keine Zeit, wenn wir die Welt sehen, wie sie wirklich ist. Ich bin mir nicht sicher in puncto Amerika, aber hier in Europa gibt es vielleicht nur zwanzig Prozent Menschen, die katholisch getauft sind und die auch tatsächlich an Gott und Christus glauben. Wir haben etwas anderes zu tun, als über fromme Subtilitäten zu diskutieren. Wir müssen herausfinden, wie wir die Lehre von der Inkarnation einsichtig für einen Menschen machen können, der nur den dialektischen Materialismus kennt. Wie können wir letztlich die Existenz Gottes für ihn evident aufweisen? Es reicht nicht zu sagen: »Nun, wir haben die fünf Beweise des hl. Thomas. Lies sie, und das ist alles, was du brauchst.«

Was halten Sie von der traditionellen Unterscheidung zwischen Fundamentaltheologie und Dogmatik?

Ich meine, es müsse da eine größere Durchdringung, eine größere Wechselwirkung zwischen den beiden stattfinden. So wie es nun einmal dasteht, sind wir nicht allzu erfolgreich in diesem Bemühen. In der traditionellen Fundamentaltheologie sagen wir, zuerst müssen wir beweisen, daß Gott sich selbst dem Menschen geoffenbart hat, aber wir sagen nichts darüber, *was* Gott geoffenbart hat. Dies sollte man so nicht fortsetzen. Ein abstrakter und formalistischer Begriff der Offenbarung sollte nicht Gegenstand eines Beweises sein. Heutzutage will der Mensch zunächst einiges über die Wahrheiten wissen, die Gott über sich selbst geoffenbart hat, bevor er überhaupt einen Glaubensakt zu setzen bereit ist. Der moderne Mensch will von den Theologen etwas über Gott wissen und lernen, so daß er schließlich bestimmen kann, ob eine geoffenbarte Wahrheit glaubwürdig und existenziell annehmbar ist. Aus diesem Grunde glaube ich, es sollte eine fundamentale, eine Basisdisziplin geben, die den Kern der dogmatischen Wahrheit mit dem Beweis verbindet, daß diese Dinge auch tatsächlich von Gott geoffenbart worden sind. Solange ich nicht zuallererst einige einführende Vorstellungen von Gott und dem Menschen geben kann, und solange ich nicht zunächst zeigen kann, daß sich all diese Ideen notwendigerweise in eine anthropologisch bestimmte Metaphysik einfügen, solange wird der moderne Mensch sagen, er könne niemals glauben, daß Gott Mensch wurde. Ein lediglich apriorischer Beweis im Sinne der alten Fundamentaltheologie erreicht kaum noch jemand. Er ist ein Argument, das heutzutage nicht wirksam überzeugt.

Pater Rahner, würden Sie vielleicht einige Ratschläge für Theologiestudenten geben?

Theologiestudenten sollten in ihrem Theologiestudium einen heiligen Verzicht leisten. Eifrig und mutig müssen sie sich der Theologie verschreiben ohne falsche Vorurteile bezüglich ihres zukünftigen Dienstes. Sie müssen Theologie studieren, soviel sie können – auch scholastische und abstrakte Theologie –, und sie müssen erkennen, daß, was auch immer sie lernen, später in irgendeiner Weise von Nutzen sein kann. Die Theologieprofessoren müssen ständig studieren und eine Theologie dozieren, die den inneren Bedürfnissen ihrer Studenten und zugleich denen des modernen Menschen entspricht. Theologie muß so dargestellt werden, daß sie zu einem schöpferischen Dialog zwischen dem Besten des traditionellen Gedankenguts und den Erfordernissen des Heute ermutigt.

3 Fragen über die Kirche und die Welt von heute

Gespräch mit *Eugene C. Bianchi,* New York (1965)

Prinzip der Einheit und der Freiheit in der Kirche – ein Widerspruch?

In der letzten Konzilssitzung wurde die Kirchenkonstitution verkündet. Wie würden Sie – als ein Theologe, der dort eine führende Rolle gespielt hat, das Verhältnis von Papst und Bischöfen sehen? Ich denke bei meiner Frage besonders an den Begriff der »Kollegialität«.
Natürlich, wir erkennen an, daß die dogmatische Lehre des I. Vatikanums bezüglich des Papsttums ganz außer Frage steht. Wir sollten jedoch zugestehen, daß die ganze und höchste kirchliche Autorität auch dem Bischofskollegium verliehen ist, das dem Papst verbunden ist. Dies wurde sogar explizit auf dem I. Vatikanum erörtert. Heute verkündet das II. Vatikanische Konzil dies sogar ausdrücklich. Ferner ist die Autorität der Bischofsversammlung den Bischöfen nicht durch den Papst verliehen, obwohl er sogar entscheiden kann, wer überhaupt Bischof wird. Gemäß der Kirchenkonstitution nämlich hat das Bischofskollegium seine Autorität kraft göttlichen Rechtes, das heißt, als ein legitimer Amtsnachfolger der Apostel.

Natürlich bleiben viele Fragen offen. Die Bischofsversammlung etwa kann ihr höchstes gemeinsames Amt auch außerhalb eines allgemeinen Konzils ausüben, aber wie und wann dies tatsächlich geschieht, dies sind Fragen, die noch nicht endgültig beantwortet sind. Ein anderer, ebenfalls zu erörternder Punkt betrifft unser Verständnis hinsichtlich der Beziehung zwischen Papst und Bischöfen, wenn nämlich der Papst seine Autorität in einer Weise ausübt, die *rechtlich* unabhängig vom Bischofskollegium ist, zum Beispiel wenn er *ex cathedra* lehrt. Müssen wir nicht sagen, daß sogar in dieser Situation der Papst stets in Übereinstimmung mit dem Glauben der Kirche und als das Haupt der Bischofsversammlung handelt? Ich persönlich glaube, daß der Papst immer als Haupt der Bischofsversammlung handelt, sogar wenn seine Handlungsweise juristisch nicht beglaubigt ist, was zum Beispiel in einem gemeinsamen Konzil der Fall wäre. Ich sage dabei gewiß nicht, daß der Papst jeden einzelnen Bischof um seinen Rat fragen muß, bevor er etwas beschließt. Aber ich sage, daß der Papst, in einer bestimmten historischen Situation, die moralische Verpflichtung haben mag, den Episkopat zu befragen. Beide, Pius XII. und Pius IX. haben dies in der Tat getan.

Pater Rahner, wie ist Ihre Ansicht bezüglich der Diskussion um die Stellung der Kirche zur Ehe und zur Familienplanung?
Ich bin kein Moraltheologe. Aber ich glaube nicht, daß wir in der Enzyklika Casti Conubii oder in den Lehräußerungen von Pius XII. zu diesem Thema eine absolut förmliche und unwiderrufliche Lehre besitzen. Ich persönlich meine, daß eine Klärung der Lehre auf diesem Gebiet möglich und wünschenswert ist. Dies bedeutet nicht, daß alles das, was Pius XI. und Pius XII. gesagt haben, nun plötzlich unwahr geworden ist. Vielmehr scheint mir, daß eine weitere Entwicklung unserer Lehre in bezug auf Sexualität und Ehe eine große praktische Relevanz haben kann. Wie Sie wissen, hat der Papst eine ziemlich große Kommission ernannt, um die Fragen hinsichtlich der Geburtenkontrolle zu studieren. Diese besteht aus medizinischen Fachleuten, Sozialwissenschaftlern, Theologen

und einigen verheirateten Ehepaaren. Wieviel Zeit sie benötigen wird, was dabei herauskommen wird, das weiß ich nicht.

In Ihren Äußerungen über »Natur und Gnade« erörterten Sie die Rolle des persönlichen Gewissens bei schwierigen moralischen Entscheidungen[1]. Möchten Sie einiges über die Bildung des christlichen Gewissens sagen?

Nun, zuallererst, wir haben nie eine ethische Situation, in der es plötzlich klar wird, daß die Kirche überhaupt nichts weiß über die objektiv wahren Normen, die sich auf diese Situation beziehen, so daß man sein Gewissen vollständig allein bilden müßte. Eine jede solche Situationsethik ist naturgemäß unkatholisch. Aber es kann natürlich geschehen, daß ein konkreter Fall von einer solchen Komplexität ist, daß die Kirche lediglich auf *Prinzipien* verweisen kann. Dann muß die Kirche sagen: »Ich kann dir von diesen Prinzipien aus nicht sagen, was du hier und jetzt tun sollst. Du selbst mußt dies ausarbeiten mit Gott und deinem Gewissen.«

Zum Beispiel: Wenn Präsident Kennedy zu Papst Johannes mit folgender Frage gekommen wäre: »Soll ich als Christ die Produktion der Atomwaffen stoppen oder ihre Herstellung ausweiten?« In solch einer komplexen und ungeheuer wichtigen moralischen Streitfrage könnte die Kirche keine definitive Antwort geben, glaube ich. Der Papst müßte Herrn Kennedy sagen: »Tut mir leid. Sie sollten in Ihre Überlegungen diese und jene Prinzipien mit hineinnehmen, aber was aus ihnen folgt, soweit daß diese konkrete Entscheidung daraus folgt, dies haben Sie allein zu entscheiden.«

Oft ist es nicht leicht, das Verhältnis von allgemeinen – von der Kirche gelehrten – Normen zu der Entscheidung von persönlichen konkreten Umständen zu bestimmen.

Natürlich steht es einem Individuum nicht frei zu tun, was immer es will angesichts eines unzweideutigen, klaren weltlichen oder kirchlichen Moralgesetzes. Es kann nicht beliebig

---

[1] Vgl. Natur und Gnade nach der Lehre der kath. Kirche, in: *L. Reinisch,* Theologie heute, München ³1963, 209–230.

Zuflucht nehmen zu einer Art Situationsethik, die ihm erlaubt, ein moralisches Urteil zu fällen, völlig abgesondert von allgemeinen Normen, die von der Kirche gelehrt werden. Mit anderen Worten, es sollte versuchen, sein Gewissen adäquat über ethische Grundsätze zu informieren und dabei auch den Einzelumständen Rechnung zu tragen, die für seine Entscheidung relevant sind. Aber es muß darauf hingewiesen werden, daß das Individuum eine einzige Geist-Person ist. Und innerhalb des moralisch Erlaubten hat die Person das Recht und die Pflicht, Wahlen zu treffen, die nicht unmittelbar durch Gesetze der Kirche gelenkt werden. Ein großer Teil des religiösen Lebens eines Christen verläuft außerhalb des offiziellen juristischen Lebens der Kirche. Was der Christ liest und denkt, welchen Beruf er wählt usw., ist seiner eigenen Entscheidung überlassen. Deshalb muß er sich Entscheidungen stellen, die für *ihn* persönlich eine Aufforderung beinhalten; sehr oft kann er keinen Schutz hinter den Moralgesetzen der Kirche suchen. Er muß einsehen, daß die Moraltheologie, so notwendig sie ist, kein Ersatzmittel für das Geschenk der Urteilskraft ist.

In der Tat, der Mensch kann die Kirche mißbrauchen als einen Ersatzverantwortungsverein, wenn er auf seine eigene Verantwortung zur Entscheidung vor Gott in seiner christlichen Freiheit verzichtet. Eine solche Person erscheint wie ein kirchlicher Kollektivist, der fälschlicherweise annimmt, er sei gerettet nur dadurch, daß er *von* sich selbst befreit sei – und zwar durch eine Kirche, die ihn angeblich von der Bürde befreit – selbst die Initiative ergreifen zu müssen und reife moralische Entscheidungen für sich selbst fällen und verantworten zu müssen.

Damit aber solch ein Initiativwerden in der Kirche schöpferisch aufblühen kann, Pater Rahner, müßte dazu nicht in der Kirche zu einer weiten Ausdehnung der Freiheit in Gedanke und Tat ermutigt werden?

Nun, es gibt immer ein paar kirchliche Nonkonformisten, die zu allen Zeiten zum Protest Zuflucht nehmen, aus Gründen des

Temperaments oder des Stiles. Sie nennen dies Freiheit, auch wenn dies in Wirklichkeit Konformität mit der neuesten Mode ist. Aber ich glaube, daß der entgegengesetzte Fehler ebenso bei den religiösen Führern und bei den Laien existiert. Es gibt zu wenig Verständnis dafür, daß es nicht nur möglich, sondern sogar hilfreich für die Christen ist, unterschiedliche Ansichten zu hegen und sie in der Kirche zu bekunden. Die Leute sind doch nicht unkatholisch, wenn sie zugeben, daß alles im Amt und im Klerikerstand eben nicht glänzend ist.

Gewiß, die meisten Leute würden zugeben, daß eine freie öffentliche Meinung in der Kirche ihren Platz hat. Aber ist die Einsicht in bezug auf dieses Prinzip genügend in der Praxis entwickelt? Nehmen wir es genügend wahr, daß nur in einer Atmosphäre der Freiheit Individuen Christen und Christen Personen werden können? Verstehen und handeln wir tatsächlich entsprechend jener schätzenswerten Maxime: »In notwendigen Dingen Einigkeit, bei umstrittenen Dingen Freiheit *(in necessariis unitas, in dubiis libertas)*«? Denn auf lange Sicht kann eine Einheit vieler Individuen, eine Einheit, die wahrhaft personal und verantwortungsvoll ist, nur dann Einheit werden, wenn sie ernst macht mit dem zweiten Teil jenes Grundsatzes.

Die neue Weltlichkeit und die Aufgabe der Kirche in der Diaspora-Situation

Im Schema 13 bedenkt das II. Vatikanische Konzil das Verhältnis zwischen Kirche und Welt[2]. In welchem Sinne sind Kirche und Welt unvereinbar? Und in welchem Sinne durchdringt die Gnade die ganze geschaffene Ordnung?

Mir scheint, bisher hat das Schema diese grundlegenden Fragen nicht mit der nötigen Entschiedenheit verfolgt, und es ist so vorwärts gegangen, als ob diese fundamentalen Streitfragen

---

[2] Entwurf der Pastoralen Konstitution über die Kirche in der Welt von heute »*Gaudium et spes*«.

klar und gelöst wären. Nun gibt es natürlich eine gnadenhaft durchwirkte und erlöste Welt. Die Welt aber bleibt nichtsdestoweniger stets sündig.

Aber neben dieser Dialektik – die Welt als Gegenstand der Gnade und die Welt als sündig und somit als der Gnade widerstehend – tritt in unser heutiges theologisches Bewußtsein ein anderes Problem, vielleicht zum allerersten Male. Nennen wir es die neue »Weltlichkeit« der Welt. In der Vergangenheit waren die Möglichkeiten eines Menschen zum größten Teil statisch und fixiert in einer vorgegebenen Dimension. Konsequenterweise brauchte der Mensch lediglich zu erwägen, wie und in welcher moralisch richtigen Art und Weise er das tun sollte, was allgemein in jedem Fall getan werden mußte: das Zeugen von Kindern, das Bestellen der Felder, das Züchten von Kühen, das Verkaufen der Milch etc. Aber jetzt haben wir etwas gänzlich Neues: eine Welt, zumeist untertan dem Entwurf und der Lebensart des Menschen. Natürlich untersteht diese Welt dem Gesetz Christi. Aber ich kann nicht allein aus christlichen Prinzipien deduzieren, was eigentlich getan werden sollte; mit anderen Worten, es entsteht die Weltlichkeit der Welt, geschaffen von den Menschen, und diese kann nicht direkt aus der christlichen Ethik als eine notwendige Konklusion abgeleitet werden.

Zum Beispiel: Ich bin immer wieder überrascht, wie wenig die offizielle Kirche und andere Christen die moralischen Implikationen der Raumfahrt erwogen haben. Die Christen scheinen zu sagen: Wir haben das »*Know-how*«, die weitesten Entfernungen des Alls zu durchmessen. Warum sollten wir darauf verzichten? Aber wir müssen uns doch fragen, ob es sittlich gut ist, so viele Billionen auszugeben, um Leute zum Mond zu schicken, während wir zur gleichen Zeit mit einem weltweiten Hunger konfrontiert sind. Ich beabsichtige nicht, diese einzelne Streitfrage im voraus zu entscheiden. Aber als Christen müssen wir uns mit einer dynamischen Welt konfrontieren, die potentiell Tendenzen beinhaltet, die tatsächlich unchristlich sind. Natürlich, ich gebe gerne zu, daß wir keineswegs gezwungen sind, ein unzweideutiges »Ja« oder »Nein« auf diese dynamische Gesellschaft zu geben, und zwar ganz allein von der Basis christlicher Prinzipien aus. Vielmehr befrage ich unsere Haltung als Christen. Sollen wir lediglich im Kielwasser dieser oder jener technischen Entwicklung mittreiben und diese völlig unbedacht akzeptieren? So jedenfalls erscheint doch vieles, was so häufig geschieht. Oder haben wir immer noch eine christliche Macht der Entschlossenheit, die, obzwar sie nicht einfach von abstrakten Prinzipien abgeleitet werden kann, nichtsdestoweniger die Geschichte zu beeinflussen vermag?

Sie sprachen von der neuen »Weltlichkeit« der Welt. Könnten Sie dies ein wenig näher erläutern?

Nun, wir können in einer ganz anderen Weise einen Blick auf dieses Thema werfen, indem wir nämlich sagen, daß die Kirche heute als die Gemeinschaft einer Minderheit in einer Diaspora-Situation lebt. Die Kirche ist nicht mehr begrenzt auf einen Kulturraum und einen historischen Wirkungskreis, in dem sie der unbezweifelbare Führer und Lenker ist, so wie es im Mittelalter der Fall war. Heute genießen die Gebiete der Politik, der Technologie und der Kultur ihre eigene Autonomie. Zum anderen ist die Kirche gegenwärtig weltweit geworden, und die Geschichten voneinander getrennter Völker sind verschmolzen zu der einen Geschichte der Menschheit, wie vielleicht nie zuvor. So wird man die Kirche von heute wohl eher betrachten müssen als eine Pilgergemeinschaft, die ihre Botschaft in eine Diaspora wissenschaftlicher, intellektueller und historischer Werte hineinträgt.

Aber die Tatsache, daß wir in einer Diasporasituation leben, bedeutet keinen Grund zur Bestürzung und zu einem entmutigten Sehnen nach einer vergangenen Epoche. Es handelt sich ja um etwas, das wir auf der Grundlage unseres Glaubens in der Heilsgeschichte eigentlich hätten erwarten müssen. Der Verlust der mittelalterlichen Vorherrschaft im kulturellen Leben seitens der Kirche war etwas, das theologisch tatsächlich erwartet werden mußte. Und dies stimmt erst recht angesichts der Tatsache, daß das reformatorische Schisma, der Glaubens-abfall und die Dechristianisierung innerhalb und außerhalb der Kirche große menschliche Schuld beinhalten. Gott verwirklicht auch jetzt – da wir uns in einer solchen Grundsituation befinden – seinen Entschluß gerade mitten im Kontext unserer eigenen Sündhaftigkeit.

Aber der wichtigere Aspekt ist darin zu sehen, daß die mittelalterliche Form der Kirche unmöglich wurde, als der Westen zu einem integralen Bestandteil der Weltgeschichte wurde. Immer mehr wurde das mittelalterliche Vorbild in vielen Dingen mehr eine Tatsache der kulturellen Geschichte als eine theologische Notwendigkeit. So muß die Kirche heute ihre Mission hinaustragen in eine Welt, die politisch, intellektu-ell und wissenschaftlich mündig geworden ist. Wir Christen sollten nicht niedergeschlagen sein, nur weil wir zu einer Minderheit auf der Weltbühne geworden sind. Die missionari-sche Ausdehnung der Kirche – auch wenn es notwendig ist, sie noch einmal zu überprüfen und den neuen Verhältnissen anzupassen – sollte sich dynamisch und optimistisch vollziehen, ohne sich über Gebühr aufzuregen über Mitgliederstatistiken.

Vielleicht kann uns der Gedanke von Augustinus über die Mitgliedschaft in der Kirche dazu verhelfen, unsere Neigung zum Defätismus angesichts der Diaspora-Situation zu überwin-den: Viele, die Gott angehören, gehören nicht der Kirche an, und viele, die der Kirche angehören, gehören nicht Gott an. Nach alldem waltet also die Gnade auch außerhalb der Kirche. Natürlich beten und arbeiten wir, daß Gott Erbarmen habe mit allen Menschen, daß er sie alle zu sich bringen möge.

Welches wären denn einige jener Implikationen für die Christen der modernen Kirche, die durch die Diaspora-Situation gekenn-zeichnet ist?

Nun, zum einen wird der Christ wenig oder überhaupt keine Unterstützung finden von seiten der institutionellen Moralität, der öffentlichen Meinung und ihrer Gewohnheit. Das Chri-stentum, verstanden als eine ganz bestimmte Weise des Lebens, hört auf, eine Religion zu sein, in die hinein man einfach geboren wird und die traditionell einfachhin übernommen wird. Das Christentum wird zu einer Religion der persönlichen Wahl. Es geht um eine Glaubensoption, die beständig erneuert werden muß; innerhalb einer herausfordernden und gefährlichen Atmosphäre.

Viele der wissenschaftlichen und kulturellen Reichtümer der Zeit werden nicht spezifisch christlich sein. Doch muß der Christ lernen, diese Werte anzuerkennen aufgrund ihres eigenen innerlichen Wertes, falls er seine eigene Berufung in die Welt hinaustragen will. Die pilgernde Kirche der Diaspora muß eine Kirche mit einer sich ihr tatsächlich widmenden und aktiven Laienschaft sein. Diese Laien müssen sich ihrer selbst bewußt werden als »die Kirche« und nicht als simple Objekte, beaufsichtigt und dirigiert vom Klerus. Christen müssen offen für die nicht-christliche Welt sein, und sie dürfen sich nicht abriegeln in einem bequemen Getto, das sie mißdeuten als das Königreich Christi.

Sich auf die Wirklichkeit der Diaspora-Situation einzustellen, kann von der Kirche erfordern, auf bestimmte Arbeiten zu verzichten, die sie in früheren Zeiten allein durchgeführt hat. Heutzutage wird für diese hinreichend von seiten der bürgerlichen Gesellschaft gesorgt. Durch die Kürzung mancher Aktivitäten wird die Kirche schließlich in der Lage sein, ihre begrenzten Kräfte auf ihre mehr unmittelbar religiösen und moralischen Aufgaben zu konzentrieren.

Das Institutionelle und das Charismatische in der Kirche

In dieser Zeit der Erneuerung werden wir Zeugen einer teilweise lebhaften Spannung zwischen dem Institutionellen und dem Charismatischen in der Kirche. Wie verstehen Sie diese Spannung?

Alles genuin Institutionelle in der Kirche stellt zugleich sowohl eine Erleichterung, eine Förderung wie eben auch ein Hindernis für das Charismatische dar. Bedenken wir ein konkretes

Beispiel: Ein einzelner religiöser Orden trägt noch immer das charismatische Ideal seines Gründers weiter. Wäre dieser Orden nicht gegründet (und somit institutionalisiert) worden, hätte es nicht so viele Männer und Frauen in der Geschichte gegeben, die auf eine bestimmte Weise das Ordensideal in ihrem Leben hätte verwirklichen können. Auf der anderen Seite ist es klar, daß die Institutionalisierung irgendeines Ordens zu einer beträchtlichen Menge von Kompromissen, von Unempfindlichkeiten und Verknöcherungen führt. Dies gilt nicht nur für religiöse Vereinigungen, sondern für jegliche kirchliche Institutionalisierung. Es gibt keine einfache Lösung für dieses Problem. Wir müssen jedoch lernen, mit einer lebendigen Spannung fertigzuwerden zwischen einem historischen, institutionellen Ausdruck eines charismatischen Ideals und einer Art Lockerung dieser Institutionalisierung. Solch eine Lockerung ergibt einen breiten Rahmen für die Erscheinungsweise der ursprünglichen Charismen.

Wenn wir bedenken, daß der Heilige Geist nicht nur von oben nach unten durch die offizielle Hierarchie hindurch wirkt, so wie bisher angenommen wurde, sondern auch durch die charismatischen Begabungen des Gottesvolkes, können wir dann zurecht von einem gewissen demokratischen Element in der Kirche sprechen?

Obwohl die Autorität in der Kirche sich von oben herleitet, gestattet uns der göttlich gewollte Gegensatz von Charisma und Amt in der Kirche so etwas wie eine Demokratie zu sehen – das Gegenteil also eines totalitären Systems. Natürlich ist eine Demokratie nicht letztlich durch den Umstand bewirkt, daß jeder einen Stimmzettel besitzt. Vielmehr ist eine demokratische Gesellschaft da, wo keine *einzige* Autorität alle Macht in den Händen hält, also dort, wo es eine Vielfalt wirklich unterschiedener Autoritäten gibt, so daß der einzelne geschützt ist vor der Ausübung einer einzigen exzessiven Macht.

Nun, die Kirchenverfassung ist einerseits »undemokratisch«, weil ihre Autorität, die *direkt* von Gott selbst begründet wird, in ihrem eigenen Bereich eine letzte Jurisdiktion besitzt. Es gibt hier kein absolutes Recht auf Widerstand, weil und insoweit Gott garantiert, daß die kirchliche Autorität ihr formales Recht nicht in einer letztgültigen Weise mißbraucht. Andererseits aber gibt es in der Kirche kein einziges Monopol auf wirkliche Macht in irgendeinem Punkt, wie z. B. in ihrer Hierarchie. Solch ein Machtmonopol befände sich im Widerspruch eben zur Natur und zum Zweck der Kirche, insofern sie in ihrem kirchlichen Amt verkörpert ist. Denn dieses Amt zielt nicht darauf, allen tatsächlichen Einfluß auf sich zu versammeln. Es setzt sich selbst Grenzen, und diese Begrenzung erlaubt den charismatischen Kräften nicht-amtlicher Art einen angemessenen Freiraum. Wir wissen, daß der Geist auch direkt im Gottesvolk wirkt.

Deshalb ist die Kirche ein hierarchisches System, aber nur weil ihr höchster Gipfel Gott ist. Die Kirche ist somit vergleichbar mit einer Gemeinschaft, in der Macht und Autorität verteilt sind, und dies ist eben eine Art Demokratie, wenn auch ganz eigener Prägung.

4 Theologiestudium und Priestersein heute

Gespräch mit *Burkard Sauermost u. a.* Studenten der Philosophisch-Theologischen Hochschule St. Georgen, Frankfurt/M. (1968)

Priesterausbildung auf neuen Wegen?

Pater Rahner, Sie haben sich wiederholt zu der wissenschaftlichen Ausbildung künftiger Priester heute geäußert. Wir würden Sie gern einmal zu diesem Fragenkomplex hören.

Nun, zunächst darf ich sagen, es erscheint jetzt ein sehr kritischer Beitrag von mir über die Studienreformpläne, die in der bischöflichen Kommission ausgearbeitet worden sind. Wie weit diese nun offiziell beschlossen sind, das weiß ich nicht; denn ich war nicht in dieser Kommission dabei. Dieses nehme ich auch nicht übel; aber das, was dort beschlossen oder vorgeschlagen wurde, scheint mir eben gar nichts anderes zu sein als eine Neuverteilung der Stundenzahl unter Beibehaltung der bisherigen Fächer. Dies scheint mir eine unmögliche Methode zu sein, weil unter rein wissenschaftlichen Gesichtspunkten – von allen anderen ganz abgesehen – die Theologenausbildung doch wirklich grundsätzlich neu konzipiert werden muß. Dann sind auch die Fächer dort in einer mir unmöglich scheinenden Weise angeordnet: Ganz am Anfang gibt es schon Kirchengeschichte und Liturgik; d. h. der *Cursus introductorius in mysterium Christi* des *II. Vatikanischen Konzils* ist praktisch unter den Tisch gefallen. Obwohl man zugeben muß, daß es sehr schwer ist, genauer zu sagen, was sich das Konzil darunter eigentlich vorgestellt hat. Aber immerhin, man könnte sich meiner Meinung nach ein vernünftiges Konzept für eine solche Einführung bilden. Kurz und gut, meine Meinung über diese Sache werde ich bald öffentlich vertreten können. Der Artikel ist fertig[1]. Es finden sich dort auch ziemlich viele Literaturhinweise zu dieser Sache. Bei den Protestanten gibt es übrigens auch erhebliche Literatur über die Reform des theologischen Studiums. Vieles davon ist natürlich für uns nicht direkt brauchbar.

Pater Rahner, wenn man die vorliegende bischöfliche Studie in bezug auf die Reform des Theologiestudiums kritisch liest, dann hat es den Anschein, daß die bisherigen Themen unverändert beibehalten werden sollen, und daß es sich lediglich um eine Neuverteilung der traditionellen Disziplinen handelt, wie Sie ja eingangs schon bemerkten. Worauf müßte es Ihrer Ansicht nach bei einer inhaltlichen Neukonzipierung des theologischen Studiums ankommen?

Ja, ich finde, die Grundschwierigkeiten bei diesem bischöflichen Kommissionsversuch liegt darin, daß mit einer durchaus realistischen Einschätzung von den faktisch vorhandenen

[1] Vgl. Stimmen der Zeit 181 (1968) 1–21.

Lehrstühlen und von den Professoren ausgegangen wird. Diese wollen sich selbstverständlich alle an der wissenschaftlichen Ausbildung der Theologen beteiligen. Damit entsteht jedoch automatisch die Situation, daß die Fächer, in denen Theologie unterrichtet werden soll, im voraus feststehen, so daß sich nur noch die Frage stellt, wie man diese faktisch festliegenden Fächer verteilen soll.

Nun scheint mir aber, man müßte einmal nüchtern sehen, daß man die Nützlichkeit, die Wichtigkeit dieser Lehrstühle durchaus akzeptieren und schätzen kann, ohne daraus die Konsequenz ziehen zu müssen, alle diese Professoren, alle diese Fächer müßten notwendigerweise auch in der allgemeinen Grundausbildung des Theologen mit Pflichtvorlesungen ausgestattet werden. Das scheint mir von vornherein eine merkwürdige Sache zu sein. Gemäß der deutschen Vorstellung eines Professors ist dieser ja nicht nur Schulmeister, sondern auch Forscher; er könnte meinetwegen Professor für ostkirchliche Theologie sein. Er mag dort außerordentlich viel Forschungsarbeit leisten und ein großes Institut aufbauen. Damit ist aber noch nicht gegeben, daß er notwendigerweise einen, wenn auch bescheidenen Teil der Pflichtvorlesungen eines Theologen für sich in Anspruch nehmen muß. Heute ist z. B. die Exegese von einer solchen Uferlosigkeit der Fragestellungen, der Methode usw., daß dies alles doch im Grundaufbau eines priesterlichen Wissens so umfangreich nicht dargeboten werden kann. Mit anderen Worten: Man könnte durchaus sagen, alle diese Lehrstühle könnten bleiben, sie sollten sogar noch vermehrt und noch weiter differenziert und die Forschungsrichtungen ausgebaut werden. Aber die Frage, was in der Grundausbildung eines Theologen geboten werden muß, zielt auf etwas ganz anderes; es soll z. B. einen Moraltheologen und einen Dogmatiker geben. Aber wie diese zusammen eine christliche Anthropologie grundlegender Art für den heranwachsenden Theologen zu bieten haben, das ist doch eine ganz andere Frage. Mir scheint, da liegt schon die Grundschwierigkeit. Historisch gewordene Einzelfächer und Einzeldisziplinen werden gleichsam automatisch als Kanon für die Grundausbildung des Theologen angenommen. Diese Voraussetzung stimmt aber eben von vornherein in dieser Weise nicht. Die Liturgik z. B. ist heute – entschuldigen Sie bitte den boshaften Ausdruck – eine »Modedisziplin«. Ich wünsche mir anstelle eines Professors für Liturgik ruhig zwei oder drei an einer theologischen Fakultät. Vermutlicherweise hätten die Forscher genug zu tun, aber für mich ist noch längst nicht ausgemacht, ob es eine solche eigene Disziplin mit Vorlesungen und Examina für den Theologen im Grundkurs geben muß. Ich will mich jetzt nicht darum streiten, aber wenn eine vernünftige Eucharistielehre, eine vernünftige, sagen wir einmal, Lehre von den Sakramenten im allgemeinen usw. geboten würde, wo auch die nötige Einsicht und Rücksicht auf die liturgische oder die ekklesiologische Seite dieser Wirklichkeit gebracht würde, dann würde sich eine eigene Vorlesung in Liturgik als Hauptdisziplin trotz des II. Vatikanums vielleicht erübrigen. Ich meine, daß bei dieser unendlichen Menge von verschiedenen Disziplinen oft Schwindel getrieben werden muß! Denn wenn man z. B. an die christliche Soziallehre denkt, wobei ich nicht weiß, welche Fächer es sonst noch gibt, da entsteht doch eine wissenschaftliche Hochstapelei, die alles andere als nützlich ist. Einen solchen Professor muß es an einer theologischen Fakultät geben; er soll auch den gerade dafür interessierten Theologen etwas aus seiner Spezialdisziplin anbieten. Aber gehört dies wirklich in den *Grundaufbau* eines theologischen Studiums hinein?

Ich möchte noch eine grundsätzliche Frage stellen: Wenn man schon eine Ausbildungsreform anvisiert, müßte dann nicht auch das Problem des Werdens der jungen Persönlichkeit als solcher, also das gesamtmenschliche Problem ins Auge gefaßt werden? Ich habe nämlich immer wieder erlebt, daß junge Leute ins Seminar kommen und dort ihre Berufung eigentlich erst suchen, erst finden wollen, bei denen man die Berufung also nicht voraussetzen kann, wie man das früher geglaubt hat. Gibt es Überlegungen, die sich mit diesem Problem beschäftigen?

Es gibt ja nun für das Studium an einer theologischen Fakultät das sogenannte »Seminar«. Wenn man die Fragen stellt, was ein Seminar ist, was es sein soll, wie es konstruiert sein soll, welche Ziele sich ein solches Seminar setzen soll, dann müßte man auf alle Fragen kommen, die Sie jetzt eben angeschnitten haben.

Aber diese Fragen hängen natürlich sehr mit der Frage des priesterlichen Amtes und der späteren priesterlichen Wirksamkeit zusammen; denn wenn man nicht so ganz genau weiß, woraufhin man ausbilden will, weder wissenschaftlich noch menschlich, dann wird natürlich das Problem des Werdens des Priesters von vornherein eine ziemlich dunkle Angelegenheit. Aber jetzt im Augenblick kann ich so aus dem Handgelenk dazu auch nicht sehr viel sagen.

Ja, wurden überhaupt Reformbestrebungen, die sich mit diesem Fragenkreis beschäftigen, sichtbar, greifbar?

Ja, soviel ich unterrichtet bin, gibt es außer der bischöflichen Kommission für die wissenschaftliche Ausbildung noch eine ganz andere Arbeitsgruppe. Wer genau dazugehört, weiß ich nicht. Wer folglich die umfassendere Frage der priesterlichen Ausbildung als ganzer behandelt, also Spiritualität, Seminar, Freistudium, vermutlicherweise ein vernünftiges Weihealter, die Frage, ob die Theologen, bevor sie geweiht werden, ähnlich wie in Münster nach dem theologischen Studium noch einmal eine Zeitlang in der Praxis eingesetzt werden – solche Fragen sind sicher auf der Tagesordnung. Was dabei allerdings herausgekommen ist, entzieht sich meiner Kenntnis.

Pater Rahner, Sie sprachen einmal in einem Aufsatz von der »existentiellen Situation des jungen Theologen«[2]. Diese Situation unterscheide sich wesentlich von der früherer Zeiten. Könnten Sie uns Aufschluß geben über die verschiedenen theologischen und vor allem anthropologischen Überlegungen, die vielleicht einmal in dem konzipierten Grundkurs greifbare Gestalt bekommen?

Wenn der heutige Theologe nicht mehr der selbstverständlich

[2] Vgl. Stimmen der Zeit 175 (1964/65) 173–193.

und unangefochten seiende Christ von früher sein kann, sondern wenn er bei aller Dezidiertheit seines Glaubens und seiner Entscheidung zum priesterlichen Leben eben doch der Mensch von heute ist, d. h. der immer Angefochtene, der vielleicht, wenn ich dies einmal etwas pathetisch sagen kann, derjenige ist, in dessen Herzen gleichsam der Atheismus auch immer wohnt, dann kann, dann muß doch heute die Theologie eine viel grundlegendere Existenzbegründung für ein christliches Dasein bieten, als es früher geschah. Damals hat man dies im Grunde ja schon immer vorausgesetzt. Von da aus würde sich dann vielleicht das ergeben, was eigentlich dieser Grundkurs, dieser *Cursus introductorius* bedeuten müßte: eine wissenschaftlich reflektierte, aber innerhalb der Möglichkeiten eines normalen, gebildeten Christen gleichsam sich haltende Reflexion auf die intellektuelle Redlichkeit des christlichen Glaubens und auf das, was das Christentum eigentlich ist. Es sollte eine Einführung in das Wesen des Christentums als einer intellektuell redlich verantwortbaren Daseinsentscheidung sein, wo gerade auch – sagen wir es einmal ganz deutlich – gezeigt wird, daß es auch eine theologische Barbarei der Reflexion gibt, d. h. eine Überforderung der Reflexion. Um ein einfaches Beispiel zu nehmen: Sie müssen katholischer Christ sein können, ernsthaft und intellektuell verantwortbar. Sie müssen demnach auch mit dem Papst etwas zu tun haben, ohne daß Sie deswegen alle exegetischen Probleme über Matthäus 16, 18 gelöst haben müssen. Ich meine, an einem solchen Beispiel können Sie den Unterschied zwischen diesem Grundkurs und der Gesamttheologie sehr deutlich sehen. Der Grundkurs muß zu einem intellektuell redlichen Ja zum Christentum in seiner Existenz und in seinem Wesen führen, ohne daß alle theologischen Einzelprobleme bis zum letzten wissenschaftlich durchreflektiert sind. Nachdem also ein solcher Grundkurs stattgefunden hat und nachdem eine Grundentscheidung auf dem Niveau eines heutigen gebildeten Menschen möglich war – natürlich hat er sie in einem gewissen Sinn vorher auch schon gemacht –, nach alledem kann man sich

offen und unbefangen in die ganze unvollendbare wissenschaftliche Problematik der heutigen Theologie hineinwagen.

*Wir könnten einmal voraussetzen, daß in der theologischen
Ausbildung diese Unterscheidung zwischen dem wissenschaftlichen Zweig in der theologischen Ausbildung und dem seelsorg-
lich orientierten Zweig in der Seelsorgeausbildung durchgeführt
würde. Jetzt lautet die Frage. Wie ist das bei dem Seelsorger, der
in seiner späteren Zeit nach dem Studium ständig darauf
angewiesen ist, sich an der konkreten Situation zu orientieren,
das Problem zu erfassen und dann wieder aufs neue zu studieren,
d. h. all das in einem ständigen Prozeß nebeneinander zu
vollziehen? Haben wir das eigentlich in der bisherigen Konzeption der Ausbildung berücksichtigt?*

Da haben Sie natürlich jetzt sehr viel gefragt. Ich würde sagen,
die Grundausbildung des künftigen Priesters sollte auf die
priesterliche Tätigkeit ausgerichtet sein. Sie sollte nicht an der
theologischen Wissenschaft als solcher orientiert sein. Das
heißt nicht, daß sie eine Ausbildung des kleinen »Apparat-
schiks« in der Kirche sein sollte, sondern sie sollte mit allem
Ernst, mit aller Wissenschaftlichkeit betrieben werden. Aber
man sollte eben die Dinge wissenschaftlich behandeln, die
wirklich für einen Priester in der konkreten priesterlichen
Tätigkeit sinnvoll sind. Und das könnte und müßte dann
vielleicht später auch, vorausgesetzt, man gestaltet dieses
Grundstudium nicht zu lang, ergänzt werden durch so etwas
wie ein Aufbaustudium. Es ist, glaube ich, heute schon so, daß
für die normale priesterliche Seelsorge gar nicht mehr jeder
alles können muß, und daß also schon in der wissenschaftlichen
Ausbildung nach so einem Grundstudium eine Differenzierung
für die verschiedenen Aufgaben eines Seelsorgers in Art eines
Aufbaustudiums denkbar oder vielleicht nützlich wäre. Wenn
z. B. vielleicht in zwanzig, dreißig Jahren der territoriale
Pfarrherr gar nicht mehr so eindeutig der Grundtyp des
Seelsorgepriesters ist, sondern vielleicht die einzelnen Altarge-
meinden, die sich um einen Priester scharen, nach ganz anderen
Gesichtspunkten strukturiert sind, dann würde sich ja von da

aus wahrscheinlich die Frage nach einer solchen Differenzierung der Priesterausbildung als *priesterlicher* Ausbildung noch einmal dringend stellen.

Die Zölibatsfrage oder: Was macht denn ein Bischof, wenn die Ehe seiner Geistlichen schief geht?

Dürfen wir noch eine Frage stellen und zwar die Frage nach der zölibatären Lebensweise des Priesters?
Ja, mein Gott, ich kann natürlich jetzt nicht das ganze Problem des Zölibats in zwei Minuten lösen... Sie dürfen ja von der Begründung des Zölibats, so sehr das eine Entscheidung ist, ein Entweder-Oder, keine Begründung verlangen, die diese Existenzweise als die absolut notwendige für den Priester hinstellen würde. Die gibt es nicht, und das zu behaupten wäre beinahe eine Häresie. Denn es gibt ja, von allen tieferen Gründen abgesehen, ein ostkirchliches Priestertum, das als solches verheiratete Priester durchaus kennt.
Das Problem der Sozialität des Zölibates macht uns Schwierigkeiten nicht insofern, als er eine in der Kirche mögliche Existenzweise ist, als vielmehr, daß dieser innerhalb unserer Gesellschaft manchmal zur Karikatur zu werden scheint.
Ja, alles wird in dieser trüben Welt zur Karikatur. Auch die Ehe wird in den meisten Fällen eine Karikatur statt eine wirkliche Ehe. Ich meine, wenn ich Sie recht verstehe, wäre doch die Frage die: Muß nicht das Ganze des christlichen Daseins auch im Priester repräsentiert sein? Da aber würde ich zunächst einmal folgende Gegenfrage stellen: Warum und wieso kann man solches heute postulieren, da man die unaufgebbare und wesentliche Funktion des Laien und auch der Ehe in der Kirche doch anerkennt? Also: Die Ehe ist durch die Eheleute in der Kirche, einmal grob gesagt, genügend repräsentiert. Sie muß sich nicht notwendigerweise noch einmal in den verschiedenen Lebensformen des Amtes wiederholen.
Also würden Sie – auch in Zukunft – keine Erfordernis sehen, diesbezüglich eine gewisse Ergänzung zu ermöglichen?

Ich sehe auf der einen Seite einen sehr positiven Sinn im Zölibat, auch in dem des Weltpriesters, und ich sehe keine Notwendigkeit, warum er als solcher auch eine andere für die Kirche wesentliche Funktion vertreten müsse, da diese als eine Funktion der Kirche eben gerade durch die verheirateten Eheleute repräsentiert wird. Ob die Kirche jemals insgesamt oder für gewisse Länder vom Zölibat abkommt, oder ob es denkbar wäre, daß es einen mehrgestaltigen Weltklerus gibt, das ist wieder eine andere Frage. Ich könnte mir z. B. denken, daß in der Zukunft die Kirche einen Teil – ich sage ausdrücklich einen Teil, aber vielleicht eben einen wesentlichen Teil – des Klerus aus den wirklichen konkreten Ältesten der wirklich lebendigen Gemeinden rekrutiert, und ich sehe im Grunde genommen absolut nicht ein, warum jeder Priester als Vorsteher einer Altargemeinde und als ein Verkünder des Wortes Gottes Schriftgelehrter sein muß und notwendigerweise eine akademische Ausbildung besitzen muß. Daß es solche Leute auch geben muß, ist selbstverständlich. Wenn man das einmal voraussetzt, was ich jetzt nur gerade ganz primitiv angedeutet habe, dann würde sich vielleicht das Problem des Zölibates z. B. für diese Leute wieder ganz anders stellen. Ich möchte, nur ganz in Klammern, fragen: Müßte der Weltpriesterklerus nicht, aufs Ganze gesehen, genau wie in der Ostkirche ein zweitrangiger Klerus werden, wenn es daneben einen zölibatären Ordensklerus gibt? Das ist sicher keine zentrale Überlegung. Man kann ja nicht auf die Protestanten als Beispiel hinweisen, denn da gibt's das eben nicht. Und sehen Sie doch in der Ostkirche: Wenn es einen verheirateten Weltklerus gibt, dann wäre ich auch dafür, daß das genausogut für die Bischöfe gelten würde; und mir kommt diese Regelung in der Ostkirche irgendwie komisch vor: Wenn man den verheirateten Pfarrer, den man sich ganz gut denken kann, akzeptiert, dann habe ich auch nichts gegen einen verheirateten Bischof. Aber wie würde das Verhältnis der Leute zum Ordens- und zum Weltklerus werden? Das ist mir nicht so klar. Dann müßte man ja auch bedenken, daß die Ehe heute in ihrer Gefährdetheit, Zermürbbarkeit, inneren Angefochtenheit etc. etwas ganz anderes ist als in den Zeiten zwischen der Reformation und dem Anfang des 20. Jahrhunderts. Auf den protestantischen Klerus, den Pfarrerstand und seine lobwürdige Bedeutung, die ich gar nicht bezweifle, können Sie heute eben nicht mehr verweisen, weil die soziologischen Voraussetzungen ganz anders sind. Bedenken Sie doch einmal: Was macht denn ein Bischof, wenn die Ehe seines Geistlichen schiefgeht? Ob er dann nicht am Schluß (das sind jetzt natürlich alles sehr sekundäre und pragmatische Überlegungen) genauso viele Skandale, oder wie man das nennen will, in Ordnung zu bringen hätte?

Gut, ich gebe zu, daß ich das Problem des Zölibats jetzt hier nicht beantwortet habe. Aber lesen sie einmal bei Kierkegaard oder bei anderen Denkern nach, und fragen Sie dann wieder, ob – vom persönlichen, individuellen Schicksal des einzelnen ganz abgesehen – nicht hinter dem Gesamttrend gegen den Zölibat auch in unserem Klerus heute in Mitteleuropa doch eine bourgeoise Tendenz steckt. Zu einem Christen oder zu einem Repräsentanten des Christentums gehört heute nicht gerade Verzicht auf die Ehe, aber irgendetwas, das jeder »vernünftige« Mensch dieses Lebens für verrückt oder unsinnig hält. Und wo wir diese Torheit des Kreuzes nicht mehr fertigbringen, sind wir eine so weltbeglückende und sozial animierte Bourgeoisie, genauso wie die Freimaurer oder andere Leute. Natürlich kann man jetzt von da aus nicht deduktiv beweisen, daß sich das gerade durch den Zölibat dokumentieren muß. Man könnte heutzutage vielleicht sogar fragen, ob der Zölibat überhaupt die geeignete Konkretheit für die Torheit des Kreuzes ist; aber ich möchte sagen: Die Leute, die gegen den Zölibat sind, sollten dann mindestens die Leute sein, um es jetzt einmal pathetisch zu sagen, die sich für die Aussätzigenseelsorge oder -pflege melden, die als Arbeiterpriester so leben, wie ein einfacher Arbeiter. Dann würden mir alle diese Tendenzen christlich glaubwürdiger vorkommen. Wenn sie aber von gutsituierten Studienräten oder von mit Villen versehenen Universitätsprofessoren herkommen, dann sage ich: Willst du nicht im Grund genommen deine bourgeoise Lebensweise auch noch in dieser Hinsicht abrunden? Kurzum, manche Argumentationen verkennen nicht nur die Radikalität der Entscheidung, die sich in einer bestimmten Existenzweise manifestiert, sondern auch die Erhabenheit der Ehe.

Es geht vielleicht auch dabei um die Frage: Kann man den Wert, der effektiv nun einmal im Zölibat da ist und den die Kirche dadurch erhält, auf irgendeine andere Weise ebenso erreichen? Das scheint mir im Moment deshalb sehr schwierig zu sein, weil alle anderen »Werte« z. B. das Ideal der Armut, nicht den einzelnen allein betreffen. Wenn ein verheirateter Priester arm ist, betrifft das nicht nur immer ihn, sondern auch seine Frau und seine Kinder.

Ja, das ist richtig. Aber das würde zunächst einmal nur beweisen, daß hinsichtlich der Gestalt und der Gesamtmentalität, die positiv durch den Zölibat initiiert wird, einiges für die priesterliche Existenz herauskommen müßte. Wenn der Priester natürlich nur nicht verheiratet, aber sonst hundertprozentiger Bourgeois ist, dann würde ich natürlich auch sagen: »Gut, dann heirate lieber; denn dann bis du nach Clemens von Alexandrien wahrscheinlich schon weniger egoistisch als du es so bist!« Das ist klar. Aber es müßte eben der Gesamtlebensstil des Priesters von heute, in den der Zölibat wirklich sinnvoll hineinpaßt, besser entwickelt werden. Sonst fragt man sich: Warum soll denn der Priester nicht die Haushälterin, von der er sich die Pantoffeln bringen und den Spazierstock vorher anwärmen läßt, nicht dann auch noch heiraten? Dann ist er vielleicht weniger egoistisch. Daß es natürlich einen primitiven zölibatären Egoismus gibt und geben kann, daran kann kein Zweifel sein.

Sind wir Studenten für die Kirche unmündig?

Was uns als Studenten noch besonders bewegt, ist die Frage: Wie sieht es eigentlich mit unserer Stellung in der Kirche aus? Wir fühlen uns als Theologiestudenten in einer besonderen Weise übergangen und nur im Hinblick darauf, daß wir Priester werden, akzeptiert. Wir fühlen uns in der Zeit, wo wir studieren, gewissermaßen als »Kinder im Nebel« für die Kirche.

Aber ist das nicht bei jeder Berufsausbildung so?

Ich meine, wir haben doch eine wirkliche Stellung in der Kirche; z. B. jetzt bei der Abfassung der bischöflichen Schrift zur Studienreform...

Ja gut, da hätten sie Euch hören können, dafür wäre ich auch gewesen...

Wir haben doch in der Fachschaft etwas ausgearbeitet. Das ist nicht alles prima, klar, aber es enthält einige Anregungen. Es wäre schön, wenn die heute in der Studie stünden.

Ich kann natürlich jetzt nicht wissen, ob sich die Kommission um solche Dinge bemüht hat oder nicht. Spannungen gibt es in allen Berufsausbildungen, insofern als die, die schon fertig sind, meinen, sie wüßten allein, wie man einen entsprechenden Nachfolger »heranzüchtet«. Das ist in allen Fächern ähnlich. Aber trotzdem würde ich sagen, die Theologen sollten mehr gehört werden. Man müßte natürlich auch bei ihnen eine gewisse nüchterne Selbstkritik voraussetzen. Um ein Beispiel, das mir einfällt, zu erwähnen: Wenn die Theologiestudenten in Münster der theologischen Fakultät schreiben, sie möchten bei den Klausurarbeiten nicht von »wild gewordenen und ihren Herrscherallüren ergebenen Dozenten oder Assistenten« beaufsichtigt werden, dann würde ich sagen: »Kinder, könnt ihr, selbst wenn da etwas dran ist, dies nicht etwas höflicher, christlicher ausdrücken?« Denn wenn man einem jungen Theologen Unverschämtheit insinuiert, dann ist er gekränkt und fragt, ob denn das eine christliche Verhaltensweise ihm gegenüber sei. Aber wenn den Dozenten und Assistenten »Wildgewordenheit und Herrscherallüren« insinuiert werden, dann findet man das offenbar durchaus in Ordnung. Kurz und gut, beide Seiten müßten immer wieder versuchen, christlich miteinander umzugehen.

5 Priester, Ehe und Zölibat –
Wandelt sich das Bild der Kirche?

Gespräch mit *Gerhard Eberts,* Olten (1968)

Zölibat, ein ernstes Problem für alle Katholiken

Herr Professor, der Zölibat betrifft eigentlich nur einen geringen Teil des Kirchenvolkes direkt. Dennoch beschäftigt diese kirchliche Lebensform viele Gemüter – Christen und Nichtchristen. Neben der Pille ist kein Thema so gefühlsgeladen diskutiert worden. Wie erklären Sie sich das?

Ernsthafte Katholiken interessieren sich für den Zölibat des katholischen lateinischen Weltpriesters – das liegt nahe. Das sind ihre Priester, und deren Lebensweise kann sie selbstverständlich auch interessieren. Wenn sich über den Kreis der Katholiken hinaus ein Interesse zeigen sollte, dann würde ich meinen, das ist oft mehr oder minder ein snobistisches Interesse. Denn den anderen Leuten kann das ja im Grunde egal sein. Es ist etwas ganz anderes als beispielsweise die Pillenfrage. Es kümmert sich ja auch sonst niemand darum, ob da ein Fritz Meier heiratet oder Junggeselle bleibt oder ob er sich sechsmal scheiden läßt. Ein Katholik hat nicht nur mit einem konkreten Priester zu tun, sondern er hat beispielsweise einen Sohn, der sich überlegt, Priester zu werden. Daß solche Katholiken sich für die Zölibatsfrage besonders interessieren, das scheint keiner weiteren Erklärung zu bedürfen.

Man hört manchmal die Meinung, der Zölibat ist jene kirchliche Verordnung, die in der Bibel nicht verankert ist, die aber um so eifriger von der Kirche befohlen wird.

Ich würde sagen, daß es einen Verzicht auf die Ehe um des Himmelreiches willen gibt, um eines – wie Paulus sagt – ungeteilten Verhältnisses zu Christus willen. Das ist in der Heiligen Schrift durchaus bezeugt. Eine ganz andere Frage ist, ob die Verbindung des Zölibats mit dem weltpriesterlichen

Beruf in der Schrift verankert ist. Da wird man zunächst sagen müssen: Nein, davon steht nichts in der Schrift. Damit ist aber die Frage nicht erledigt, ob es nicht durchaus sinnvolle Gründe gibt, von denen her die Kirche nur denjenigen das Amtspriestertum als Dienst für die Menschen im Auftrage Gottes übergeben will, die sich gleichzeitig zu der Lebensweise des Zölibates entschließen können. Diese Frage ist in der Heiligen Schrift nicht behandelt. Dafür war die konkrete Zeitsituation ja auch gar nicht gegeben. Aber dieses Schweigen ist nicht negativ zu werten – vorausgesetzt, daß man noch zugibt, daß es eine echte charismatische Berufung zum Verzicht auf die Ehe überhaupt geben könne. Und da bin ich immer noch der Meinung, daß diese Sache in der Schrift bezeugt ist.

Münchener Theologen haben sich vor kurzem mit großer Mehrheit (94,4 Prozent) für ein Freistellen von der Zölibatsverpflichtung ausgesprochen. Das, obwohl Paul VI. in seiner Enzyklika gegen eine Aufhebung war. Wie soll man den Vorfall beurteilen – ist das Aufbegehren berechtigt, oder beginnt hier so etwas wie Aufsässigkeit?

Die Amtskirche hat sicher die Pflicht, sich mit dieser Tatsache ernsthaft und gewissenhaft auseinanderzusetzen. Eine solche Auseinandersetzung muß sicher das Prinzip berücksichtigen, das nach meiner Meinung gilt: Wenn die Kirche eine wirklich genügend große Zahl von Weltpriestern nicht findet, außer sie gibt den Zölibat auf, dann hätte sie unter dieser Voraussetzung – die noch nicht bewiesen ist – die Pflicht, auf den Zölibat zu verzichten. Das ist die eine Seite. Auf der anderen Seite würde ich nicht meinen, daß in der Kirche einfach in einer x-beliebigen Weise abgestimmt werden darf, ob die Kirche den Zölibat beibehalten oder aufgeben soll. Erstens ist das Problem einer solchen demokatischen Abstimmung innerhalb der Kirche ein theologisches Problem. Zweitens muß man auch damit rechnen, daß es demokratisch zustande gekommene Majoritäten gibt, die deswegen noch lange nicht garantiert das Richtige fordern, und drittens wird man doch auch wieder betonen müssen, daß das Amtspriestertum nicht etwas ist, auf das von vornherein jeder, der es haben will, ein klagbares Recht der Kirche gegenüber hat.

Wenn einer den Zölibat nicht übernehmen will, ist das schon Grund genug, einem die Priesterweihe zu verweigern?

Wir setzen voraus, daß es eine sinnvolle Konvergenz zwischen einer priesterlichen Berufung gibt – in der ein Mensch radikal frei sein soll für den Dienst an den Menschen über eine mögliche Familie hinaus – und dem Zölibat. Wenn eine solche innere sinnhafte, wenn auch nicht notwendige Verbindung zwischen Zölibat und priesterlichem Dienst gegeben ist, dann meine ich, steht es im Urteil der Kirche, ob sie nur unter der Bedingung des Zölibates ein Priestertum verleihen will, auf das niemand von sich aus ein klagbares Recht hat. Dabei ist immer wieder das vorhin Gesagte aufrechtzuerhalten, daß die Kirche für einen genügend zahlreichen Klerus zu sorgen hat. Gegenüber der Möglichkeit, den Zölibat vom Priester zu fordern, ist das eine vorrangige Pflicht der Kirche.

Wäre eine schwindende Priesterzahl der einzige legitime Grund für die Kirche, den Zölibat aufzuheben? Könnte es nicht auch Gründe geben, die aus der heutigen Zeit kommen, etwa daß ein Mensch überfordert wird?

Dort, wo der Priester das Seine tut, dort, wo die Kirche das Ihre tut, um ein sinnvolles und menschlich nicht überfordertes Leben zu ermöglichen, ist es zweifelhaft, ob der Priester wirklich überfordert ist. In dem Augenblick, wo allerdings klar und eindeutig wäre, daß – von ganz wenigen Ausnahmen abgesehen – der Priester allgemein überfordert wäre, müßte man natürlich sagen: Kein Mensch und auch nicht die Kirche darf ihren Priestern zuviel zumuten. Also müßte die Kirche von dem Zölibat Abstand nehmen.

Das Recht auf unterschiedliche Lebens- und Denkweise

Im Zusammenhang mit der Enzyklika »Humanae vitae« wurde kritisiert, diese Enzyklika wäre eindeutig klerikal. Verheiratete

Priester hätten da eine andere Stellung bezogen. Sie wären nicht
zu den Schlußfolgerungen gekommen, zu denen Papst Paul VI.
gekommen ist.

Das ist offensichtlich ein falsches Argument, weil doch
genügend Priester, die durchaus hinter ihrem Zölibat stehen, in
dieser Frage zu einer anderen Auffassung gekommen sind als
Paul VI. Damit ist über die Frage, welche der beiden
Auffassungen die richtige sei, noch gar nichts entschieden.
Aber es ist jedenfalls klar, daß man nicht selber, weil man als
Priester zölibatär lebt, in dieser Pillenfrage notwendig zu einem
konservativen Ergebnis kommt. Man könnte genausogut
umgekehrt argumentieren: Deswegen, weil einer mit der
ganzen Sache nichts zu tun hat, ist er der objektivste Beob-
achter.

Welche positiven Gesichtspunkte dürften die Kirche am stärk-
sten beeinflussen, den Zölibat beizubehalten?

Man nehme auch in diesem Fall ernst, was die Heilige Schrift
sagt – und nicht nur in Fällen, wo es einem gerade paßt. Es gibt
Ehelosigkeit um des Himmelreiches willen. Zweitens ist doch
ein wirklich um der Liebe Gottes in einem persönlichen
Verhältnis zu Jesus Christus gelebter, durchgehaltener Verzicht
auf einen solchen hohen Wert wie die Ehe ein konkreter, real
werdender Vollzug des Glaubens an das ewige Leben. Denn
entweder macht man das deshalb – oder es ist von vornherein
ein menschlicher Unsinn, eine menschliche Selbstzerstörung.
Und umgekehrt würde ich sagen: Wenn eine solche Lebensweise in der Kirche schlechterdings aussterben würde, – ich
sage in der Kirche als Ganzes, – dann wäre die Kirche als
Ganzes eine gesellschaftliche Institution, die eigentlich mit
dem Glauben an das ewige Leben, an den lebendigen Gott,
an die Ungeheuerlichkeit der Gnade (die mit menschlichen Maßen nicht gemessen werden kann) nichts mehr zu tun
hat.

Sie sprechen vom Verzicht und von Entsagung. Das hört sich
dann so an, als ob nur der, der nach Kreuz und Leid und
Schwierigkeiten sucht, glücklich sein könne ...

Die Entsagung als solche, für sich allein, als gleichsam die einzige Realisation des Glaubens, der Hoffnung und der Liebe zu erklären, wäre – wenn ich einmal so einen Sprung machen darf – »buddhistischer« Negativismus. Aber gerade derjenige, der in einer echten, lebendigen, unmittelbaren, menschlichen Weise eine Ehe eingeht, der sucht damit nicht das Kreuz – das jedoch auch irgendwo und irgendwann angenommen werden muß. Er sucht eine unmittelbare, echte, großartige menschliche Erfüllung seines Lebens, die ja geradezu in einem gewissen Sinne noch unabhängig ist von der Hoffnung auf ewiges Leben. Jedenfalls ergreift er die Entsagung nicht unmittelbar als solche. Das Ehesakrament ist dafür nicht unmittelbares Zeichen.

Was wird von den Verantwortlichen – den Leitern der Priesterseminare, den Bischöfen usw. – getan, den Zölibatären eine sinnvolle Bejahung ihrer Lebensform zu erleichtern?

Daß man sich mindestens bemüht, eine sinnvolle, echte, von unterschwellig vorhandenen manichäischen Tendenzen unabhängige Begründung des Zölibats zu geben, das zeigen schon die vielen Tagungen der Spirituäle und Leiter der Priesterseminare. Man bemüht sich, Ungeeignete vom Priestertum fernzuhalten, man bemüht sich, auch menschlich sinnvolle und erträgliche Formen zu entwickeln für jene, die nachträglich erkennen, daß sie die falsche Berufswahl getroffen haben.

Einem Kloster in Mexiko wurden psychotherapeutische Versuche von der Kirchenleitung untersagt, durch die ungeeignete Kandidaten ausgeschlossen werden sollten. Wie steht die Kirche zur Psychotherapie?

Wenn ein Abt – wie in Mexiko – jeden durch die Mühle einer großen Psychoanalyse drehen will, daß die Kirche dann sagt, das ist ein Unsinn, so halte ich das auch heute noch für vernünftig. Überspanntheiten und Überschätzungen dessen, was eine psychoanalytische Methode leisten kann, ergeben sich oft zwangsläufig. Aber daß zum Beispiel ein menschlich hochstehender Mann, der Priester werden will, gegen den jedoch psychotherapeutische Bedenken bestehen, unter Umständen zum Psychotherapeuten geschickt wird, dagegen hat die Kirche nichts. Daß es unterschwellig auch bei kirchlichen Behörden noch ein falsches, ängstliches Mißtrauen gegen Psychotherapie gibt, ist nicht zu bezweifeln. Aber es gibt kein allgemeines Verbot psychotherapeutischer Behandlungen.

Pfarrhaus der Zukunft – Schicksal der »Abgefallenen«

Der Priester ist stärker als früher genötigt, mit den Laien zusammenzuarbeiten. Um so stärker muß ihn seine persönliche Einsamkeit treffen. Wie sollte nach Ihrer Meinung das Pfarrhaus der Zukunft aussehen?
Darüber kann ich nicht sehr viel sagen. Aber wenn der junge Klerus in Württemberg zum Beispiel schon sehr dafür eintritt, daß nicht von der Einzelpfarrei her Seelsorge betrieben wird – so richtig sie vielleicht als technischer Verwaltungsbetrieb bestehen bleibt –, sondern von einem Bezirk, von einem Team von Geistlichen her, dann tun sich vielleicht – auch durchaus im Sinne des Weltpriestertums und ohne es klostermäßig zu verfremden – Möglichkeiten eines gemeinsamen Lebens auf, – jedenfalls einer größeren brüderlichen Gemeinschaft. Von diesem vielleicht nicht zu umgehenden neuen Konzept der priesterlichen Seelsorge könnten solche Schwierigkeiten einigermaßen erleichtert werden. Ich will gar nicht bestreiten, daß trotzdem das Problem der Einsamkeit bleibt. Aber, welcher Mensch ist denn im letzten nicht einsam? Wieviele Menschen werden auch in der Ehe die Erfahrung einer letzten Einsamkeit machen?
Hat nun ein Priester, der – sagen wir 20 Jahre im Zölibat ausgehalten hat und nun – nach dem Volksmund – »abfällt«, sein Leben verpfuscht? Sind die Jahre der Treue vor Gott gegenstandslos geworden?
Die Rechnung des lieben Gottes für ein ganzes Leben nachzurechnen ist uns nicht gegeben. Natürlich würde ich jenem amerikanischen Jesuitenprovinzial, der sein Amt mit 56

Jahren quittierte, sagen: Du hast das innere Gesetz, nach dem du angetreten bist, in deinem Leben weiter durchzutragen und davon nicht abzufallen. Wenn er – menschlich gesehen – »abgefallen« ist, was das dann eigentlich ist, das weiß kein Mensch.

Ich denke an die 25 Jahre, die er sich ehrlich abgemüht hat und die er für die Kirche gearbeitet hat ...

Das hängt mit einem schwierigen theologischen Problem zusammen. Man kann sich nicht vorstellen, wenn Gott die endgültige Rechnung eines Lebens aufmacht, daß er dann einfach Posten zusammenzählt und sagt: Am Schluß warst du ein Schuft, vorher warst du aber ein anständiger Kerl, also Gesamtresultat gut, – daß es so nicht geht, ist für eine christliche Überzeugung selbstverständlich. Daß andererseits einer gegen Schluß seines Lebens sein ganzes Leben zerstören kann – auch vor Gott –, damit muß ein Priester rechnen. Hier sind letztlich Unauflösbarkeiten theologischer und menschlicher Art, die Gott überlassen werden müssen, weil nach dem christlichen Selbstverständnis nicht wir uns richten, sondern Gott uns richtet.

Unterschwellig wirkte bei manchen Priesterfeiern und Primizansprachen ein Gedanke mit, den man so aussprechen könnte: Der Priester ist zu gut für die Ehe. Die jungen Kleriker reagieren darauf sehr schroff: Sie wollen nicht mehr sein als andere. Das zeigt sich im Ablegen der klerikalen Kleidung, in der Verachtung geistlicher Titel usw. Auch lehnen sie es ab, anders zu erscheinen als ihre Altersgenossen, mit denen sie auf der Schulbank beziehungsweise im Hörsaal gesessen haben.

Der priesterliche Lebensstil steht sehr unter dem Gesetz der Geschichte. Eine Ausbildung zum Priester kann, soll sogar heute anders sein als früher. Daß ein Priester auch in Zukunft ein Priester ist und deswegen eine andere Funktion und von daher in einem gewissen Sinn einen anderen Lebensstil hat wie andere Glieder der Kirche, scheint mir selbstverständlich. Aber daß ein Priester sich nicht einbilden kann, er sei zu gut für die Ehe, das scheint mir allmählich doch auch eine Selbstverständlichkeit geworden zu sein. Man ist nicht zu gut für die Ehe, sondern die Ehe ist so gut, daß es einen Sinn hat, auf sie zu verzichten.

Man spricht im Zusammenhang mit dem Zölibat von der Krise des Priesterstandes. Ist das berechtigt?

Daß dort, wo der Priester in seiner priesterlichen Aufgabe sich fragwürdig wird, das Problem des Zölibats natürlich in einer ganz anderen und dann auch unlösbaren Weise besteht, ist einsichtig. Aber man kann als katholischer Christ nicht der Meinung sein, daß die priesterliche Funktion im Ganzen der Kirche heute oder in Zukunft nicht mehr gegeben wäre. Wenn ein gesellschaftliches Prestige, das den Priester zum Teil früher getragen hat, heute wegfällt, und wenn deswegen das Priestertum in einer viel radikaleren Weise gelebt werden muß, dann kann man das nur begrüßen.

6 Im Beichtstuhl nach der Pille fragen? Über die Enzyklika zur Geburtenregelung »Humanae vitae«

Gespräch mit SPIEGEL-Korrespondentin *Inge Cyrus* und SPIEGEL-Redakteur *Werner Harenberg*. (1968)

War die Entscheidung gegen die Pille richtig?

Herr Professor, der Papst hat nein zur Pille gesagt, viele, sehr viele Katholiken haben ihm widersprochen. Was ist nun vermindert worden, die Autorität des Papstes oder die Verbreitung der Pille?

Ich glaube, daß im großen und ganzen, soziologisch gesehen und gemessen, die Verbreitung der Pille faktisch nicht verringert wird. Das ist wohl eine Tatsache, die man nüchtern sehen

muß. Eine andere Frage ist natürlich, ob dadurch das Prestige
– oder wie man es nennen will – des Papstes und der von ihm
verkörperten Institution wirklich vermindert worden ist. Was
heißt: Ein Prestige wird vermindert? Ist das Prestige einer
Autorität einer Institution vermindert, wenn sie in Konflikt mit
einer größeren Menge Menschen kommt?

Doch wohl ja.

Selbstverständlich, man kann aber auch genausogut das Gegenteil sagen. Eine Institution, die nicht mehr den Mut hätte,
prinzipiell auch mit einer größeren Zahl von Menschen in
Konflikt zu kommen, hätte sich im Grunde genommen schon
selber aufgegeben und könnte sich höchstens noch als Sprach-
rohr einer öffentlichen Meinung empfinden, aber nicht eigentlich von einer selbständigen Position aus auf die öffentliche
Meinung einwirken.

*Meinen Sie wie manche andere Theologen, es beweise die Stärke
der Kirche, daß der Papst sich so gegen die öffentliche Meinung
gestellt hat?*

Ja, das glaube ich schon. Auf der anderen Seite kann man
natürlich einwenden, eine Mutprobe solle man dort ablegen,
wo sie von der Sache her berechtigt ist.

Natürlich.

Und das ist dann die eigentliche, entscheidende Frage: Hat der
Papst sachlich, von einer christlichen Moral her gesehen, recht
oder nicht?

*Welcher Ansicht sind Sie? Denken Sie wie der Papst oder wie
wohl die Mehrheit der Katholiken?*

Ja, da stellen Sie mir eine Frage, mit der Sie mich gleich in die
komplizierteste Situation hineinmanövrieren, mit Recht natürlich. Diese Situation besteht darin, daß ich wohl Ihnen und den
Lesern dieses Interviews nur sehr schwer klarmachen kann,
warum meine Position sehr komplex ist, warum ich mit
einerseits, andererseits arbeiten muß. Meine Stellungnahme
sieht vielleicht diplomatischer aus, als sie in Wirklichkeit ist und
als sie von mir wirklich gemeint ist.

Einerseits…

... habe ich als ganz normaler Katholik die Verpflichtung, eine solche Stellungnahme der höchsten Autorität in der katholischen Kirche, wie es diese Enzyklika ist, ernst zu nehmen. Ich habe auf der anderen Seite aber auch als Katholik das Recht und die Pflicht, eine solche Stellungnahme nicht einfach und schlechthin als das letzte Wort zu empfinden, sondern weiter darüber nachzudenken, unter Umständen mir eine persönliche, eigene, auf eigene Verantwortung unternommene Stellungnahme zu erarbeiten.

Welcher Richtung neigen Sie eher zu?

Auch nach dieser päpstlichen Erklärung würde ich eher meinen, daß eine Freigabe der Pille – um das einmal so dumm auszudrücken – mit der katholischen Grundsubstanz der Auffassung des Geschlechtlichen nicht unvereinbar wäre. Aber ich kann auch nicht sagen, das ist meine feste, meine klare, meine eindeutige Überzeugung. Wissen *Sie* so genau, wer recht hat?

Wissen es nicht sehr viele?

Fast alle meinen es zu wissen, auf der einen wie auf der anderen Seite. Es gehört zur menschlichen Situation, daß man sich in der Praxis immer hundertprozentig entscheiden muß, auch wenn die Argumente 51:49 stehen. Wer das nicht einsieht, der ist im Grunde genommen nicht fähig, überhaupt in solchen Fragen mitreden zu können. Aber wer so denkt, der gilt heute als der Dumme, der Feige, der Diplomatische.

Zugegeben, auf beiden Seiten wird beim Thema Papst und Pille hundertprozentig, also radikal Stellung genommen. Der Enzyklika ist kaum zu entnehmen, daß für den Papst selber jahrelang die Argumente doch wohl 51:49 gestanden haben, daß er selber jahrelang geschwankt hat.

Aber sehen Sie auch die andere Seite. Haben deswegen, weil es wilde Proteste gibt mit sehr großer Emotionalität, die Verteidiger der Pille recht? Ich kann das nicht sehen.

Besteht ein Recht auf gegenteilige Meinung?

Wenn Sie selber die Argumente noch heute so abwägen, darf man vermuten, daß Sie nicht wie der Papst entschieden hätten?
Ich würde vielleicht für meine Person sagen, daß ich die Frage wohl offengelassen hätte. Wobei ich natürlich betonen möchte: Ich habe keine absolute Sicherheit, daß diese Position dann sachlich und objektiv die eindeutig richtige gewesen wäre.

Das Recht, wie Sie über den Inhalt der Enzyklika noch nachzudenken, die eigene Entscheidung hinauszuschieben und sich womöglich gegen die Enzyklika zu entscheiden, gestehen Sie jedem Katholiken zu?
Selbstverständlich. Ich verweise auf die schon lange vor der Enzyklika ergangene Erklärung des deutschen Episkopats, die nichts anderes bietet als selbstverständliche Prinzipien der kirchlichen Lehre. Und in dieser Erklärung wird der Sache nach gesagt: Eine authentische, aber gar nicht definitiv sein wollende Erklärung des kirchlichen Lehramtes ist eine den Katholiken in seinem Gewissen anrufende, aber eine weitere Diskussion, eine weitere Stellungnahme auch des einzelnen Gewissens offenlassende lehramtliche Erklärung.

Aber Paul VI. hat doch – wie früher Pius XII. – mit seiner Enzyklika die Diskussion beenden und nicht entfachen wollen.
Das sehe ich nicht ganz so wie Sie. Aber natürlich ist eine authentische Erklärung des kirchlichen Lehramtes eine Erklärung, die recht haben will und die angenommen werden will. Man kann als Katholik nicht einfach sagen: Die Sache steht genauso wie vorher. Aber die Erklärung wird ausdrücklich oder stillschweigend mit dem Vorbehalt einer Reformabilität gegeben, und eine absolute Beendigung jedweder Diskussion ist damit eben nicht beabsichtigt.

Inzwischen hat die Sache sich so entwickelt, daß der Papst die Diskussion nicht mehr beenden könnte, auch wenn er wollte. Auf dem Katholikentag in Essen ist kürzlich mit fast 5000 gegen wenige Dutzend Stimmen eine Resolution gegen die Enzyklika beschlossen worden. Was halten Sie von dieser Reaktion?

Ich würde zwei Dinge unterscheiden: Es ist für die Kirchenleitung außerordentlich wichtig zu wissen, wie das sogenannte Kirchenvolk wirklich denkt und empfindet. Das weiß man nicht immer so genau. Und über dieses Denken und Empfinden kann sich unter Umständen eine Kirchenleitung auch täuschen. Insofern ist eine solche Feststellung durchaus von einer gewissen theologischen Bedeutung, auf die ich jetzt nicht eingehen will. Andererseits wird man hinsichtlich der Wahrheitsfrage bei solchen Abstimmungen doch sehr nüchtern und vorsichtig sein müssen.

Weil ein solcher Kreis vielleicht nicht repräsentativ ist?

Nicht nur deshalb. Sehen Sie, ich will es einmal ganz massiv und eindeutig sagen, und es liegt mir daran, das in diesem Zusammenhang zu sagen. Nehmen Sie einmal an, Sie würden einige tausend Katholiken zusammentrommeln und Sie würden diesen Leuten eine fulminante Rede halten im Stil einer gewissen modernen Theologie: Jesus Christus sei nicht auferstanden, das sei nur ein frommes Märchen. Und Sie würden dann bei diesen Katholiken eine Abstimmung machen, und es käme dabei heraus, daß 2500 der Ansicht sind, Jesus Christus sei nicht auferstanden, und nur 500 glaubten noch daran. Dann müßte ich als Katholik doch sagen: Diese 2500 sind vielleicht noch im soziologischen Verband der katholischen Kirche, aber sie sind keine Katholiken mehr, und die Kirche ist repräsentiert durch die anderen 500.

Machen Sie es sich nicht zu leicht? Bei der Auferstehung geht es um ein Dogma, bei der Pille wird doch kein Dogma berührt.

Sicher, die Sache liegt etwas anders. Ich wollte nur darauf hinweisen, daß von der katholischen Konzeption der Kirche her Abstimmungen wie die auf dem Katholikentag nicht die letzte Norm sind.

Da wir gerade bei der Frage nach der Mehrheit sind: Ist es wohl wahr, was Papst Paul VI. in seiner Botschaft an den deutschen Katholikentag über das Echo auf seine Enzyklika behauptet hat: »Die überwiegende Mehrheit der Kirche hat Unser Wort mit Zustimmung und Gehorsam aufgenommen...«?

Ich muß sagen, daß ich nicht so genau weiß, nach welchen Kriterien oder Maßstäben...

...der Papst die Mehrheit festgestellt hat?

Ja. Wenn er darauf reflektiert, wie sich der Weltepiskopat verhält, kann man diesen Satz als richtig empfinden. Wenn er die Mentalität des Großteils der Katholiken anvisieren wollte, dann wüßte auch ich wirklich nicht zu sagen, wie diese Majorität festgestellt wurde, auch wenn man nicht von der Lage der deutschen, der holländischen oder der nordamerikanischen Katholiken ausgehen darf.

Nun gibt es doch aber ohne Zweifel gewichtige Tatsachen, die uns und später auch andere zu der Behauptung veranlaßten und wohl auch berechtigten, der Papst habe gegen die katholische Kirche gehandelt. Die Mehrheit der Kommission, die der Papst selbst berufen hat, war anderer Ansicht als er. Die Mehrheit der Bischöfe, die sich auf dem Konzil und später zu diesem Thema geäußert haben, denkt anders als er. Die Mehrheit der Moraltheologen, jedenfalls im deutschen Sprachraum, ist anderer Meinung als er. Die Beichtpraxis war, wie jetzt offen gesagt wird, anders, als sie nach der Enzyklika sein soll. Das Eheleben wohl der meisten katholischen Paare widerspricht den Forderungen des Papstes. Man könnte noch die Ergebnisse von Umfragen und viele andere Belege anführen.

Dazu ist sehr viel zu sagen. Zunächst einmal meine ich nicht, daß der Papst in einem formal-kirchenrechtlichen Sinne gegen die Bestimmungen des Zweiten Vatikanums gehandelt hat. Es gibt ja, wie Sie wissen, manche Theologen, die meinen, der Papst hätte die Lehre des Zweiten Vatikanums über die Kollegialität verletzt.

Die Kollegialität des Papstes und der Bischöfe ist der vor allem von Ihnen, Herr Professor, entwickelte Gedanke, daß die Kirche vom Papst gemeinsam mit den Bischöfen geleitet werden solle oder sogar müsse.

Auch das Zweite Vatikanum hat dem Papst ausdrücklich die Möglichkeit eingeräumt, so wie jetzt zu entscheiden.

Hatten Sie nicht, wie viele andere, während des Konzils den

Eindruck, daß die Versammlung der Bischöfe zu einer Freigabe der Geburtenkontrolle entschlossen war und daß vor allem durch einen Eingriff des Papstes eine solche Entscheidung verhindert wurde?

Das ist eine Frage, die man letztlich wirklich historisch nicht entscheiden kann. Sicher hat der Papst auf dem Konzil eher auf Vorsicht gedrängt und erklärt, er wolle diese Frage weiter studieren und selber entscheiden. Aber wer will beweisen, daß das Konzil anderer Meinung war? Daß es viele Bischöfe dort gegeben hat, die für eine solche Freigabe waren, beweist es nicht.

Hat nicht dieser Papst sozusagen noch unkollegialer gehandelt als sogar Pius IX., bevor dieser 1870 auf dem Ersten Vatikanischen Konzil das Dogma von der Unfehlbarkeit des Papstes durchsetzte, und als Pius XII., bevor er 1950 das Dogma von der leiblichen Aufnahme Mariens in den Himmel verkündete? Die beiden Pius-Päpste hatten doch die Zustimmung der Bischöfe eingeholt, Paul VI. aber hat die Bischöfe weder befragt noch auch nur informiert.

Es macht eben doch einen sehr großen Unterschied aus, ob ein Papst ex cathedra entscheidet, also ein Dogma verkündet, oder ob er – wie jetzt Paul VI. – eine authentische, aber reformable Lehre verkündet.

Aus der Sicht des Theologen ist dieser Unterschied klar. Aber aus der Sicht des schlichten Katholiken sieht es doch so aus, daß die Empfängnisverhütung mit seinem Leben mehr zu tun hat als ein Mariendogma und deshalb ebenso ernst genommen werden sollte.

Ja, deswegen möchte ich sagen, daß der Papst zwar formal das Recht hatte, so vorzugehen, daß es aber eine ganz andere Frage ist, ob es wünschenswert oder sachlich gerechtfertigt war, so vorzugehen. Diese zweite Frage weiß ich letztlich nicht zu beantworten. Ich würde nur ehrlich sagen: Ich hätte wirklich gewünscht, wenn der Modus procedendi des Papstes in dieser Sache kollegialer gewesen wäre.

Widerspruch zur Praxis der meisten Katholiken?

Was bedeutet es theologisch, daß die Entscheidung des Papstes offenkundig im Widerspruch steht zur Praxis der meisten Katholiken?

Da muß ich zunächst fragen: Wissen Sie so genau, daß dieser Widerspruch besteht? In den meisten Ländern ist die Pille doch noch gar keine reale Größe. Da muß man schon sehr vorsichtig sein. Aber unterstellen wir einmal, es wäre so, wie Sie sagen. Kann eine durchschnittliche Praxis der Menschen einer bestimmten Kirche nicht falsch sein? Nehmen Sie einmal die demoskopischen Befragungen, die der »Spiegel« über das Verhältnis vieler Katholiken zu den Dogmen ihrer Kirche hat machen lassen[1]. Wenn festgestellt würde, daß 60 Prozent am ewigen Leben des einzelnen Menschen zweifeln, dann müßte ich als Katholik sagen: Ich bedaure, daß das so ist, aber das ändert an der Tatsache dieses kirchlichen Dogmas nichts.

Ist es nicht wie vorhin mit der Auferstehung? Auch für die Lehre vom ewigen Leben kann doch das Alltagsleben der Katholiken keine normative Kraft haben. Aber wenn die Mehrheit der Katholiken Methoden der Empfängnisverhütung anwendet, die der Papst verbietet ...

Nehmen Sie eine andere Lehre, die Dogma der Kirche ist: die Unauflöslichkeit der Ehe. Wenn festgestellt würde, daß 60 Prozent der Katholiken sich daran nicht halten, dann wäre dadurch auch nichts geändert. Natürlich liegt auch hier der Fall anders, denn bei der Empfängnisverhütung haben wir eine authentische, aber reformable Lehre und eine ihr entgegenstehende Praxis, mindestens in manchen Ländern. Und gegenüber einer solchen Lehre bedeutet natürlich, auch theologisch, eine gegenteilige Praxis mehr als in dem anderen Fall. Das ist selbstverständlich zuzugeben. Ich würde aber sagen: Das gehört zu der Situation, die wir als katholische Christen und Theologen auszuhalten und durchzustehen haben.

[1] SPIEGEL-Titelgeschichte 52/1967: »Was glauben die Deutschen?«.

Kann man angesichts dieser Diskrepanz zwischen Lehre und Leben noch ernsthaft davon sprechen, daß das katholische Kirchenvolk – wie es das Konzil gefordert hat – »sein oberstes Lehramt ehrfürchtig anerkennt und den von ihm vorgetragenen Urteilen aufrichtige Anhänglichkeit zollt«?

Gegenüber einer reformablen, wenn auch authentischen Lehre kann ein Katholik, wenn er sie nicht akzeptiert, faktisch zwei verschiedene kritische Haltungen haben. Er sagt entweder von vornherein, es sei ihm vollkommen gleichgültig, was man da in Rom erklärt; eine solche Haltung wäre unkatholisch. Aber diese authentische, jedoch reformable Lehre verlangt vom Katholiken ja eben nicht, daß er sie als eine endgültige Entscheidung akzeptiert. Wo Katholiken eine solche Lehre der Kirche mit Vorbehalten und weiteren Fragen aufnehmen, sie aber gleichzeitig auch ernst nehmen, kommen sie mit der Forderung des Konzils, die Sie zitiert haben, nicht in Konflikt.

Sie halten es für denkbar, daß eine katholische Ehefrau die Pille nimmt und trotzdem nach gewissenhafter Überlegung der Meinung sein kann, sie sei dem Papst gehorsam?

Ja, daß die Frau subjektiv dieser Meinung sein kann. Ob sie objektiv recht hat, ist eine andere Frage.

Aber für die Frau und für die Kirche würde es genügen, daß sie subjektiv dieser Meinung ist?

Ja.

Und diese Frau müßte sich nicht bei der Beichte so oft wie möglich vergewissern, daß ihre Meinung richtig ist?

Nein. Sie braucht nicht bei jeder Beichte darauf hinzuweisen. Dort, wo ich subjektiv, nach meinem subjektiven, letztlich ja nie überspringbaren Gewissen der Überzeugung bin, richtig gehandelt zu haben, dort ist das, was ich getan habe, von vornherein überhaupt kein Gegenstand der Beichte.

Und wie sollen sich die Beichtväter verhalten? Müssen sie die Frauen fragen, ob sie die Pille nehmen?

Ich glaube – das ist aber nur meine private Meinung –, daß in dem Fall, wo der Beichtvater vernünftigerweise voraussetzen kann, daß die Pönitentin ein ruhiges, sicheres Gewissen hat, er in dieser Hinsicht nicht fragen muß.

Pater Rahner, wir haben den Eindruck, daß viele Urteile und Vorurteile, die mancher schon vergessen glaubte, durch die Enzyklika wieder geweckt worden sind: daß der Papst autoritär entscheidet wie früher weltliche Monarchen, daß die katholische Kirche weltfremd ist, daß ihre Priester scheinheilig sein müssen, daß die Jesuiten blind gehorchen. Wir haben Beispiele parat.

Daß solche Vorurteile wieder hochgekommen sind, ist nicht zu bezweifeln. Aber es ist natürlich die Frage, ob ein verdrängtes, aber durchaus noch vorhandenes Vorurteil besser ist als ein offen zutage tretendes.

Was beispielsweise den blinden Gehorsam der Jesuiten gegenüber dem Papst angeht, so glaubten doch viele schon, es gäbe ihn nicht mehr. Sie und andere Mitglieder des Ordens haben in den letzten Jahren so viele neue Ideen in die Kirche getragen, auch gegen den Widerstand römischer Instanzen, daß man die Jesuiten nicht mehr für eine blind gehorsame Leibgarde des Heiligen Vaters, sondern für die Vorhut der Kirche hielt.

Wenn es so ist, wie Sie sagen, warum soll sich da jetzt etwas geändert haben?

Ihr General Pedro Arrupe hat alle Jesuiten aufgefordert, sie sollten alles tun, um in die Gedanken der Enzyklika »einzudringen und anderen zum Verständnis zu helfen«. So weit, so gut. Aber dann geht es weiter über die Enzyklika und den Jesuiten: »Diese Gedanken mögen zunächst nicht seine eigenen gewesen sein, aber er wird deren Berechtigung im Überschreiten seiner eigenen Einsichten entdecken!« Das weiß der General, bevor die Jesuiten angefangen haben zu lesen. Und dann schreibt er noch weiter: »Keine Furcht darf uns dann« – wenn dieser Prozeß des Umlernens beendet ist – »davon abhalten, gegebenenfalls öffentlich die Änderung unserer bisherigen Meinung kundzutun.«

Ich würde sagen: Hier will der General nichts anderes sagen, als ich vorhin gesagt habe: Studiert die Enzyklika, nehmt sie ernst. Wenn ihr aufgrund dieser ...

Er sagt eben nicht: wenn. Wenn er »wenn« gesagt hätte, sähe es ja etwas anders aus. Aber so befiehlt er doch den Jesuiten, sich die Ansicht des Papstes zu eigen zu machen.

Nein, nein. Diese Interpretation lehne ich als sachlich falsch ab. Der General kann durchaus und muß nach meiner Meinung sogar mit der Möglichkeit rechnen, daß ein Jesuit, auch nachdem er getan hat, was hier gewünscht ist, bei seiner alten Überzeugung bleibt und sich dementsprechend verhält.

Eine alte Meinung über die katholische Kirche ist: Einer, der Papst, entscheidet, und alle anderen haben zu gehorchen.

Wer die Enzyklika richtig interpretiert, kann sie nicht als Beleg für diese Meinung anführen, denn sie ist keine absolute und endgültige Entscheidung, sondern – wenn Sie so wollen – eine vorläufige, die noch einmal mit dem Gewissen des einzelnen konfrontiert werden soll und muß.

Muß es auf Außenstehende nicht unwahrhaftig wirken, wenn Priester jetzt angehalten werden, je nach dem Ort, an dem sie auftreten, verschieden zu reden und zu handeln? Konkreter: Sie dürfen auf der Kanzel sich nicht kritisch über die Enzyklika äußern wie im Gemeindesaal oder auf dem Katholikentag. Und was die Bischöfe angeht, so erfährt der schlichte Katholik aus seinem Kirchenblatt auch nicht, daß zum Beispiel Kardinal Döpfner einen anderen Standpunkt hatte und vielleicht noch hat als der Papst.

Oh, doch, das kann und soll er ruhig erfahren. Aber ein grundsätzlicher sachlicher Unterschied besteht zwischen der Verkündigung des Evangeliums auf der Kanzel und der Diskussion in Gemeindesälen und so weiter. Das kann man doch einsehen.

Aber wenn der Papst sich auf göttliches Recht beruft, soll dann ein Priester auf der Kanzel sich dazu nicht kritisch äußern dürfen?

In diesem konkreten Fall ist meines Erachtens nichts dagegen einzuwenden, daß die Dinge in einer sachlichen, nüchternen Weise dem Volk, den Gläubigen gesagt werden.

Darf also der Katholik, der in der Kirche sitzt, erfahren, daß derjenige, der auf der Kanzel steht, in dieser Frage anders denkt als der Papst?

Ich glaube schon. Vorausgesetzt, daß er den Gläubigen gleichzeitig die Ernsthaftigkeit und die Wichtigkeit einer solchen authentischen Lehräußerung nahezubringen sucht.

Auswege aus der Gewissensnot?

Herr Professor, wer genügend gebildet ist, genau hinhört und ein bißchen zwischen den Zeilen zu lesen versteht, dem wird ein Weg oder ein Ausweg gezeigt. Ist das nicht ungerecht gegenüber dem schlichten, gläubigen Volk, das das Nein des Papstes buchstäblich nimmt? Ist es nicht sogar ein Unrecht, den Klugen zu helfen und die Einfältigen ihrer Gewissensnot zu überlassen?

Sehen Sie, es gibt natürlich einen, wenn ich etwas kompliziert reden darf, gewissen globalen moralischen Instinkt, der auch funktionieren kann und auch mindestens für das subjektive sittliche Leben eines Christen funktioniert, ohne daß dieser Instinkt sehr begrifflich und differenziert reflektiert werden muß. Und so etwas ist einem sogenannten nichtintellektuellen Menschen durchaus eigen.

Wirklich?

Er wird vielleicht so denken: Ich bleibe doch auch, wenn ich die Pille nehme, mit dem lieben Gott in einem sehr friedlichen Verhältnis. Er wird auch das nötige gute subjektive Gewissen haben, wenn auch auf eine weniger reflexe Weise als der gebildete Katholik. Aber damit will ich nicht leugnen, daß es in der Richtung, die Sie angedeutet haben, Schwierigkeiten gibt.

Manche Anhänger der Enzyklika scheinen nicht nur weltfremd, sondern sogar weltfeindlich zu sein. Der in Rom tätige Theologieprofessor Jan Visser, ein Holländer, ist im Deutschen Fernsehen gefragt worden, ob »die Kirche auch eine hoffnungslose Übervölkerung der Welt in Kauf nehmen würde, um ihre traditionelle Lehre zu verteidigen«. Darauf hat Visser geantwor-

tet: »*Ja. Wenn sie wirklich überzeugt ist, daß das das Gesetz Gottes ist, würde ich das denken. Auch wenn die Welt untergehen würde, Gerechtigkeit soll geschehen.*«
Ich glaube, daß dieser . . .

Visser.

. . . dieser Professor Visser in eine Situation hineinmanövriert worden ist, die ich nur als irreal betrachten kann. Ebensogut könnten Sie mich fragen: Was würden Sie tun, wenn der Papst ex cathedra definiert, $2 \times 2 = 5$? Darauf könnte ich nur sagen: Dann geht die Kirche zugrunde, und ich trete aus der katholischen Kirche aus. Das könnte ich durchaus und ehrlich eindeutig sagen. Aber vernünftigerweise muß ich eben sagen: Das wird nicht vorkommen.

Ein besonders schwieriges Kapitel ist die Frage nach dem Heiligen Geist. Paul VI. beruft sich darauf, daß er bei seiner Entscheidung den Beistand des Heiligen Geistes gehabt habe.
Aber er sagt damit nicht, daß diese Entscheidung unfehlbar ist, und er sagt damit auch nicht, daß es subjektiv für einen Katholiken, der Katholik bleiben will, nicht möglich wäre, zu einer anderen subjektiven Gewissensentscheidung zu kommen.

Trotzdem hat es einige Katholiken schockiert: Wenn man selbst gegen den Heiligen Geist diskutieren kann, was bleibt dann noch?
Der Papst hat im Grunde nur gesagt: Der Heilige Geist ist bei den Entscheidungen des kirchlichen Lehramts grundsätzlich beteiligt. Aber wenn eine Entscheidung wie die, über die wir heute reden, reformabel ist und wenn sich sogar herausstellen würde – ich sage: wenn –, daß sie de facto reformanda ist, also später sich einmal als Irrtum erweist, dann ist natürlich klar, daß der Heilige Geist bei dieser Entscheidung faktisch nicht dabei war. Als ein Galilei zum Widerruf gezwungen wurde, war der Heilige Geist bei dieser Entscheidung nicht dabei. Das ist inzwischen natürlich klargeworden.

Reformabel ist also auch die Meinung des Papstes, er habe den Beistand des Heiligen Geistes in dieser Frage gehabt?

Ja. Es gibt natürlich reformable und zu reformierende Entscheidungen, bei denen ich eine gewisse epochale oder
geschichtliche Sinnhaftigkeit auch noch finden und akzeptieren
kann, wenn ich nachher sehe, daß sie den Nagel nicht auf den
Kopf getroffen haben. So etwas gibt es ja auch. Sie können in
Ihrem eigenen Leben sich doch sicher sagen, dieses oder jenes,
was Sie früher getan haben, ist letztlich bei Licht besehen falsch
gewesen, und trotzdem können Sie sagen, daß es sich irgendwo
sinnvoll in Ihr Leben einfügt. Es hat trotz der objektiven
Irrigkeit einen positiven Sinn gehabt.

Sicher. Aber gibt es das auch im Leben der Kirche?

Ja, natürlich. Viele Entscheidungen der päpstlichen Bibelkom-
mission am Anfang des 20. Jahrhunderts waren, wie wir heute
wissen, objektiv falsch. Und trotzdem haben sie eine gewisse
providentielle Bedeutung gehabt: gegenüber einem blind
wütenden Rationalismus, der die Heilige Schrift zu zerfetzen
drohte. So ähnlich kann es ja heute auch gehen. Es könnte doch
zum Beispiel sein, daß die Entscheidung des Papstes in sich, in
der eigentlichen materialen Substanz, falsch ist und daß man
trotzdem später vielleicht sagen kann: Gott sei Dank hat die
Kirche einem blinden, wilden Hedonismus im Geschlechtsle-
ben Widerstand geleistet[2]. Man darf ja auch wirklich nicht so
tun, als ob in dieser Beziehung heute alles in Ordnung wäre und
der Papst nur der böse Störenfried einer hochstehenden
Sexualmoral wäre.

So redet doch niemand.

Aber doch, doch.

Wer zum Beispiel?

Lesen Sie so manche Leserzuschriften, die Sie im »Spiegel«
abgedruckt haben, wo das Spaß-dran-Haben schon als die
adäquate sittliche Norm gefeiert wird, als ob es im Bereich des
Sexuellen keine ethischen Prinzipien gäbe.

Dürfen wir noch einmal auf den Beistand des Heiligen Geistes

---

[2] Hedonismus (von griech. »hedone«: Lust) ist die philosophische Lehre, daß
der Mensch in allem nach Lust strebt oder streben solle.

zurückkommen, weil die Lage doch offenbar für manchen Katholiken unklar und fast aussichtslos scheint. Der Papst selbst sagt, er habe den Beistand des Heiligen Geistes gehabt. Theologen sagen, ein Irrtum sei nicht ausgeschlossen, manche halten ihn sogar für wahrscheinlich oder sogar für sicher. Hier also läßt der Heilige Geist zumindest die Möglichkeit eines Irrtums zu. Wird aber ein Dogma verkündet, dann ist es eben dieser Heilige Geist, der die Möglichkeit eines Irrtums ausschließt. Wie und wo ist da nun die Grenze zu ziehen? Und wer zieht sie?

In der Tat ist für das katholische Glaubensbewußtsein, das natürlich viele Menschen nicht teilen, sicher, daß der Heilige Geist bei eigentlichen, endgültigen, definitorischen Erklärungen der Kirche vor einem eigentlichen Irrtum schützt. Nach der Kirchenlehre ist es ja so, daß eine Definition so getroffen werden muß, daß eindeutig feststeht, daß hier das kirchliche Lehramt in einer irreformablen Weise die Glaubenszustimmung des Gläubigen verlangt. Wo also diese Absicht nicht gegeben ist, wird grundsätzlich auch nur eine reformable Lehre vorgetragen.

Wenn wir noch einmal etwas anderes fragen dürfen: Wer gibt dem Katholiken, der davon überzeugt ist, daß der Papst sich in der Enzyklika zur Geburtenregelung geirrt hat, die Gewähr, daß dieser Papst oder ein anderer Papst sich nicht auch irrt, wenn er einmal ein Dogma verkündet? Nur der Glaube?

Die Glaubensüberzeugung, daß die Kirche Christi nicht mehr wäre, wenn sie einen Irrtum in die Mitte ihrer eigenen Existenz einführen würde. Dann wäre die Kirche als Glaubensgemeinde Jesu Christi nach katholischem Verständnis aufgehoben, und der Katholik ist der Glaubensüberzeugung, daß dieses nicht geschehen und diese Glaubensgemeinde als solche nicht untergehen kann.

Sie, Herr Professor, haben in Ihren Büchern eine Kette von Argumenten entwickelt, um das Dogma von der Unfehlbarkeit des Papstes zu erläutern. Wenn wir es einmal so schlicht andeuten dürfen, daß es vielleicht schon falsch ist: Eine

Entscheidung des Papstes soll nur am Ende einer Entwicklung stehen, wenn sich in der Kirche über eine Glaubenswahrheit schon eine gemeinsame Überzeugung gebildet hat, wenn der Papst also nur noch das feierlich verkündigt, was schon selbstverständlich geworden ist. Soll das nur gelten, wenn es um ein Dogma geht, und nicht auch für andere Entscheidungen des Lehramtes? Andernfalls wären Sie ja durch die Enzyklika zur Geburtenregelung widerlegt worden.

Man darf zunächst einmal diese Übereinstimmung nicht zu sehr im Vorstellungsmodell einer demokratischen Majorität sehen. Aber grundsätzlich würde ich schon meinen, daß die Gedanken, die Sie hier skizziert haben, sich auf die Verkündigung von Dogmen beschränken sollen. Sehen Sie, diesen Unterschied gibt es doch im menschlichen Leben auch. Es gibt menschliche Überzeugungen, die eine letzte, radikale, endgültige Grundentscheidung sind, und es gibt Meinungen, die gültig sind und die doch eine weitere geistige Entwicklung zu einer anderen Meinung offenlassen. Und so etwas Ähnliches gibt es auch in der Kirche. Daß man den Nächsten lieben muß, das ist eine Grundentscheidung meines Lebens. Das ist etwas ganz anderes als die Frage, wie ich über das Mitbestimmungsrecht in der Wirtschaft denke.

Herr Professor, ist es wirklich der Sachlage angemessen, wenn Sie wie auch andere katholische Theologen das Vorläufige und das Reformable dieser Enzyklika so sehr betonen? Ist es nicht der Sachlage entsprechender, ganz im Gegenteil zu betonen, daß nach Pius XI. und Pius XII. nun schon der dritte Papst diese Lehre verkündigt und daß die Reformabilität damit noch gesunken ist?

Nein. Nehmen Sie das Beispiel des Zinsverbots. Da hat es eine längere, durch eine noch größere Zahl von Päpsten aufrechterhaltene negative Stellungnahme gegeben als jetzt durch die 30, 35 Jahre dauernde Haltung des Heiligen Stuhls zur Geburtenkontrolle. Wenn wir mit größeren Zeiträumen rechnen, sieht vielleicht die Sache doch anders aus.

Herr Professor, wir danken Ihnen für dieses Gespräch.

7 Der Konflikt ist eine notwendige Voraussetzung jeder Veränderung

Gespräch anläßlich der Bischofskonferenz in Chur mit der Redaktion des *Katholischen Tagebuchs* im ZDF (1969)

Sie haben eben an einem Symposium teilgenommen[1]. Bevor Sie nach Hause fahren, eine Frage: Mit welchem Gesamteindruck fahren Sie nach Hause?
Ja, der Gesamteindruck ist reichlich enttäuschend. Ich meine, wenn man ehrlich ist, muß man sagen, es ist nicht viel dabei herausgekommen.

Hat denn die Öffentlichkeit Ihrer Meinung nach mit Recht Erwartungen an diesen Gedankenaustausch der Bischöfe geknüpft?
Sie hätte nicht mit Recht erwarten dürfen, daß eigentlich kirchenamtliche Beschlüsse gefaßt werden. Aber, daß man deutlicher hätte merken können, was die Bischöfe nun eigentlich meinen, wenigstens die, die hier versammelt sind, das hätte man, so glaube ich, schon erwarten können. Und da ist man eben auch etwas enttäuscht.

Vor dieser Konferenz haben Sie noch einmal ausdrücklich unterstrichen, daß die Kirche eben auch, erst lernen muß, mit dem Konflikt zu leben, den Konflikt auszuhalten.
Konflikte sind zunächst einmal nichts anderes als notwendige Schwierigkeiten, die sich einstellen, wenn verschiedene Leute verschiedener Meinung sind. Das läßt sich nicht vermeiden, wenn man in eine neue, andere Welt und Zukunft hineinziehen muß. Trägt man diese Konflikte, so verstanden, brüderlich aus, dann sind sie im Grunde genommen nicht sehr angenehm, aber selbstverständlich.

Kann ich Sie so interpretieren, daß Ihrer Meinung nach der Konflikt zur Veränderung gehört?

---

[1] II. Symposium europäischer Bischöfe, 7.–10. Juli 1969 in Chur, Schweiz.

Der Konflikt ist die notwendige Voraussetzung jeder Änderung.

Und eine letzte Frage: Wie beurteilen Sie die Priestergruppen, die hier ihre Parallelveranstaltung hatten?

Ich war einmal dabei. Ich hatte den Eindruck, daß diese Priestergruppen aus ganz verschiedenen Ländern selber sehr verschieden untereinander sind. Ich würde aber meinen, die Vertreter der deutschen Gruppen, es sind dies ja auch mehrere, sind eigentlich Leute, die die Bischöfe in Offenheit und Brüderlichkeit ruhig ernst nehmen sollten.

8 Die Verantwortung der Kirche für die Welt

Gespräch mit *William V. Dych,* New York (1970)

Zwei entscheidende Auswirkungen des Konzils

Pater Rahner, fast fünf Jahre sind nun bereits seit dem Ende des Zweiten Vatikanischen Konzils vergangen. Wenn Sie jetzt Rückschau halten: Worin sehen Sie den größten Wert des Konzils und worin seine tatsächliche Bedeutung für die heutige Kirche?

Ich glaube, das Wichtigste, was das Konzil fertiggebracht hat, liegt wohl darin, der Kirche den Mut verliehen zu haben, der modernen Welt in einer Weise ins Gesicht zu sehen, die vor dem Konzil nicht gegeben war. Vergleicht man die Kirche vor und nach dem II. Vatikanum, so sehe ich eine echte Bewegung weg von einer eher negativen, defensiven Einstellung hin zu einer mehr offenen und positiven Haltung. Meiner Meinung nach liegt darin ein wirklich großer Wert des Konzils, und zwar einer, der für uns heute von großer Bedeutung ist.

Worin sehen Sie diese eher positive Einstellung verdeutlicht?

Beispielsweise sehe ich sie verdeutlicht in einer positiven Einschätzung der modernen Kultur, der modernen Wissenschaft und Technologie und in der Anerkenntnis der Tatsache, daß die Kirche von den modernen Methoden der wissenschaftlichen Forschung etwas lernen muß. Ich glaube, diese Haltung manifestiert sich ebenso in der Einsicht in ganz bestimmte zeitgenössische Probleme, die sich der Menschheit von heute stellen, und ebenso in dem Bewußtsein des Verstricktseins der Kirche in diese Probleme wie auch der Tatsache, daß sie Verantwortung hat, bei der Lösung jener Probleme ihren Beitrag leisten zu müssen. Das Konzilspapier »Gaudium et Spes« (Die Kirche in der Welt von heute) stellt zum ersten Male eine augenblickliche Lage der Menschheit dar, und zwar in einem offiziellen Kirchendokument mit einem solch hohen Ansehen.

Wenn Sie sich einmal rückbesinnen auf Ihre persönlichen Hoffnungen und Erwartungen an das Konzil – wurden diese erfüllt oder enttäuscht?

Ich möchte sagen, ausgehend von der Situation der Kirche zum Zeitpunkt des Konzils, hat dieses Konzil jene Erwartungen erfüllt, die irgendjemand vernünftigerweise an dieses – zu diesem ganz bestimmten Zeitpunkt – hätte knüpfen können. Trotzdem wird man sagen müssen: Wenn man Erfolg oder Mangel des Konzils einschätzen will, wird es vonnöten sein, der Differenzierung zweier wohl voneinander unterschiedener Bewegungen – ausgelöst vom Konzil – Rechnung zu tragen und sie entsprechend zu veranschlagen.

Welche zwei Bewegungen meinen Sie?

Ich meine, zuallererst gab es ja bestimmte Bewegungen, die die Konzilsväter ganz bewußt in Gang gesetzt haben, etwa eine Reform der Liturgie, eine Anpassung der religiösen Orden, eine Einführung der Kollegialität in die Leitung der Kirche etc. Diese Dinge erachteten die Konzilsväter als ganz definitive Ziele, die vom Konzil erreicht werden sollten. Aber daneben gab es andere Bewegungen, die nicht in der Absicht der Konzilsväter lagen, aber die de facto durch die Diskussionen und Überlegungen des Konzils in Gang gesetzt wurden. Viele dieser Entwicklungen wurden noch nicht vom Konzil selbst erfolgreich abgeschlossen. Noch heute, also fünf Jahre später, befinden sie sich in einem Anfangsstadium.

Könnten Sie einige Beispiele dafür anführen?

Ganz gewiß hat das Konzil den Weg zu einer viel tieferen und weitaus radikaleren Befragung bestimmter, sehr zentraler Streitfragen geebnet, als dies die Konzilsväter vorausgesehen und beabsichtigt haben. Nehmen Sie zum Beispiel die ganze Frage nach der Existenz und der Natur Gottes; denken Sie daran, wie wir uns sein Verhältnis zur heutigen Welt vorstellen sollen. Dies ist doch eine Frage, die in vielen unterschiedlichen Gestalten auftaucht, etwa als Frage nach dem »Horizontalismus« und dem »Vertikalismus« und als Frage nach dem Verhältnis von Gottes- und Nächstenliebe. Diese Probleme finden sich nicht erörtert in den eigentlichen Konzilstexten, aber faktisch sind sie zentrale Fragen der Theologie geworden, und diese muß den Mut aufbringen, sich ihnen so tief und so radikal zu stellen, als diese Fragen es erfordern. Eine solche Befragung birgt natürlich stets viele Gefahren, aber zugleich auch eine große Hoffnung. Noch auf vielen anderen Gebieten hat das Konzil weitaus radikalere Frageansätze erbracht als man vorausgesehen oder gewollt hatte. Diese Art von Impuls also hatte ich ins Auge gefaßt, als ich sagte, Bewegungen seien vom Konzil initiiert worden, ohne daß das Konzil selbst diese Entwicklung beendet hätte noch hätte beenden können. Dies alles trifft sowohl auf praktische wie auch auf rein theoretische Dinge zu. Ich bemerke die gleiche Art von Entwicklung in einem stärker werdenden Bewußtsein von der Verantwortung und Verpflichtung der Kirche gegenüber der augenblicklichen Welt. In solchen Angelegenheiten wie etwa Krieg und Frieden, Rassengleichheit, unterentwickelte und unterprivilegierte Völker und in Themen wie dem über die kritische Funktion der Kirche in der Gesellschaft sind Bewegungen kirchlicherseits im Gange, die weit über das hinausgehen, was das Konzil vorausgesehen oder gewollt hat.

Worin sehen Sie eine überhaupt noch nicht berührte Zielsetzung des Konzils, und zwar mit Blick auf jene Entwicklungen, die Sie soeben beschrieben haben?

Als das Ziel, das zu erstreben die Kirche und ihre Theologie sich mühen sollten, würde ich die Verwirklichung einer mehr lebendigen, vitalen Einheit zwischen dem betrachten, was ich die »horizontalen« und »vertikalen« Dimensionen genannt habe, das heißt also, zwischen dem Verhältnis des Christen zu Gott und seinem Verhältnis zur Welt. Anders formuliert: Wir müssen zu dem Punkt gelangen, deutlicher als früher einzusehen, daß eine radikalere Spiritualität heutzutage eine radikale Verantwortung für die Welt mit sich bringt, und umgekehrt, daß eine radikalere Verantwortung für die Welt begleitet sein muß von einer tiefgreifenden Spiritualität. Wir müssen dahin kommen, beide Pole eher als eine Einheit denn als Alternativen zu betrachten. Dieses Ziel zu erreichen, bedeutet einen langen Weg, der vor uns liegt – in Theorie und Praxis.

Die veränderte Lage der Theologie nach dem Konzil

Hat sich die Situation der Theologie und eines Theologen, wie Sie einer sind, seit dem Konzil eben als Folge aus diesen unterschiedlichen Entwicklungen in den fünf nachkonziliaren Jahren geändert?

Sicherlich hat sich die Lage der Theologie seit dem Konzil verändert. Ich würde sagen, das zentrale Thema während des II. Vatikanums lag auf dem Gebiet der Ekklesiologie. Dies ist heute nicht der Fall.

Worin sehen Sie die zentrale Frage, die sich heute den Theologen stellt?

Sehr kurz und sehr einfach würde ich dieses Problem so formulieren: Gott – in Jesus Christus – in jedwedem Nächsten. Wir müssen das Verhältnis zwischen diesen drei Größen im Leben eines Christen herausarbeiten und es in einer Sprache formulieren, die heutzutage verständlich ist.

Wenn dies so ist, wie würden Sie dann die Gestalt beschreiben, die die Theologie in der Zukunft annehmen muß?

Bevor ich meine eigenen Ansichten über die Gestalt der Theologie in der Zukunft abgeben werde, muß ich mit der Einschränkung beginnen, daß die Zukunft der Theologie – und dies in einem sehr realen Sinne – ebenso wie die Zukunft der Kirche letzten Endes für uns heute unbekannt ist, und dies gilt nicht nur faktisch, sondern prinzipiell. Gott in seinem Geist ist nämlich der Herr der Geschichte der Kirche und der der Theologie, und wir können die besagte Zukunft weder kontrollieren noch vorhersagen. Der Umstand, daß die Kirche und ihre Theologie über einen wesentlichen Kern bzw. eine dauerhafte Identität verfügen, die sich durch die Geschichte hindurchhält, hebt diese nicht aus der Geschichte heraus; denn in und durch die Geschichte müssen sich ihr Wachstum und ihre Entwicklung vollziehen. Ich glaube, die praktische Konsequenz daraus besteht darin, daß weder die Theologen noch das Amt zu sehr an einer Kontrolle oder Steuerung der künftigen Entwicklung der Theologie interessiert sein sollten. Wären sie es nämlich, bestünde für die Theologie die Gefahr, in eine Art ideologische Verhärtung hinsichtlich ihres Selbstverständnisses zu fallen, eines Selbstverständnisses, das offen sein muß hin auf den Wandel, das Wachstum und die Fortentwicklung.

Wenn ich ungeachtet jenes Vorbehaltes oder trotzdem über die Zukunft der Theologie rede, dann werden auch meine Ansichten darüber ganz selbstverständlich bis zu einem gewissen Grade meine eigenen, ganz persönlichen Wünsche und Vorlieben widerspiegeln. Aber das Wünschen ist ja nichts Unrechtes, und gewöhnlich macht das Wünschen eher feinfühlig, als daß es sich an Prophezeiungen wagt.

Dies alles nun im Hinterkopf, würde ich folgendes als ein Grundprinzip ansehen, das in der künftigen Entwicklung der Theologie seine Wirkung zeigen wird – oder als grundlegenden Trend, dem die Theologie in der Zukunft folgen wird: Die Theologie der Kirche von morgen wird weniger die Theologie einer ganz bestimmten, kulturell regionalen Gesellschaft sein, wie es in der Vergangenheit der Fall war. Mit anderen Worten: Die Theologie der Kirche – oder der Kirchen – wird zur Theologie einer Weltkirche, infolgedessen zu einer Theologie, die sich nicht auf die Grundlage eines bestimmten, beschränkten Kulturkreises stellen kann. Diese Weltkirche wird nämlich überall – wenn auch in sehr unterschiedlichem Maße – eine Diasporakirche sein, die sich selbst mit Hilfe ihrer eigenen Theologie und Kraft wird behaupten müssen in einer ›neutralen‹, säkularisierten Welt, um die noch vorteilhafteste Beschreibung für diese Umwelt zu verwenden. Diese Situation ist teilweise bereits eingetreten. Man kann im Grunde lediglich vermuten, daß sie sich verschärft, und sie wird die zukünftige Gestalt der Theologie in hohem Maße beeinflussen.

Könnten Sie einige der Charakteristika einer Theologie spezifizieren, die in einer solchen Situation entstehen würde?

Ich möchte vier Dinge erwähnen, die ich für solche Charakteristika halte:

1. Diese Theologie wird eher eine pluralistische Theologie sein als eine bloß homogene mit Geltung für die ganze Kirche. Wenn die Kirche universal in mehr als einem bloß geographischen Sinne sein will und ihrem Missionsauftrag treu bleiben will, in echter Verbindung zur kulturellen Vielfalt der Welt zu stehen – einer Vielfalt, die nicht nur von einer geographischen Region zur anderen wechselt, sondern dies ebenso innerhalb derselben Region tut –, dann werden wir eine Pluralität der Theologien haben müssen. Solch ein Pluralismus vermag die Reichtümer und die Universalität der Kirche zum Ausdruck zu bringen. Jedoch wirft er selbstverständlich neue Fragen über das Verhältnis der Theologie zum Amt und zum allgemeinen Glauben der Kirche auf; Fragenkreise, in die wir an dieser Stelle nicht werden eintreten können. Aber solch ein Pluralismus impliziert in keiner Weise eine schlechte Anarchie in der Theologie.

2. Diese Theologie wird in einer mehr unmittelbaren Weise missionarisch und mystagogisch ausgerichtet sein als in der Vergangenheit; denn dadurch, daß der christliche Glaube seine

gesellschaftliche Basis und Unterstützung verloren hat und dafür mehr zu seinem Glauben wurde, der auf der persönlichen Entscheidung und Überzeugung des einzelnen basiert, wird die Theologie diesem Glauben in einer neuartigen Weise dienen müssen. Deshalb beabsichtige ich auf dem Wege der Mystagogie die fides *quae,* d. h. das, woran man glaubt, in eine möglichst innige Einheit mit der fides *qua,* d. h. dem Glaubensakt selbst zu bringen und auf diese Weise zu zeigen, was die Glaubenssätze für den einzelnen und für die Gesellschaft tatsächlich bedeuten.

3. Diese Theologie wird ferner »entmythologisiert« werden müssen. Natürlich hat dieses Wort in der jüngsten Vergangenheit viele Konnotationen bekommen. Aber ich benutze es in dem völlig orthodoxen Sinne eines Transponierens und einer Verbalisierung des christlichen Glaubens in der Weise, daß dieser Glaube tatsächlich von den Menschen der jeweiligen Zeit angenommen werden kann. Wir sind und wir werden immer verknüpft sein mit der Tradition – selbstverständlich, aber die Tradition ist der Anfang und nicht das Ende der Theologie.

4. Schließlich und endlich glaube ich, diese Theologie wird eine mehr transzendentale sein, das heißt, sie wird deutlicher die Rolle des Subjektes in all unserem objektiven Wissen herausstellen und zwar einschließlich unseres Wissens via Glaube und Theologie.

Eine Theologie, die diese vier von mir soeben geschilderten Besonderheiten aufweist, wird selbstverständlich ökumenischer eingestellt sein, und sie wird in einem ganz unmittelbaren Bezug zur gegenwärtigen Welt stehen, mehr als dies in der Vergangenheit der Fall war.

Wie wird sich diese Theologie zu dem verhalten, was in der Vergangenheit Theologie der Kirche war?

Ich möchte diese Beziehung so beschreiben: Die Theologie in der Zukunft wird, da sie eben von der Basis einer *praktischen* Vernunft aus fortschreitet, die Lehren der alten, auf der theoretischen Vernunft basierenden Theologie in der Weise ausdrücken, daß das Theologische als solches zum Prinzip der Handlung wird.

Wie würden Sie die Rolle oder die Funktion dieser Theologie im ganzen Leben der Kirche beschreiben?

Ich glaube, die Funktion der Theologie im Leben der Kirche besteht in dem Dienst, den die Theologie zugunsten des kirchlichen Auftrages, das Evangelium Jesu Christi der Gegenwart zu predigen, durchführen kann und muß. Diese Funktion hat zwei Aspekte:

1. Die Theologie muß dem Prediger helfen, das Evangelium so zu verkünden, daß es tatsächlich heutzutage verstanden und aufgenommen werden kann.

2. Die Theologie hat ebenso eine kritische Funktion, und ich sehe diese kritische Funktion besonders darin, zu verhindern, daß die Kirche in ihrer Verkündigung und in ihrer Praxis ein Getto oder eine Sekte inmitten der modernen Welt wird. Die Kirche ist und wird immer mehr zu einer Art »kleinen Herde«, zu einer Diasporakirche in einer weltlich gewordenen Welt; aber dies ist ganz und gar verschieden von der Entwicklung einer Sektenmentalität, die ihre gesellschaftliche Wirkungslosigkeit und Unfähigkeit in ein Ideal und in ein Zeichen der eigenen Auserwählung umstilisiert. Wiederum geht es um die Gefahr dieser Mentalität, die die Theologie in ihrer kritischen Funktion bekämpfen muß.

Sehen Sie Anzeichen für eine solche Gefahr in der heutigen Kirche?

Ich möchte sagen, die Gefahren einer falschen Anpassung der Kirche an die moderne Welt bzw. die Gefahr, in einen rein weltlichen Humanismus zu verfallen, – Dinge, die eine wirkliche Gefahr aufgrund des Versuchs der Kirche darstellen, sich der modernen Welt gegenüber zu öffnen – kann als Abwehrreaktion die genau entgegengesetzte Gefahr heraufbeschwören, nämlich, sich nach innen zu kehren und die Kirche zu einer geschlossenen Sekte in dem Sinne zu machen, wie ich es beschrieben habe.

Welche praktischen Schritte könnte die Kirche unternehmen, um die Gefahr ihrer Verknüpfung mit oder ihrer Anpassung an die moderne Welt zu vermeiden?

Ich würde vier solcher praktischen Schritte erwähnen, die mir im Augenblick als wichtige einfallen:

1. Es gibt das sehr praktische Problem der Kommunikation inmitten der Kirche. Wir brauchen mehr und bessere Kommunikationskanäle zwischen den Offiziellen und den einfachen Mitgliedern in der Kirche sowie ein größeres *gegenseitiges* Vertrauen.

2. Wir benötigen die Entstehung von Gemeinden in der Kirche, die wirklich lebendige und vitale Gemeinden sind, Gemeinden, die ein echtes charismatisches christliches Leben führen, das mehr ist als eine bloß pfingstlerische Begeisterung.

3. Die amtliche Kirche muß den Mut haben, von ihren Mitgliedern etwas mehr Dienst an der heutigen Welt und ihren drückenden Nöten zu fordern. Ich denke dabei an die tatsächlichen und konkreten Forderungen und nicht bloß an das Predigen abstrakter Ideale, die zwar wahr sind, aber die – solange sie in abstracto bleiben – niemandem irgendein Kopfzerbrechen bereiten.

4. Wir brauchen ebenso eine Wiederbelebung der religiösen Orden, eine Erneuerung dergestalt, daß die heutige Welt in ihnen tatsächlich die radikalen Forderungen der Bergpredigt sehen und hören kann. Diese Weise der Wiederbelebung und nicht der Aufschwung, überhaupt modern zu sein, wird die Orden befähigen, ihre Aufgabe in der modernen Welt durchzuführen.

Die neugegründete päpstliche Theologenkommission wird ihre zweite Sitzung in Kürze in Rom abhalten. Glauben Sie, daß diese Kommission eine bedeutsame Rolle bei den verschiedenen Problemen spielen muß, die wir diskutiert haben?

Ich denke, die Kommission könnte eine solche Rolle spielen, vorausgesetzt, die ganzen Begleitumstände stimmen. Entgegen meinen eigenen Ansichten stellen sich manche Leute vor, die Kommission solle sich jedwedem Thema, also praktisch der ganzen Theologie widmen. Ich meine, die Kommission wäre weit effektiver, wenn sie ihre Zeit und Energie einer begrenzten Anzahl von Fragen widmete, Fragen, die auch tatsächlich von einer relativ kleinen Kommission gemeistert werden können, aber die nichtsdestoweniger für das Leben der Kirche eine große praktische Bedeutung haben.

Die Kommission sollte nicht versuchen Dinge zu erledigen, die am besten nur von der ganzen katholischen Theologie durchgeführt werden könnten. Daß aber die Kommission solch begrenzte konkrete Fragen aussuchen kann, setzt natürlich voraus, daß der Papst und die Bischöfe tatsächlich etwas Neues über bestimmte Probleme, mit denen wir zur Zeit konfrontiert sind, lernen wollen, anstatt der Ansicht zu sein, wir hätten bereits eindeutige Lösungen für diese Probleme. Bis heute hat das offizielle Rom noch nicht den Eindruck erzeugt, daß es tatsächlich auf die Kommission hören will.

Können Sie einige Beispiele jener praktischen Fragen nennen, von denen Sie glauben, diese könnten und sollten von der Kommission aufgegriffen werden?

Es gibt viele solcher Fragen. Unter ihnen würde ich solche einschließen wie:

1. Wann genau muß die Kirche eine Ehe als unauflöslich betrachten?

2. Wie sollte die konkrete Haltung aussehen, wie das Verhalten der Kirche angesichts der verschiedenen Arten der Wiederverheiratungen, also erneuter Eheschließungen, die aus ganz unterschiedlichen Gründen resultieren?

3. Die Frage der Kindertaufe verdient heute eine gewisse Beachtung.

4. Da wären die verschiedenen Fragen zu nennen, die in einer Theologie der Befreiung zu behandeln wären.

5. Es wären Fragen eher theologischer Art hinsichtlich des priesterlichen Zölibats zu nennen, die noch heute offen sind.

6. Ich würde auch gerne darüber diskutieren, wie wir theologisch den Status jener Leute interpretieren sollen, die aus rein historischen und sozio-religiösen Gründen – anstatt aus theologischen Begründungen heraus – einer bestimmten religiösen

Konfession angehören. Es gibt z. B. Völker, die den Papst hassen, und solche, die ihn lieben – und dies aus historischen Gründen und nicht aus wirklich religiösen bzw. theologischen Erwägungen heraus.

Wege zur gemeinsamen Verantwortung aller Kirchenmitglieder

Pater Rahner, Sie haben vorhin vom Pluralismus bzw. von der Vielgestaltigkeit in der Theologie und in der Kirche gesprochen. Haben Sie während ihrer Besuche in den Vereinigten Staaten irgendwelche Unterschiede zwischen der deutschen und der amerikanischen Kirche festgestellt?

Gewiß würde ein Europäer viele Unterschiede aufgrund der typisch amerikanischen Lebensweise feststellen. Aber läßt man diese Äußerlichkeiten beiseite, so habe ich den Eindruck, daß die amerikanische Kirche vor dem Konzil konservativer als die deutsche war. Heute jedoch empfinde ich das Entgegenkommen und die Bereitschaft zum Wandel auf allen Gebieten in der amerikanischen Kirche stärker ausgeprägt als bei uns. Dies birgt viele Risiken und Gefahren, aber auch große Hoffnung in sich.

Was ist Ihre Ansicht zu dem Phänomen, das man die »Untergrundkirche« in den USA nennt?

Wenn die Rede von der »Untergrundkirche« besagt, daß Gemeinschaften von Gläubigen in der Kirche existieren können, die nicht identisch sind mit der örtlichen Gemeinde und nicht unmittelbar und direkt von der Hierarchie eingesetzt worden sind, dann, so meine ich, sind solche Gemeinschaften legitim, und sie könnten eine positive Bedeutung und Wichtigkeit für die Kirche haben. Zwar habe ich ja schon von dem Bedarf an solchen Gemeinschaften gesprochen. Wenn aber der Begriff »Untergrundkirche« eine Gemeinschaft besagt, die sich bewußt in einer Häresie oder in einem Schisma von der Kirche des Papstes und der Bischöfe trennt – wenigstens in der Praxis –, dann finde ich dies nicht positiv. Doch sogar in diesem zuletzt genannten Fall stellt eine solche Gemeinschaft die Frage an die Bischöfe, ob sie tatsächlich genügend Raum für das ungehinderte Herrschen des Heiligen Geistes und seines Charismas in der Kirche lassen. Ob aber die sogenannte »Untergrundkirche« in den Vereinigten Staaten in die eine oder in die andere Kategorie fällt, müssen die Amerikaner und nicht ich entscheiden.

Gibt es das gleiche Phänomen in Deutschland?

Eine gewisse Parallele, die ich dazu in Deutschland kenne, ist eine Gruppe hier in München, die sich um das bemüht, was sie ein »integriertes« christliches Leben nennt. Damit meinen sie den Versuch einer radikalen Verchristlichung des Lebens in all seinen Aspekten. Es ist eine Art religiöser Laienorden. Ich bin aber zu wenig mit beiden vertraut, um zu wissen, wie stark sie einander ähneln.

Eine letzte Frage, Pater Rahner. Sie nannten zu Beginn dieses Gesprächs eine mehr positive und offene Haltung gegenüber der heutigen Welt als eines der größten Dinge, die das II. Vatikanum erreicht hat. Was meinen Sie – diese Einstellung einmal vorausgesetzt – welche Aufgabe die Kirche in der Welt von heute hat?

Ich würde mit der Klärung beginnen, was das Wort »Kirche« in Ihrer Frage besagt. Wir neigen automatisch dazu anzunehmen, es meine die amtliche, hierarchische Kirche, und deshalb tendieren wir zu der Frage, welche Mission *sie* in der Welt habe. Aber ich glaube, man darf nicht allzuviel erwarten, wenn die Frage in diesem Sinn gestellt wird.

Wir Christen müssen anfangen einzusehen, daß *wir* die Kirche sind. Von diesem Standpunkt aus lautet dann Ihre Frage: Was muß ich in meiner konkreten Situation tun, ich als ein einzelner und ich in Gemeinschaft mit anderen, damit der Geist Christi in mir und in uns, in der heutigen Welt den Ungeist des Egoismus und des Hasses, den Ungeist der Suche nach Macht, der Gewaltanwendung, des Skeptizismus in Fragen der Bedeutung und des Wertes des Lebens überwindet? Was muß ich tun, damit der Geist Christi den Ungeist einer falschen Weltlichkeit überwindet, einer Weltlichkeit ohne die Verehrung Gottes und ohne letzte Hoffnung? Darin besteht die Sendung der Kirche, darin liegt unsere Mission in der heutigen Welt. Wenn genügend Christen anfangen, die Frage auf diese Weise zu stellen, und wenn sie ernsthaft beginnen, eine Antwort zu suchen, dann ist die Sendung der Kirche in der heutigen Welt nicht nur eine Mission von erschreckendem Ausmaß und von angsteinflößender Verantwortlichkeit, sondern sie ist zugleich auch eine Sendung mit einer großen Hoffnung und einer vielversprechenden Verheißung.

9 Die gesellschaftskritische Funktion der Kirche

Gespräch mit der Redaktion des *Volksboten,* Innsbruck (1970)

Ursachen der Aggression

Welche Umstände mußten zusammentreffen, daß sich zwei Jahrzehnte nach dem Zweiten Weltkrieg in vielen Staaten der »freien Welt« eine anhaltende Welle der Aggression und der Gewalt entwickeln konnte?

Ich möchte die Gegenfrage stellen: Ist wirklich eine Eskalation der Gewalt gegeben, wenn wir daran denken, daß wir zumindest in Mitteleuropa »schon« 25 Jahre Frieden haben? Ist wirklich zu erwarten, daß Gewalt und Aggressivität, die natürlich auch in unserer Gesellschaft bestehen, geringer wären, als sie de facto sind? Man könnte ja sagen: Gemessen an den ungelösten sozialen Problemen, die wir heute auch in unserer westlichen Gesellschaft haben, ist die Aggression nicht größer als zu erwarten, weil sie im ganzen reale Gründe hat, die man nicht verschleiern darf. Könnten wir denn in Westeuropa allein schon dann in einem paradiesischen Frieden leben, wenn nur ein paar Bösewichter und aggressive Menschen endlich, gleichsam rein von innen her, ihre Aggressivität überwinden würden? So einfach, meine ich, ist die Sache nicht.

Welche kurzfristigen und welche langfristigen Möglichkeiten sehen Sie, um sowohl die faktische Anwendung von Gewalt als auch das Bedürfnis danach zu vermindern?

Kurzfristige und langfristige Möglichkeiten, diese Aggressivität in unserer westlichen, mitteleuropäischen Gesellschaft zu überwinden, sehe ich nur darin, daß man sich bemüht, deren wirkliche *Ursachen,* d. h. nicht nur die psychologischen, sondern die gesellschaftlichen, die institutionellen Ursachen auszuräumen. Auch in unserer Gesellschaft gibt es noch derlei Dinge genug. Wenn mich jemand z. B. fragt: »Was sagen Sie dazu, daß die Arbeiterkinder immer noch in einem viel zu geringen Prozentsatz zum Studium kommen?«, ist das natürlich eine alte sozialistische, gewerkschaftliche Frage. Aber ist sie deswegen schon falsch? In diesem Stil gibt es noch viele Dinge, die in unserer Gesellschaft wesentlich besser, wesentlich gerechter, wesentlich humaner sein könnten.

Die Tatsache, daß es eine Aggressivität nicht nur bei einzelnen, sondern in der Gesellschaft gibt, ist doch ein Beweis, daß sich auch diese unsere westliche, mitteleuropäische Gesellschaft noch in zahlreichen wesentlichen Dimensionen und Richtungen verbessern müßte.

Es gibt in unserer Gesellschaft noch schrecklich viel Egoismus, Selbstverteidigung, Selbstgerechtigkeit der einzelnen Klassen. Solange konkrete Menschen und konkrete Menschengruppen in einer Gesellschaft bevorzugt auf der Sonnenseite des Daseins wohnen; solange bevorzugte Gruppen egoistisch und kurzsichtig sind, werden diese ganzen Aggressivitäten nicht abgebaut werden können. Denn es gibt auch heute noch eine Schattenseite.

Daß es natürlich auf der Seite der Benachteiligten, der bis zu einem gewissen Grade Unterdrückten, auch ungerechte, kurzschlüssige Aggression gibt, soll damit nicht beschönigt oder bagatellisiert werden. Wenn es einen Teufelskreis der Gewalt, wenn es eine Eskalation der Gewalt gibt, würde ich einmal die Frage stellen: Wer ist eigentlich zuerst berufen, diese Eskalation zu unterbrechen, diese Spirale, in der von beiden Seiten immer mehr eine solche Konfliktsituation angeheizt wird, anzuhalten?

Im Grunde genommen wären zunächst einmal diejenigen zu einer solchen Unterbrechung berufen, die mehr Geld haben, die in einer Gesellschaft einflußreicher und mächtiger sind, weil sie sich, grob und häßlich gesagt, eine größere Weite und Selbstlosigkeit leisten können. Kann man aber sagen, daß die bevorzugten Klassen und Schichten unserer Gesellschaft dazu wirklich weitsichtig, mutig genug sind? Diese Frage kann doch nur schwer mit einem Ja beantwortet werden. Dennoch: von ihnen müßte man mehr verlangen: aus einer echten christlichen Verantwortung heraus.

Das Gewissen schärfen – Friedensmodelle vorleben

Welche Rolle spielen nach Ihrer Meinung die christlichen Kirchen für die Humanisierung des Austragens von Konflikten und welche Modelle des Friedens haben sie anzubieten?
Die Kirchen könnten den bevorzugten Gruppen und Schichten der Gesellschaft wohl noch mutiger ins Gewissen reden als bisher. Die Kirche könnte in manchen Ländern, die sich zu einem westlichen Humanismus und sogar zum Christentum zählen, und in denen dennoch Terror, Brutalität, Polizei herrscht, in denen von der Polizei Torturen angewendet, von der etablierten Gesellschaft krasse Ungerechtigkeiten verteidigt werden, noch viel energischer und eindeutiger ins Gewissen reden. Die Kirche könnte in dieser Beziehung in noch viel höherem Maße das Gewissen der Gesellschaft sein, in einer echten gesellschaftskritischen Funktion, die der Kirche, richtig gesehen, durchaus zukommt.

Und dann könnten die Kirchen auch innerkirchlich innerhalb ihres eigenen Bereiches noch viel deutlicher Modelle vorleben,

106

in denen der profanen Gesellschaft ein Spiegel vorgehalten wird. Wenn aber die Kirche diese Modelle einer komplizierten, schwierigen Gesellschaft in Frieden, in Gerechtigkeit, in gegenseitiger Duldung deutlicher entwickeln würde, dann könnte sie auch leichter gesellschaftskritisch gegenüber der profanen Welt auftreten: Wenn wir in der Kirche brüderlicher, friedlicher, aggressionsloser, gerechter, selbstloser zusammenleben würden, dann hätte die Kirche durch das konkrete Beispiel ihrer eigenen innerkirchlichen Institutionalismen und Funktionen der profanen Welt durchaus ein Beispiel anzubieten.

Daß die Kirche noch nicht selbst so weit ist, daß die soziologische Reflexion auf das Funktionieren der kirchlichen Gesellschaft noch sehr in den Anfängen steckt, daß diese innerkirchlichen Beispiele nur sehr indirekt übertragen werden können auf die profane Gesellschaft ist richtig; es ändert aber nichts daran, daß die Kirche dies alles der Welt deutlicher vorleben könnte, als sie es tut.

II Einen Schritt in die Zukunft tun

10 Die Synode muß einen Schritt in die Zukunft tun

Gespräch mit *Bernhard Gervink*, Münster (1970)

Aufgaben der Theologen und der Praktiker

Anfang Januar wird sich die Gemeinsame Synode der Bistümer in der Bundesrepublik konstituieren. Sie, Herr Professor Rahner, sind, wie es nicht anders denkbar ist, Mitglied dieser Synode. Was erwarten Sie von der Synode, welche Chancen geben Sie ihr?

Es ist durchaus nicht selbstverständlich, daß ich zur kommenden Synode gehöre. Der Grund ist, daß der Rat der deutschen Ordensoberen mich nun einmal zum Synodalen gewählt hat. Ich bin, wie ich ehrlich gestehen muß, auch noch nicht recht in alle Einzelheiten der Arbeitsweise und der Bestrebungen bei dieser Synode eingeweiht.

Sie sind aber einer der großen Anreger derjenigen Theologie, die zum Konzil geführt hat. Insofern ist doch Ihr legitimer Platz auch jetzt in der Synode. Sie haben selbst einmal gesagt, daß die Synode, wenn sie auch nur ein wenig konkret werden will, theologisch werden muß.

Natürlich müssen bei dieser Synode auch ein paar Theologen dabei sein, die einigermaßen dafür sorgen können, daß der Raum der pastoralen Bewegung nicht aus Ängstlichkeit oder Traditionalismus mehr eingeengt wird, als es absolut notwendig ist. Auf der anderen Seite müssen diese Theologen sich ein bißchen mitverantwortlich dafür fühlen, daß die pastoralen Konzepte der Praxis dem wirklichen Glauben der Kirche, der Botschaft des Evangeliums entsprechen. Nach beiden Seiten also hat der Theologe auf dieser Synode seine Aufgabe. Aus seiner Studierstube heraus kann er jedoch den Praktikern, den Menschen im konkreten Raum der Kirche, keine Rezepte liefern. Er kann das schon deswegen nicht, weil hier Entscheidungen getroffen werden müssen, die nicht einfach deduktiv aus allgemeinen theologischen Prinzipien abgeleitet werden können. Der konkrete Christ, die konkrete Kirche mit ihren Gläubigen und ihren Trägern des Amtes haben konkrete Entscheidungen zu fällen, haben die »praktische Vernunft« im Unterschied zur »theoretischen« der Theologen in einer wirklich kreativen Weise walten zu lassen. Diese Praktiker haben die Aufgabe, eine gewisse schöpferische Phantasie anzuwenden. Sie müssen schon irgendwie vorausahnen, welche Aufgaben auf die Kirche zukommen, wie die Gesellschaft von morgen sein muß, wo die Schwerpunkte der Arbeit und der Aufgaben der Kirche in dieser Gesellschaft liegen werden. Solche Dinge können, das wollte ich eigentlich nur sagen, vom theoretischen Theologen nicht geliefert werden. Sie sind und bleiben Aufgabe der Kirche als einer und ganzer selbst. Aber der Theologe kann unter Umständen darauf aufmerksam machen, daß der Raum des Handelns der Kirche vielleicht viel weiter ist, als ängstliche Gemüter sich denken.

Die Frage, um nur ein Beispiel zu nennen, was die Kirche hinsichtlich derjenigen tun kann und tun muß, die in einer Zweitehe bürgerlich verheiratet sind, obwohl dieser zweiten Ehe – in Wahrheit oder nur zum Schein – eine vorausgehende sakramentale, unauflösliche Ehe entgegensteht – eine solche Frage ist viel komplexer, als etwas zu geradlinig-stur denkende Gemüter bei uns vielfach noch annehmen. Sie könnte möglicherweise mit sehr viel nuancierteren Antworten gelöst werden als viele Leute – ich vermute, auch manche Bischöfe – denken. Da kann unter Umständen der Theologe ein Wort mitreden. Er kann zum Beispiel eine genauere Erklärung abgeben, was das

Trienter Konzil in dieser Frage wirklich gesagt hat und was nicht. Solche und ähnliche Hilfeleistungen bei der Findung von konkreten Antworten, von praktikablen Modellen des Selbstvollzugs der Kirche heute und morgen könnte der Theologe bieten.

Zur Geschäftsordnung und Thematik der Synode

Wird nun mit der Synode so etwas wie ein demokratisches Element in die Kirche von Deutschland eingeführt?
Die große gegenwärtige Streitfrage unter vielen Leuten, wie zum Beispiel Hans Maier oder Joseph Ratzinger auf der einen und Johann Baptist Metz und mir auf der anderen Seite, bezieht sich vor allem darauf, ob all diese Dinge, die man heute tut oder tun soll, »Demokratisierung« zu nennen sind oder nicht. Ich meine, man sollte sich über das Wort nicht lange streiten. Auf jeden Fall ist doch die Synode eine Versammlung von Menschen der Kirche, in der nicht nur das Amt berät und beschließt, sondern in der eine wirklich effiziente Mitwirkung der Repräsentanz des Kirchenvolkes gegeben sein soll. Ob diese Mitwirkung durch die bisherige Verfassung der Synode und in der vorgeschlagenen Geschäftsordnung schon genügend effizient vorgesehen ist, darüber wird sich die Synode am Anfang selber noch einmal zu unterhalten haben.
Meinen Sie, daß das Statut noch zu ändern sein wird? Kardinal Döpfner hat vor kurzem erklärt, bei der Geschäftsordnung seien Änderungen noch möglich. Das Statut dagegen, das von Rom approbiert wurde, ist nach den Worten von Kardinal Döpfner nicht mehr zu ändern.
Das weiß ich nicht genau genug. Ich könnte mir aber durchaus denken, daß das Statut der Synode, wenn es sich nicht als genügend praktikabel und operativ erweist, auch jetzt noch geändert und die nötige Zustimmung von Rom erbeten werden kann. Ich weiß nicht, ob das notwendig oder sinnvoll wäre, aber ich sehe da keine grundsätzliche Unmöglichkeit. Es ist doch

nicht so, daß das Statut sakrosankter wäre als der Codex Iuris Canonici, der doch verändert werden kann und verändert wird. Erst recht gilt so etwas natürlich für die Geschäftsordnung; über diese wird es ja zweifellos noch Meinungsverschiedenheiten geben, und man wird sehen, was dabei herauskommt. Vorläufig würde ich meinen, daß man über diese Fragen sicher noch diskutieren soll und daß unter Umständen solche Änderungen wirklich vorgesehen und durchgekämpft werden. Aber auf der anderen Seite hat die Synode, wie ich meine, auf jeden Fall von der Sache und auch vom Statut her so viele Möglichkeiten, daß man *diese* erst einmal voll ausschöpfen sollte. Und dann wird sich zeigen, wieweit man damit kommt. Der Synode eine Obstruktion entgegenzusetzen, bloß weil sie nicht ideal genug strukturiert ist, bloß deswegen, weil da vielleicht verschiedene Leute als Synodalen auftauchen werden, die man auch missen könnte, oder weil andere als Synodale nicht gefunden wurden, die man sehr dabei gewünscht hätte: bloß aus solchen Gründen von vornherein Obstruktion zu machen, halte ich für unvernünftig. Ich werde jedenfalls nicht zu denen gehören – wenn es solche geben sollte –, die zu der Kirchenversammlung ziehen, um sie scheitern zu lassen.

Sie meinen, daß die Synode genau wie das Konzil ihr eigenes Schwergewicht aus sich heraus entwickeln muß und auch kann. Das glaube ich fest. Wo das Schwergewicht sein wird, kann ich wirklich noch nicht voraussagen, aber es sind doch so viele Themen, Beratungsgegenstände einfach schon einmal angeboten, daß man notwendigerweise zu einer gewissen Schwerpunktbildung kommen muß. Ich kann mir nicht vorstellen, daß alles und jedes, was ein denkbares und sinnvolles Thema der Synode wäre, auch de facto behandelt und in eine rechtliche Form gebracht werden kann. Dafür ist die mögliche Thematik einfach zu groß. Auch das *Zweite Vatikanische Konzil* hat aus all den Themen, die denkbar waren, eine sehr bescheidene Auswahl getroffen und mußte sich damit begnügen. Das gilt sicher auch für eine solche Synode. Wenn die Synode nur an einzelnen Beispielen, einzelnen Materien exemplarisch zeigt, daß man weiterkommen kann, daß man sich einigen kann, daß man ein neues Konzept finden kann, das die Zustimmung eines großen Teiles der katholischen Kirche in Deutschland findet, das praktikabel ist und ein bißchen wenigstens das Gesicht der deutschen Kirche verändert, dann ist ja schon sehr viel gewonnen. Ich bin nicht für einen wilden Progressismus bloß des Progressismus wegen. Aber daß man in der ganzen Seelsorgepraxis der nächsten Zukunft sehr vieles anders machen muß, als man es bisher getan hat, das ist doch einfach selbstverständlich. Man muß nur an den Priestermangel denken, man muß nur an den lautlosen, aber doch sehr erheblichen Abfall sehr vieler Menschen vom Christentum und von der Kirche denken, um zu verstehen, wie vieles anders werden muß. Wir leben ja doch immer noch in einer Kirche, die sich in einer Symbiose mit der Gesellschaft, mit der gesellschaftlichen Öffentlichkeit und mit dem Staat befindet, in einer Symbiose, die wir uns nicht als für alle Zeiten bleibend versprechen dürfen. Wenn man schon diese wenigen Dinge bedenkt und nicht einfach tatenlos einer drohenden Zukunft erschreckt entgegensieht, sondern ihr mutig entgegengehen will, dann muß sich doch sehr vieles ändern, dann muß in der Seelsorge wirklich etwas neu getan werden.

Von der Volkskirche zu einer Kirche des personalen Glaubens

Damit stellt sich die Frage nach der Volkskirche ein. Sie, Herr Professor, haben selber über einen gewissen Übergang von der Volkskirche zu einer Kirche des persönlichen Glaubens gesprochen. Wie sehen Sie diesen Vorgang: Birgt er echte Chancen für die Kirche und den Glauben, oder könnte sich darin auch so etwas wie eine Ausflucht, ein Sichabfinden und Hinwegtrösten über einen Verlust ausdrücken?
Ich behaupte gar nicht, daß die Zurückdrängung oder das Verschwinden der sogenannten Volkskirche ein positives Ideal

wäre, auf das die Kirche hinstreben sollte. Aber ich meine, daß wir auf der anderen Seite mit Mut und mit einem theologischen und pastoralen Konzept der Tatsache entgegensehen müssen, daß die Kirche allmählich nicht mehr die Volkskirche ist, bei der alle Kinder in die Schule gehen, die einen sakrosankten Status in der Öffentlichkeit hat, daß sie ferner nicht mehr eine Kirche ist, in die mehr oder minder alle selbstverständlich hineingetauft werden, von der alle Leute begraben werden wollen und so weiter. Die Kirche wird also in der Zukunft nicht mehr in dem Maße Volkskirche sein, wie sie es bisher, und zwar bis in unsere Lebenszeit hinein, gewesen ist. Wenn man nun die kommende Kirche als Kirche des personalen Glaubens, der personalen Entscheidung bezeichnet, dann ist damit nicht ein Zustand beschrieben, der automatisch durch das Verschwinden der sogenannten Volkskirche eintritt, sondern dann ist eine Aufgabe aufgewiesen, die die Kirche hat, und eine Situation angezeigt, in der ein Christ in der Zukunft wird leben müssen. Wir müssen ein Evangelium predigen, das in der Weise seiner Verkündigung eine möglichst große Chance dafür bietet, daß ein Mensch von morgen eine personale Entscheidung zum christlichen Glauben fertigbringt. Wir müssen dem Menschen von morgen eine Gemeinde anbieten, deren Mitglieder sich zu einer persönlichen Glaubensentscheidung durchgerungen haben und nicht aus traditionellen Zwängen in eine solche Glaubensgemeinschaft hineingekommen sind. Wir müssen ihnen zeigen, daß es sinnvoll, lohnend und notwendig ist, zu dieser Gemeinschaft zu gehören. Insofern, meine ich, hat die Synode die Aufgabe, mindestens die ersten Weichen zu stellen, damit in den nächsten Jahren oder Jahrzehnten dieser Übergang von einer Volkskirche zu einer Kirche der personalen Glaubensentscheidung in einer Weise geschieht, daß es dennoch möglichst viele Christen mit einem wirklichen und echten Glauben gibt und geben wird.

Dieser Prozeß bringt für manche Christen auch gewisse Verwirrungen mit sich. Von Verwirrung ist ja seit dem Konzil ständig die Rede. Auf der anderen Seite haben sich bei der Umfrage zur

Synode 45 Prozent der Beteiligten für »Bewegung in der Kirche«
und nur 18 Prozent dagegen (bei der Repräsentativerhebung
sogar nur 14 Prozent) ausgesprochen. Glauben Sie, Herr
Professor, daß die Sorgen um Verwirrung ernst zu nehmen sind,
daß man Rücksicht nehmen muß auf diejenigen in der Kirche,
die sich nicht so schnell umstellen?

Zunächst möchte ich einmal vorausgehend darauf hinweisen, daß die Interpretation dieser Fragebogenaktion sehr schwierig ist. Offenbar haben doch fast nur diejenigen geantwortet, die in einem sehr positiven Verhältnis zur konkreten Kirche, zum Sonntagsgottesdienst, zur Sakramentenpraxis und so weiter stehen. Es ist zwar eine erfreuliche Sache, daß es solche noch in einer großen Zahl gibt und daß einige Millionen den Fragebogen ausgefüllt haben. Aber man müßte bei einer Kirche, die sich im letzten doch nicht nur für ihre Getreuen, sondern für die Menschen überhaupt und für die Welt verantwortlich fühlen muß, auch fragen: Warum antworten die anderen nicht, was hindert sie daran, wie kann man diese sogenannten »Abständigen« in ein sinnvolles Verhältnis zur Kirche bringen? Diese würden vielleicht noch sehr viel mehr an Veränderung, an Umstrukturierung, sehr viel mehr an Änderungen des Image der Kirche wünschen, als es in der Fragebogenaktion tatsächlich zum Ausdruck gekommen ist.

Was nun die sogenannte Verwirrung in der Kirche angeht, so bleibt festzustellen, daß sie – zunächst einmal rein gefühlsmäßig – da ist, und zwar in einem erheblichen Umfang. Die Frage ist nur, ob man so etwas einfach und schlechthin vermeiden könnte. Und ich würde sagen: Wenn man die Vermeidung jeder solcher Verwirrung zum obersten Prinzip in der Kirche machen wollte, dann würden sehr viele Christen, die an und für sich eine Beziehung zur Kirche haben, zwar nicht verwirrt werden, wohl aber die Kirche ausdrücklich oder stillschweigend verlassen, weil sie ihnen schlechterdings uninteressant und unbedeutsam geworden wäre. Das würde dann vielleicht keine Verwirrung bedeuten, wohl aber ein lautloses Aufhören jedweden Interesses an Evangelium und Kirche. Und das wäre doch eine sehr viel schrecklichere Sache, als wenn manche Leute, vielleicht gerade kirchentreue, in den Zustand einer gewissen Verwirrung kommen. Wenn man also, etwas massiv und unnuanciert ausgedrückt, sagen darf, daß diese Verwirrung der frommen Christen ruhig in Kauf zu nehmen sei, dann soll jedoch damit natürlich nicht der Lieblosigkeit das Wort geredet werden. Dann sollen diese Christen nicht als brave »Schafe« betrachtet werden, die einfach herumgestoßen werden dürfen. Dann soll nicht gesagt werden, daß es nicht auch ein zu vermeidendes Scandalum der Kleinen gibt, für das wilde Reformer in der Kirche, Reformer in Lieblosigkeit, in Anmaßung, in Mangel an innerer Frömmigkeit Rechenschaft geben müßten. Wo die Christen wirklich auf allen Seiten das Gebot der Liebe, der gegenseitigen Achtung, der christlichen Toleranz ernst nehmen, wo sie sich nicht gegenseitig überfahren, wo sie nicht die Macht, die sie haben, rücksichtslos gegen die anderen ausnutzen, sondern sich selbstkritisch gegenübertreten, dort, meine ich, müßte doch ein Verhältnis zwischen den einzelnen Gruppen in der Kirche möglich sein, das zwar nicht alle Verwirrung vermeiden kann, aber diese Verwirrung doch eine unvermeidliche, dabei segensreiche Wachstumskrise sein läßt.

Eine notwendige Polarisierung?

Man spricht dabei häufig von einer Polarisierung und meint diesen Begriff meistens negativ. Auf der anderen Seite wird eine Fraktionsbildung in der Synode befürwortet. Wie stehen Sie dazu?

Was eine gewisse Parteienbildung in der Synode angeht, so würde ich dazu zunächst einmal vorsichtig sagen: Wir haben viel zu wenig Erfahrung in all diesen Dingen, als daß wir heute schon wissen könnten, wie wir es eigentlich machen müssen. Auf der einen Seite scheint es mir selbstverständlich zu sein, daß die Kirche keine moderne Gesellschaft ist, in der Parteien im eigentlichen Sinne von vornherein selbstverständlich sind. Auf der anderen Seite ist es gleichfalls selbstverständlich, daß es in der Kirche Richtungen und Gruppen gibt. Ich halte es für richtig, daß man in der Synode merkt, wohin ein bestimmter Synodale in seiner ganzen Auffassung tendiert. Eine gewisse Gruppenbildung ist also gar nicht vermeidbar und ist begrüßenswert. So etwas hat es im Grunde, wenn auch unter anderen Etiketten, in der Kirchengeschichte immer gegeben. Man braucht zum Beispiel nur einmal daran zu denken, wie sich in der Theologie, in der Seelsorge, man kann sagen in allen Dimensionen des kirchlichen Lebens, auch schon in früheren Zeiten verschiedene Lehrmeinungen und Gruppen gegenüberstanden, wie etwa die Ordensschulen miteinander gerauft und unter Umständen in einer Bitterkeit und Härte miteinander gekämpft haben, die viel schlimmer war, als das, was wir heute in dieser Beziehung erleben. Aber ob es nun deswegen so uniformierte, von einer kleinen Clique regierte Parteien in der Kirche geben müsse, wie wir das heute mit wenig Freude im Staat erleben, das scheint mir doch eine ganz andere Frage zu sein. Ich habe es im Konzil eigentlich als erfreulich empfunden, daß es durchaus Richtungen und Parteiungen gab, wobei sich jedoch nicht einander bekämpfende monolithische Blöcke bildeten, deren Einstellung zu jedem Problem von vornherein eindeutig und unverrückbar festgelegt war. Ein derartiges Blockdenken sollte es in der Kirche nicht geben. Mindestens in der Kirche sollte man soviel Brüderlichkeit, soviel Respekt vor dem anderen, auch soviel Selbstkritik aufbringen, daß eine Synode nicht aussieht wie ein Parlament, von dem man den Eindruck bekommt, daß trotz der Reden und Diskussionen im Grunde von den Parteizentralen schon alles vorprogrammiert ist. Ich möchte hoffen, daß in der Synode der eine oder andere wirklich etwas sagt, das jemanden überzeugt, der nicht schon von vornherein von derselben Couleur ist wie der betreffende Redner. Und ich möchte weiter hoffen, daß die Mitglieder der Synode wirklich miteinander reden, sich gegenseitig überzeugen, zu einer neu sich ergebenden Einheit kommen können, daß sie sich gegenseitig ernst nehmen und auch andere als die von ihnen mitgebrachten Standpunkte zu würdigen wissen.

Welches Thema sehen Sie als das vordringlichste für die Synode an?

Diese Frage kann ich nicht beantworten, schon weil es vermutlich mehrere »vordringlichste« Fragen gibt. Aber das erste Problem, das zu lösen ist, scheint mir dieses zu sein: Die Synode muß personell und strukturell so sein und werden, daß sie die Sachfragen wirklich mutig, schöpferisch, ohne falsche Kompromisse anpackt und auch zu Lösungen kommt, die ihr nicht einfach schon durch die gegenwärtige Situation abgezwungen werden. Ob die Synode personell und strukturell dazu fähig ist, das wird sich langsam herauszustellen haben.

11 Die Kirche der Heiligen

Gespräch mit *Eberhard Kuhrau* im WDR (1970)

Auf der Suche nach dem Sinn des Festes Allerheiligen

Herr Professor Rahner, Sie sind Hochschullehrer für katholische Dogmatik, also für eine sehr abstrakte, strenge Disziplin und haben gleichwohl in ihrem ganzen Leben die Funktion des Priesters wahrgenommen, die Sie als Mitglied des Jesuitenordens ja auch haben. Sie haben sich nie nur der wissenschaftlichen Theologie verschrieben. Hat für Sie das Fest Allerheiligen noch eine Bedeutung?

Man muß vielleicht vorsichtig und ehrlich sagen, ich möchte, daß es immer wieder aufs neue eine sinnvolle Bedeutung im Ganzen meines christlichen und religiösen Lebens findet. Ich kann sicher nicht behaupten, ich lebe notwendigerweise mit einer großen religiösen Begeisterung auf dieses Fest hin. Das wäre vermutlicherweise religiöser Schwindel, den ich nicht mitmachen will. Aber ich würde sagen, ich beurteile die Möglichkeiten eines religiösen Lebens als weiter, größer und tiefer als das, was ich davon selber unmittelbar und auf jeden Fall realisieren kann. Insofern ist es mir durchaus recht, wenn mir gleichsam vom offiziellen religiösen Leben der Kirche wieder ein Zeichen gegeben wird: Paß einmal auf, da gibt es auch noch eine religiöse Dimension, in die Du hineingehen könntest, mit der Du Dich beschäftigen könntest! Und in diesem Sinne feiere ich – bei aller Bescheidenheit meines dürftigen religiösen Haushaltes – dieses Fest doch eben mit einer richtigen, echten Überzeugung und mit einem ehrlichen Bemühen, mich in eine solche Wahrheit und Wirklichkeit hineinzudenken und hineinzuleben, die eben durch dieses Fest angedeutet wird.

Nun ist diese Wahrheit und Wirklichkeit, wie sie uns in den Heiligen begegnen, so kann man vielleicht sagen, eine dreifache: Sie haben die Funktion, Vorbilder zu sein und sie stellen uns neue Möglichkeiten religiöser Lebensweise und zugleich weltlichen Wirkens vor; sie sind aber auch Fürbitter und fungieren als Schutzpatrone. Während ich aber mit der ersten Funktion, nämlich Vorbild zu sein, sehr viel anfangen kann – ich kann mir etwa durchaus vorstellen, daß man inspiriert wird von einem Mann wie Franziskus von Assisi oder auch von einem Mann wie Pater Delp – wird es für mich bei der Frage nach dem Sinn der Fürbittefunktion und nach dem Schutzpatronat sehr schwierig.

Ich glaube, wir können die zweite und dritte Funktion oder den zweiten und dritten Aspekt der christlichen oder, wenn Sie so wollen, der katholischen Heiligenverehrung vielleicht doch am besten verstehen, wenn wir zunächst einmal bei dem auch für Sie verstehbaren Aspekt bleiben, nämlich daß Heilige als religiöse Vorbilder dienen. Ich meine, wir alle sind Menschen unter Menschen. Die wichtigsten Dinge unseres Lebens als eines Ganzen und damit auch die bedeutendsten Dinge unseres Heils gehen uns doch auf in oder an der Begegnung mit anderen Menschen: mit einer liebenden Mutter, mit einem selbstlos für seine Familie daseienden Vater, vielleicht auch an einem Politiker, der sein Leben wirklich in Selbstlosigkeit seinem Volk zur Verfügung stellt, um nur einige Beispiele zu nennen. Was uns eigentlich in unserem Leben begeistert, wird uns doch am besten an produktiven Vorbildern klar. Wenn wir das sehen und von da aus sagen, solche produktiven Vorbilder gibt es selbstverständlich auch hinsichtlich des eigenen christlichen Lebens, des Glaubens an Jesus Christus, des Vollzugs einer Unmittelbarkeit zu dem unsagbaren Geheimnis des lebendigen Gottes usw., dann haben wir eigentlich das, was man mit »Heilige« meint, insofern sie als produktive Vorbilder unseres eigenen christlichen Lebens gelten. Daß solche Vorbilder im Lauf der Geschichte immer wieder neu gegeben, in neuen Zeiten, in anderen Verhältnissen neu gelebt werden müssen, damit uns aufgeht, was Christentum und was ein christliches Leben in Liebe zu Gott und zum Nächsten eigentlich heißt, das, so nehme ich an, ist eigentlich selbstverständlich. Sie sagten ja auch, daß Sie mit diesem Aspekt durchaus etwas anfangen können. Nun würde ich einmal ganz einfach sagen: Wenn der Christ davon überzeugt ist, daß solches Leben des Glaubens, der radikalen Hoffnung und der Liebe durch den Tod nicht einfach in das leere Nichts zurückfällt, wenn er also davon überzeugt ist, daß diese Menschen, die wir Heilige nennen, ewig gültig sind, dies vor Gott bleiben und ihre eigene Vollendung gefunden haben, dann habe ich im Grunde genommen schon von dem zweiten und dritten Aspekt des Sinnes einer Heiligenverehrung gesprochen, von dem Sie sich ja eingangs etwas zweifelnd zu distanzieren suchten.

Wie wird man heute ein Heiliger?

Gut, aber bleiben wir noch einen Augenblick bei der Vorbild-funktion stehen. Nehmen wir einmal an, der Sinn der Heiligen-verehrung läge in dem, was Sie soeben skizziert haben. Müßte dann nicht in der Praxis der Kanonisierung, der Heiligspre-

chung, auch deutlicher herauskommen, welche Tugenden die Kirche beispielsweise im 20. Jahrhundert für notwendig und wichtig hält? Wird jetzt nicht dadurch, daß man vorwiegend Zölibatäre heilig spricht, der Eindruck erweckt, man könne eigentlich nur dann heilig sein, wenn man unverheiratet ist?

Natürlich sind die Heiligsprechungsprozesse und der eigentliche, kirchenrechtlich gemeinte Vorgang der Kanonisation mit sehr viel Zufälligem und Willkürlichem behaftet. Aus einer großen Schar von Menschen, bei denen die Christenheit den Eindruck gehabt hat, daß sie, sagen wir einmal nicht Heilige, sondern überzeugende Christen waren, wird in einer gewissen Zufälligkeit dieser oder jener herausgegriffen. Daß das natürlich im Stil und unter den Verstehenshorizonten der jeweiligen Zeit geschieht, ist eigentlich selbstverständlich. Aber es ergibt sich natürlich daraus, daß unter Umständen für unsere Zeit Menschen als Heilige, also als produktive Vorbilder, herausgegriffen werden müßten, die in einer früheren Zeit nicht ein Stichwort für ein christliches Leben abgegeben hätten. Umgekehrt gilt, daß mancher, der früher kanonisiert worden ist, für uns Heutige, sagen wir einmal, einfach uninteressant geworden ist, und auch das ist selbstverständlich. Obendrein sind die Bedingungen und Prozeduren eines Kanonisationsprozesses in der römisch-katholischen Kirche reichlich umständlich und langwierig, und so hinkt natürlich ein solcher Prozeß wahrscheinlich immer etwas der Zeit hinterdrein.

Was würden Sie meinen, Herr Professor Rahner, wären eigentlich die Tugenden, die heute zur Heiligkeit führen? Was sind, mit anderen Worten, die bedeutsamsten Tugenden für den Christen?

Das ist natürlich schwer zu sagen, weil dies je nach den Ländern, Lebensumständen, sozialen Schichten und dem Grad der Bildung sehr verschieden sein kann. Die arme Frau, die für ihre Kinder sorgt, könnte in einem exemplarischen christlichen Leben auch heute immer noch eine Figur sein, die innerhalb eines Heiligenhimmels eine wirkliche Rolle spielt. Aber man könnte sich heute durchaus doch auch denken, daß es

Staatsmänner geben sollte, die ein exemplarisch christliches Dasein als solches führen. Man könnte sich ebenso denken, daß es heute Heilige geben müßte, die wirklich in einer radikalen Weise ihr sozialpolitisches und sozialkritisches Engagement wahrnehmen. Allerdings müßte man dabei auch sehen, daß ein solches Leben aus der innersten Mitte eines glaubenden, hoffenden und liebenden Verhältnisses zu Gott entspringt.

Darf ich einmal ganz direkt fragen? Ein Mann wie Camillo Torres, wäre er für Sie als Heiliger vorstellbar?

Ich kann natürlich jetzt diese Frage nicht direkt beantworten, weil ich so genau nun auch nicht das Leben von Camillo Torres kenne. Aber daß er unter Umständen ein Jemand sein könnte, der in einem politischen Engagement seine absolute Liebe zu Gott und den Menschen überzeugend dargestellt hat, das könnte ich mir schon denken. Wie gesagt, ich kenne das konkrete Leben des Camillo Torres nicht. Dies wäre aber für die Beantwortung Ihrer Frage notwendig, weil es zu dem typisch Exemplarischen eines bestimmten Menschen natürlich auch dazugehört, daß er manches Allzumenschliche in einer eben nicht zu typisch exemplarischen Art und Weise an sich gehabt hat. Das würde man bei einem zu kanonisierenden Heiligen unter Umständen nämlich durchaus verlangen. Ich kannte zum Beispiel Pater Rupert Mayer, der sich mutig gegen die Nazis gestellt hat. Ich war ein guter Freund von Alfred Delp, den Sie ja vorhin schon erwähnt haben. Ich weiß nun nicht, ob diese Männer, trotz ihrer großartigen Leistung als Mensch und als Christ, in jeder Hinsicht kanonisierbar wären. Mir persönlich wäre das letztlich aber auch ziemlich gleichgültig. Wenn jemand in den offiziellen Rahmen nicht hineinpaßt, dann kann ich ihn als Christ und Mensch vielleicht trotzdem höher schätzen als irgendeine, vielleicht exemplarische, fromme amerikanische Nonne, die es zu einer Kanonisation gebracht hat.

Aber liegt nicht gerade auch ein Problem in der juridischen Entscheidung: Dieser da ist heilig? Damit ist zwar nicht gesagt, daß andere Menschen nicht auch heilig seien, aber wird mit dieser exemplarischen, juristisch gewissermaßen abgesicherten Heiligsprechung, nicht doch ein Problem aufgeworfen?

Ja gewiß, mit dieser Praxis ist ein gewisses Problem gegeben, und ich hoffe, daß doch in absehbarer Zeit alle diese Prozeduren so geändert werden, daß zum Beispiel vorbildliche Menschen auch im öffentlichen Gottesdienst der Kirche anerkannt und geehrt werden und zwar Menschen in einer ganz bestimmten Gegend, in einer ganz bestimmten, partikulären Kirche, Menschen, die in einer anderen Kirche nicht interessant sein können, einfach wegen der ganzen Eigenart ihres Lebens. Anders formuliert, vielleicht könnten langsam die herkömmlichen Verfahrensweisen so geändert werden, daß das Amtliche, das Offizielle der konkreten Wirklichkeit, die doch eigentlich damit gemeint ist, etwas besser entspricht.

Heilig sein, ohne dieses Wort zu gebrauchen?

Was ist Ihrer Meinung nach der theologische Hintergrund, von dem her wir eine Kirche der Heiligen bekennen? Was könnte dies für uns bedeuten? Warum liegt uns so viel daran, dies als einen besonderen Punkt im Glaubensbekenntnis zu haben?

Zunächst empfängt natürlich der Begriff »heilig« vom Neuen Testament her seinen Sinn, wonach sich dieser Terminus auf jeden wahrhaft glaubenden, hoffenden und liebenden Christen bezieht, der in der Gnade Gottes lebt, seine ganze Existenz in dieser hoffenden Liebe Gott anheimgibt und aus dieser innersten Haltung heraus radikal seinen Nächsten liebt. Alle in dieser Weise lebenden Menschen sind im Grunde genommen im biblischen und auch im theologischen Sinn durchaus Heilige. Wir sprechen deswegen auch in der katholischen Schultheologie immer noch von der »heiligmachenden Gnade« und nehmen an, daß jeder, der nicht in einem absoluten Nein gegen Gott lebt, durch die Huld Gottes diese heiligmachende Gnade besitzt. Aber es gibt natürlich darüber hinaus, wie schon gesagt, noch solche Heilige, die, so möchte ich sagen, in einem empirisch greifbaren Sinne für ihre Umwelt als exemplarisch heiligseiende Christen gelebt haben. Aber, Ihre Frage zusammenfassend zu beantworten, wenn wir von der »heiligen Kirche« sprechen, wenn wir das »Fest aller Heiligen« feiern, und wenn wir dabei die Texte aus der Apokalypse lesen, wo von den ungezählten Scharen der Heiligen die Rede ist, Scharen, die niemand zählen kann und die alle vor dem Thron des Lammes stehen, dann meinen wir wirklich ein Fest aller Heiligen, das heißt aller, in Gottes Gnade geretteten und endgültig ihr Heilsschicksal gefunden habenden Menschen. Dieser Begriff der Heiligen, der also über den Kreis der »amtlich abgestempelten« Heiligen hinausreicht, dieser Begriff ist der theologisch ganz gewiß viel zentralere und entscheidendere.

Wie würden Sie nun diesen Begriff mit Inhalt füllen? Menschen, die vor dem Thron des Lammes erscheinen, oder die Schar der Geretteten, von der Sie schon sprachen, das sind doch mythologische Bilder. Oder, zumindest Ausdrucksweisen, deren Sinn man nur schwer nachvollziehen kann.

Ich würde zunächst sagen, man kann, ja, man müßte vielleicht heute einmal für eine Zeitlang das Wort »heilig« pensionieren und die gemeinte Sache in einer viel schlichteren, aber dafür echteren und radikaleren Weise sagen. Es gibt doch Menschen, von denen wir den Eindruck haben, sie schenken ihr ganzes Leben mit all seinen Enttäuschungen und mit all seinen Absurditäten hinein in die Liebe zum Nächsten und erreichen in dieser Liebe zum Nächsten auch jenes letzte Geheimnis, das auch die Liebe der Menschen untereinander tragen muß und das wir Gott nennen. Dort, wo selbstlos geliebt wird, dort, wo, ich möchte sagen, ergeben und geduldig und hoffend auf einen absoluten Sinn in aller Absurdität des Daseins gestorben wird, dort, wo nüchtern, aber intensiv und ohne gleichsam egoistische Rückkehr zu sich selbst, die schlichte Pflicht des Alltags getan wird, dort geschieht dies – zumindest nach der christlichen Überzeugung – von Gott her und von dem her, was wir seine Gnade nennen. Dort also vollzieht sich dann das, was Heiligkeit meint. Wir könnten eigentlich dieses Wort ruhig einmal weglassen, weil dieses Wort etwas Außergewöhnliches zu bedeuten scheint, etwas, was für einen »normalen, vernünftigen Menschen« nicht in Frage kommt. Er hat doch, so könnte man meinen, etwas anderes, Wichtigeres zu tun, als seine Heiligkeit in einem pietistisch verstandenen Sinne zu pflegen und seine »schöne Seele« in Ordnung zu halten, um dem »lieben Gott« eine Freude zu bereiten. Mit solchen Vorstellungen von der Heiligkeit werden Leute gerade nicht heilig, und deshalb wäre es vielleicht ganz gut, wenn man am Fest Allerheiligen von der Heiligkeit reden würde, ohne dieses Wort zu gebrauchen.

... von einer Heiligkeit also, die juridisch nicht unbedingt zu sanktionieren ist und die nicht festgestellt werden muß, sondern die auch ganz unerkannt und möglicherweise unerkennbar ihre Wirkung tut.

Ja, ganz richtig, es gibt nicht nur den unbekannten Soldaten, sondern auch den unbekannten Heiligen, d. h., den Menschen, der sich, ich möchte beinahe sagen, weil er sich selber vergessen hat, fast unweigerlich das Schicksal erleidet, auch von den anderen Menschen unbeachtet zu bleiben, der aber in dieser scheinbaren Anonymität einer letzten, radikalen Selbstlosigkeit haargenau derjenige ist, den man eigentlich nennen müßte. Man könnte sogar sagen: Die Tatsache, daß es überhaupt exemplarische und ausdrücklich als heilig bezeichnete Menschen in der Kirche gibt, sollte die Ausnahme sein, denn die wirklichen Heiligen sind gerade die, die so selbstlos, so unauffällig ihre Pflicht tun, daß jeder andere meint, das sei seine verdammte Pflicht und Schuldigkeit. Anders ausgedrückt, diese seine selbstvergessene Pflichterfüllung zeige keine Spur von Besonderheit, sondern sei etwas, das gewissermaßen ohne Dank und ohne Lohn als eine Selbstverständlichkeit kassiert werden darf. Die, meine ich, wären die wahren Heiligen und wenn uns einer ab und zu einmal trotzdem auffällt, und wir ihn ausdrücklich als heilig bezeichnen, so ist das bis zu einem gewissen Grad eine berechtigte, sinnvolle, aber doch sekundäre Angelegenheit in der Kirche der Heiligen.

Zur Kirche der »unerkennbaren Heiligen«

Trotzdem bleibt ja die Schwierigkeit – gerade wenn man dies so auffaßt – daß es eigentlich die Unerkennbaren sind, auf die es ankommt, die Unauffälligen also. Dann aber hieße doch eine Kirche der Heiligen zu fordern, etwas zu wollen, was man sozusagen empirisch gar nicht erweisen kann?

Man muß natürlich das, was ich eben sagte, noch einmal richtig verstehen. Sehen Sie, es ist natürlich jetzt mit dieser Rede von der Anonymität der Heiligen wiederum selbstverständlich nicht jener Typ von Menschen gemeint, die sich von vornherein sozusagen im Windschatten der Geschichte halten und so die kleinen, im falschen Sinne »kleinen Leute« sein wollen, die unauffällig sind und denen deswegen möglichst wenig passiert, die keine große Verantwortung auf sich nehmen, die den Mut nicht haben, sich auch einmal ganz erheblich zu blamieren etc. Das aber heißt, dort, wo das Leben so etwas fordert wie ein großes Wagnis, ein absolutes Engagement, auch in der Öffentlichkeit also, dort ist auch ein Platz für ein heiliges Leben. Das, was ich vorhin gesagt habe, darf nicht mißverstanden werden. Wenn man das sieht, dann meine ich, warum sollte die Christenheit – sie tut es ja in allen Kirchen – nicht den und jenen doch als exemplarischen Menschen erkennen und auch anerkennen? Sie macht das doch bei Bodelschwingh auch in der evangelischen Kirche, auch wenn es da keinen Kanonisierungsprozeß gibt. Sie respektiert vielleicht einen Martin Luther King auch in dieser Weise. Ob man gerade einen Camillo Torres heiligsprechen muß, um auf Ihr Beispiel zurückzukommen, das weiß ich nicht, aber warum nicht? Die Öffentlichkeit der Kirche kennt natürlich überall solche Menschen, und ich meine, sie sollte sich auch zu ihnen bekennen. Wenn man nämlich die Anonymität des wahren Christen übertreibt, dann züchtet man vielleicht unbewußt und ungewollt jenen pseudo-kleinen Mann, der keinen Schneid hat, eine Verantwortung als Christ auch in der Öffentlichkeit zu übernehmen und das wäre wiederum auch nicht das Richtige.

Ein großer Staatsmann, eine arme Mutter, die für ihre Kinder sorgt, beider Leben kann ein exemplarisch gelebtes christliches Leben sein, unter Umständen als solches anerkannt werden und folglich auch in der Öffentlichkeit des Kultes der Kirche eine gewisse Rolle spielen. Aber natürlich ist die Frage, die Sie zu Anfang gestellt haben, nämlich ob und in welchem Sinne man solche Heilige um ihre Fürbitte angehen könne, damit noch nicht beantwortet. Darf ich dazu noch etwas sagen?

Ja.

Ich würde zunächst einmal sagen, selbstverständlich gibt es auch nach einer gelehrten katholischen Theologie der Heiligen, der Heiligenkirche und der Heiligenverehrung nicht so etwas wie einen »Instanzenzug im Himmel«, ein großes »Interventionsbüro« mit bestimmten Zuständigkeiten, aufgrund dessen die Heiligen engagiert und in Trab gebracht werden, damit sie – um im Bild zu bleiben – vor dem Throne Gottes etwas durchsetzen, das sonst nicht geschehen könnte. Ich würde sagen, die Rede von der Bitte an die Heiligen um ihre Fürsprache bedeutet nichts anderes, als zu sagen, deren Leben ist, – da es von Gott endgültig angenommen ist und da wir alle zusammengehören und alle in einer großen Gemeinschaft von Gott geliebt werden –, auch für mich bedeutsam und zwar nicht nur in der Dimension des profanen Lebens, sondern auch in der Dimension meines Verhältnisses zu Gott. Ich stehe nie allein vor Gott, obwohl ich der absolut Einzelne vor Gott und seiner Gnade bin, sondern ich gehöre immer zu anderen, und jeder ist für jeden bedeutsam. Die Bitte um eine solche Fürsprache bedeutet deshalb nichts anderes, als im Gebet zu sagen, der andere ist sicher für mich in irgendeiner, letztlich nur Gott bekannten Weise bedeutsam, und zwar auch dort, wo ich vor Gott bin.

12 Zum Generationenwechsel der Theologen

Gespräch mit *Walter Hahn* im WDR anläßlich der
Emeritierung (1971)

Eine Generation der kritisch fragenden Theologen

*In diesem Jahr (1971) werden Sie emeritiert. Das gibt uns Anlaß
zu der Frage, Herr Professor Rahner: Wieviele Jahre Hoch-
schullehrertätigkeit haben Sie hinter sich?*
Wenn man die Zeit, in der ich durch die Nazis in Österreich an
einer Lehrtätigkeit verhindert war, ausläßt, dann kann ich
sagen, daß ich seit 1937 Theologie gelehrt habe und zwar in
Innsbruck, in München – wenn ich auch dort auf der
philosophischen Fakultät war – und schließlich auch in
Münster.
*In München waren Sie Nachfolger von Romano Guardini.
– Herr Professor Rahner, Sie haben mehrere Studentengenera-
tionen vor sich gehabt. Sicherlich hatten diese Generationen
einen je verschiedenen Background. Sie befanden sich also in
jeweils ganz unterschiedlichen Situationen. In den letzten Jahren
gab es viel Unruhe in der jungen Generation. Wie beurteilen Sie
eben diese jüngste Entwicklung? Ist sie positiv zu betrachten,
oder haben Sie darin Elemente gefunden, von denen man sagen
muß: Die gehen weg von dem, was die Universität auch heute
noch bewirken soll?*
Zunächst einmal möchte ich unterscheiden zwischen den
jungen Theologen, die meine Schüler waren oder sind, und der
übrigen Studentenschaft. Nicht, als ob diese beiden Größen
nichts miteinander zu tun hätten. Aber was die jungen
Theologen selbst angeht, so kann ich sagen, daß ich auch in
meinen alten Tagen ein gutes und vertrauensvolles Verhältnis
zu ihnen gehabt habe, auch wenn diese junge Generation
natürlich anders ist als wir es waren, da wir zum ersten Mal
Theologie studierten.
*In welcher Weise haben Sie das empfunden? Ist die junge
Generation anders, auch was die jungen Theologen angeht?*

1 *Als Peritus des II. Vatikanums. Mit Josef Höfer und Remigius Bäumer bei Papst Johannes XXIII.*

2 *Auf dem Internationalen Kongreß in Rom über die Theologie des II. Vatikanums. Mit Eduard Dhanis SJ und Karl Barth (1966)*

3 *Als Nachfolger von Romano Guardini in München. Im Gespräch mit Kardinal Julius Döpfner*

4 *Verleihung des Innitzer-Preises (1976). Kardinal Franz König, Wien, und sein früherer Konzilsberater*

Natürlich spiegelt auch die junge Theologengeneration alle jene Eigentümlichkeiten der heutigen jungen Generation wider. Diese jungen Leute sind kritischer. Es gibt weniger Dinge in der Kirche, die man ihnen einfach als selbstverständliche Gegebenheiten vorlegen kann und die einfach akzeptiert werden, so wie der Wechsel des Wetters. Diese jungen Leute haben sehr viele Umbrüche, auch in der Kirche, erlebt. Sie erfuhren sehr viele Veränderungen. Deswegen ist natürlich das, was ihnen unmittelbar geboten wird, nicht eine Selbstverständlichkeit, die einfach als Ganzes angenommen wird, sondern eine Wirklichkeit, eine Haltung, die sie sehr kritisch befragen. Aber ich glaube dennoch, daß sich diese jungen Theologen, die sich ja für ihre christliche Überzeugung, auch wenn sie diese noch einmal sehr nüchtern erkämpfen müssen, für die Kirche engagieren wollen. Ich meine, man kann mit ihnen durchaus leben, und man kann auch als ein alter Schulmeister ihr Vertrauen gewinnen.

Die Chance eines Konsenses zwischen Theologengenerationen

Herr Professor Rahner, Sie betonen das Alter. Mir scheint, wenn ich mir überlege, was man in den letzten Jahren von Ihnen gehört oder gelesen hat, daß der Unterschied im Denken derjenigen, die als Schüler vor Ihnen saßen, und Ihrem Denken eigentlich gar nicht so groß ist. Ich denke dabei etwa an Äußerungen, die sich mit der Enzyklika über die Geburtenregelung befassen. Ist es nicht so, daß Karl Rahner in gewisser Weise mit der Zeit geht, wenn auch nicht jeweils in der Weise, wie mancher von den jungen Theologen sich das vorstellt?
Ja, natürlich will ich nicht absichtlich alt, altmodisch, veraltet und verkalkt sein, aber auf der anderen Seite spürt natürlich der Ältere doch einen Unterschied zwischen sich und den jungen Leuten. Ein Beispiel: Die politische Theologie, deren Bedeutung und Ziele man durchaus bejahen kann, wenn diese

Theologie richtig verstanden wird, ist doch eine Angelegenheit, die innerhalb der katholischen Theologie Deutschlands mein Freund Metz in Münster inauguriert hat. An dieser aber habe ich selbstverständlich keine Verdienste, noch könnte ich mir von daher irgendwelche Meriten zuschreiben. Insofern macht sich natürlich ein Generationsunterschied bei allem guten Willen, bei allem Lebendig-bleiben-Wollen, doch geltend. Es kommt natürlich hinzu, daß ein Professor, der doch ein bißchen etwas wie ein Bekenner sein sollte, nun auch nicht einfach kritiklos und ohne jede Reserve den Dingen gegenüberstehen muß und darf, Dingen, die vielleicht nicht von *den* Jungen, aber von vielen Jungen vertreten werden.

Ganz sicherlich, Herr Professor Rahner. Eine letzte Frage: Was die literarische Produktion angeht, so haben Sie bereits ein Riesenmaß hinter sich liegen, aber ich gehe davon aus, daß der Träger des Ordens Pour le mérite etc. nun mit der Emeritierung, also mit dem Ausscheiden aus dem regelmäßigen Hochschullehrerdasein, keineswegs die Feder oder – in modernerer Sprache – die Schreibmaschine beiseite lassen wird.

Nein, ich habe nicht vor, im Nymphenburger Park, an dessen Mauern das Haus grenzt, in dem ich zur Zeit wohne, allein spazierenzugehen. Es gibt noch sehr viele literarische, theologische Pläne, die ich verfolgen möchte, solange ich einigermaßen gesund bin. Ich will einen zehnten Band meiner Schriften zur Theologie herausgeben. Ich will frühere Arbeiten redigieren, und ich möchte besonders jene Vorlesungen veröffentlichen, die ich in München und Münster unter dem Titel »Einführung in den Begriff des Christentums«[1] gehalten habe.

---

[1] Grundkurs des Glaubens, Freiburg/Br. [12]1982.

13 Mit den Jugendlichen
vom Sinn des Lebens reden

Gespräch mit der Redaktion der *Zeitschrift der KSJ-Schwaz*
(1971)

Im Ursprung steht die Erfahrung

*Pater Rahner, woher kommt es, daß beinahe 40% der befragten
Jugendlichen nicht an ein Leben nach dem Tod glauben?*
Ich meine, es ist dafür ein dreifacher Grund verantwortlich: 1.
der Jugendliche hat noch keine wirkliche Erfahrung der
Ewigkeit, der Forderung und der Hoffnung auf eine wirkliche
Endgültigkeit des in freier Verantwortung getanen Lebens.
2. der Jugendliche wird nicht mehr durch die »öffentliche
Meinung« der Gesellschaft unterstützt, um die Erfahrung der
Ewigkeit, die er langsam machen muß in der Erfahrung der
genannten Verantwortung, richtig zu deuten und sich selbst
auszulegen. 3. Religionsunterricht und die sonstige kirchliche
Verkündigung reden zu sehr in einer solchen Sprache vom
ewigen Leben, die diese Wahrheit des Glaubens mythologisch
klingen läßt. Das allerdings kann hier nicht im einzelnen
gezeigt werden.
*Warum wissen viele der befragten Jugendlichen keinen rechten
Sinn für ihr Leben anzugeben?*
Wenn ein Jugendlicher noch keine Erfahrung davon gemacht
hat, daß eine frei auf sich genommene Verantwortung im
selbstlos liebenden Dienst für den Nächsten glücklich macht,
freilich unter der Voraussetzung, daß dieses so in verantwortli-
cher Selbstlosigkeit getane Leben in befreite Endgültigkeit
hinein und nicht in das Nichts hinein gelebt wird, dann kann
eben ein Jugendlicher keinen rechten Sinn für sein Leben
angeben. Es fehlt ihm dann sowohl noch die Erfahrung des
Lebens selbst, wie auch dessen richtige und deutliche Deutung
durch die Botschaft des Evangeliums.

Chance des Religionsunterrichts und des Meßopfers

Glauben Sie, daß der Religionsunterricht an den Mittelschulen den Anforderungen unserer Zeit nicht mehr gerecht wird?

Der Religionsunterricht an den Mittelschulen leidet natürlich, ohne daß man gerade *ihm* die Schuld geben muß, unter den allgemeinen Schwierigkeiten der christlichen Botschaft, sich verständlich in die Verstehenshorizonte der heutigen Zeit hinein zu übersetzen. Diese heute notwendige Übersetzung ist schwierig, sie braucht Zeit, ist aber nicht unmöglich. Im übrigen wird der Religionsunterricht in seinem Erfolg oder Mißerfolg weitgehend davon abhängen, welche Persönlichkeit der Religionslehrer selbst ist. Der lebendige, der sich immer neu den Fragen der heutigen Zeit stellende, der selbst immer neu lernende, der betende Religionslehrer, der selbst immer neu und im Vertrauen auf Gottes Gnade täglich zu glauben beginnt (»Herr ich glaube, hilf meinem Unglauben«), der wird Erfolg haben im Unterricht. Daß dieser Erfolg immer nur begrenzt ist, das ist selbstverständlich. Das war auch Jesu Schicksal, und es ist das Schicksal aller Wahrheit, die das Letzte auszusagen versucht.

Warum finden die jungen Menschen nur schwer Zugang zum hl. Meßopfer. Warum geht ein Großteil nicht in die Kirche? Was soll man anders machen?

Das Verständnis des Meßopfers ist nicht der Anfang, sondern fast so etwas wie die Reife eines christlichen Daseinsverständnisses. Man sollte daher von den Jugendlichen nicht zu viel verlangen und nicht zu viel erwarten. Man muß die Eucharistiefeier so gestalten, daß der junge Mensch wirklich einigermaßen mitkommen kann. Man sollte die Messe nicht verstehen als einen ausgesparten, seltsam sakralen Bereich in einer profanen Welt wie eine kleine Insel in einem Meer. Man sollte sie begreifen als das ausdrückliche Zusichselberkommen jenes ungeheuren Dramas voll Schuld und Gnade, das eigentlich in der ganzen Weltgeschichte, also auch in unserer Zeit und in unserem eigenen Leben sich ereignet, und das Sinn und Mitte hat in jenem Tod, in dem Jesus in der Unbegreiflichkeit seines Todes sich dem Geheimnis als vergebende Liebe anvertraute, einem Geheimnis, das wir Gott nennen. Wir hausen zwar nicht immer in der Mitte unseres unbegreiflichen Daseins, sondern sind meist an dessen Rand im harmlosen und spießigen und so wichtigtuenden Alltag verbannt. Aber ab und zu werden doch auch wir hineingerissen in das Mysterium von Schuld, Tod, Vergebung und unbegreiflicher Freiheit, das sich von Gott her in der Mitte unseres Lebens ereignet.

Und dieses Geheimnis sollten wir auch vorlassen in die heilige Feier des Todes des Herrn.

14 Pflicht zur Veränderung

Gespräch mit *Klaus Wrobel,* Nürnberg (1971)

Das Evangelium in einer Welt des Umbruchs

Herr Professor Rahner, mir ist ein Ausspruch von Ihnen in Erinnerung, der etwa so lautet: »Wenn wir uns nicht bewegen, werden wir bald die Nachhut sein.« Gemeint ist die katholische Kirche. Meine Frage lautet: Bewegen wohin?
Damit ist eine doppelte Frage gegeben. Sie betrifft sowohl die innerkirchliche Situation als auch das Verhältnis der Kirche zur Gesellschaft. Beides hängt natürlich miteinander zusammen.
Bleiben wir vorerst beim Verhältnis der Kirche zur Gesellschaft. Was bedeutet das heute?
Es bedeutet: eine zeitgerechte Predigt des Evangeliums als ein der Gesellschaft zu leistender Dienst. Denn die Botschaft des Evangeliums hat eine Fülle von Inhaltlichkeit. Sie muß immer wieder neu ausgerichtet werden, je nach der geschichtlichen Situation. Wir leben heute in einem Zeitalter der Rationalität,

der neuen naturwissenschaftlichen Erkenntnisse, der neuen sozialen Forderungen in der Massengesellschaft.

Der Forderung nach Demokratisierung zum Beispiel?

Ja, aus der gegebenen oder erwünschten Demokratisierung ergeben sich Aufgaben für die Verkündung des Evangeliums, die man früher nicht so deutlich kannte.

Und welche Rolle spielt Gott in dieser modernen Welt?

Die Botschaft des Evangeliums wird sich immer auf das unüberholbare, nicht manipulierbare Geheimnis berufen, das wir Gott nennen. Doch es gilt, eben das dem Menschen in einer ganz neuen Weise verständlich zu machen.

Es gilt also, von Gott anders zu sprechen als in früheren geschichtlichen Epochen?

Wir müssen bei der Rede von Gott deutlicher als früher mit der Rationalität des Menschen rechnen. Somit ergibt sich in vieler Hinsicht eine Art »Entmythologisierung«.

Doch bei aller Entmythologisierung: Gott bleibt eine jenseitige, »metaphysische« Wirklichkeit.

Ja, die vertikale Dimension im christlichen Glauben muß erhalten bleiben, gerade als lebendiger Grund eines spezifisch christlichen Weltverhältnisses. Gerade darum hat der Christ selbstverständlich die Aufgabe einer ständigen Veränderung der Welt: er muß für mehr Gerechtigkeit und Freiheit eintreten. Doch diesen Auftrag hat er durch Gott. Der Christ soll weder ein innerweltlicher Utopist sein, der sich von Gott gelöst hat, noch darf er ein reaktionärer Konservativer sein, der sagt: »Ich habe die heile Welt, die es zu bewahren gilt«. Beide schaffen Gott gleichermaßen ab.

Echtes Christentum schließt also den Willen zur gesellschaftlichen Veränderung ein?

Nur bei einem Willen zur notwendigen gesellschaftlichen Veränderung kann der Mensch wirklich echt seine Hoffnung auf die absolute Zukunft, die Gott ist, richten. Sonst ist der Begriff »Gott« nichts weiter als Opium des Volkes.

Dann darf der Christ also auch die Revolution nicht ablehnen?

Kein prinzipielles Nein zur Revolution

Die christliche Moraltheologie braucht die Revolution nicht grundsätzlich abzulehnen. Dabei sind allerdings zwei Dinge zu bedenken: Revolution ist von Evolution schwer abgrenzbar; Revolution muß nicht Gewalt bedeuten.

Aber Revolution schließt die Möglichkeit der Gewalt mit ein.

Ja, doch man soll den Begriff der Gewalt auch nicht verteufeln. Meine Definition lautet: Revolution ist dort gegeben, wo eine gesellschaftliche Gruppe gesellschaftliche Verhältnisse in erheblichem Maße ändert, ohne sich auf die in dieser Gesellschaft ehrlich akzeptierten Spielregeln berufen zu können.

Nochmals: Ist diese Veränderung auch wünschbar, wenn sie mit Gewalt erfolgt?

In gewisser Weise wird überall in der Welt auch bei Evolutionen Gewalt angewendet. Wenn bei einer vernünftigen Güterabwägung zwischen mehr Freiheit und mehr Gerechtigkeit und den dazu notwendigen Mitteln sich ein sinnvolles Verhältnis ergibt, dann ist unter Umständen auch eine gewaltsame Revolution sinnvoll.

Die Kirche, die offizielle Kirche, steht noch immer in enger Verbindung zum Kapitalismus. Das aber ist keine Notwendigkeit, die vom Evangelium ableitbar ist.

Es gibt sicher verschiedene Wirtschaftsformen, die innerhalb bestimmter Grenzen von den Christen gebilligt werden können.

Das klingt nach Neutralität der Kirche. Aber sollte die Kirche nicht auch Triebkraft für soziale Veränderungen sein?

Die Christen sollten diese Triebkraft sein, auch wenn die Amtskirche unter Umständen mit Recht Neutralität bewahrt. Die Christen selbst haben sich über die Gesellschaft eigene Gedanken zu machen.

Auch wenn die Gedanken einer päpstlichen Enzyklika widersprechen?

Auch das ist nicht in jedem Fall unbedingt auszuschließen. In der katholischen Kirche gibt es so etwas wie einen systemimmanenten Nonkonformismus gegen das System. Wenn der Papst nicht definiert, muß ich mir meine eigenen Gedanken machen.

Kann ein Christ Marxist sein?

Was heißt »Marxist«? Das müßte zuerst einmal gesagt werden, bevor man die Frage beantworten kann. Klar ist: Der Christ darf kein Anhänger einer Ideologie sein, die den christlichen Grundwerten entgegensteht. Aber muß ich als Christ zum Beispiel unbedingt gegen die Verstaatlichung der Grundstoff-industrie sein? Auch das Konzil läßt ausdrücklich gesellschafts-politische Lösungen zu, die unter Christen strittig sein können. Niemand darf dazu allerdings die Autorität der Kirche für seine Lösung allein in Anspruch nehmen.

Was aber in der Vergangenheit von bestimmten Gruppen immer wieder getan wurde.

Natürlich, gewisse Gruppen in der Gesellschaft können sich eher breit vernehmbar machen. Doch bei allen Differenzen: gemeinsam ist immer wieder der christliche Glaube.

Weihnachten ist das Bekenntnis dazu, daß sich Gott siegreich und irreversibel als absolute Zukunft in die Welt und ihre Geschichte eingestiftet hat. Ihr Gang kann nicht mehr total schief gehen. Zwar gibt es keine gradlinige Entwicklung, aber das Ganze kommt zu einem positiven Ertrag. Das Leben für den einzelnen geht durch den Tod hindurch auf das ewige Leben hin. In diesem Optimismus lassen sich alle Abstürze unterbringen.

In einem Teil der jungen Generation erfolgt zur Zeit eine spontane und unerwartete Hinwendung zu Gott und zum Evangelium. Das ist die sogenannte Jesus-Welle. Ist das eine positive Entwicklung oder nur eine modische Erscheinung von Weltflucht?

Ich kann das ganze Phänomen noch zu wenig beurteilen. Einerseits fürchte ich, daß hier die Resignation vor der harten Auseinandersetzung in der realen Welt zu Jesus geführt hat, andererseits finde ich die ideelle Haltung, die dahinter steckt, großartig.

Aber die Kirchen stehen dabei abseits.

Merkwürdig, Jesus scheint auch heute noch seine lebendigsten Gedanken nicht selten ohne die Kirche unter die Leute zu bringen.

15 Was meine ich, wenn ich sage: Ich sage etwas

Gespräch im ZDF mit *Marietta Peitz* und *Karl Weich*, I (1971)

Sich darauf einstellen, den Mund zu halten?

Mitten in eine Geschäftsordnungsdebatte der Gemeinsamen Synode der katholischen Bistümer im Januar dieses Jahres im Würzburger Dom platzte eine theologische Debatte. Sie machte offenkundig, daß Christen zwar, wenn sie sich versammeln, das gleiche Glaubensbekenntnis sprechen, daß jedoch die Meinungen weit auseinandergehen. Unter gleichen Begriffen finden sich Inhalte, die keineswegs in gleicher Weise verstanden werden.

Der konservative Bonner Kirchenrechtler Heinrich Flatten stritt den katholischen Christen ihr Platzrecht in der Kirche ab, die etwa sagen: Sie glauben nicht mehr an die Gottessohnschaft und die Auferstehung Jesu Christi, die Jungfrauengeburt und die Unauflöslichkeit der Ehe. Flatten hatte damit praktisch eine Äußerung des Kölner Kardinals Joseph Höffner wiederholt. Aber hilft es, das ist die Gegenmeinung des Münsteraner Dogmatikers Karl Rahner, hilft es, wenn auf die Lehrsätze der Kirche verwiesen wird, wenn die Fragen von heute durch einfaches Zitieren der Lehrsätze schnell erledigt werden? Auch die Dogmen der Kirche müssen immer neu durchdacht und in den gesamten Lebenszusammenhang der Menschen von heute hineingestellt werden.

Guten Abend, verehrte Zuschauer. Manchen von Ihnen werde ich schon bekannt sein, aber ich möchte Sie ausdrücklich auf eine Art Kontrollinstanz neben mir aufmerksam machen, die dazu da ist, dafür zu sorgen, daß ich nicht zu schnell und zu weit in professionale, abstrakte Höhen entschwebe. Daß diese Kontrollinstanz vom Fernsehen selbst gestellt wurde, macht wohl ihre Funktion um so verheißungsvoller.

Wir beiden, also Pater Weich und ich, versuchen uns hier in der Rolle des aufmerksamen und fragenden Zuschauers, der Sie, Professor Rahner, gelegentlich daran erinnern soll, daß Ihre Überlegungen uns nicht immer ganz so schnell verständlich sind.

Der äußere Anlaß dieser kleinen Sendung und der danach geplanten Reihe ist die Synode in Würzburg. Dort wurde erklärt, es gäbe bestimmte Glaubenssätze, an denen nicht gerüttelt werden dürfe. Ich sagte, das sei selbstverständlich, aber ich hätte den Eindruck, daß manche dieser Glaubenssätze doch eben neu durchdacht werden müßten, weil es nicht so klar sei, was eigentlich mit ihnen gemeint ist. Nun, diese simple Erklärung hat neben vielen zustimmenden Reaktionen auch sehr heftige Proteste herausgefordert. Da steht zum Beispiel in einem Brief an mich: »Es wird allmählich höchste Zeit, daß Sie sich darauf einstellen, den Mund zu halten. Es könnte sonst sein, daß man das, was Sie vor Jahren und Jahrzehnten gesagt und geschrieben haben, auch nicht mehr für bare Münze nimmt. Es wäre doch über die Maßen traurig, wenn die Äußerungen des reifen Mannes durch zur Pubertät zurückkehrendes seniles Gebaren an Gewicht verlieren«. Und ein anderer schreibt mit Bezug auf meinen Würzburger Vortrag: »Nun, Sie sprachen frei, ohne Skriptum, waren wohl auch etwas übermüdet, sonst hätten Sie sich nicht so vergaloppiert. Ich nehme an, daß Sie heute mit Bedauern auf diese Entgleisung zurückschauen, denn eine Entgleisung war es«.

Nun, ob es eine Entgleisung war, das ist eben die Frage, die im Hintergrund unserer heutigen und folgenden Überlegungen steht. Es ist doch einfach so, daß es auch innerhalb des Glaubensbereiches Sätze gibt, bei denen man fragen kann und soll, was meine ich eigentlich, wenn ich dies und jenes sage. Diese Frage soll uns deshalb heute grundsätzlich beschäftigen. Ich meine, jedes menschliche Wort und jeder menschliche Satz, den wir sprechen, werde nur verstanden aus einem größeren Kontext heraus, und das gelte auch für die Glaubenssätze. Über dieses Thema möchte ich, wie schon bemerkt, einige Fragen und Überlegungen vortragen.

Was meine ich eigentlich, wenn ich dies und jenes sage?

Pater Rahner, können Sie uns vielleicht ein Beispiel für das von Ihnen Gemeinte geben?
Ein ganz massives Beispiel: Wenn ich etwa als katholischer Christ und Theologe sage, es gibt in Gott drei Personen, dann würde ich beinahe Gift darauf nehmen, daß das, was der normale Christ sich dabei denkt, alles andere ist, als dasjenige, was er eigentlich grundsätzlich von der wirklichen Glaubenslehre und der Theologie her unter diesem sich denken sollte.
Darf ich vorschlagen, daß Sie uns zuerst ein profanes Beispiel geben, bevor Sie ein theologisches anführen?
Es gibt natürlich viele Sätze, die sehr leicht verständlich sind, weil der konkrete Zusammenhang, in dem sie gesprochen werden, für den Sprecher und den Hörer selbstverständlich sind. Wenn ich etwa in der Sauna sage: Es ist jetzt heiß genug, dann wird ein anderer, der sich ebenfalls in der Sauna befindet, dieses Wort ohne weiteres so verstehen, wie ich es gemeint habe. Wenn ich aber zum Beispiel sage: Ich bin traurig, dann ist das, was mit Traurigkeit gemeint ist, eine sehr dunkle Angelegenheit. Wenn ein kleiner Lausbub sagt: Ich bin traurig, Mutter, daß du mir keine Eiswaffel kaufst, dann ist jedenfalls mit dieser Traurigkeit etwas ganz anderes gemeint, als wenn eine Frau sagt: Ich bin unendlich traurig, denn mein Mann ist im Krieg gefallen.
Darf ich hier gleich einmal einhaken, Pater Rahner? Sie sagen, es handele sich um zwei verschiedene Grade von Traurigkeit,

und man müsse sie im Zusammenhang sehen, um zu begreifen,
daß die Traurigkeit der Mutter eine andere ist als die des Kindes.
Aber ist nicht für das Kind wie für die Mutter – ob es sich nun um
eine Eiswaffel, den toten Ehemann oder um die zerbrochene
Familie handelt – die Traurigkeit im Augenblick die gleiche?
Geht es nicht um eine existentielle Traurigkeit, deren Ursache
man nur von außen sieht? Das Kind ist doch offensichtlich
ebenso unglücklich wie die Mutter!

Das Kind meint eben so unglücklich zu sein, weil es sich gar
keine tiefere, radikalere, keine die Person mehr in Frage stellen
könnende Traurigkeit denken kann, als die, die dieses Kind im
Augenblick erlebt. Aber später wird es auch merken, daß diese
kindlichen Tränen, die es vergossen hat, im Grunde genommen
doch Ausdruck einer sehr peripheren Angelegenheit in seinem
Leben gewesen sind. Das merkt man ja daraus, jetzt im
Augenblick »plärrt« es, und nach einer Minute ist es wieder
»quietschvergnügt«.

Ich meine deshalb, es gibt auch im profanen Bereich Sätze und
Worte, deren Sinn außerordentlich komplex ist, die man
deshalb genauer deuten muß, um annehmen zu dürfen, man
habe sie verstanden. Natürlich gibt es Dinge, die gleichsam zum
physikalisch-biologischen Bereich des Menschen gehören,
Worte, die gleichsam Signale innerhalb dieses biologischen
Bereiches sind. Aber Worte wie Freude, wie Trauer, wie
Gerechtigkeit, wie Freiheit, wie Verantwortung, wie Liebe, sie
alle sind Worte, die wir sehr leicht zu verstehen meinen. In
Wirklichkeit aber handelt es sich um Worte, bei denen wir
merken, in welch unbekannte Regionen wir kommen, wenn wir
damit anfangen, uns genauer Rechenschaft über deren Sinn zu
geben.

Vielleicht darf ich noch einmal auf das Beispiel vom Kind
zurückkommen. Das Kind sagt: Ich bin traurig. Die Mutter sagt:
Ich bin traurig. Aber was diese beiden trennt, ist doch eigentlich
eine verschiedene Erfahrung, oder eine Fülle verschiedener
Erfahrungen. Wenn Sie jetzt sagen: Glück, Freundschaft, Liebe,
das sind völlig andere Dinge, die einen riesigen Hintergrund

haben, den wir kaum ausschöpfen können, dann meinen Sie, hier verlieren wir uns einfach in ein Geheimnis der Person und ihrer Erfahrung hinein, das wir nicht ausschöpfen können.

Ich meine wirklich, daß es Begriffe gibt, die sich grundsätzlich einer adäquaten Definition entziehen. Es gibt vielleicht in der Mathematik, vielleicht auch in der Physik – davon allerdings verstehe ich zu wenig – Begriffe, deren Inhalt hundertprozentig genau festgelegt werden kann, obwohl selbst das, wenn man den Wissenschaftstheoretikern – etwa in bezug auf die Mathematik – genau zuhört, auch nicht hundertprozentig stimmt. Aber jedenfalls gibt es viele menschliche Begriffe, die auf eine nie adäquat reflektierbare Erfahrung zurückweisen, die grundsätzlich nie zureichend ausgesagt werden kann. Ich denke an Begriffe, bei denen man immer auf eine Erfahrung zurückweisen muß, die der andere gemacht haben muß, und die jeder auf seine Weise macht, vielleicht sehr primitiv, vielleicht sehr tiefsinnig, vielleicht in der Weise eines jungen Menschen, vielleicht in der Weise eines alten, erfahrenen, gereiften, dem Tode nahe seienden Menschen. Und deswegen sind solche Begriffe immer – von der Theologie sei hier noch ganz abgesehen – Begriffe, bei denen man grundsätzlich stets die simple Frage stellen kann: Was meine ich eigentlich, wenn ich sage »Freude«, »Friede«, »Liebe«, »Gerechtigkeit«, »Verantwortung« usw.

Herr Professor Rahner, ergibt die Summe der menschlichen Erfahrungen eine Art »Annäherungswert« an die Wahrheit eines Wortes, wenn Sie so wollen?

Ich würde nicht ohne weiteres sagen, daß ein Satz automatisch falsch wäre, nur weil er die völlige Summe der Erfahrungen, die hinter einem Wort grundsätzlich stehen können, nicht einbringt. Aber wir reden nun über eine schwierige und dunkle Frage, die ja gerade heute wieder in der katholischen Theologie kontrovers beantwortet wird.

Darf ich noch einmal auf das Kind zurückkommen? Sie sagen, das Kind sei zwar traurig, aber es habe im Grunde keine Erfahrung in puncto Traurigkeit.

Erfahrung hat das Kind, das Kind ist wirklich traurig; es weint, es ist vielleicht depressiv, also hat es eine gewisse Erfahrung und es spricht diese Erfahrung aus. Aber dasselbe Wort wird eben von der Mutter verwandt, und siehe da, man meint vielleicht dasselbe zu sagen. Aber in Wirklichkeit stehen vielleicht sehr verschiedene Erfahrungen und sehr verschiedene Inhalte desselben Wortes hinter solchen Sätzen.

Ist das Wort bei der Mutter »wahrer«?

Ich würde sagen, es ist mehr an Wahrheit, an Tiefe der Wahrheit, das heißt mehr an Tiefe der Wirklichkeit in diesem Wort. Das Kind hat ganz recht, wenn es behauptet, es sei traurig. Es sagt keinen falschen Satz. Aber es formuliert einen – so könnte man sagen – dünnen, oberflächlichen, relativ inhaltslosen Satz.

Die überlieferten Sätze des Glaubens und die Konfrontation mit der Erfahrung

Angewandt auf unsere Frage, von der wir ausgegangen sind – die Kontroverse in Würzburg – heißt das: Wenn ich die uns überlieferten Sätze des Glaubens einfach wiederhole, dann habe ich noch nicht die Garantie, daß die Fülle einer späteren Erfahrung dort voll hineingekommen ist.

Ja, natürlich. Stellen Sie sich vor, Sie sagen »Gott«, »Dreifaltigkeit«, »Gnade«, »Liebe«, »Ewigkeit«, »Fortleben nach dem Tode« und tausend andere solcher theologischer Worte. Was sich aber darunter der bestimmte einzelne Mensch konkret vorstellt, das ergibt das eigentliche Problem. Er meint vielleicht, er hätte ein Wort richtig verstanden. Er hat vielleicht auch ein Stück davon richtig verstanden, wie dieses Kind, das ja auch ein Stück von Traurigkeit richtig ergriffen hat in der Erfahrung seines Lebens. Aber es ist gleichsam die unendliche Tiefe und Weite eines solchen Begriffes wahrhaftig nicht abgewandert. Und so etwas Ähnliches, ja in noch weit größerem Umfange gibt es natürlich in der Theologie. Und deswegen ist die simple Konsequenz, die ich daraus ziehe, diejenige, hartnäckig zu betonen, man müsse in der Theologie immer aufs neue fragen: Was meine ich eigentlich, wenn ich etwas mit bestimmten Worten sage?

Professor Rahner, wie macht man das?

Nun stellen Sie natürlich eine Frage, auf die ein allgemeines Rezept schon deswegen sehr schwer lieferbar ist, weil die einzelnen Begriffe, um die es sich handelt, selber noch einmal von ganz verschiedener Art sind. »Freiheit«, »Verantwortung« sind zum Beispiel sicher dem Menschen, seiner Erfahrung und seinem Leben näher als wenn ich von »Gott«, von »Dreifaltigkeit«, von »Gnade«, vom »Heiligen Geist« usw. rede. Infolgedessen erfordern natürlich die diversen theologischen Worte gleichsam ganz unterschiedliche Rezepte. Aber man könnte ein gewisses Grundrezept andeuten. Dieses Rezept würde folgendes vorsehen: Um zu wissen, was mit einem bestimmten theologischen Wort oder Satz gemeint ist, müßte man zunächst zurückgehen auf die ursprüngliche menschliche Erfahrung, die dem Worte zugrundeliegt, um dann in einem zweiten Schritt das zu untersuchende Wort im Gesamtkontext der übrigen theologischen Aussagen zu sehen.

Pater Rahner, gibt es Worte, die von dieser Befragung ausgenommen sind? Gibt es sozusagen sakrosankte Sätze, die nicht befragt werden dürfen?

Nein, ich würde sagen, die fundamentalsten Sätze oder Worte müssen am radikalsten bedacht werden. Zum Beispiel gibt es sicher für die christliche Theologie kein fundamentaleres Wort als das Wort »Gott«. Aber wenn man sich einbildet, man müsse nur dieses Wort verwenden und sofort wisse man genau, was damit gemeint sei, dann täuscht man sich eben! Dann stellt man sich eben der Parole nicht, die da lautet: Überlege, was du eigentlich meinst, wenn du dies und jenes sagst! Ergo, tabuisierte Worte, die man in dem genannten Sinne nicht befragen darf, gibt es nicht.

War das nicht der Kern Ihrer Kontroverse in Würzburg?

Ich möchte nicht ohne weiteres meinen ehrenwerten Gegnern

derartiges unterstellen, aber in den Briefen, die ich bekommen habe, die gegen mein Statement protestieren, da ist, so glaube ich, wirklich mit Händen zu greifen, daß es genug Leute und Christen unter uns gibt, die meinen, man brauche nur einen bestimmten Satz zu sagen, um alle Fragen beantwortet zu haben; und dieser, für diese Leute überaus klare Satz, sei folglich einfach eisern zu verteidigen.

Wenn ich Ihre Briefschreiber recht verstehe, dann sagen sie: Professor Rahner wiederholt einen bestimmten Satz nicht, und deswegen macht der die Sache kaputt.

Das ist eben das Mißverständnis, dem ich ausgesetzt bin. Ich akzeptiere diesen Satz. Ich mache aber gleichzeitig nicht nur den anderen, sondern sogar mich darauf aufmerksam, daß ich unter Umständen noch viel genauer überlegen muß, was mit diesem Satz gemeint ist. Ich unterschreibe beispielsweise den Satz: Eine christliche, sakramentale Ehe ist unauflöslich. Aber wann eine christliche Ehe gegeben ist, welche Voraussetzungen sie hat usw., das sind doch alles Dinge, die nicht von vornherein völlig selbstverständlich sind, die auch noch nicht adäquat reflektiert sind durch die amtliche Theologie. Natürlich gibt es viele Reflexionen darüber. Die ganze Theologie fragt natürlich immer: Was meine ich eigentlich mit diesem und jenem Wort, mit »unauflöslicher Ehe«, mit »Heiliger Geist«, mit »Gnade«, mit »Freiheit«, mit »Verantwortung« usw. Aber dieser Prozeß einer Reflexion ist nie endgültig abgeschlossen und kann es auch nicht sein.

Ich kann mir vorstellen, daß natürlich jetzt jemand sagt: Wenn Sie von diesem sicheren Startblock eines soliden, lang überlieferten Satzes wie »Du sollst die Ehe nicht scheiden«, oder »Gott lebt und existiert in Deinem Leben«, gleichsam wegspringen, daß Sie dann ins Schwimmen geraten, daß eine ungeheure Verunsicherung eintritt, die man nicht aushalten kann.

Erstens würde ich ihm einmal sagen, um es einmal bewußt primitiv auszudrücken: Wir schwimmen ja alle, wenn wir ehrlich sind! Zum Zweiten muß ich hinzufügen: Es gibt stets gewisse unberührte Überzeugungen, die sich gleichzeitig selber

Im Gespräch mit dem Philosophen Ernst Bloch (1964)

6   *Auf der Tagung der Paulus-Gesellschaft in Salzburg zum Thema »Christentum und Marxismus« (1965)*

7   *Vortragsreise in den USA. Mit William Dych SJ und William Monihan SJ in San Francisco (1967)*

in einer merkwürdigen Weise in Frage stellen! Nehmen Sie einen Satz wie jenen, der uns dazu auffordert, den Nächsten zu lieben. Das ist doch zweifelsohne ein Satz, über den man lange nachdenken muß, ohne an ein Ende zu gelangen. Trotzdem betrachte ich ihn nicht als einen Satz, bei dem ich damit rechnen müßte, daß ich, sobald ich erst einmal damit angefangen hätte, ihn zu reflektieren, zum Ergebnis käme, es sei die größte Dummheit, den Nächsten zu lieben.

Das heißt, man schwimmt auf der einen Seite und weiß andererseits trotzdem genau, ich habe einen festen Block unter mir?

Ja, ich würde sagen, man kann im Wasser schwimmen und dabei merken, daß das Wasser in einem gewissen Sinne doch Balken hat.

Hat jeder Mensch eine ursprünglich religiöse Erfahrung?

Glauben Sie, Pater Rahner, daß jeder Mensch eine ursprünglich religiöse Erfahrung hat? Was tut ein Mensch, der sich »Atheist« nennt, etwa mit einem Satz wie: »Jesus ist Gott«?

Wir können natürlich jetzt noch nicht auf solche einzelnen Sätze hinsichtlich ihres verstehbaren und assimilierbaren Sinnes eingehen. Aber ich würde grundsätzlich sagen: Doch, jeder Mensch hat im Grunde genommen eine religiöse Erfahrung. Ob er sie reflektiert, wie stark diese religiöse Erfahrung ist, ob er sie ausdrücklich als religiöse etikettiert, das ist eine ganz andere Sache. Ich würde sagen: Wer schon einmal die Erfahrung der Verantwortung, der wahren Liebe, des seiner Verantwortung nicht Entrinnenkönnens usw. gemacht hat, der hat, ob er es reflektiert oder nicht, im Grunde genommen eine religiöse Erfahrung Gottes gemacht.

Ja, vollzieht man jetzt nicht wirklich eine sehr raffinierte Eingemeindung? Will sagen, da macht jemand die Erfahrung von Verantwortung, von absoluter Liebe, von Freundschaft und dann kommen Sie quasi um die Ecke herum und sagen, dies sei religiös, damit mache dieser Mensch eine religiöse Erfahrung.

Kann ich eigentlich – dahin ginge meine Gegenfrage – ein Verhältnis zu einem anderen Menschen haben, ohne ihn in einem gewissen Sinne zu interpretieren anstatt einfach die von ihm direkt gelieferte Selbstinterpretation schlechthin zu akzeptieren? Ich würde sagen: Das gibt es nicht. Ich deute notwendigerweise jeden Menschen, ich ordne ihn, wenn man so will, in einem gewissen Sinne in das System meiner eigenen Erfahrungen und Grundüberzeugungen ein. Ich verlange ja nicht, daß er mir diese ohne weiteres abkauft. Aber wird der Atheist von heute nicht genauso mich deutend behaupten, ich sei ein noch altmodischer Mann, der gewissen soziologisch überlieferten Tabus unterworfen ist? Das muß er doch, wenn er einerseits Atheist ist und auf der anderen Seite überhaupt von mir Notiz nimmt. Wie gesagt, er deutet mich und ich deute bis zu einem gewissen Grade ihn, und beides ist absolut nicht vermeidbar.

Deuten – in unserem Falle die Interpretation von Freundschaft, von Liebe, von absoluter Verantwortung als religiöse Erfahrungen – meint also das Sehen einer bestimmten Situation durch die jeweils eigene Brille?

Aber durch eine Brille, durch die man das Richtige sieht, würde ich behaupten.

Es gibt aber keine Instanz außerhalb des eigenen Kopfes und der eigenen Augen, durch die man sieht, so daß man das Ergebnis korrigieren könnte?

Gegenfrage: Gibt es in der Welt eine Instanz, die die letzte Sinndeutung des Daseins einem Menschen abnehmen kann? Zweite Frage: Kann ich deswegen, weil es diese Instanz nicht gibt, auf eine solche Sinndeutung verzichten? Ich würde sagen, das kannst du gar nicht, denn in dem Augenblick, da du lebst, in dem du tatsächlich liebst und tatsächlich Verantwortung auf dich nimmst, da hast du schon – wenn vielleicht auch sehr unreflektiert – eine gewisse Sinndeutung deines Lebens akzeptiert.

Pater Rahner, ich bin im Augenblick Ihr Zuhörer und ich bin völlig »verunsichert«, wie man so schön sagt. Gibt es denn gar nichts mehr, das man aus Tradition, aus Geschichte, aus Erfahrung, aus Erkenntnis als gesichert betrachten kann?

Zunächst einmal würde ich sagen: Meine eigene Selbstdeutung, die ich letztlich allein und einsam verantworten muß, kann doch gleichzeitig eine Stütze an der traditionellen Sinngebung des Daseins haben. Wenn ich zum Beispiel der Meinung bin, daß die neunte Symphonie von Beethoven eine großartige künstlerische Schöpfung ist, dann glaube ich, daß ich dieses Ergebnis auch einigermaßen selber und allein verantworten kann. Ob ich aber selber zu diesem Ergebnis gekommen wäre, wenn ich nicht schon von der Gesellschaft und von der Überlieferung her eine solche quasi vorgespurte Bahn gehabt hätte, das ist eine ganz andere Frage. Aber wir müssen nun auf unser eigentliches Thema zurückkommen, also: Was meine ich, wenn ich dies und jenes sage? Diese Frage kann grundsätzlich methodisch dadurch wenigstens anfanghaft beantwortet werden, daß man einerseits diese Sätze zurückführt auf eine ursprüngliche religiöse Erfahrung und sie aber auch gleichzeitig im Zusammenhang des Gesamten des christlichen Glaubens sieht. Und von da aus, meine ich, könnten wir nun in den weiteren Gesprächen, den einen oder anderen Satz herausgreifen und uns fragen: Was meine ich eigentlich, wenn ich das und das sage. Und erst in der Anwendung einer solchen Methode wird sich erweisen, ob sie etwas taugt.

16 Was meine ich, wenn ich sage: Gott spricht

Gespräch im ZDF mit *Marietta Peitz* und *Karl Weich*, II (1971)

Eigentlich schwimmen wir alle

Guten Abend, liebe Zuschauer. Wir beginnen heute die zweite Sendung unserer Reihe, die betitelt ist »Fragen an den

Theologen«. Zunächst darf ich auf die letzte Sendung zurückgreifend sagen, daß wir hier wieder die »Kontrollinstanz« vom letzten Male bei uns haben, die Sie ja schon kennen und die ich deswegen nicht mehr vorstellen muß. Zweitens ist zu sagen, daß wir sehr viele Zuschriften aus Ihrer Mitte bekommen haben. Ich darf Ihnen sehr herzlich für alle Zuschriften, ob kritisch oder zustimmend, sehr danken, und ich werde mich bemühen, in irgendeiner Weise jeden dieser Briefe auch schriftlich zu beantworten.

Wir haben ungefähr zweihundert Briefe erhalten. Auf der einen Seite zustimmende Briefe in großer Anzahl. Es ist die Rede davon, es sei eine große Lücke geschlossen worden, man dankt und fordert uns auf, fortzufahren. Dann folgen eine Reihe von Zuschriften allgemeiner Art, die Fragen auch außerhalb des Themas berühren. Es folgen Fragen zum Thema, die weiterführen, Manuskriptwünsche. Aber auf der anderen Seite haben wir auch einen großen Stoß von besorgt ablehnenden Zuschriften. Diese betreffen vor allem den Satz: »Eigentlich schwimmen wir doch alle«, Pater Rahner.

Ich kann jetzt natürlich nicht die ganze letzte Sendung noch einmal wiederholen, für die dieser Satz eigentlich nur eine kurze Zusammenfassung war. Ich möchte nur sagen, wenn ich sagte »eigentlich schwimmen wir alle«, dann wollte ich damit im Grunde genommen nur sagen: Jeder Satz, den ein Mensch aussagt, setzt in seinem eigenen Verständnis sehr viele Dinge als gegeben und irgendwie verstanden voraus, die dieser Betreffende noch gar nicht eigentlich reflektiert hat, über die er selber noch gar nicht besonders nachgedacht hat. Und so kommt man dann, wenn man einen solchen Satz sagt, notwendigerweise zu neuen Fragen, und in diesem Sinne kann man durchaus als Christ und als Nicht-Christ sagen: »Wir schwimmen alle«. Das heißt, unser Bemühen um ein Verständnis dessen, womit wir leben, was wir denken und was wir selbst sind, ist eine immer unabgeschlossene, immer neu durchzuführende Aufgabe.

Gibt es einen »sprechenden Gott«?

Was meine ich, wenn ich sage »Gott spricht«? Diese Frage, Pater Rahner, das Thema der Offenbarung also, haben Sie zum Thema von heute gewählt. Warum haben Sie unter so vielen wichtigen theologischen Themen genau dieses Problem heraus-gesucht? Ist es Ihr »theologisches Sonderhobby«, wenn ich so sagen darf, oder liegt es daran, daß dieses Sprechen Gottes den Menschen heute ganz besonders unverständlich, schwerver-ständlich, vielleicht sogar uninteressant geworden ist?

Ich würde sagen, es gibt viele Gründe, und alle diese Gründe können natürlich nicht zwingend erweisen, daß man gerade dieses Thema wählen mußte. Man muß aus einer unendlichen Menge von Themen irgendeines auswählen, und wenn man den Eindruck hat, dieses Thema sei sicher wichtig, es mache den Menschen von heute besondere Schwierigkeiten, dann meine ich, sei ein solches Thema genügend gerechtfertigt. Natürlich könnte man sagen, bevor man sich die Frage stellt, was eigentlich mit »Offenbarung Gottes« gemeint ist, könnte man natürlich auch die Frage stellen: Gibt es denn so etwas wie »Gott«, haben wir irgendeine notwendige Beziehung zu ihm, gibt es eine ursprüngliche Gotteserfahrung notwendigerweise im Menschen, reflektiert oder nicht? Aber man kann auch, so meine ich, bei dem Thema beginnen, das wir uns heute eben ausgesucht haben.

Was heißt »Offenbarung«, Pater Rahner?

Vorab darf ich darauf hinweisen, daß wir hier das unter »Offenbarung« verstehen wollen, was die christliche Religion, die christliche Theologie darunter versteht. Wir müssen deswe-gen natürlich das, was wir hier meinen, unterscheiden von einer »natürlichen« Erkenntnis Gottes aus der Welt, als der Schöp-fung Gottes. Wir meinen ferner etwas, das nicht identisch ist mit jedweder denkbaren Gotteserfahrung. Aber wir meinen eine wirkliche Selbstmitteilung Gottes an den Menschen in dem, was wir die »Worte der Propheten«, die »Worte der Heiligen Schrift«, die »Lehre der Kirche« nennen. Diese

Aussagen treten alle auf mit dem Anspruch, Wort Gottes zu sein. Wir fragen also: Wie müssen wir uns diese Offenbarung Gottes genauer vorstellen, damit sie heute für uns eine glaubwürdige Wirklichkeit überhaupt noch sein kann?

Pater Rahner, »Gott spricht«. Das meint doch etwas, das gleichsam von Gott her auf uns zukommt. Welche Bedeutung soll eine solche Vorstellung aber eigentlich für den Menschen haben? Diese Frage, scheint mir, sollten wir doch auch zugleich stellen. Ein »sprechender« Gott, bei dem es auf meiner Seite nicht quasi »klick« macht, nützt ja eigentlich nichts.

Natürlich, wenn ich weiß, wer unter dem Wort »Gott« wirklich zu denken ist, was mit diesem Wort »Gott« wirklich gemeint ist, dann ist es natürlich im Grunde genommen selbstverständlich, daß dessen Reden für mich eine Bedeutung hat. Konkret: Spricht ein Gott zu mir, der für mich der erste Ursprung ist und die letzte Wirklichkeit, auf den die ganze Geschichte der Welt hinsteuert, dann ist es evident, daß dies eine fundamentale Bedeutung für mich hat. Die gleiche Selbstverständlichkeit resultiert aber auch aus dem, was das Christentum explizit als Wort des sich offenbarenden Gottes versteht. Wenn Gott sagt, er gibt sich mit seiner eigenen, unendlichen, ewigen Herrlichkeit und Wirklichkeit uns selbst, wenn Gott sagt, er will selber in sich unser letztes Ziel sein, das Ziel, auf das die ganze geschaffene Wirklichkeit sich hinbewegt, wenn er sagt, er will der uns heiligende, der vergebende Gott sein, dann ist es natürlich im Grunde genommen selbstverständlich, daß, wenn dies Gott wirklich gesagt hat, es die fundamentalste Bedeutung für unser eigenes Leben hat.

Wir haben alle in unserem Religionsunterricht irgendwann einmal gehört, Gott spreche zu einem Menschen und dieser käme dann als Bote zu uns. Sollen wir uns die Offenbarung auch vom Neuen Testament her so vorstellen?

Hier beginnt nun die Schwierigkeit, mit der wir uns heute abend besonders beschäftigen wollen. Es gibt ein traditionelles Vorstellungsschema über Offenbarung, das wir zunächst einmal kurz reflektieren müssen, um zu fragen – erstens: Wie sieht dieses Vorstellungsschema aus – und zweitens: Welche Schwierigkeiten haben wir, wenn wir uns dieses Vorstellungsschema »zu Gemüte führen«? Dann aber entsteht die Frage: Kann man sich – ohne zu leugnen, daß es diese personale Offenbarung Gottes an den Menschen gibt – Offenbarung nicht doch etwas anders vorstellen, so daß es für uns heute etwas leichter wird, mit der gemeinten Sache fertig zu werden? Ich meine die traditionelle Vorstellung von Offenbarung etwa so beschreiben zu können: Da ist in einem gewissen Sinne eine profane Welt, die mit ihrer Natur, mit ihrer Dynamik eben gleichsam in sich selbst kreist. Und nun kommt der lebendige Gott an ganz bestimmten einzelnen Punkten dieser Geschichte, greift in diese profane Geschichte ein, wählt gewisse Leute aus, die man dann »Propheten« nennt und teilt diesen Propheten bestimmte Sätze mit. Die Propheten erfahren jene Sätze als von Gott ihnen mitgeteilte. Sie teilen dann diese Sätze anderen Menschen mit und beglaubigen schließlich ihre Gesandtheit von Gott her durch das, was wir »Wunder« zu nennen pflegen.

Fassen wir zusammen: Das geschichtlich Punktförmige, nur ab und zu allein sich Ereignende der Offenbarung, das ist, so meine ich, das Eigentümliche der traditionellen Vorstellung, die man von »Offenbarung« hat. Hier aber sollte man sich doch fragen, ob man diese, sicher existierende, göttliche Offenbarung in dieser Weise sich vorstellen muß.

Ja warum denn eigentlich nicht?

Gegen dieses Vorstellungsschema, so meine ich, sprechen verschiedene Gründe. Ich kann jetzt nicht alle im einzelnen entfalten, aber einiges möchte ich doch zu den Schwierigkeiten für den heutigen Menschen bei diesem Offenbarungsvorstellungsschema sagen.

Zunächst einmal darf man doch vielleicht gerade als christlicher Theologe darauf hinweisen, daß in diesem Vorstellungsschema die Gnade im engeren Sinne, die Glaubensgnade also, keine notwendige Rolle spielt.

Pater Rahner, verzeihen Sie, was heißt »Glaubensgnade« in diesem Zusammenhang?

Nun, die christliche Theologie und die christliche Lehre von der Kirche sagen, daß der Mensch nur glauben kann mit Hilfe eines besonderen Beistandes Gottes im Innern, in der Tiefe seines Gewissens. Das nennt man »Gnade«, und man sagt, ohne diese Gnade sei der eigentliche Glaube gar nicht möglich.

Und inwieweit ist diese Glaubensgnade in dem genannten Schema nicht berücksichtigt?

Sie ist es deshalb nicht, weil man sich bei diesem Schema durchaus eine Offenbarung Gottes vorstellen kann, die keine Gnade braucht. Der Prophet wird von Gott inspiriert, er sagt uns bestimmte, von Gott in ihm bewirkte Sätze, diese teilt er uns mit, er legitimiert sie durch das, was wir »Wunder« nennen, und dann brauche ich doch nur noch zu hören, was dieser Prophet sagt und habe allein aufgrund dieser von ihm gewirkten Wunder das Recht und die Pflicht, das Gesagte als wahr entgegenzunehmen.

Die christliche Lehre sagt trotzdem, es braucht eine Glaubensgnade. Aber man sieht im Grunde genommen bei diesem Vorstellungsschema nicht ein, wozu diese Gnade eigentlich absolut notwendig sei.

Gibt es einen »sprechenden Gott« außerhalb des Christentums?

Entschuldigen Sie, daß ich Sie unterbreche. Gibt es diese Glaubensgnade auch außerhalb der christlichen Religion im traditionellen Schema, wie Sie es soeben entwerfen?

Doch, gerade auch das II. Vatikanische Konzil hat ausdrücklich betont, daß es Glaube – und zwar Glaube an diese von Gott im Christentum geoffenbarte Wahrheit – auch außerhalb des Christentums gibt und geben könne und daß Gott sich diesem Menschen, damit er Gottes Botschaft glaubend annehmen kann, in einer – wie das Konzil sagt – »Gott allein bekannten Weise« mitteilen kann. Insofern kann man ganz zweifellos nicht bestreiten, daß Gott eben durch einen solchen von ihm gnadenhaft bewirkten Glauben einen Menschen auch außerhalb des gleichsam amtlichen, konfessionellen, institutionellen Christentums retten kann.

Heißt dies, daß es auch Offenbarung außerhalb der christlichen Religion, und zwar im traditionellen Schema, gibt?

Im traditionellen Schema wird die Sache eben sehr schwierig. Man weiß nicht recht, woher eigentlich die Offenbarung an diesen sich rettenden Menschen außerhalb des Christentums kommen solle. Man hat sich schon auf eine Paradieses-Uroffenbarung berufen, die in irgendeiner merkwürdigen Weise tradiert worden sei. Oder man hat sich geholfen, indem man sagte, daß Gott, wenn es nicht anders geht, einen einzelnen Menschen eben durch irgendeine himmlische Erleuchtung zur Glaubenszustimmung bewegen könne.

Pater Rahner, wir reden jetzt sehr lange über die Schwierigkeiten eines traditionellen, uns bekannten Schemas. Wie stellen Sie sich denn ein anderes Schema vor?

Darf ich vorher noch einmal ganz kurz auf eine fundamentalere Schwierigkeit dieses traditionellen Schemas hinweisen? Der Prophet hat, auch wenn er sagt, diese Sätze seien Worte Gottes, im Grunde genommen natürlich in seinem Bewußtsein nur menschliche Bewußtseinsinhalte. Er kann aber nun diese seine Bewußtseinsinhalte natürlich nicht vergleichen mit dem, was, wenn ich es einmal so sagen darf, in den Gedanken des lieben Gottes selber gegeben ist; denn eben von diesen göttlichen Erkenntnissen hat er nichts als das, was in seinem eigenen Bewußtsein als eben menschliche Sätze gegeben ist. Von da aus ist natürlich in diesem traditionellen Schema eine fundamentale Schwierigkeit gegeben, nämlich die Frage: Wie kommen jene Inhalte überhaupt in das Bewußtsein des Propheten hinein?

Aber wie wollen wir aus den Schwierigkeiten herauskommen?

Ich meine, man könnte sich heute, ausgehend von der traditionellen christlichen Gnadenlehre, durchaus ein Vorstellungsschema der Offenbarung Gottes machen, das diese punktförmige Vorstellung der Offenbarung überwindet. Natürlich gibt es darüber keine zwingende und verpflichtende Lehre innerhalb der katholischen Theologie. Jeder Theologe macht sich ein Vorstellungsschema, das er für besser hält. Er tut dies auf eigene Rechnung und Gefahr. Das ist selbstverständlich.

Aber nun fragen wir: Wie kann man sich das vorstellen?

Ich würde sagen, das, was wir »Gnade Gottes« nennen, ist zunächst einmal etwas, was im Grunde genommen die Selbstmitteilung Gottes in der Tiefe der geistigen Existenz des Menschen meint. Diese Selbstmitteilung Gottes ist nun nicht etwas, was da und dort nur einmal sporadisch im Laufe der Weltgeschichte bei den sogenannten »Propheten« oder vielleicht bei denen nur passiert, die auf dieses Wort der Propheten hören, sondern sie ist etwas, das von vornherein, immer und überall – ob angenommen in Freiheit oder abgelehnt – in jedem Menschen gegeben ist. Gott ist, so möchte ich sagen, die innerste Dynamik der Welt und des Geistes des Menschen. Auch dort, wo der Mensch darauf gar nicht reflektiert, auch dort, wo er das gar nicht sagen kann, ist von vornherein diese gnadenhafte Selbstmitteilung Gottes in der geistigen Wirklichkeit des Menschen gegeben. Und das ist das Fundamentalste, das Ursprünglichste und Grundlegendste dessen, was wir »Offenbarung« nennen.

Sie sagten gerade »gnadenhafte Selbstmitteilung Gottes«. Wäre das damit Gemeinte an einem kleinen Beispiel verständlich zu machen?

Können Sie sich vorstellen, daß jeder Mensch – ob er darauf reflektiert oder das gar nicht sich selber sagen kann – eine innerste letzte Dynamik seiner geistigen Existenz hat? Können Sie sich vorstellen, daß der Mensch, wenn er handelt, wenn er liebt, wenn er verantwortlich denkt, wenn er sucht, wenn er fragt, wenn er seine Freiheit verantwortlich betätigt, eine letzte innere Ausgerichtetheit hat auf dieses unsagbare, unumfaßbare Geheimnis hin, das wir »Gott« nennen? Und wenn nun diese innerste Dynamik, die durch Gottes Selbstmitteilung in der Mitte der geistigen Existenz eingestiftet ist, eine Dynamik ist auf die Unmittelbarkeit Gottes hin – selbst wenn Gott nicht nur gleichsam der asymptotische Punkt ist ...

... »Asymptotischer Punkt«, verzeihen Sie, was ist damit gemeint?

Wissen Sie, was eine Bewegung auf ein Ziel hin ist? Wenn nun dieses Ziel immer nur das nie Erreichte ist, sondern nur das, was durch seine Anziehung die Bewegung in Gang setzt, aber so, daß man nie dort ankommt, dann wäre ein solcher asymptotischer Zielpunkt gegeben. Gott ist aber nun nach der christlichen Offenbarung nicht nur derjenige, der als der ewig Ferne die Welt in ihren Gang setzt und in ihrem Gang hält, sondern der sich selbst zu dem tatsächlich in Unmittelbarkeit erreichbaren Ziel der Welt gemacht hat. Und wenn er sich so der Welt mitteilt, dann haben wir haargenau das, was das Christentum meint, wenn es von »übernatürlicher Gnade«, von »Vergöttlichung der Welt«, von »Einwohnung des Heiligen Geistes« usw. spricht.

Wie und an wen spricht Gott in Jesus von Nazaret?

Wenn ich jetzt so mitdenke, dann muß ich sagen, ich verstehe durchaus, daß Gott in allen Regungen und Bewegungen dieser Welt und des menschlichen Geistes sitzt. Aber wenn ich von »Offenbarung« sprechen will, muß Gott doch irgendwo heraustreten, »heraussprechen«. Wie spricht er dann »heraus«? Können Sie uns dies ganz eindeutig erklären?

Wir müssen natürlich unterscheiden zwischen dieser gnadenhaften, vielleicht unreflektierten, vielleicht gar nicht reflektierbaren Erfahrung dieser innersten Dynamik des Geistes, »Gott« genannt, einerseits und der Reflexion des Menschen auf diese innerste Mitteilung des Geistes andererseits. Solche Unterscheidungen treffen wir ja auch anderorten. Es gibt Liebe, es gibt Verantwortung, es gibt Freiheit und andere Erfahrungen mehr, und es gibt auf der anderen Seite die Reflexion auf solche geistigen Wirklichkeiten, in denen diese ursprünglich geistigen Wirklichkeiten ins Wort gebracht werden. Davon, so glaube ich, haben wir das letzte Mal ein wenig gesprochen. Folglich können wir sagen: Wenn und wo diese innerste, schon Offenbarung seiende Selbstmitteilung Gottes, in der Reflexion rein, richtig reflektiert wird, im Wort objektiviert wird, da haben wir das, was man im – so möchte ich sagen – »vulgären« und richtigen vulgären theologischen Sinne »Offenbarung« nennt. Aber diese hat immer ein doppeltes Moment, nämlich die ursprüngliche Selbstmitteilung Gottes und zugleich die in der Geschichte der Menschheit – natürlich nicht nur individuell sondern auch kollektiv – geschehende Reflexion auf diese ursprüngliche Selbstmitteilung.

Wo sitzt für uns Christen in dem Modell, das Sie hier entwickeln, Jesus von Nazaret?

Bevor ich diese Frage beantworten kann, muß ich sagen, daß die Reflexion auf diese ursprüngliche offenbarende Selbstmitteilung Gottes nicht Sache einer bloßen Introversion ist, sondern diese Reflexion geschieht an konkreten geschichtlichen Erfahrungen, die der Mensch macht. Was Liebe ist, was Verantwortung ist, das erfährt der Mensch ja auch nicht dadurch, daß er auf einem Stuhl sitzt und nun in einer Introspektion psychologischer Art sich fragt: Wer bin ich denn eigentlich? Sondern diese Erfahrung der Freiheit, der Verantwortung, der Liebe etc. macht der Mensch im konkreten Leben, in seiner konkreten Praxis, in seiner konkreten geschichtlichen Wirklichkeit. Wenn ich nun unter dieser Voraussetzung frage: Wo macht der Mensch in und an seiner Geschichte mit einer letzten Glaubenssicherheit die Erfahrung, daß Gott sich tatsächlich ihm in seiner Gnade zugesagt hat und daß diese Selbstzusage Gottes irreversibel siegreich der Menschheit gegeben ist, dann lautet die Antwort des Christen: Diese Erfahrung mache ich an Jesus Christus, dem Gekreuzigten und Auferstandenen; denn dort begegne ich dem Menschen, an dessen Realität, an dessen Geschichte, an dessen Wirklichkeit, an dessen Selbstinterpretation wirklich erfahren wird, daß diese innerste Dynamik in mir wirklich stimmt, zuverlässig ist, daß sie nicht nur eine Einbildung ist. In der konkreten geschichtlichen Erfahrung Jesu Christi wird also die innerste Gnadenoffenbarung Gottes als eindeutig sicher und als unwiderruflich erfahren.

Das heißt, ich lese an seinem Schicksal ab, was für mich Wort Gottes ist.

Ja, aber ein Wort Gottes, das schon von vornherein in mich durch das, was ich »Gnade« nenne, hineingesprochen ist, so daß sich nun eben geschichtliche Erfahrung und innerste Dynamik des Menschen auf Gott hin gegenseitig begegnen, gegenseitig bestätigen. In dieser Einheit von geschichtlicher Erfahrung an Jesus Christus und an der innersten Gnadenerfahrung entsteht folglich das, was wir »geglaubte Offenbarung Gottes« im vollen Sinne nennen.

Pater Rahner, ich habe da einige Schwierigkeiten mit Christus in Ihrem Schema. Bisher war immer die Rede davon, daß Gott in der Welt ist und aus der Geschichte der Menschheit und aus ihrer Erfahrung spricht. Die traditionelle Vorstellung besteht aber doch darin, daß Christus von außen als ein Gesandter in die Welt kommt. Gehen bei Ihnen zwei Schemata ineinander?

Nein, ich habe keine zwei Schemata. Die Gnade Gottes in der Welt, eine Gnade, die immer da ist, hat nämlich eine Geschichte, eine wirkliche Geschichte. Das heißt, sie hat ganz bestimmte, verschiedene Phasen und treibt auf einen letzten Höhepunkt hin, in dem sich diese innerste Dynamik der Welt geschichtlich darstellt. Insofern meine ich, ist Christus derjenige, der von der innersten Mitte der Welt kommt, der zugleich derjenige ist, an dem diese innerste Mitte der Welt erfahren wird, und insofern kann ich ihn natürlich immer wieder auch sehen als den durch die Gnadentat Gottes der Welt Gegebenen. Aber zweifellos ist Christus doch derjenige, der die Fülle der Zeit und auch die Fülle der Offenbarungsgeschichte ist. Er hat also eine Vorgeschichte, die auch schon die Geschichte der Gnade Gottes ist.

Das heißt, wenn ich Sie richtig verstehe, daß er nicht nur als Prophet, sondern auch als Erlöser in Ihrem Schema vollständig präsent ist?

Gewiß habe ich jetzt nicht in jeder Hinsicht das entwickeln können, was der Christ von Jesus Christus glaubt. Das wäre zuviel für eine halbe Stunde. Selbstverständlich aber kann ich immer wieder sagen – ich muß dies sagen –: Mir als Christ ist die Offenbarung Gottes an die Welt dadurch gegeben und glaubwürdig, daß ich Jesus Christus erlebe, in meiner Geschichte vorfinde und ihn mit seinem Wort und seiner Botschaft als glaubwürdig erfahre.

17 Was meine ich eigentlich, wenn ich sage: Jesus ist Gott

Gespräch im ZDF mit *Marietta Peitz* und *Klaus Breuning,* III (1971)

Meine Damen und Herren. Wir beginnen die dritte Sendung, die überschrieben ist »Fragen an den Theologen«. Wir haben wiederum sehr viel Post auf die zweite Sendung bekommen. Darin ist verständlicherweise manchmal auch die Klage erhoben worden, wir seien nicht verständlich genug. Mit dem Dank an jene, die geschrieben haben, versprechen wir, daß wir uns bemühen wollen, so gut wir es fertigbringen, nicht zu unverständlich zu reden. Die neue Post zeichnet sich dadurch aus, daß sehr viele Sachfragen gestellt werden. Das zeigt, daß das sachliche Interesse an dem, was wir überlegen, doch recht groß ist. Ich darf Ihnen nun die beiden anderen Teilnehmer dieser kleinen Diskussion vorstellen. Es sind: Frau Dr. Marietta Peitz, Fernsehredakteurin aus München, und Herr Dr. Klaus Breuning, Religionslehrer am Graf-Stauffenberg-Gymnasium in Osnabrück. Wir wollen in diesen Sendungen immer eine bestimmte Frage stellen. Sie lautet in ihrem Formalen immer: Was meine ich, wenn ich als Christ das und das sage? Wir bemühen uns also, Glaubensformeln, die uns vorgegeben sind, einigermaßen selbst so zu verstehen, daß wir sie uns glaubend als redlich denkende Menschen aneignen können. Die neue Frage, die wir uns somit stellen wollen, lautet: Was meine ich, wenn ich sage »Jesus ist Gott«?

Wie identifiziert sich Jesus mit Gott?

Darf ich Sie hier gleich unterbrechen, Pater Rahner? Ich glaube, Sie wollen heute eine ganz zentrale Frage des Christentums behandeln. Wenn ich nun die Leserbriefe auf die letzte Sendung richtig verstanden habe, dann gelten Sie gelegentlich als ein wenig häresieverdächtig. Darf ich Sie ganz deutlich und klar fragen: Was bedeutet für Sie das Thema: Was meine ich mit »Jesus ist Gott«? Glauben Sie, worüber Sie heute sprechen wollen?

Wenn ich sage, »Jesus ist Gott«, dann meine und glaube ich haargenau das, was dieser Satz sagt und sagen soll. Natürlich muß ich als Christ und als redlich denkender Mensch mir überlegen, was eigentlich mit diesem Satz gemeint ist. Wenn ich das tue, und wenn ich zu sagen versuche, was ich mir unter diesem Satz denke, und wenn ich dabei nicht nur einfach die Formeln wiederhole, dann äußere ich natürlich zwangsläufig Dinge, die vielleicht bei einem Zuhörer der Häresie verdächtig sind. Das ist ein Schicksal, das man nicht vermeiden kann. Ich meine, solange man eine solche Interpretation eines christlichen Dogmas offen und ehrlich innerhalb der Kirche äußert und vom Lehramt der Kirche diesbezüglich nicht ausdrücklich oder der Sache nach desavouiert wird, so lange hat man ein Recht, davon überzeugt zu sein, daß die eigene Interpretation und der amtliche Glaube in einer sinnvollen, versöhnten Weise nebeneinander existieren können.

Soll das heißen, daß Sie, wenn Sie über das Thema »Jesus ist Gott« sprechen, nicht Ihre eigene Interpretation geben, sondern die traditionelle Lehre der Kirche zu interpretieren versuchen?

Natürlich suche ich die traditionelle Lehre der Kirche zu interpretieren und nichts anderes. Ich will nicht meine Meinung »verkaufen«, sondern will sagen, was die Kirche lehrt. Aber dieses kann ich nur dadurch, daß ich diesen Satz »Jesus ist Gott« zu erklären versuche, vor Mißverständnissen zu bewahren trachte, und das geschieht natürlich unvermeidlicherweise auf eigene Rechnung und Gefahr.

Aber ehe Sie diesen entscheidenden Satz »Jesus ist Gott« sagen, werden Sie doch vorweg jetzt als Theologe, auch um Mißverständnissen vorzubeugen, genauso deutlich oder noch deutlicher sagen müssen »Jesus ist Mensch«.

Selbstverständlich. Man kann den Satz »Jesus ist Gott« gar nicht richtig verstehen, außer man ist sich wirklich darüber im klaren und davon überzeugt, daß Jesus wahrer, eigentlicher, wirklicher Mensch ist. Das, was wir die »Menschheit« Jesu nennen, ist nicht nur eine Attrappe, ist nicht nur eine Gliederfigur, ist nicht nur eine Livrée, in der der liebe Gott auf Erden wandelt. So ungefähr hat es auch Goethe, meines Wissens, gesagt. Nein, dieser Mensch Jesus ist wirklich ein Mensch mit Leib und Seele, also mit einer radikal geschaffenen Wirklichkeit. Er ist ein Mensch, der ein menschliches, subjektives Bewußtsein hat, der mit diesem subjektiven Bewußtsein vor der Unbegreiflichkeit Gottes steht, der diesem Gott aktiv gegenübertritt, treten kann und muß, so wie das auch bei uns der Fall ist. Er ist ein Mensch, der betet, der unweigerlich vor der Frage der Übereinstimmung seiner menschlichen Wirklichkeit und seines menschlichen Willens mit dem Willen Gottes steht; der gehorsam sein muß oder in Freiheit versucht wird etc.

Aber dieser Gott ist zunächst für Jesus der alttestamentarische Gott?

Sicher. Selbstverständlich, wenn Jesus von »Gott seinem Vater« spricht, dann meint er den Gott, der von der alttestamentarischen Offenbarungsgeschichte seines Volkes seinen Zuhörern bekannt ist. Natürlich sagt er von diesem Gott Neues, wenn Sie so wollen, Überraschendes. Er reinigt dieses alttestamentarische Gottesbild von Mißverständnissen, die bei seinen Zuhörern gegeben sein können. Er wehrt sich dagegen, daß Gott und Gesetz, Gott und Buchstabe identifiziert werden. *Er setzt sich aber nicht einfach mit diesem Gott gleich. Er sagt nicht: Ich bin Jahwe. Er sagt allenfalls: Ich und der Vater sind eins. Oder: Wer mich sieht, Philippus, sieht auch den Vater.* Selbstverständlich identifiziert er sich nicht einfach mit Gott schlechthin. Aber man muß natürlich zunächst einmal sagen, daß er sich nicht mit dem identifiziert, den er seinen »Vater« nennt. Die spätere theologische Reflexion, die natürlich bereits im Neuen Testament einsetzt, hat gerade deswegen unterschieden zwischen »Gott dem Vater« und dem »Wort Gottes«. Sie hat natürlich auch noch vom »Heiligen Geist« gesprochen. Die spätere Theologie hat deswegen gesagt, daß es einen Gott in drei Personen mit dem einen und selben göttlichen Wesen gebe. Sie hat also nur in eine klare Formulierung, in eine logischere Einheit zusammenzubiegen versucht, daß Jesus sich auf der einen Seite wirklich auf die Seite Gottes stellt, ohne deswegen die Seite, auf der wir stehen, zu verlassen, und daß er auf der anderen Seite doch sich von Gott dem Vater – seinem und unserem Vater – unterschieden hat.

Ein Jesus und zwei Identitäten: Mensch und Gott?

Dürfen wir noch einmal auf die Formulierung zurückkommen, die Sie am Anfang gebraucht haben, also: »Jesus ist zunächst wahrer Mensch«, ein radikal wahrer Mensch? Das, so meine ich, ist unserer Generation möglich zu glauben.
Wenn ich sage: Jesus ist Mensch, ja. Aber: Jesus ist Gott?
Sicher ist in den beiden Sätzen, »Jesus ist Mensch« und »Jesus ist Gott«, das »ist« nicht in dem genau gleichen Sinne zu verstehen. Das macht natürlich – von tiefsinnigeren Problemen einmal ganz abgesehen – bereits die Schwierigkeit dieses Satzes aus. Wenn ich sage, »Jesus ist Gott«, dann versteht man beinahe unwillkürlich bei der Enge, der Begrenztheit und der

161

Eingefuchstheit der menschlichen Sprache dieses »ist« im selben Sinne, als wenn ich sage »Jesus ist Mensch«. Und das stimmt natürlich nicht.

Pater Rahner, was erlaubt uns, das »Jesus ist Gott« anders zu interpretieren als das »Jesus ist Mensch«?

Das Selbstverständnis Jesu befiehlt uns das, und die Lehre der Kirche ebenso. Die Lehre der Kirche sagt nicht: Du sollst, wenn du ein ganz strammer, glaubender Christ sein willst, dieses »ist« in dem gleichen Sinn verstehen wie das »ist« in dem Satz »Jesus ist Mensch«. Die Lehre der Kirche, sofern wir sie klar durchdenken, sagt: Du darfst dieses »ist« in dem Satze »Jesus ist Gott« nicht so verstehen wie in dem Satze »Jesus ist Mensch«.

Für mich ist dies eine theologische Spitzfindigkeit. Mir als einem theologischen Laien erscheint die Interpretation »Jesus ist Mensch« als eine sehr einfache, eine leicht zu glaubende, wenn Sie so wollen, denn sie ist bekanntlich historisch bewiesen. Aber die Frage »Jesus ist Gott« wird unendlich kompliziert, denn das hier verwendete »ist« ist nicht identisch mit dem »ist« im Satze »Jesus ist Mensch«, sagen Sie, Pater Rahner.

Ich muß zunächst genau erklären, sofern die Zeit dazu reicht, in welchem Sinne diese beiden »ist« zu verstehen sind. In dem Falle »Jesus ist ein Mensch« habe ich ein »ist«, das eine absolute Identität in dem Satz zwischen Subjekt und Prädikat herstellt. Im anderen Falle formuliert man eine Aussage, die nicht eine Identität, sondern eine Einheit der menschlichen Wirklichkeit mit Gott aussagen soll. Und daß der christliche Glaube eine unvergleichliche, einmalige Einheit dieses Menschen Jesus mit Gott glaubt und von da aus das eigene Verhältnis zu Jesus bestimmt, das kann man gewiß allen Ernstes nicht bezweifeln.

Trotzdem bleibt der Widerspruch, das Problem der vielen jungen Leute, die diesen Satz »Jesus ist Gott« so einfach nicht annehmen wollen, die also sagen: Jesus als Mensch, als Anwalt der kleinen Leute, Jesus als der, der sich radikal eingesetzt hat für die Entrechteten, für die Zukurzgekommenen, diesen Jesus bejahen

wir. Dieser Mann imponiert uns, ihm sind wir bereit zu folgen.
Ihm glauben wir das, was er sagt, weil er glaubwürdig ist.
Müssen sie dann auch noch unbedingt – sofern sie als Christen
gelten wollen – den Satz aussprechen »Jesus ist Gott«? Oder
kann nicht in dieser Verehrung, besser in der Nachfolge Jesu
bereits der Glaube an Jesus den Gottessohn enthalten sein?
Auf diese komplexe Frage müßte ich sehr vieles antworten.
Selbstverständlich kann jemand in einem vollen christlichen
Sinne an Jesus als den Sohn Gottes glauben, auch wenn er den
Satz »Jesus ist Gott« – einfach weil er ihn nicht versteht, weil er
ihn falsch interpretiert und deswegen zurecht als eine Absurdität betrachtet – nicht verwendet. Auf der anderen Seite muß
man allerdings darauf hinweisen, daß nicht jedwede Verehrung
Jesu als eines für seine Mitmenschen engagierten Menschen
schon jenes Verständnis von Jesus impliziert, das ihm adäquat
gerecht wird. Ein wirklich christliches Verständnis von Jesus ist
zweifellos erst dann gegeben, wenn man davon überzeugt ist,
daß das eigene Verhältnis zu Gott, dem Absoluten, Unendlichen, Unbegreiflichen, Heiligen wesentlich begründet ist durch
diesen Jesus von Nazaret. Und dort wo ein solches Verständnis
Jesu nicht nur in der Theorie, sondern auch in der Praxis
abgelehnt würde, wo also prinzipiell gesagt würde: Jesus ist
nichts als einer der doch relativ zahlreichen, vorbildlichen
Menschen, dort würde es sich nicht mehr um das Christentum
handeln.
Wenn Sie etwa die Jesusbewegung in Amerika nehmen, diese
Leute sagen nicht: Jesus ist einer neben Mohammed oder
Buddha, sondern sie sagen: Jesus ist der Eine, der Einzige. Jesus
ist der, auf den wir hören, dessen Wort wir annehmen, dessen
Weisung und dessen Gebot und dessen Bergpredigt...
Ich muß darauf hinweisen, daß die Frage: Mit welchem Recht
kann Jesus die Interpretation, die das Christentum ihm und
seiner Wirklichkeit zuschreibt, in Anspruch nehmen?, hier
nicht zu unserem eigentlichen Thema gehört. Wir fragen uns im
Augenblick ja nur: Was meine ich, wenn ich sage »Jesus ist
Gott«? Ob er diesen Satz mit Recht für sich in Anspruch

nehmen kann, welche Gründe dafür sprechen, das ist eine ganz andere Frage. Aber bezogen auf jene jungen Leute würde ich sagen: Wenn diese jungen Leute, die sich so zu Jesus bekennen, und die ihn nicht nur – wie Sie ja sagten – als irgendeinen, wenn auch noch so vorbildlichen Menschen betrachten, sondern wenn sie sagen: Mit Jesus Christus, durch ihn und seine Wirklichkeit, ist mir der letzte, radikale Sinn meines eigenen Lebens gegeben, garantiert, zugesagt, dann würde ich sagen, ist ein solcher Glaube an Jesus schon der Sache nach dasjenige, was die bisherigen Formeln zu sagen wünschten. Nur würde ich diesem jungen Menschen auch sagen: Halte doch deine Formulierungen, die durchaus sinnvoll und richtig sind und das eigentliche Wesen deines Verhältnisses zu Christus durchaus richtig verstanden aussagen können, nicht doch wieder für so absolut, daß du die traditionellen Formeln des Christentums verwerfen dürftest. Suche die Tradition zu verstehen, suche ihren richtigen Sinn zu begreifen, dann merkst du die Identität deiner Jesuserfahrung – in diesem radikalen Sinne natürlich – und der traditionellen christlichen Formeln.

Pater Rahner, Sie sagen, Jesus ist Mensch. Das ist verständlich und relativ einsehbar. Aber Jesus ist Gott. Was heißt das für Sie, was heißt das in der Tradition der Kirche?

Wir haben bereits gesagt, daß dieses »ist« eine Einheit der menschlichen Wirklichkeit mit Gott bedeutet. Wenn wir jetzt fragen: Wie ist diese Einheit nun genauer zu formulieren, auszudeuten und zu artikulieren, dann können wir auf die normalen, christlichen, traditionellen, auch kirchenamtlich definierten Formeln von der »hypostatischen Union«, von der »Einheit zweier Naturen, der göttlichen und der menschlichen in dem einen letzten Subjekt oder der Hypostase des ewigen Logos« zurückgreifen. Wir könnten von einer »substantiellen Einheit zwischen der Gottheit und der Menschheit in der Person des Logos« sprechen usw.

Wie kann man die traditionellen Formeln
für heute übersetzen?

Aber sind das nicht alles im Grunde Spekulationen? Gewiß, es sind großartige theologische Gedankengänge, die auch eine Hilfe geleistet haben, irgendwann einmal, als nämlich Fragen aufgetaucht sind. Aber brauchen wir diese »hypostatischen Unionsbeschreibungen« und all das, was dazu gehört? Brauchen wir sie wirklich, um einem Menschen klarzumachen, was es heißt, an Jesus als den »Gott« oder als den »Sohn Gottes« zu glauben? Können wir es nicht einfach so sagen, um die ganz einfache menschliche Erfahrung der Gottheit Christi, der Einmaligkeit Jesu auszudrücken?

Selbstverständlich müssen wir – das ist ja unsere Aufgabe und der Zweck der Übung hier – diese traditionellen Formeln noch einmal übersetzen. Wir müssen dann aber auch möglichst gut kontrollieren, ob wir den Sinn und die Bedeutung dieser traditionellen Formeln wirklich erreichen. Wenn ich eine absolute, letzte Heilsbedeutung von Jesus verstehe und aussage, wenn ich ihn – um es einmal so zu formulieren – als den absoluten, unüberbietbaren Heilsbringer betrachte, wenn ich mein Leben auf ihn und seine Wirklichkeit so gegründet empfinde und weiß, daß eben ein anderer, gleichartiger nicht mehr in Frage kommt, und diese Begründung nie mehr überholbar ist, weil Gott sich radikal in ihm mir selber zusagt als meine absolute Zukunft, dann habe ich natürlich – so glaube ich wenigstens – die traditionellen Formeln wirklich übersetzt, und von diesen Formeln nehme ich eben doch an, daß man sie bis zu einem gewissen Grade wirklich verstehen kann.

Sie haben jetzt in einer menschlichen, verständlichen Sprache geredet.

Ich weiß trotzdem nicht, was es heißt »Gott sage sich mir zu als meine absolute Zukunft«! Ist damit mein Tod, mein Leben, gar meine Auferstehung gemeint?

Frau Peitz, geben Sie zu, daß es Gott gibt?

Ich hoffe es, Pater Rahner.

Können Sie sich vorstellen, daß Sie mit diesem Gott etwas zu tun haben, daß er sie geschaffen hat, daß Sie Ihr Dasein in seiner ganzen Länge und Breite nicht durchführen können ohne irgendwo und irgendwie auf diesen Gott zu stoßen?

Aber ich finde meine ganze mühsame Gottsuche nicht in theologischen Spekulationen.

Das ist ja auch nicht notwendig. Sie können Gott finden, indem Sie den Tod geduldig annehmen, indem Sie wirklich Nächstenliebe, von der Sie radikal nichts mehr haben, praktizieren usw. Dann erfahren Sie, daß es gewissermaßen den letzten Grund und Abgrund, »Gott« genannt, gibt. Und mit dem haben Sie tatsächlich etwas zu tun. Wenn nun dieser Gott eben gerade in Jesus sagt: Ich bin der Grund, die Voraussetzung, das Ende, das Ziel, deine absolute Zukunft, etc. und zwar nicht einfach nur in irgendeinem unendlichen Abstand, wie er an sich zwischen Gott und Mensch vorhanden ist, sondern in einer absoluten Nähe, indem ich mein eigenes Leben, meine eigene Herrlichkeit und Wirklichkeit dir mitteile, – das nennt man nämlich im Neuen Testament den »Geist Gottes« – dann glaube ich, können Sie doch verstehen, was mit der Selbstzusage Gottes und zwar gerade in Jesus Christus gemeint ist. Denn selbstverständlich erfahre, suche, hoffe ich auf einen Gott dieser Selbstmitteilung und absoluter Nähe. Aber würde ich, als eine erbärmliche Kreatur, als Eintagsfliege, als dem Tod Geweihter, als elender Sünder – das gibt es eben auch – mich tatsächlich getrauen, wirklich zu glauben, zu hoffen und anzunehmen, daß dieser Gott diese absolute Nähe zu mir haben will, wenn ich nicht auf Jesus den Gekreuzigten, den in den Tod Hineingefallenen und Auferstandenen, blicken würde? Ich erfahre also in meiner Geschichte – zu der eben auch Jesus gehört – daß er das ist, was ich vorhin die »absolute, unüberholbare Selbstzusage Gottes« genannt habe. Insofern meine ich, wenn ich dieses Verständnis von Jesus in sich und für mich habe, dann habe ich die traditionellen Formeln des Christentums eingeholt. Aber zugleich weiß ich auch, daß man diese traditionellen Formeln – gerade weil ich sie so verstanden habe und so verstehen darf

– nicht einfach als Spinnerei, als griechische Spekulation abtun muß.

Zur Bejahung in Praxis und Glaubenseinsicht

Aber dieser Jesus verlangt von mir ja auch keine Spekulation, sondern er verlangt von mir – wenn ich ihn so annehme, wie Sie ihn beschrieben haben – daß ich ihm folge, indem ich das tue, was er getan hat. In der Gerichtsrede etwa verlangt er von mir nicht bestimmte Glaubensakte, sondern das, was ich dem geringsten seiner Brüder tun kann. Das also ist das Maß dafür, ob ich ein Christ bin oder auch das Maß dafür, ob ich an Jesus glaube.

Richtig. Sie sprechen von jenem total mich in Anspruch nehmenden, existentiell-radikalen Glauben, der von mir tatsächlich gefordert wird, und zwar mehr gefordert, als jede theologische Spekulation von mir erfordern würde. Aber, wenn Sie diesen Glauben, den Sie so im Leben realisieren, reflektieren und in eine grundsätzlich klare Aussage bringen – was eben für einen Menschen von einer sehr wesentlichen Bedeutung ist – dann sagen sie eben: Jesus von Nazaret ist die absolute, unüberholbare Selbstzusage Gottes zu absoluter Nähe, oder Sie sagen: Jesus ist der Sohn Gottes, oder: In Jesus ist Gott absolut radikal für mich da, d. h. Jesus ist Gott. Theorie gehört eben zur Praxis selber. Und es gibt nicht einmal für einen Marxisten eine Praxis – so sehr Praxis das letzte sein mag – die nicht ein theoretisches Moment hat. Und deswegen sollte man sagen: Liebe deinen Nächsten, und wenn du das radikal tust, dann hast du schon Jesus Christus geliebt, verborgen, wie Jesus in Matthäus 25 ausdrücklich fordert. Aber das verbietet mir doch nicht zu wissen, was ich tue. Und es verbietet mir ebenso nicht zu wissen, daß ich dadurch, daß ich im Nächsten Jesus liebe, ihm auch wirklich begegnet bin. Wenn Sie also mein Wort ernstnehmen, daß ich in jedem Menschen Jesus begegne, dann haben Sie doch eine Aussage über Jesus verstanden, die von einer solchen Radikalität, von einer solchen Dimension ist, die alles andere als etwas bloß rationalistisch Billiges meint, das jedermann einfachhin wissen und verstehen könnte.

Aber wichtiger als die Aussage wäre die Konsequenz daraus?

Ich behaupte ja nicht, daß jeder Mensch in seiner konkreten Situation bloß deswegen, weil ich eine Viertelstunde auf ihn einrede, dies auch nachvollziehen kann. Ich kann nur sagen: Ich hoffe, besser, ich bin überzeugt, daß dies grundsätzlich möglich ist. Die grundsätzliche Möglichkeit einer Glaubenseinsicht in so etwas sagt ja über die konkrete Möglichkeit des einzelnen Menschen noch gar nichts aus. Dies alles muß ich Gott, der Vorsehung und dem guten Willen des einzelnen überlassen. Ich kann ihm gewissermaßen etwas »anpredigen«. Ob diese Predigt bei ihm ankommt, das geht über meine Verfügung und Verantwortung hinaus.

Es gäbe also viele Möglichkeiten seinen Glauben auszudrücken, wenn ich sage: Jesus ist Gott...

Ja, die gibt es. Aber ich möchte diese im Glauben ausdrücken und in der Gemeinde der an Jesus Glaubenden. Diese Gemeinde aber hat notwendigerweise eine gemeinsame Formulierung. Und diese gemeinsame Formulierung ist, wenn sie richtig verstanden wird, auch heute noch nachvollziehbar. Sie kann aber selbstverständlich ebenso in andere Formulierungen übersetzt werden.

18 Was meine ich eigentlich, wenn ich sage: Leben nach dem Tode

Gespräch im ZDF mit *Marietta Peitz* und *Klaus Breuning*, IV (1972)

Was bedeutet die Endgültigkeit des Todes?

Jetzt möchte ich die doch eigentlich entscheidende Frage stellen: Können wir überhaupt etwas sagen über das Leben nach dem

Tode? Es gibt doch diese berühmte »Wand« und von jenseits dieser »Wand« ist doch noch nie einer zurückgekommen?

Bevor man diese Frage beantwortet, müßte man sich zunächst einmal Gedanken darüber machen, was das denn heißen solle, »nach« dem Tode! Ich glaube, daß hier eine Vorstellung mitschwingt, die gar nicht zur Sache gehört.

Soweit ich mich erinnere, haben wir im Katechismus gelernt, es sterbe der Leib mit dem Tod, die Seele lebe weiter und irgendwann an einem jüngsten Tag geschehe die Auferstehung des Leibes und die beiden kämen irgendwie wieder zusammen. Ich muß aber gestehen, ich kann mir nur schwer vorstellen, über das ewige Leben überhaupt reden zu können, ohne vorher über den Tod geredet zu haben, denn, womit wir stets neu konfrontiert werden, ist doch dieses: Ein Mensch stirbt, ein Mensch, den wir lieben. Was aber passiert in diesem Augenblick? Das ist doch die zunächst wichtige Frage!

Richtig, gleichzeitig aber haben Sie bei dieser Vorstellung die größten Schwierigkeiten...

– Ich habe eben die Katechismusvorstellung...

– Bleiben wir aber bei der Frage: Ein Mensch stirbt und keiner weiß, was jetzt ist. Da ist mir jemand »weggestorben« – was bleibt von ihm?

Ja, muß ich mich denn, um diese Frage zu beantworten, zunächst einmal solcher Hilfsvorstellungen, die durchaus einen Sinn haben, aber doch Hilfsvorstellung bleiben, unbedingt bedienen?

Bin ich denn gezwungen, auf Vorstellungen zurückzugreifen, die Leib und Seele zunächst in ihrer Unterschiedenheit nehmen, um dann zu erklären, diese Seele habe eine Weiterdauer und zwar ins Unermeßliche, in eine Ewigkeit hinein, und nach einiger Zeit – am Ende der Weltgeschichte – käme schließlich auch der Leib zu ihr hinzu? Oder kann ich mir ganz einfach – alle diese Vorstellungen beiseitelassend – sagen: Ich bin, ich habe eine Verantwortung und ein Leben in Freiheit, das nicht einfach untergehen kann? Habe ich nicht dann – obwohl ich mir dieses »Leben nach dem Tode« nicht ausmalen kann –

die überzeugte Hoffnung, daß ich im Tode nicht einfachhin untergehe?

Sie haben diese Überzeugung. Aber derjenige, dem nach unserem Beispiel der geliebte Mensch »weggestorben« ist, der hat im Augenblick nichts. Er steht vor einem Leichnam, einem toten Leib, der ihm nichts mehr sagt. Das heißt, er sieht nur die Sinnlosigkeit des Todes!

– Vielleicht sollten wir hier noch einmal deutlich fragen. Pater Rahner, Sie sagten, wir müßten da und dort unsere Überlegungen anknüpfen. Ich sagte vorher: Aber ich habe lediglich meine katechismusartigen Vorstellungen. Pater Rahner, vielleicht wissen Sie mehr?

Nein, ich weiß weniger. Das heißt, ich weigere mich, in meine Glaubensüberzeugung von der Endgültigkeit des Menschen nun eine Zeit einzutragen, die nach dem Tode beginnt, die dann quasi weiterläuft und die nur fordert, daß in dieser Zeit etwas Neues geschieht. Denn dann stünde ich bereits vor der Schwierigkeit sagen zu müssen, warum ich in dieser Neuphase nicht etwas ganz anderes anfangen könnte als in meinem bisherigen Leben! Die ganze Vorstellung von einem mit dem Tode geschehenden Gericht, die Vorstellung einer Endgültigkeit meiner Ewigkeit würde dann ja sinnlos werden! Mit anderen Worten: Es gehört zu einer wirklich durchdachten christlichen Grundüberzeugung, daß man die Frage: Wie geht es nach dem Tode weiter? von vornherein ablehnt und sagt: Es geht nicht weiter! Mit dem Tode ist die Geschichte, verstanden als laufende Zeit, wirklich abgeschlossen. Was dann kommt, ist die Endgültigkeit dieser hier in der Geschichte sich entschieden habenden Existenz des Menschen.

Vielleicht darf ich noch eine Frage stellen? Sie sagen, die Endgültigkeit käme erst im Tode. Ich würde aber den Tod erst einmal als das Endgültige, das Unabwendbare und das Schicksalhafte nehmen, mit dem jeder Mensch konfrontiert wird: Ich sehe nichts mehr, ich höre nichts mehr, ich sehe nur einen Toten, einen Leichnam, ein Loch.

Ja, nun frage ich aber umgekehrt: Wenn Sie sich eine richtige christliche Vorstellung von diesem »Leben nach dem Tode« machen, dann ergibt sich doch im Grunde genommen, daß Sie gar nichts merken können? In dem Augenblick, da Sie sagen: Ich muß etwas merken, ich muß irgendwie spiritistisch mit diesen Leuten noch in Verbindung bleiben können – denn wenn sie überhaupt am Leben sein sollten, dann müßten sie sich konsequenterweise melden können –, dann stellen Sie sich eben gerade ein ewiges Leben vor, wie es nicht sein kann! Denn innerhalb der Geschichte im eigentlichen Sinne die Endgültigkeit dieser Freiheitsentscheidung erfahren zu wollen, würde ja gerade bedeuten, daß sie noch gar nicht endgültig ist! Deshalb würde ich sagen: Hoffnung auf Endgültigkeit schließt auch ein, daß ich darauf verzichte, in einer empirischen Weise diese Endgültigkeit hier in meiner noch laufenden Geschichte, in meinem Leben feststellen zu wollen.

– Mich irritiert in diesem Zusammenhang das Wort »Freiheitsentscheidung«. Tod ist doch das Gegenteil einer Freiheitsentscheidung des Menschen.

– Tod ist ein Verhängnis.

Kann eine Freiheitsentscheidung mit ihrer Verantwortung, mit ihrem Willen, etwas Endgültiges zu setzen, sich damit abfinden, daß all das völlig ausgelöscht und völlig gegenstandslos durch den sogenannten »Tod« wird? Diese Frage entscheidet zwischen dem, der an ein ewiges Leben glaubt und demjenigen, der nicht daran glaubt.

Was bleibt nach dem Tode übrig?

Sie sagen, es könne mit dem Tode nicht alles aus sein, wenn ich Sie richtig verstanden habe.

Richtig, aber diese Aussage »Es kann nicht sein« ist ein Satz meiner Hoffnung, ein Satz meiner freien Existenz. Es handelt sich also um einen freigesetzten Satz.

Wie kommen Sie zu diesem Satz? Das ist doch die entscheidende Frage.

Weil ich Freiheit, Verantwortung, Liebe, Treue erfahre und in dieser Erfahrung nicht anders kann, wenn ich sie richtig interpretiere, als zu sagen: Damit geschieht etwas Endgültiges. *Das sagt Pater Rahner. Aber ein anderer, durchaus auch denkender Mensch würde sagen: Ich erfahre Liebe, ich erfahre Vertrauen und Treue, ohne daß ich mir ein Darüberhinaus vorstellen kann.*

Können Sie lieben und im Akt dieser Liebe den betreffenden Geliebten als jemanden realisieren, der im Tode verschwindet?

– Ich weiß aus der Erfahrung, daß dieser Mensch einer ist, der einmal stirbt. Und die Liebe bejaht auch das Ende dieser Liebe durch den Tod eben dieses geliebten Menschen.

– Aber die Liebe und irgendetwas an diesem Menschen muß doch übrigbleiben?

Das ist natürlich die Grundentscheidung. Gelingt es meiner Reflexion, diese in solchen Freiheitsentscheidungen gegebene Hoffnung auf Endgültigkeit dieser Entscheidung ins Wort zu bringen, aufzusagen, oder gelingt mir das nicht? Diese Frage kann nur durch eine empirische Feststellung beantwortet werden. Der eine sagt: Nein, so etwas kann ich nicht aus meiner Reflexion auf meine Freiheitsentscheidung herausdestillieren, und der andere wird sagen: Doch, das gelingt mir. Aber ich würde auch demjenigen, der eine Fehlanzeige erklärt, sagen: Dort, wo du liebst, dort wo du Verantwortung trägst, als absolute, hinter die du nicht zurückkannst, und die du nie von dir abwälzen kannst, dort realisierst du im Grunde genommen den Satz: Hier geschieht Endgültigkeit, die durch das, was wir »Tod« nennen, nicht aufgehoben, sondern gerade wirklich endgültig wird.

– Heißt es also, Pater Rahner, daß man glauben muß, um anzunehmen, es könnte hinter dem Tod irgendetwas sich ereignen?

– Ist das Glauben oder ist das »Ahnen«, das heißt, irgendwo spüren, daß da etwas sein müsse?

Darauf zurückkommend darf ich sagen: Sie fügen der Wirklichkeit Ihrer verantworteten Existenz nicht noch etwas zusätzlich hinzu, wenn Sie ausdrücklich sagen: Ich bin derjenige, der sich nicht ins Nichts verdrücken kann, sondern in diesem Akt ihrer Existenz selber ist, – ob Sie das reflektieren können oder nicht – der Satz: »Ich werde durch meine Freiheit der Endgültige«, einschlußweise, notwendig und unausweichbar enthalten. Wenn Sie so etwas »Ahnung« nennen wollen, gut, dann nennen Sie es »Ahnung«. Wenn Sie es »Glauben« nennen wollen, nennen Sie es »Glauben«. In beiden Fällen ist es – natürlich, soweit es sich um den reflektierten Satz als ihre eigene Lebensnorm handelt – eine freie Entscheidung, ohne die dieser Satz nicht da ist. Natürlich müssen Sie diesen Satz gewissermaßen mit der letzten Kraft Ihrer Existenz aufrechterhalten. Selbstverständlich können Sie sagen: Gott, wer weiß, wie das ist, ich verzichte auf so etwas. Sie verzichten dann im Grunde genommen nicht auf diese Wirklichkeit, um die es hier geht, sondern Sie verzichten nur auf Ihre Reflexion. Aber das, was damit eigentlich gemeint ist, passiert in Ihrem Leben, dort wo Sie sich entscheiden, dort wo Sie lieben und wo Sie vor die absolute Frage nach Sinn oder Unsinn von alledem gestellt werden. An dieser Frage können Sie sich nicht vorbeidrücken.

– *Ich weiß nicht, hilft es uns weiter, die Tatsache zu wissen oder zu glauben, daß Jesus Christus gestorben und auferstanden ist? Denn Jesus ist unserem Wissen nach der einzige, der zurückgekommen ist.*

– *Ich würde diese Frage noch verschärfen: Wir haben bisher über philosophische Gedanken im Zusammenhang mit dem Tod geredet, aber wir haben im Grunde gar nicht gesprochen über das, was wir als Christen meinen, wenn wir »Ewiges Leben« sagen.*

Das ist nicht so einfach. Denn es könnte ja durchaus sein, daß diese letzte Entscheidung für einen absoluten Sinn, der nicht im Nichts untergeht, selber schon in der Kraft jener christlichen Gnade geschehen ist, von der wir dann explizit in christlichen Formulierungen reden können. Was ich gesagt habe, muß nicht eine rein philosophische Sache sein. Es handelt sich ja um jene Entscheidung in der Konkretheit des Lebens, bei der ich, sagen wir zum Beispiel, Verantwortung letzter Art auf mich nehme. Da aber geschieht im Grunde genommen – ob man das reflektiert oder nicht – Christentum und Gnade.

Endgültige Hoffnung gegen die Sinnlosigkeit des Todes

Sie haben dies alles folglich nur deshalb so formuliert, um auch für jemanden, der nicht an Christus und an die Verheißung Jesu über das ewige Leben glaubt, verständlich zu machen, was mit der Rede vom »Ewigen Leben« in etwa gemeint ist.

Gut – sagen wir das, weil es viele »anonyme Christen« gibt, die nicht wissen, daß Sie im Grunde genommen aus der Gnade Gottes und aus der Kraft der Ewigkeit leben. Aber natürlich – wenn ich darauf zurückkommen darf – wird so etwas in der Begegnung mit Jesus eine Kraft, eine Zuversicht, eine Deutlichkeit bekommen, die ich aus der Reflexion meiner eigenen persönlichen Erfahrung nicht allein herausbrächte.

Wenn Jesus sagt: Wer an mich glaubt, hat ewiges Leben, würde das doch auch Ihren Gedankengang unterstreichen, daß es nicht um etwas geht, das jenseits der Todesschwelle erst anfängt, sondern...

...etwas ist, das sich hier in unserem Leben ereignet und durch den Tod nicht untergeht.

Das heißt, es bedarf zunächst einmal des Glaubens, wenn ich Sie als einen Christen und Theologen so interpretieren kann? Aber dann doch auch der Hoffnung?

Sicher, beides gehört dazu. Man braucht Hoffnung und Glauben nicht zu trennen. Glaube ist hoffender Glaube, sonst wäre er keiner und Hoffnung ist glaubende Hoffnung, sonst wäre sie nicht.

Zielt das, was Sie eingangs formulierten, etwa jenes Wissen über die Endgültigkeit von Verantwortung, über die Endgültigkeit von Liebe, nicht im Grunde schon mehr in Richtung Hoffnung? Ich habe ja keine Sicherheit darüber, daß all diese Dinge Endgültigkeitscharakter haben.

174

Ich würde sagen, Sie haben keine Sicherheit außerhalb der Hoffnung. Dort wo ich mich wirklich darauf einlasse, wo ich gleichsam in das Meer jener Fragwürdigkeit meiner Existenz hoffend hineinspringe, geht dieser Hoffnung ein Licht, eine Zuversicht, eine Festigkeit auf, die ich dann nicht wieder vor die Frage stellen kann: Habe ich jetzt eine Sicherheit, aufgrund derer ich über alle Hoffnung hinaus bin? Selbstverständlich nicht, denn wenn ich nicht hoffe, ergreife ich auch diese Sicherheit nicht. Aber im Akt des sich Einlassens auf die Sinnhaftigkeit des Lebens hoffe ich, und in diesem Akt geht mir die innere Sinnhaftigkeit und Berechtigung einer solchen Haltung und Handlung auf. Genauso ist es bei der Liebe: Wenn man sie von außen her betrachtet, ist sie eigentlich eine ziemlich seltsame Angelegenheit, die man nicht recht begreift. Nur derjenige, der liebt, begreift, daß Liebe sinnvoll ist. Und so etwas ähnliches ist es auch hier: Die Hoffnung ist nicht in dem Sinne blinde Hoffnung, daß man wider allen Sinn irgendetwas ideologisch postuliert, sondern das Prinzip der Hoffnung auf Endgültigkeit ist – sofern ich es in Freiheit ergreife – auch ein Prinzip, das seine innere Helligkeit, seine Vertrauenswürdigkeit, seine Glaubwürdigkeit in sich selbst hat.

Und wenn ich jetzt wirklich mit einem Menschen konfrontiert werde, der diese Hoffnung nicht nachvollziehen kann, der den Tod als eine nur grausige Sache ansieht? Was kann ich ihm sagen?

Ich würde ihm zunächst einmal sagen: Warum empfindest du etwas, das doch deiner Theorie nach eine absolute Selbstverständlichkeit ist, als einen Skandal, als letzte Absurdität des Daseins?

Weil ich im Tod, der hier und jetzt wie ein Verkehrsunfall eintritt, keinen Sinn sehe. Weil es schlicht und einfach sinnlos ist, daß ein Mensch jetzt nicht mehr da ist.

Die Sinnlosigkeit ist doch in der Theorie dieses Menschen das Selbstverständliche, das zu Erwartende, über das man sich im Grunde genommen ja gar nicht aufregen kann! Warum findet er aber in einem solchen plötzlichen »Verkehrsunfall« nun etwas sehr Skandalöses, etwas, wogegen man protestieren muß? Er tut das, weil er im Grunde genommen einen Maßstab als gültig an seine Frage anlegt – ohne darauf zu reflektieren – aufgrund dessen der Tod mit Recht als sinnlos und entsetzlich erscheint.

Das heißt, er hätte im Grunde Endgültigkeit gesetzt und wäre darum über diesen Unfall schockiert, weil er sich das nicht klargemacht hat!

Er wäre entsetzt, weil er dieses Prinzip, auf das er im Grunde genommen setzt, selber nicht wieder wahrhaben will, weil ihm der Skandal seines Lebens dann geradezu furchtbar vorkommen müßte. Hätte er dieses Prinzip der Hoffnung nicht; könnte er dieses Leben nicht als Skandal empfinden, weil er es als Skandal empfindet, traut er wieder dieser Hoffnung nicht und jetzt stellt sich gewissermaßen nur noch die Frage: Auf was setze ich im Allerletzten? Auf das Prinzip der Hoffnung, die eben dann diesen Skandal doch als eine Vorläufigkeit und Relativität erklärt, oder setze ich auf den absurden Skandal des Todes immer und überall und sage: Das Prinzip der Hoffnung ist von vornherein eine falsche Ideologie des Menschen?

Wenn das stimmt, würde das bedeuten, daß im Grunde jeder Mensch irgendwie hofft, ohne es wissen zu müssen.

Ja ganz gewiß, wobei sich aber noch die Frage stellt, wie er sich zu dieser unausweichlichen Hoffnung in Freiheit stellt. Er könnte trotzdem in einer letzten Entscheidung seiner Freiheit sagen: Diese Hoffnung, die ich gewissermaßen aus meinem Herzen nicht herausreißen kann, ist der größte Unsinn, ist die größte Absurdität.

Die Vorläufigkeit als das Endgültige ergibt keinen Sinn

Sie hindert mich, mein Leben ernst zu nehmen. Sie ist also der Nebel, das Opium, das mich daran hindert, die Aufgaben in dieser Welt ernst zu nehmen. Auch dieses könnte der Mensch mit Marx zum Beispiel sagen?

— Ich bin dessen nicht so sicher. Ich erinnere mich an Streitgespräche zwischen Garaudy und Ihnen, in denen Garaudy durchaus bereit war, dem Leben einen Sinn zu geben, solange es eben währt. Aber dann, mit dem Tode, sei es mit dieser Sinngebung vorbei. Das aber hieße nicht, daß das Leben, solange es währt, durch den Tod sinnlos würde! Aber Pater Rahner sagt: Nein, das stimmt nicht.

Ja, denn ich würde behaupten: Eine vorläufige Sinnhaftigkeit kann ich mir zunächst denken, kann sie auch realisieren, aber dort, wo ich sie prinzipiell und ausdrücklich als bloß vorläufig betrachte, da hört sie im Grunde genommen auf. Das ist natürlich eine Frage, die noch weiter durchdacht werden müßte. Aber jedenfalls dort, wo man sich mit einem nicht reflektierten Vorläufigen, »vorläufig« zufrieden gibt, ist alles in Ordnung. Dort aber wo man diese Vorläufigkeit als das Endgültige betrachtet, kommt eben doch ein Un-sinn, ein Widerspruch in das Leben hinein. Und jeder ist gefragt, ob er sich mit diesem letzten Widerspruch zufrieden geben will.

Aber haben nicht gerade Marxisten — Garaudy ist ja einer — akzeptiert, in diesem Widerspruch zu leben?

Ein Mann wie Garaudy, den ich sehr hoch schätze, wird in seinem absoluten Engagement für eine Verbesserung der Gesellschaft und für eine menschenwürdigere Zukunft im Grunde genommen eben etwas anderes tun als das, was er — sich selber reflektierend — behauptet. Er glaubt an eine Sinnhaftigkeit, im Grunde genommen an eine endgültige Sinnhaftigkeit. Er kann sich also absolut engagieren, ohne sich selber ausdrücklich als christlich interpretiert zu haben.

Darin würde ich Ihnen im Namen von Garaudy widersprechen und sagen: Sie schwindeln mir jetzt ein Christentum unter oder ein Prinzip Hoffnung, das ich nicht habe.

Ja, warum kann ich nicht sagen, daß ein Mann wie Garaudy, den sie angeführt haben, tatsächlich hofft? Dies würde Garaudy sicher nicht leugnen. Ein Mann wie Garaudy wird sagen, er müsse diese absolute Hoffnung haben; es sei ihm sogar verboten, diese Hoffnung aufzugeben. Mit anderen

Worten: Er setzt eine Absolutheit und eine Endgültigkeit, die der zugegebenen und gesehenen Relativität der Einzelziele im Menschen vorausliegt und diese überbietet.

Pater Rahner, Sie sind Christ und Theologe, der hofft, der stirbt. Welche Vorstellung haben Sie von dem, was für Sie »dahinter« sein kann? Oder lassen wir das Wort »Vorstellung« fallen und reden wir von Pater Rahners Hoffnung.

Ich mache mir gar keine Vorstellung. Welche sollte ich mir auch machen? Was ich bejahe als das Endgültige, ist ja von vornherein bejaht als das absolut Inkommensurable, das absolut Unvergleichbare mit der jetzigen zeitlichen Existenz. Wenn ich sage, die Zeit höre auf, wenn ich sage diese ganze Raumzeitlichkeit höre auf . . .

Das heißt, ich könnte mir von der Sache her prinzipiell nichts vorstellen, weil die Vorstellung mit meinem Tode aufhört.

Diesen Satz kann ich völlig bejahen und unterstreichen, vorausgesetzt, daß Sie nicht diesem Satz unterlegen: Was ich mir nicht vorstellen kann, gibt es nicht.

Das habe ich auch nicht gesagt.

Aber so etwas hören die Menschen oft aus einem solchen Satz heraus. Wenn Sie sagen: Ich kann mir nichts vorstellen, dann sage ich »Ja« zu diesem Satz. Wenn Sie daraus schließen, das Unvorstellbare sei nicht wirklich, dann würde ich Ihnen widersprechen. Anders formuliert, der Satz: Die Geschichte des konkreten Menschen in seiner Freiheit und Verantwortung setzt eine Endgültigkeit, die mit dem Tode nicht aus ist, ist abstrakt. Ich denke diesen Satz und ich stelle mir nichts dabei vor, aber deshalb meint er doch etwas Richtiges, zielt er eine Wirklichkeit an. Überdies, die gemeinte Inhaltlichkeit dieses Satzes befiehlt mir sogar, mir nichts ausmalen zu wollen! Also es geht nicht um eine Unfähigkeit, die Angelegenheit besser formulieren zu können, sondern es ist eine mit der Sache selbst gegebene Unmöglichkeit einer genaueren Ausmalung des Jenseits, zumal ich mir zwar eine weiterlaufende Zeit vorstellen kann, aber eine nicht zeitlich weiterlaufende Existenz eben nicht vorstellen, aber durchaus denken kann.

Aber brauche ich nicht irgendetwas Greifbares, um mich daran festhalten zu können?

Gut, in dem Augenblick, da Sie sich der Inadäquatheit und der Schwierigkeit Ihrer Vorstellung bewußt sind, dürfen Sie diese auch wieder benutzen. Das heißt, ich weiß und muß stets wissen, daß ich in Bildern rede, in Gleichnissen.

Aber ich muß diese Bilder immer wieder zerstören.

Ich muß quasi die Bilder benutzen, sie immer wieder neu formulieren, sie auch abändern, immer mit dem Bewußtsein, daß diese Bilder unangemessen sind und im Grunde genommen immer wieder auf Nebengleise führen, auf denen es im Grunde genommen nicht mehr weitergehen kann.

Es gäbe demzufolge viele Möglichkeiten, sich berechtigt Bilder zu machen und Vorstellungen, vorausgesetzt, man setzt diese Vorstellungen – ob es die des Katechismus sind oder die des Dogmas – nicht absolut.

Sicher. Alle Theologie muß notwendigerweise...

... überholt werden ...

... mit Bildern arbeiten, und innerhalb dieser Bilder wird eben doch glaubend und hoffend das Eigentliche ergriffen, und das ist die frei gewirkte Endgültigkeit meiner Existenz, die zeitlich war, aber nicht zeitlich weitergeht, sondern die zur Endgültigkeit meiner Geschichte vor und bei Gott wird.

III Scheidewege –
zum Strukturwandel der Kirche

19 Jesus hätte davon nichts verstanden – Über den
Dogmenstreit um die päpstliche Unfehlbarkeit

Gespräch mit den SPIEGEL-Redakteuren *Werner Harenberg*
und *Peter Stähle* (1972)

Mitwirkung an der Verurteilung Küngs?

*Herr Professor Rahner, Sie sind der Ansicht, daß die Kernthese
in dem Buch Ihres Tübinger Kollegen Hans Küng[1] über die
Unfehlbarkeit nicht mehr katholisch ist: die These, Päpste und
Konzilien seien unfähig, unfehlbare Sätze zu verkünden. Bei der
römischen Glaubenskongregation, dem früheren Heiligen Offizium, der noch früheren Inquisition, läuft ein Verfahren gegen
Küng. Welches Urteil sollte die Kongregation fällen, wenn sie zu
der gleichen Ansicht gelangte wie Sie?*
Zunächst einmal liegt mir daran zu erklären, daß ich absolut
nichts damit zu tun habe, was zwischen Rom und Küng
geschieht. Ich weiß davon nichts, überhaupt nichts.
*Aber auf der deutschen, der unteren Ebene sind Sie, wie man
hört, zweifach gegen Küng tätig geworden. Sie haben ein Buch
herausgegeben[2], in dem 15 Theologen Küng zu widerlegen*

---

[1] Unfehlbar? Eine Anfrage, Zürich/Köln 1970.
[2] Zum Problem Unfehlbarkeit. Antworten auf die Anfrage von Hans Küng,
   Freiburg/Br. 1971; vgl. auch das Interview in MKKZ, München, am
   22. 8. 1971.

versuchen. Und ist es richtig, daß auch die Stellungnahme der Deutschen Bischofskonferenz zu dem Küng-Buch im wesentlichen von Ihnen verfaßt worden ist?

Das muß auseinandergehalten und etwas genauer gesagt werden. Zunächst zu Ihrer ersten Frage. Daß Küngs Kernthese nicht mehr katholisch sei, habe ich dem Sinne nach geschrieben, und ich schäme mich auch nicht, diese Aussage gemacht zu haben. Küng rechnet mit der Möglichkeit eines Irrtums auch bei »ex cathedra«-Definitionen eines Papstes. Damit verläßt Küng nach meiner Meinung den Boden einer innerkatholischen theologischen Diskussion, zu deren Voraussetzungen es nach meinem Verständnis des katholischen Glaubens gehört, daß es für beide Seiten indiskutable gemeinsame Ansichten gibt. Zu denen gehört auch, daß es irrtumsfreie gefinierte Lehren der Päpste und Konzilien gibt.

Nun liest man des öfteren, zum Beispiel andeutungsweise auch im Vatikanblatt »Osservatore della Domenica«: Wenn schon Theologen wie Rahner gegen Küng Stellung nehmen, dann muß Küng wirklich Gefährliches und Schlimmes geschrieben haben.

Solche Sprüche, auch wenn sie in einem Vatikanblatt gemacht werden, bedaure ich lebhaft. Für ausgesprochen unfair würde ich es halten, mich zunächst als einen irgendwie progressistischen, linken Theologen abzustempeln und mich dann gegen Küng auszuspielen. Dann müßten die römischen Stellen andere Dinge, die ich sage und die ihnen nicht besonders passen, auch dementsprechend ernst nehmen. Davon ist mir eigentlich wenig bekannt.

Mancher wundert sich überhaupt, daß Sie, der Sie doch selber unter der römischen Zensur zu leiden hatten und ein Buch über das 1950er Mariendogma 1951 nicht veröffentlichen durften, überhaupt bei diesem Verfahren mitwirken.

Ich bin Mitglied der Glaubenskommission bei der Deutschen Bischofskonferenz und in dieser Eigenschaft an der Stellungnahme zu dem Küng-Buch beteiligt, die dann von den Bischöfen gebilligt und veröffentlicht wurde.

Stört es Sie, daß Sie einerseits an der theologischen Auseinander-

setzung teilhaben und andererseits in der bischöflichen Glaubenskommission mit über Küng zu Gericht sitzen?

Erstens hat meine bisherige Mitwirkung Küng nicht geschadet, um nicht mehr zu sagen. Zweitens ist so etwas praktisch kaum vermeidbar. Man kann einem Theologen, der in einer kirchenamtlichen Kommission als Berater mitwirkt, nicht von vornherein verbieten, in einer solchen Sache auch öffentlich seinen eigenen privaten theologischen Standpunkt zu äußern. Und drittens ist es ja ein Unterschied, ob ich in einer solchen Kommission sitze oder in engerem Sinn bei einer möglichen Verurteilung mitwirken würde. In einem solchen Fall würde ich mich für befangen erklären.

Wie würde das römische Verfahren enden, wenn der Chef der Glaubenskongregation nicht Franjo Šeper, sondern Karl Rahner hieße?

Es kann sich nicht darum handeln, daß Rom irgendeinen Bannfluch gegen Küng verhängt. Es ist ja eine Aussprache unter Theologen im Gange, die Rom nicht zu schnell und zu plötzlich abbrechen sollte.

Das entspräche aber durchaus römischer Tradition.

Nun, schon die Tatsache, daß Rom sich in diesem Fall schon mindestens eineinhalb Jahre Zeit läßt und offenbar überhaupt noch nichts gemacht hat, scheint mir Grund für Hoffnungen zu geben. Ich wünsche, daß Rom vorsichtig, langsam, behutsam, sachlich, fair in einer solchen Sache vorangeht, wenn es glaubt, überhaupt etwas tun zu sollen.

Wenn nun die Glaubenskongregation Küng oder sein Buch verurteilt?

Eine solche Maßnahme halte ich für sehr unwahrscheinlich. Angesichts des Pluralismus in der Theologie, den es früher nicht gegeben hat, aber auch angesichts der fürchterlichen, jedoch unvermeidlichen Differenzierung der theologischen Sprache würde sich Rom sehr schwer tun, einfach eine globale Verurteilung auszusprechen. Ich bezweifle, daß so etwas heutzutage überhaupt möglich ist.

Da sind Sie sich mit Küng, wie es scheint, ziemlich einig.

Auch mit vielen anderen. Aber selbst wenn in diesem Fall Rom Stellung nimmt, dann wird nicht der Papst auf seine Cathedra steigen. Es wird sich also nicht um eine Definition handeln bei einer solchen Verurteilung. Auch eine solche amtliche, aber dem Wesen der Sache nach nicht endgültige Verurteilung des Buches hätte heutzutage vorläufigen Charakter und würde die theologische Diskussion in dieser Frage nicht sehr wesentlich ändern.

Eine solche Verurteilung würde heutzutage also fast nichts mehr bedeuten?

Das ist falsch ausgedrückt. Sie sollte das Gewicht haben, das sie sich selber zuschreibt, als eine ernsthaft zu bedenkende, vom Theologen wirklich zu respektierende, aber die Diskussion theologisch nicht abschließende Erklärung des römischen Lehramtes.

Wann würden Sie einen administrativen Eingriff des Lehramts gegen einen Theologen für richtig halten? Oder anders gefragt: Wo ist für Sie die Grenze, die ein katholischer Theologe nicht überschreiten darf?

Wo ein Theologe frontal eine letztverbindliche Erklärung des kirchlichen Lehramtes durch Papst oder Konzil schlechthin leugnet und verwirft. Die Frage ist ja in unserem Fall, ob Küng das getan hat oder nicht. Darüber streiten sich die Theologen. Und ich halte meine Meinung gar nicht für diejenige, die für Rom die von vornherein und eindeutig maßgebliche sein soll.

Aber einstweilen bleiben Sie noch bei der Ansicht, daß Küng solche letztverbindlichen Erklärungen, also solche Dogmen, leugnet.

Ja, das würde ich vorläufig meinen, allerdings mit den verschiedenen Einschränkungen, die ich in meinen Aufsätzen gemacht habe, und auf die ich hier nur verweisen kann. Hinzu kommt, daß andere Theologen hierüber ganz anderer Ansicht sind als ich, zum Beispiel der Tübinger Dogmatiker Walter Kasper. Mit anderen Worten: Hier heben sich zur Zeit die Ansichten verschiedener katholischer Theologen gegeneinander auf.

184

Läßt sich über Dogmen reden?

Pater Rahner, gibt es Dogmen, über die Sie mit sich reden lassen?

Ich lasse über jedes Dogma mit mir reden.

In dem Sinne, daß Sie es unter Umständen für völlig bedeutungslos, gleichsam nicht mehr existent erklären?

Es gibt natürlich Dogmen ganz unterschiedlichen Gewichts. Selbstverständlich bedeutet der Glaube an Jesus Christus für mich etwas ganz anderes als die Lehre des Ersten Vatikanums über den Papst. Das eine ist mir wichtig, das andere ist sekundär, was nicht heißt: unverbindlich.

Küng hat ja sehr Kritisches über die letzten vier Dogmen geschrieben, über die beiden Papst-Dogmen der Unfehlbarkeit und des Primats von 1870 und über die beiden Marien-Dogmen der Unbefleckten Empfängnis aus dem Jahre 1854 und der leiblichen Himmelfahrt Mariens aus dem Jahre 1950. Wären Sie oder überhaupt ein katholischer Theologe frei zu sagen, diese vier Dogmen seien nicht notwendig, sie seien im Grunde überflüssig gewesen?

Ich bin nicht bereit zu sagen, eines dieser Dogmen sei schlechterdings so irrig, daß es auf den Müllhaufen der Geschichte geworfen werden müßte. Aber ich bin unter Umständen, über die im einzelnen gesprochen werden müßte, bereit zuzugeben, daß eine ausdrückliche amtliche päpstliche Definition darüber auch hätte unterbleiben können.

Und warum hat das, abgesehen von Küng und nun heute auch von Ihnen, noch kein anderer katholischer Theologe von Rang gesagt?

Vielleicht, weil das noch niemand hinreichend durchdacht hat. Bevor diese Dogmen verkündet wurden, ist ja nicht nur erörtert worden, ob sie sachlich richtig sind, sondern auch, ob es opportun ist, sie zu verkünden. An dieses Urteil der Opportunität bin ich nicht gebunden. Ich kann also auch sagen: Wenn Pius XII. mich 1950 gefragt hätte, ob er das Dogma von der leiblichen Himmelfahrt definieren solle, dann hätte ich ihm geantwortet: Nein, es ist gescheiter, du definierst dieses Dogma nicht.

Ist die Tatsache, daß die Kirche 1900 Jahre lang ohne diese Dogmen ausgekommen ist, allein schon ein Beweis dafür, daß es sich hier in der sogenannten Hierarchie der Wahrheiten um Dogmen minderen Ranges handelt?

Das könnte man, glaube ich, sagen. Nur darf man nicht auch zugleich meinen, sie seien deshalb heute eindeutig und von vornherein überflüssig. Das wäre im Grunde eine absolut ungeschichtliche Konzeption der christlichen Glaubenswahrheit. Sie kann heute nicht so sein, wie sie vor 1500 Jahren einmal war.

Welche praktischen Konsequenzen hat es für einen schlichten Katholiken, wenn ein Dogma auf der Stufenleiter der Wahrheiten ganz unten steht?

Die Tatsache, daß ein bestimmter Satz in der katholischen Kirche Dogma ist, verpflichtet nicht jeden katholischen Christen auch schon dazu, in einer positiven Weise dazu Stellung zu nehmen.

Läßt sich das noch etwas deutlicher sagen?

Wenn ein katholischer Christ zu mir kommt und sagt, dieses oder jenes verstehe er nicht, damit könne er nichts anfangen, dann würde ich ihm sagen: Es geziemt sich für einen vernünftigen Menschen, so etwas nicht von vornherein und frontal zu verwerfen, denn es gibt Dinge in der Welt und auch im Bereich der Wahrheit, zu denen man persönlich keinen Zugang hat. Aber wenn du die Grundwahrheit des Christentums glaubend vollziehen willst, hast du durchaus das Recht, dich um sekundäre Dinge im Bereich der Hierarchie der Wahrheiten nicht zu kümmern und sie in Gottes Namen auf sich beruhen zu lassen.

Für einen Religionslehrer würde das bedeuten, daß er über solche zweit- und drittrangigen Glaubenswahrheiten schweigen dürfte?

Man kann natürlich mit einem solchen Prinzip Unfug treiben, aber ich meine doch: Ein Religionslehrer hat heute die heilige

Pflicht und Schuldigkeit, so gut es nur geht, die letzten zentralen Aussagen des Christentums den Leuten nahezubringen. Wenn ihm dann viele sekundäre Dinge entgehen, macht das nichts.

Kann der Papst alles ohne Kirche?

Warum aber die Aufregung um Küngs Buch, wenn es doch um sekundäre Dinge geht? Ist es so zu erklären, daß das Unfehlbarkeits-Dogma theologisch sekundär, aber kirchenpolitisch primär ist?

Hier kommt man auf ein Anliegen Küngs, das ich teile. In der Praxis der katholischen Kirche der letzten hundert Jahre hat das Unfehlbarkeits-Dogma eine Ausstrahlung gehabt, die mit dem eigentlichen Sinn des Dogmas gar nicht identisch ist. Es hat sich vielfach ein absolutistischer Regierungsstil entwickelt, der auch mit dem Wesen der Kirche nicht identisch ist. Wenn das von Küng bekämpft wird, so habe ich gar nichts dagegen. Im Gegenteil. Nur kann man das wirkungsvoller bekämpfen, indem man taktisch klüger vorgeht, mit einer besseren Aussicht auf Erfolg.

Als besonders anstößig oder sogar unkatholisch gilt Küngs Satz: »Wenn der Papst nur will, kann er alles auch ohne die Kirche.« Wir halten diese Behauptung Küngs für richtig. Sie halten den Satz für falsch.

Den Satz halten auch katholische Theologen, die Küng außerordentlich freundlich gegenüberstehen, für falsch, und außerdem hat der Papst ja so etwas auch noch nie getan.

Oh!

Nein.

Und die Enzyklika »Humanae vitae« zum Beispiel, mit der Paul VI. die Pille als Mittel der Empfängnisverhütung verbot?

Er hat mit dieser Enzyklika nicht von der obersten Vollmacht Gebrauch gemacht, die ihm nach dem Ersten Vatikanischen Konzil zusteht.

Er hat sein Verbot der Pille nicht ausdrücklich für unfehlbar erklärt, gewiß. Aber er hat es doch ohne die Kirche, sogar gegen die Kirche verkündet. Die Mehrheit wahrscheinlich der Bischöfe, sicher der Priester, ganz sicher des Kirchenvolks denkt anders als der Papst.

Dazu wäre vieles zu sagen, aber wir wollen unser »Spiegel«-Gespräch von 1968 ja nicht wiederholen[3]. Daß ein Papst »ex cathedra« eine Definition erläßt auch ohne die Kirche, das ist nach katholischem Verständnis nicht möglich.

Ein schwieriges Feld. Einerseits heißt es im Dogma selbst, eine solche Definition bedürfe nicht der Zustimmung der Kirche. Andererseits sagen Sie jetzt, ohne die Kirche könne der Papst nicht »ex cathedra« entscheiden! Wer kann ihn denn daran hindern?

Eine eindeutige juristische Bremse gibt es nicht.

Es gibt nicht nur keine eindeutige Bremse, es gibt überhaupt keine Bremse.

Wenn der Papst heute auf dem Petersplatz auftreten und erklären würde, es gebe keine Heiligste Dreifaltigkeit . . .

Vater, Sohn und Heiliger Geist.

. . . dann wäre klar, daß der Papst ein Häretiker ist, daß er kein Papst mehr ist.

Sie machen es sich mit Ihrem Beispiel zu leicht. Stellen Sie sich doch lieber vor, der Papst verkündete eine Definition, die auf den ersten Blick katholisch anmutet, die aber eine Mehrheit von Theologen und Bischöfen für häretisch hält. Wer erklärt das dann amtlich?

Mein Gott, wir haben kein Bundesverfassungsgericht in der katholischen Kirche. Aber wie das festgestellt werden könnte, würde sich schon finden, wenn so etwas passieren würde. Im Grunde genommen ist es doch dasselbe, wenn jemand feststellt, daß der Papst tot ist. Der Tatbestand muß ja auch von jemand anderem als dem Papst festgestellt werden, und dieser Tatbestand hat auch erhebliche rechtliche Bedeutung.

---

[3] Vgl. S. 75–90 dieses Bandes.

Der physische Tod ist leichter festzustellen als ...
Ein Papst könnte ja auch verrückt werden, das ist doch durchaus denkbar.

Das wäre dann der geistige Tod. Aber wenn der Papst etwas Häretisches, also zum Beispiel etwas Lutherisches verkündete, wäre es ja sozusagen ein katholischer Tod. Und wer soll den feststellen? Nach der Lehre Ihrer Kirche wäre dazu doch wohl nicht einmal ein Konzil, eine Versammlung aller 2500 katholischen Bischöfe, imstande.
Das glaube ich doch. Diese übrigen Bischöfe würden den Papst ja nicht absetzen, sondern nur feststellen, daß er nicht mehr Papst ist. So, wie sie feststellen können, daß ein Papst tot ist, so würden sie feststellen, daß er verrückt ist oder daß er häretisch ist. Es gibt da schon deshalb kein Rezept, weil sich das in der Dimension der geschichtlichen Faktizitäten und nicht in der Dimension formalrechtlicher Dinge bewegen würde und bewegen müßte.

Warum kann man nicht wenigstens institutionalisieren, daß der Papst, bevor er ein Dogma definiert, alle Bischöfe fragen muß, ob sie einverstanden sind? Das hat doch sogar Pius XII. getan, bevor er die leibliche Himmelfahrt Mariens verkündete.
Das ist durchaus nicht ausgeschlossen.

Vorsichtig, Pater Rahner! Rom liest mit!
Ich würde sogar sagen, daß das nicht nur möglich, sondern sogar wünschenswert ist.

Hoffentlich kommen Sie nicht durch diesen Satz in ähnliche Schwierigkeiten wie Küng. Ist es nicht Konziliarismus[4], wenn Sie den Papst abhängig machen, von der Zustimmung der Bischöfe?
Ich mache ihn nicht entgegen der Lehre des *Ersten Vatikanums* rechtlich abhängig, sondern plädiere für eine rechtliche Regelung der Zusammenarbeit zwischen Papst und Bischöfen.

Wenn katholische Theologen das Unfehlbarkeits-Dogma vertei-

---

[4] Konziliarismus ist die auf dem *Ersten Vatikanum* verurteilte Ansicht, der Papst habe sich Beschlüssen eines allgemeinen Konzils unterzuordnen.

digen, ist sonst immer gleich vom Heiligen Geist die Rede. Nach der Definition des Ersten Vatikanums verhindert er einen Irrtum des Papstes, wenn dieser feierlich in Sachen des Glaubens oder der Sitte definiert. Die Überzeugung, daß dann Übernatürliches hilft, ist eine Art Wunderglaube, nicht wahr?

Niemand braucht sich da besonders mirakulöse Eingriffe vorzustellen.

Ein bißchen wohl doch. Nehmen wir das Jahr 1950. Der Katholik soll glauben, daß von allen anderen Entscheidungen, die Pius XII. in diesem Jahr traf, eine einzige – die Verkündung des neuen Mariendogmas – sich dadurch unterscheidet, daß hier eine höhere Beteiligung des Heiligen Geistes erfolgt ist.

Es gibt natürlich fromme Katholiken, die sich da irgendeine himmlische Inspiriertheit des Papstes in besonderem Sinne vorstellen, aber man braucht sich die Beteiligung des Heiligen Geistes keineswegs in einer psychologischen Inspiriertheit zu denken. Der Papst weiß, was in der Kirche geglaubt wird, er fragt die anderen Bischöfe, er überlegt mit Theologen, was zu tun ist, und kommt zur Entscheidung, daß hier ein Dogma ausgesprochen werden kann.

Nehmen wir an, der Papst verkündet nächsten Mittwoch, künftig finde alle zwei Jahre ein Konzil statt, und am Donnerstag verkündet er als neues Dogma, Maria sei die Mutter der Kirche. Dann müssen Sie als Katholik doch glauben und als Theologe lehren, daß der Heilige Geist am Donnerstag stärker dabei war als am Mittwoch, obwohl die Entscheidung vom Mittwoch für die Kirche viel wichtiger wäre als die vom Donnerstag.

Ich brauche als Katholik im zweiten Fall nur eine größere Gewißheit zu haben als im ersten, daß hier nicht eine totale Fehlentscheidung getroffen worden ist.

Mehr nicht?

Mehr nicht, nein.

Ein totalitäres System – auf Irrtum aufgebaut?

In Ihrem Anti-Küng-Buch haben Sie geschrieben: »Es ist selbstverständlich, daß nur die Glaubensüberzeugung in der Kirche mit einem solchen Lehramt kein autoritär-totalitäres System sehen kann, die an den Beistand des Heiligen Geistes an dieser Stelle glaubt.« Heißt das umgekehrt, daß Sie all denen, die diese Überzeugung nicht haben, die Freiheit einräumen, die Kirche wegen des päpstlichen Unfehlbarkeits-Anspruches für autoritär-totalitär zu halten?

Ins unreine geredet, und mit dem Vorbehalt, daß ich mir das noch mal überlegen muß, würde ich in der Tat sagen: Ja, wer dieses System und dieses Lehramt sieht, ohne an den Beistand des Heiligen Geistes zu glauben, der kann grundsätzlich zu der Auffassung kommen, daß es sich hier um ein totalitäres System handelt. Das würde ich durchaus zugeben.

Aber?

Aber eine ganz andere Frage ist es, ob jemand nicht durch seine Erfahrung zu der Meinung kommen kann, daß es de facto denn doch nicht so ist. Ich würde sogar weitergehen und sagen, daß ein absolut totalitäres System überhaupt nicht durchführbar ist, weder in der Kirche noch sonst irgendwo.

Gern würden wir wissen, ob und wie Sie sich zur Geschichtlichkeit des Unfehlbarkeits-Dogmas bekennen. Zurück zu den Anfängen der Kirche: Hat Jesus zu seinen Lebzeiten gewußt, daß nach seinem Tode Petrus unfehlbar sein würde?

Er hat es selbstverständlich nicht unter solchen Begriffen gewußt. Wenn ich mir mal hypothetisch, irreal hypothetisch vorstelle, ich hätte Jesus zu seinen Lebzeiten die Definition des Ersten Vatikanums von 1870 vorgelesen, dann hätte er sich in seinem empirischen menschlichen Bewußtsein wahrscheinlich nur gewundert und gar nichts davon verstanden.

Aber das beweist für Sie nichts oder nicht viel? Sie müssen ja nach katholischem Verständnis das Unfehlbarkeits-Dogma doch irgendwie auf Jesus zurückführen.

Es ist eine schwierige und von mir nicht in zwei Sätzen

beantwortbare Frage, wie ein katholischer Theologe heute, vielleicht in einem nicht ganz unerheblichen Unterschied zu früher, sich die Herkünftigkeit der Kirche und ihrer Wahrheiten von Jesus, die er nicht schlechterdings leugnen kann, genauer denken muß und darf und kann.

Daß die berühmteste Stelle »Du bist Petrus, und auf diesen Felsen will ich meine Kirche bauen...« nicht vom historischen Jesus gesagt, sondern ihm erst nach seinem Tode zugeschrieben wurde, darf heute auch ein katholischer Theologe einräumen?

Schon, nur darf daraus nicht gleich der Schluß gezogen werden, diese Fels-Stelle habe mit Jesus nichts zu tun. Aber was die Unfehlbarkeit angeht, so würde ich sagen, daß Jesus ganz gewiß seine Botschaft angesichts der drängenden Nähe des Gottesreiches für nicht mehr überwindbar hielt. Das könnte man ihm zubilligen, meine ich. Und daß er von daher sich dann auch die Indefektibilität, die Unzerstörbarkeit der Kirche und damit auch irgendwie des Amtes in der Kirche gedacht hat, das könnte man ihm wohl auch zubilligen.

Darüber, daß Jesus sich hinsichtlich der Nähe des Gottesreiches geirrt hat, sind sich heute viele Exegeten einig. Er scheint doch, ähnlich wie heute die Zeugen Jehovas, geglaubt zu haben, daß es noch zu seinen Lebzeiten oder jedenfalls zu seiner Zeit beginne.

Das ist die Ansicht einiger, aber natürlich nicht aller Exegeten.

Vieler, wenn nicht der meisten. Stört es Sie nicht, daß Sie sozusagen auf einem Irrtum Jesu die Unfehlbarkeit aufbauen wollen?

Sie machen es sich zu einfach. Wo in solchen Dingen »Irrtum« ist, wo nicht, ist nicht so einfach zu sagen. Die eigentliche Grundüberzeugung Jesu ist auf jeden Fall wahr: Mit ihm ist fordernd und unüberwindbar die drängende Nähe des Reiches Gottes gegeben. Wie er das in seiner Zeit konkret formuliert hat, ist eine sekundäre Sache für ihn und für uns.

Herr Professor Rahner, wir danken Ihnen für dieses Gespräch.

20 Zehn Jahre nach dem Beginn des Konzils

Gespräch mit dem Redakteur der Münchener
Katholischen Kirchenzeitung, *Karl Wagner*, I (1972)

Die Talfahrt ist noch nicht beendet

In diesen Tagen sind es genau zehn Jahre seit der Einberufung des Zweiten Vatikanischen Konzils durch Papst Johannes XXIII. Sie haben in diesem Zusammenhang von einem »Anfang des Anfangs« gesprochen. Wie sehen Sie heute die Lage?

Von vornherein muß man das Konzil, mitsamt seinen Erfolgen und Mißerfolgen, in einem größeren Zusammenhang sehen und darin lassen. Die Welt hat sich geändert, und dieser Wandlungsprozeß dauert grob gesagt seit der Französischen Revolution an. Wir leben heute in einer Welt der Rationalität, der Technik und der Massenkultur, in der die Geschichte der einzelnen Völker zu einer großen Weltgeschichte zusammengewachsen ist. Jeder ist heute der Nachbar von jedem; deswegen ist jeder auch der Nachbar anderer Weltanschauungen und Kulturen.

Hat dieser Wandlungsprozeß nicht schon vor dem Konzil tiefgreifende Veränderungen in den christlichen Ländern hervorgerufen? Welche Symptome gibt es dafür?

Wir haben keine einheitlich christliche Gesellschaft mehr. Wir leben in dieser rationalisierten, technischen Welt. Das ist freilich keine tiefsinnige Neuigkeit. Aber der Prozeß, in dem sich die Kirche dieser Situation anpassen muß, ist noch längst nicht abgeschlossen. Ich glaube, daß sich die Kirche in den letzten 150 Jahren dieser neuen Welt nicht genügend gestellt, sondern sich auf Restbestände homogen christlicher Gesellschaftsgruppen zurückgezogen hat. Zum Teil mit Erfolg und einem durchaus respektablen christlichen Leben in allen möglichen Bereichen, auch in der Theologie. Sie hat dadurch auch einen gewissen innerkirchlichen Monolithismus (starre Einheitlichkeit) aufrecht erhalten können. In dem Augenblick aber, wo man sich dem neuen Prozeß stellt, wachsen die Schwierigkeiten.

Der Rückgang jener Gesellschaftsgruppen, die für die Kirche ansprechbarer waren, ist wohl noch nicht zu Ende. Was müßte da die Kirche tun?

Die Talfahrt, wenn man so sagen will, die mit diesem Schwinden selbstverständlich christlicher Gesellschaftsgruppen homogener Art gegeben ist, ist noch längst nicht beendet. Es kann sein, daß diese Entwicklung zunächst beschleunigt wird, indem man sich der Situation stellt. Aber es hilft alles nichts: die Kirche muß sich in einer solchen pluralistischen Gesellschaft lebendig zeigen. Sie darf sich nicht auf die noch bestehenden homogenen Restbestände in der Gesellschaft weiter verlassen – wie man das etwa in Polen noch macht, oder in anderen sogenannten noch gut christlichen Ländern wie Irland. Das geht auf die Dauer nicht. Die Alternative ist deswegen nicht der Rückzug auf die kleine Herde, in das Getto. Wir haben einfach kein Recht, uns in den Windschatten der Geschichte zurückzuziehen wie meinetwegen die Adventisten oder die Wachtturmleute. Die Kirche würde sonst ihre eigene Sendung verraten.

Was verlangt das von der Kirche?

Eine solche Veränderung der Kirche verlangt vieles. Sie basiert zunächst auf der freiwilligen, gar nicht folkloristischen Willigkeit der Kirchenglieder. Von da aus ist es im Grunde selbstverständlich, daß die Laien eine größere Funktion in der Kirche bekommen müssen. Nicht, weil wir nun in demokratischen Idealen schwelgen – sondern einfach, weil diese Kirche nur soweit existieren wird, als sie vom freien Glaubensentschluß getragen ist. In diesen Zusammenhang hinein muß man das Konzil stellen. Es hat nicht eine neue Epoche eröffnet, als ob diese Situation für die Kirche vorher nicht dagewesen wäre.

In der Öffnung zur konkreten Welt muß sich die Kirche erst bewähren. Manche sehen dadurch das Erbe der Glaubenstradition gefährdet.

Es ist durchaus möglich, vielleicht selbstverständlich, daß bei dem Bemühen, sich der konkreten Situation zu stellen, die Gefahr einer Bedrohung der eigentlichen Substanz größer ist als vorher. Man muß sich aber auch darüber klar sein, daß eine Getto-Mentalität (die sich auf ein kleines Häuflein traditionell geprägter Christen zurückzieht und verläßt) genauso ein Verrat des Christentums wäre, wie wenn man etwa das Wesen der Kirche in einer verrückten Entmythologisierung, verkehrten Demokratisierung oder in der Reduktion auf einen Haufen von Humanisten sehen wollte. Verkehrt wäre es auch, das Konzil in diesen großen Zusammenhang zu stellen und dennoch zu meinen, es hätte die endgültigen Dekrete erlassen, die nur noch durchgeführt werden müssen. Natürlich steht in den Dokumenten viel Wichtiges. Die Bedeutung des Konzils liegt aber mehr darin, daß es ein erster Impuls war, sich in neuer Weise der heutigen Situation der Kirche zu stellen.

Die Polarisierung und eine wahre Konfrontation

Eine solche Interpretation könnte leicht zu progressistisch mißverstanden werden.
Ein solcher Prozeß kann durch reaktionäre und durch liberalistische Tendenzen bedroht sein. Beide können sich auch gegenseitig stärken: der »Reaktionär« verleitet den »Linken« zu Exzessen. Und die Exzesse der »Linken« werden zum Argument dafür, daß es so nicht gehe und man deshalb zu den guten alten Zeiten – selbst unter Opferung von großen Schichten der Christen – zurückkehren müsse. Natürlich ist so eine Idee kein Prinzip, das man einfach anwenden könnte. Die berühmte Mitte ist ja sehr oft nur ein fauler Kompromiß ohne große Lebenskraft.
Durch eine naive und ungeschichtliche Betrachtung sind heute manche Christen geneigt, dem Konzil selbst diese Entwicklung anzulasten. Warum gibt es selbst bei aufgeschlossenen Katholiken diese falschen Reaktionen?

In sehr großen Teilen der Kirche geht ein lautloser oder ausdrücklicher Abfall vor sich. Diese Entwicklung wird noch weitergehen, weil die gesellschaftlichen Restbestände einer früheren homogenen Gesellschaft immer noch weniger werden. Die Leute unter der Kanzel lassen die Predigt des Pfarrers nicht mehr einfach als unabänderliche Selbstverständlichkeit und indiskutable Rede über sich ergehen. Und die Bischöfe brauchen heute nicht mehr so zu tun, als ob für sie alles klar wäre und in einer Bischofskonferenz selbstverständliche Einmütigkeit herrschen müsse. Bedauerlich ist es freilich, wenn es deswegen zu falschen Rückkoppelungseffekten kommt. Wenn es Professoren gibt, die für das Glaubensbewußtsein eines Bischofs Dinge sagen, die er einfach nicht mehr versteht, oder nicht mehr katholisch nennen kann – dann ist es trotzdem ein falscher Rückkoppelungseffekt, wenn dieser Bischof vielleicht enttäuscht in das Lager der theologischen Reaktion übergeht.

Kommen wir dabei nicht in des Teufels Küche?

Die wahre Konfrontation ist heute die einzige Möglichkeit, mit der Situation fertig zu werden. Ohne Zweifel wird dabei zunächst die Verunsicherung größer. Die »Linken« sehen in der Anpassung Rückzugsgefechte. Aber wenn z. B. in München Plakate gegen den Kardinal erscheinen; wenn es Blätter gibt, wo eine Handkommunion schon von vornherein als ein Sakrileg betrachtet wird, dann sieht man, daß es eine Verunsicherung und eine gewisse Beschleunigung der Talfahrt auch auf der rechten Seite gibt.

Was kann und muß in einer solchen Situation der einzelne Christ tun?

Die Christen, die wirklich noch an den Geist Gottes in der Kirche glauben, sollten sich zunächst einmal durch solche Dinge nicht verunsichern lassen, sondern einen entschlossenen und mutigen Weg weitergehen: Ein Christentum aus der innersten Mitte des Glaubens, als Verhältnis zu Gott, als Erfahrung von gnadengewirkter Freiheit und Liebe leben. Ein gewisser Pluralismus in Frömmigkeit, in der Meßgestaltung, in der Theologie ist damit ja nicht geleugnet. Daran müssen sich natürlich auch alle partikulären Gruppen in der Kirche allmählich gewöhnen.

Könnten Sie für die Gesamtkirche mutige Beispiele nennen?

In der konkreten Kirche wird es immer ein Gemisch aus mutigen Taten und ängstlichen Absicherungen geben. Aber es ist doch im Ökumenismus etwa einiges geschehen – auch wenn es sich mehr um symbolische Gesten handelte, als Papst Paul z. B. vor dem Arbeitsamt in Genf auftrat oder den Orthodoxen Patriarchen umarmte. Auch die Sozialenzykliken der letzten Päpste sind zu nennen.

Nach den Dokumenten des Konzils haben die Bischöfe eine größere Mitverantwortung; auf der Bischofssynode schien das keine Konsequenzen zu haben?

Für den Normalverbraucher hat die letzte Bischofssynode einen einigermaßen traurigen Anblick geboten. Aber die Synode existiert. Es könnte sein – auch wenn sie nicht mehr Macht als jetzt hat, was ich bedaure – daß sich die Bischofssynode zu einem kritischen Organ entwickelt. Etwa, daß die Bischöfe in einer brüderlich konstruktiven und ehrlichen Kritik das letzte Jahr kirchlicher Zentralregierung unter die Lupe nehmen und ungeniert sagen, was sie für Eindrücke hatten, wo etwas schief ging, wo durch Unterlassungen gesündigt wurde.

Liturgiereform und der Alltag

In der Rückschau auf die Kirche vor 10 Jahren fällt die Reform der Liturgie am deutlichsten in die Augen. Aber die Erneuerung der Frömmigkeit hat kaum Fortschritte gemacht?

Was die ganze Liturgiereform angeht, meine ich, daß sie nur dann zu einem wirklichen Resultat kommt, zu einem – verglichen mit der alten Liturgie – wirklich besseren Beten, wenn der personale Vollzug des Glaubens, der Liebe in der Gemeinde noch einen wesentlich größeren Vorrang über die rubrizistische Regelung der Liturgie bekommt. Über diese sind wir ja im großen und ganzen noch nicht hinausgekommen. Es ist sehr schön, daß es mehrere Hochgebete gibt, noch dazu in Deutsch, daß mancher alte Zopf, der nur noch historisch erklärt werden konnte, weggefallen ist. Ich will die Bedeutung der bisherigen Liturgiereform nicht schmälern oder leugnen. Ich bin auch nicht der Meinung, daß jeder Theologe neue Hochgebete verfassen sollte, die man nach drei Wochen nicht mehr hören kann. Aber das Grundproblem scheint mir doch immer noch zu sein, wie ich zu einem Vollzug der Liturgie komme, den ich wirklich von der Mitte meiner auf Gott gerichteten Existenz aus vollziehe, ohne einen Graben zwischen Liturgie und innerer Haltung, den man rubrizistisch und mit gutem Willen überbrücken muß. Das ist immer noch nicht geglückt.

Sie sagen, mit liturgischen Regeln (Rubrizistik) ist nicht viel zu erreichen. Was müßte noch getan werden?

Ich bin, um es nochmals zu sagen, nicht der Meinung, daß man jeden Priester in jeder Situation und in jeder Gemeinde einfach zum freigestaltenden Liturgen ernennen sollte. Das gäbe einen Unfug, der schlimmer wäre als alles, was früher war und heute ist. Aber gäbe es nicht unter Umständen in kleineren Gruppen schöpferische Liturgie, die man im rechten Sinn fördern könnte? Die Rubrizistik und die Formeln sind doch für die Menschen da und für ihr Gebet, und nicht umgekehrt. Und es steht nirgends geschrieben, daß alles, was theologisch tief und sprachlich schön durch Rom oder durch Bischofskonferenzen gestaltet wurde, die einzige Liturgie sein könnte.

Sie sprachen vom Graben zwischen Liturgie und Alltag. Manche Versuche zielen darauf hin, den Alltag in die Liturgie einzubeziehen. Was halten Sie davon?

Der Abstand der Liturgie vom konkreten Leben des Menschen ist einfach noch zu groß. Das heißt aber nicht, daß man die primitivste Alltagsmentalität zum Herrn der Liturgie machen darf. Aber wenn man sich in ein ganz anderes Subjekt verwandeln muß, sobald man durch die Kirchenpforte schreitet, um da mitzukommen, – wenn man das nur noch Leuten zumuten kann, die diese Schizophrenie gewöhnt sind und sie gar nicht empfinden – dann zeigt sich sehr deutlich, daß die Liturgiereform noch nicht am Ende ist und weitergehen muß.

Scheint hierfür nicht eine größere Selbständigkeit der Teilkirchen notwendig? Hat sich in diesem Punkt seit dem Konzil etwas geändert?

Die Autonomie der Teilkirchen ist immer noch nicht wirklich da, wenn man von zweitrangigen Dispensvollmachten für die Bischöfe und der Verwendung der Muttersprache in der Liturgie absieht. Für ein wirklich verantwortungsvolles Leben der Teilkirchen ist das noch zu wenig. Interessant ist, was man mir kürzlich erzählt hat: der Papst soll einigen Bischöfen in Brasilien die Änderung des Zölibatsgesetzes erlaubt haben.

Anerkennung des Pluralismus von der christlichen Mitte her

Eine interessante Mitteilung. Und wie sehen Sie die Lage der Kirche in Deutschland?

Wir stehen noch am Anfang der Synode. Man weiß noch nicht, welche Trends wirklich lebendig sind. In Sachen »Publik« hat sich gezeigt, daß die Konstruktion des Verbandes der Diözesen unzureichend ist. Tatsächlich hat dieser mehr oder minder aus Finanzfachleuten zusammengesetzte Verband eine »politische« Entscheidung getroffen. Bezüglich der deutschen Kirche würde mich zur Zeit eine Bestandsaufnahme der religiösen Subkultur interessieren, auch in ihren extremen Äußerungen bis zu Una Voce. Man braucht ja nicht gleich alles lächerlich zu machen. Man könnte vielleicht sagen, daß die deutsche Kirche und meinetwegen auch der deutsche Klerus für echte religiöse Anliegen, die hinter solchen merkwürdigen Auswüchsen stehen, zu wenig Verständnis hat.

Wird durch die moderne Entwicklung die Stellung des einzelnen Christen nicht viel schwieriger?

Früher hat der einzelne Christ von der Kirche ein allgemeines kirchliches Verhaltensmuster erwartet, das ihn dann in seiner Gewissensentscheidung auch entlastete. Das Gros der Christen war in einer undifferenzierten Weise moralisch normiert.

Schwierig wird es nun natürlich, wenn man auf das eigene Gewissen verweist und dem Christen keine konkreten Verhaltensmuster anbietet: Was macht einer mit seinem Vermögen, wie lebt er seine Ehe? Es kann geschehen, daß der Christ dann die sittlich radikale Forderung des Christentums überhaupt nicht mehr empfindet, oder sich in einer falschen Weise moralisch entlastet fühlt. Erst nach der heutigen Übergangsperiode wird es so sein, daß einer von der Amtskirche gar nicht in allen Einzelheiten eine Normierung erwartet und trotzdem nicht den Eindruck hat, alles nicht von der Kirche ausdrücklich Verbotene sei vor dem Gewissen schon erlaubt. Auch wenn ein Fabrikant im Beichtstuhl nicht gefragt wird, was er mit seinem Geld macht, müßte das für ihn eine quälende Frage sein.

Man beklagt heute auch das fehlende soziale und politische Engagement der Christen. Ist das letztlich nicht auch darauf zurückzuführen, daß es an einer entsprechenden Spiritualität fehlt?

Es gibt natürlich eine falsche Privatisierung des Moralischen in der Kirche – heute aber auch eine falsche Sozialisierung des Moralischen. Ich fürchte zumindest, daß es junge Leute gibt, für die sich praktisch die ganze Moral auf ein gesellschaftskritisches Engagement konzentriert und beschränkt. Aber wie sie sich ihren Eltern, ihrem Mädchen gegenüber verhalten; ob sie in einer Art Jakobskampf beten zu lernen versuchen – diese Fragen liegen ihnen merkwürdig fern. Dort aber, wo ein derartiges Engagement für die Gesellschaft und den Nächsten vorhanden ist, daß es innerlich den Menschen in der Mitte seiner Existenz umkrempelt und zu Gott hintreibt, ihm Verantwortung auflädt, bei der er nicht so billig ohne Gott fertig wird – und umgekehrt, wo innerstes religiöses Verhältnis zu Gott nicht zur Flucht in eine Hippiekultur und zur Pflege der »schönen Seele« wird –, dort kommen beide Pole menschlicher Existenz, die der Nächste und Gott sind, zusammen. Sie können nicht voneinander getrennt, noch ineinander aufgelöst werden. Natürlich gibt es hier noch viel zu tun.

Sie erwähnten vorhin, daß die Liturgiereform noch nicht am Ziel ist. Gerade heute aber bräuchte doch der Christ diese notwendige Stütze.

Zunächst würde ich hier bedenken, daß jede geschichtliche Epoche auch in der Kirche ihre eigenen Einseitigkeiten hatte. Es gibt eben auch eine gute Einseitigkeit. Das ewige Gerede von Einerseits-und-Anderseits birgt die Gefahr in sich, daß nur eine dünne und geschmacklose Suppe entsteht, in der zwar »alles« drin ist, in Wirklichkeit aber doch wieder nichts richtig und wirksam. Anderseits ist die Reflexion über Einseitigkeit (wenn man sie nicht verabsolutiert) in keiner Zeit so möglich gewesen wie heute. Man muß sich wohl an den daraus entstehenden Pluralismus erst noch gewöhnen. Aber warum soll es nicht verschiedene Gestalten des Gemeindelebens, einen Pluralismus in der Theologie geben?

Die Masse von sekundären Dingen und das einzig Notwendige

Sie haben einmal die Bemühungen des Konzils mit Pechblende verglichen, von der man viele Tonnen braucht, um auch einige Gramm Radium, d. h. Glaube, Hoffnung und Liebe fördern zu können. Wie sehen Sie heute das Verhältnis?

Das ist mir auch heute noch ein Anliegen. Wenn man im kirchlichen Leben mit seinen Sitzungen, Diskussionen usw. mitmacht, dann hat man doch manchmal den erschreckenden Eindruck, welche Masse von letztlich sekundären Dingen die Kirche bearbeitet und vor sich herwälzt. Man fragt sich, ob das alles notwendig ist, um (was kein Bischof und Theologe leugnen kann) das einzig Notwendige zu erreichen: ein bißchen Glauben an den unbegreiflichen Gott, ein bißchen Liebe zu ihm und den Nachbarn und eine Hoffnung des Angenommenseins im konkreten Leben, wo man nicht egoistisch ist und den Tod hinnimmt. Darauf und auf sonst nichts kommt es doch an! Was für ein schrecklicher Apparat ist doch dafür aufgebaut, immer neue Institutionen und Behörden, die sich selbst wieder vermehren und am Schluß vergessen, wozu sie eigentlich da sind. Man hat nicht den Eindruck, daß mit der Vermehrung dieser Pechblende auch der Ertrag an Glaube, Hoffnung und Liebe sehr viel größer wird.

Und dennoch bleibt für Sie der Apparat, die Institution insgesamt, notwendig?

Ich bin nicht der Meinung, daß man in einer gewissen Selbstzerstörung den kirchlichen Apparat in die Luft sprengen kann. Bis man einem Kind soviel beigebracht hat, daß ihm am rechten Platz das Gewissen schlägt, braucht es viel »Apparat«. Aber man hat doch oft den Eindruck, der Apparat vergißt im Bestreben, sich zu erhalten und zu klappern, wozu er eigentlich da ist. Die Fähigkeit, die letzten Dinge deutlich zu machen und zu sagen, wird geringer. Ich bin nicht für Erweckungsbewegungen im Stil der Heilsarmee. Aber es dürfte doch nicht so sein, daß der Christ den Eindruck hat, nur einen komplizierteren kirchlichen Apparat als der Nichtchrist zu bedienen – ohne den es eigentlich im Leben genauso ginge, und daß sich ohne kultischen Apparat und theologische Theorie die Menschen in der Kirche und außerhalb ihrer gar nicht mehr unterscheiden würden. Ich meine nicht, sie müßten sich so unterscheiden, daß der eine der vom Teufel Gerittene ist, und ich der von Gott Bewegte. Aber der kirchliche Christ dürfte doch sein christliches Leben nicht bloß als Kult und Indoktrination erfahren. Das Leben selbst müßte befreit sein.

Die Bedeutung der Kirche kann demnach nicht in einem ausschließlichen Heilsmonopol gesehen werden?

Es kann durchaus sein, daß jemand außerhalb der Kirche die letzten Wirklichkeiten seiner Existenz vollzieht. Die Kirche lehrt ausdrücklich, daß – wer seinem Gewissen folgt – sein Heil findet ohne unmittelbare Kirchlichkeit. Das bedeutet doch nicht, daß ein guter Wille im Himmel belohnt wird, obwohl das Eigentliche der christlichen Existenz in ihm nicht vorhanden gewesen wäre. Das Konzil sagt ja nicht, wer nichts von Christus weiß, der kommt eben so in den Himmel, weil der »arme Teufel« doch dafür nichts könne. Es setzt voraus, daß dieser auf einem Weg, »den Gott kennt«, den wirklichen natürlichen

Glauben und die entsprechende Hoffnung und Liebe hat. Und wenn folglich Glaube, Hoffnung und Liebe wirklich Dinge sind, die in einem Menschen passieren und eine existentielle und religiöse Erfahrung bedeuten, dann müßte man doch als Christ deutlicher, werbender, schwungvoller und begeisterter davon reden können, als wir Kleriker das durchschnittlicherweise fertig bringen. – In dieser Beziehung ist zuviel Pechblende und zuwenig Radium da. Nicht an Spiritualität, die von außen zum Leben dazukommt, sondern die aus der innersten Mitte des ganz konkreten Lebens, die als Wunder der Gnade Gottes erwächst, haben wir zur Zeit bestimmt zu wenig.

Dann liegt Ihrer Meinung nach hier der Punkt, an dem der Christ heute »einsteigen« müßte?

Man darf es aber nicht neben den übrigen Verpflichtungen, losgelöst vom gesellschaftlichen Engagement, nicht außerhalb des Lebens sehen. Es wird sonst eine Spiritualität, die wieder als merkwürdiger Luxus von Leuten erscheint, die dafür Zeit haben oder bezahlt werden.

Sehen Sie darin eine Chance für die Glaubensverkündigung?

Wir dürfen dabei nicht von der Voraussetzung ausgehen, daß dort, wo der Pfarrer einem Menschen nicht mit viel Katechismusgelehrsamkeit etwas beibringt, das eigentlich Wesentliche nicht gegeben wäre. Das würde theologisch bedeuten: Gottes Gnade ist nur dort, wo der Pfarrer dieser Gnade vorausgegangen ist. Das wäre eine Häresie. Wir müssen zuerst die verschütteten Quellen, die »unterirdisch« in jedem Menschen sind, freimachen. Das Bild hinkt zwar: wir müssen nicht Rohrleitungen in ein dürres Wüstenland legen, um von einer Wasserzentrale – Kirche genannt – das Wasser hinzuleiten, das uns dann niemand abnimmt. Wir müssen den Menschen zu sich und so zu der Gnade und zu Gott bringen, die schon in ihm sind. So daß der Mensch von da aus begreift, daß er natürlich auch bei den Menschen sein muß, die diese großartige und lebensrettende Entdeckung ihres innersten Menschen gemacht haben – im Blick auf Jesus von Nazaret –, und daß er deswegen mit ihnen Kirche bildet.

21 Die Zukunft der Kirche in Deutschland

Gespräch mit dem Redakteur der Münchener Katholischen Kirchenzeitung, *Karl Wagner*, II (1972)

Restbestände der Tradition und der Beginn einer »kleinen Herde«?

Eines Ihrer nächsten Bücher[1] befaßt sich im Zusammenhang mit der Synode mit der Zukunft der Kirche in Deutschland. Wie ist dieser Zusammenhang von Synode und Zukunft der Kirche bei uns zu sehen?

Es geht mir dabei zunächst um die Frage, wo die Kirche von heute in unserem Land steht, was in dieser Situation zu tun ist, und wie man sich die Kirche der Zukunft vorstellen kann. So wird das Buch vielleicht von selbst zu einer Art Vorüberlegung (mehr natürlich nicht) für eine Grundkonzeption der Synode, die mir bislang zu dunkel geblieben scheint. Der vor zwei Jahren aufgestellte und inzwischen gestraffte Themenkatalog ist zwar in seiner fast unübersehbaren Stoffülle recht gut, läßt aber doch vor lauter Bäumen keinen Wald sehen. Man muß sich fragen, ob sich die Synode, getrieben von den tausend Nöten des kirchlichen Alltags, sofort auf Einzelfragen stürzen darf, ohne zu wissen, in welcher Grundrichtung sie beantwortet werden müssen.

Über die gegenwärtige Situation der Kirche in der Bundesrepublik gibt es zahlreiche Untersuchungen. Sie werden allerdings verschieden interpretiert. Was halten Sie für das Entscheidendste?

Wir erleben gegenwärtig das Ende einer profanen geschichtlichen Periode mit einer homogenen Kultur, einer gemeinsamen öffentlichen Meinung, die der Lebensentscheidung und Lebensgestaltung des einzelnen viel eindeutiger vorgegeben war, als dies heute und in Zukunft der Fall sein wird; wobei all das immer bezogen ist auf ein und dasselbe räumliche Territorium.

[1] Strukturwandel der Kirche als Aufgabe und Chance, Freiburg/Br. 1972.

Und von dieser früheren Kultursituation her war das Christentum in der Gesellschaft früher eine Selbstverständlichkeit. Heute aber gibt es zwar noch Restbestände eines solchen gesellschaftlich verfaßten, traditionellen Christentums, das teilweise auch heute noch öffentliche Geltung hat. Aber es sind eben doch nur noch Restbestände – mitbestimmt von einer früheren Situation, die man zwar durchaus für die damalige Zeit als »Gnade Gottes«, als Hilfe Gottes zu einer christlichen Existenz verstehen konnte. Aber mit dieser »Gnade« können wir für heute und für jede absehbare Zukunft nicht rechnen.

Mit einer gewissen Resignation hört man heute oft das Schlagwort von der »kleinen Herde«. Kann sie das Ziel der Entwicklung sein?

Die Entwicklung geht in Richtung einer Kirche von Glaubenden, die sich in einem persönlichen und freien Glaubensentschluß als Christen verstehen, gläubig geworden sind, sich der konkreten Gemeinschaft solcher Glaubenden anschließen, natürlich auch ihre Kinder in diesem Geist und auf einen solchen persönlichen Entschluß hin erziehen wollen – und darum sich auch kritisch absetzen können von dem durchschnittlichen Meinen und Empfinden ihrer gesellschaftlichen Umwelt. In diesem Sinn sind wir der Beginn einer »kleinen Herde«. Dagegen hilft kein ängstliches Festhalten an den vorhin genannten Restbeständen einer einheitlichen profanen und christlichen Gesellschaft. Aber damit ist nicht gesagt, daß sich die Kirche von sich aus auf diese Art von »kleiner Herde« zurückziehen und die Erosion einer solchen kleinen christlichen Gruppe geduldig oder verzweifelt hinnehmen dürfe. Wo man kann, soll man solche Restbestände bewahren, wo und wann sie sich als echt erweisen. Aber der Zukunft der Kirche ist damit noch nicht Rechnung getragen. Ganz primitiv ausgedrückt: In einer solchen Situation muß die Kirche den Mut haben und die nötigen Wagnisse dafür eingehen, daß aus dieser profanen Gesellschaft sich neue Christen bilden mit diesem persönlichen Entschluß, aus innerer Überzeugung Christen zu werden – und es nicht bloß zu bleiben, weil man durch irgendeinen gesellschaftlichen Zufall als Kind christlicher Eltern geboren wurde und schließlich auch nichts dagegen hat, Kirchensteuer zu bezahlen.

Kirche der »Elite«?

Läuft eine solche Kritik der Zukunft, wie Sie diese skizziert haben, aber dann nicht Gefahr, ein exklusiver Klub im Sinn einer »Kirche der Elite« zu werden?

Mit dem Begriff »Elite« muß man sicher sehr vorsichtig sein. Die Kirche wird immer eine Kirche der armen Sünder bleiben in den sogenannten Laien und in den Amtsträgern. Und gerade in einer so profan gewordenen, säkularisierten Umgebung wird sowohl das sittliche Leben der Christen und auch ihr Glaube immer äußerst bedroht sein. Und es wird eine ganze Skala von engerem und weiterem Verhältnis der einzelnen Menschen zur Kirche geben. Es wird auch in Zukunft eine nur teilweise vollzogene Identifikation mit der Kirche möglich sein. Aber in einer wahrscheinlich sehr bald gegebenen Zukunft wird es nicht mehr so viele Christen geben, die eben solche sind, weil die öffentliche Meinung, das Herkommen, die Folklore, das Getauftsein, der in den staatlichen Schulen gegebene Religionsunterricht die Leute zu Kirchenchristen machen. Nur in dem Sinn, daß jede positive Beziehung zur Kirche in späteren Zeiten viel deutlicher von einer persönlichen Einstellung und von einem persönlichen Entschluß der einzelnen getragen sein wird und getragen werden muß, soll man von einer »kleinen Herde« oder gar von einer »elitären« Kirche sprechen.

So gesehen, kann diese Entwicklung bei aller Bedrohlichkeit sicher gelassener betrachtet werden. Aber es dürfte viel davon abhängen, ob man die Entwicklung in den Griff bekommt. Haben Sie den Eindruck, daß dieser Wandel in seinen Konsequenzen im allgemeinen begriffen wird?

Meiner Meinung nach wollen das Amt in unserer Kirche und die guten, eifrigen Christen diese Situation nicht in einem genügenden Ausmaß wahrhaben. Die vorherrschende Grundtendenz scheint mir die Verteidigung des Überkommenen, nicht die Vorsorge für die Zukunft. Um einige Beispiele zu nennen: wenn man sich etwa die Situation vorstellt, wie sie wohl in zehn oder weniger Jahren sein wird, wird man dann nicht froh sein, wenn die Laien in einem Gottesdienst noch da sind und das Wort ergreifen? Ähnliches gilt von den rechtlichen Strukturen von Diözese und Pfarrgemeinde. Vielleicht ist sehr bald schon jeder Bischof und Pfarrer froh um jedes Stückchen Mitverantwortung, das die Laien auf sich nehmen wollen.

Was könnte die Kirche in dieser Situation positiv tun?
Sicher ist kein Grund vorhanden für ein bigottes Jammern über die Glaubenslosigkeit der Welt. Denn der oft beklagte Schwund an Christlichkeit und Glaube ist keine Tat von finsteren Mächten, sondern ein Schwund von soziologischen Voraussetzungen für eine bestimmte Art des Christentums, die mit dem Wesen des Glaubens nicht identisch sind. Für die Kirche muß es darauf ankommen, durch eine offensive Haltung aus einem »unchristlichen« Milieu neue Christen zu gewinnen. Die Möglichkeit, aus einem unchristlich gewordenen Milieu neue Christen zu gewinnen, ist der einzig lebendige und überzeugende Beweis dafür, daß das Christentum auch heute noch eine Zukunftschance hat.

»Ungleichzeitigkeit« und die christliche Zukunft

Bereits bei den Reformen des Konzils hat sich gezeigt, daß Schritte in die Zukunft die Kirche in Gefahr bringen, einen Teil ihrer eigenen Anhänger zu verprellen.
Es gibt heute mehr denn je so etwas wie eine »Ungleichzeitigkeit« verschiedener Gruppen innerhalb unserer Kirche, die durch verschiedene Bildung, verschiedenes Milieu usw. bedingt ist. Deshalb ist die Gefahr unchristlicher Polarisierungen groß, die vermieden und bekämpft werden müssen. Ein Christ müßte ja eigentlich seine »Feinde« schonender behandeln als seine »Freunde«. Aber meist ist es bei uns sündigen Christen umgekehrt. Wir vergessen immer wieder, daß auch wir selbst

mit unseren eigenen Freunden kurzsichtig, engherzig und unkritisch der Mentalität einer bestimmten Zeit ausgesetzt sind – wobei es gleichgültig ist, ob diese Mentalität von gestern oder heute ist. Unter Umständen muß die Kirche aber einfach den Mut haben, Positionen aufzugeben, die sie bisher für sich reklamiert hat; vor allem, wenn man die Unausweichlichkeit zur »Räumung« nüchtern voraussehen kann. Neben vielem anderen müßte man sich heute bescheiden und doch auch hart fragen, ob man z. B. bei dem Marsch in die Zukunft immer alles und auch alle die »braven« Leute mitnehmen kann, die sich dagegen von ihrer Mentalität her sträuben. Natürlich muß man auf sie Rücksicht nehmen, soweit es nur immer möglich ist.

Eine solche Forderung klingt hart. Können Sie den Sinn näher erläutern?

Zunächst ein Beispiel aus einem anderen Gebiet: Wenn die Kirche für die äußere Mission nur begrenzte Kräfte zur Verfügung hat, dann ist es sicher erlaubt, daß sie den Großteil der Kräfte zur Missionierung jener Menschen einsetzt, die für die Zukunft der Welt die größere geschichtliche Bedeutung haben – auch wenn sie so andere Menschen der Gnade Gottes überläßt, der mächtiger ist als die Kirche. Unter dieser Rücksicht kann es dringlicher sein, möglichst viele Kräfte in Japan einzusetzen, als bei den Eskimos zu missionieren. Ebenso kann es sein, daß man bei uns berechtigterweise mehr jene zu bewahren oder neu zu gewinnen sucht, die ein inneres Verhältnis zur beginnenden Zukunft haben, als jene zu bewahren, die die Nachhut des Zuges der Kirche in eine Zukunft bilden, die unweigerlich kommt. Einen Menschen von morgen für den Glauben zu gewinnen, kann für die Kirche wichtiger sein, als zwei von gestern im Glauben zu bewahren. Denn diese wird Gott mit seiner Gnade auch dann retten, wenn eine zukunftsorientierte Glaubensverkündigung sie eher verunsichert. Selbstverständlich soll man natürlich die Bedrohung der traditionell Glaubenden nach Kräften vermeiden und, soweit es nur geht, sie mitzunehmen versuchen in die Zukunft des alten Glaubens.

Gegenwärtig ist viel von einer Neuorientierung des kirchlichen Amtes die Rede. Zumindest im äußeren Erscheinungsbild war die Kirche von den Amtsträgern geprägt. Was kann man über ihre künftige Stellung sagen?

Das Amt wird es in der Kirche immer geben. Aber die Autorität des Amtes wird – was seine konkrete Wirkkraft und nicht nur was seinen theoretischen Anspruch betrifft – in Zukunft mehr eine Autorität sein, die auf der freien Zustimmung der Nicht-Amtsträger basiert. Es ist in der Kirche, wenn der Vergleich erlaubt ist, wie in einem Schachverein: die wirklich den Verein Tragenden, das sind die Mitglieder in dem Maß, in dem sie gut Schach spielen. Die »Hierarchie« der Vereinsleitung ist notwendig und sinnvoll, soweit sie der Gemeinschaft der Spielenden dient. Auch in der Kirche ist das Amt notwendig, wichtig und sinnvoll und deshalb zu achten. Aber die Liebenden, die Selbstlosen und die Prophetischen in der Kirche machen ihr letztes Wesen aus.

Eine letzte Frage: Wie muß die Kirche der Zukunft als Ganze sein? Worum muß es ihr gehen?

Die Kirche in unserem Land müßte eine Kirche sein, der es nicht um sich, sondern um die Menschen und um alle Menschen geht. Das wurde oft genug gesagt und gefordert, bestimmt aber noch lange nicht die Haltung der Christen und der Kirche. Meist wollen wir doch vor allem und zuerst z. B. die Kirche frei sehen, und dann erst die Menschen. Und eine bedrängte Gruppe, die sich nicht aufgeben will, steht notwendig in der Versuchung, vor allem an sich und ihre Weiterexistenz zu denken. Aber hier steht das Zeugnis auf dem Spiel, das der Kirche aufgetragen ist. Denn wenn die Kirche trotz ihrer Sendung zu allen nicht meinen darf, außer ihrer sichtbaren Gestalt gäbe es kein Heil, dann ist auch das Gewinnen von neuen Christen nicht in erster Linie die Rettung des sonst Verlorenen, sondern die Gewinnung von Zeugen, die die überall in der Welt wirksame Gnade Gottes als Zeichen für alle deutlich machen.

22 Jesus Menschensohn

Gespräch mit der *WDR-Redaktion* zum Erscheinen des Buches
von R. Augstein (1972)

Erfindung der Urgemeinde?

*Pater Rahner, das neuerschienene Buch »Jesus Menschensohn«
von Rudolf Augstein[1] stellt einen frontalen Angriff auf die Basis
des christlichen Glaubens dar. Die Kernthese Augsteins nämlich
versucht die wie auch immer zu verstehende christliche Auffassung, der historische Jesus sei der Gottessohn, dadurch zu
widerlegen, daß er sie als eine Erfindung der Urgemeinde
ausgibt. Anders formuliert: Für Augstein stellt der christliche
Glaube an Jesus Christus als dem Sohne Gottes, nichts anderes
dar, als das Resultat einer »Kultlegende«. Würden Sie bitte dazu
Stellung nehmen?*

Das Buch ist zunächst einmal ein frontaler Angriff auf die
Kirchen, deren politischen Einfluß Augstein bekämpfen will.
Das Buch aber stellt tatsächlich auch, wie Sie schon sagten,
einen frontalen Angriff auf den dar, den alle christlichen
Kirchen als Begründer ihres Glaubens bekennen, auf Jesus
Christus.

Aus diesem Grunde möchte ich wegen der Kürze der Zeit auch
nur zu dem eigentlichen Kern dieses Buches Stellung nehmen,
zumal mir scheint, daß die mir bekannten Besprechungen an
diesem Kern vorbeigesehen haben. Für Augstein ist der
geschichtliche Jesus mit dem Christus des Glaubens schlechterdings unvereinbar. Jesus selbst ist für Augstein ein eschatologi-
scher Querkopf, ein Spinner gewesen, der am Rande der
jüdischen Theologie lebte, völlig ohne jede Originalität. Er hat
auch von sich aus nie und in keiner Weise auf jene Eigentümlichkeiten Anspruch erhoben, die ihm der christliche Glaube
als Messias, als Gottessohn usw. zuschreibt. Der Christus des
Glaubens ist reine Kultlegende, nach Augstein. Es handelt sich

---

[1] Gütersloh 1972

dabei ausschließlich um eine Erfindung der Urgemeinde und des späteren Christentums, um einen grandiosen Irrtum also. Mit anderen Worten, der Ursprung der Kirche und ihrer Lehre ist nicht Jesus, sondern die Kirche selbst.

Was spricht dagegen?

Ich möchte drei Dinge hervorheben, wobei ich bei der Kürze der Zeit natürlich nur These gegen These, ohne jede weitere Begründung stellen kann.

1. Die genannte These ist nicht neu, nicht einmal Augstein behauptet dies. Mit jener These einer absoluten und in keiner Weise überbrückbaren Unterschiedenheit zwischen dem Christus des Glaubens und dem historischen Jesus setzt sich die christliche Theologie schon seit langem auseinander. Sie tut dies schon darum, weil diese These in ihrer Mitte selbst entstanden ist. Der theologisch weniger versierte Leser des Buches von Augstein darf also nicht meinen, das Buch sei für die Theologie eine Überraschung. Der Theologe liest dort nur eine Meinung, die er schon lange kennt, mit der er sich schon oft auseinandergesetzt hat, die er aus besseren und genaueren Untersuchungen heraus oft genug geprüft und für falsch befunden hat.

2. Es ist nicht richtig, daß zwischen dem historischen Jesus und dem Christus des Glaubens ein unausfüllbarer Abgrund klaffe, kein Weg also, der von dem einen zum anderen führe. Natürlich sind die christologischen Aussagen des Neuen Testamentes über Person und Heilsbedeutung Jesu in anderer Sprache formuliert, unter anderen Horizonten und in anderen Kategorien ausgedrückt, als der historische Jesus sie zur Formulierung seiner Sendung und seines Selbstverständnisses verwendet hat. Es ist für jeden Theologen von heute auch selbstverständlich, daß diese beiden Weisen der Interpretation Jesu in den neutestamentlichen Schriften – auch den ältesten – bereits ineinander verschoben sind. Aber Augstein hat die alte These,

daß nämlich von dem historisch auch heute noch greifbaren Selbstverständnis Jesu – auch unter der Voraussetzung, daß sie von uns aufgrund der Ostererfahrung gläubig angenommen wird – kein Weg zum Christus des Glaubens führe, genauso wenig wirklich bewiesen wie die früheren Leugner eines solchen Zusammenhanges.

3. Augstein bleibt uns auch eine einigermaßen einleuchtende Antwort auf die Frage schuldig, *wie* die Urgemeinde in der kürzesten Zeit, – also zum Beispiel schon in den ältesten Briefen – zu einer Interpretation von der Sendung und der Person Jesu habe kommen können, die nach Augstein mit Jesus selber schlechterdings nichts zu tun hat. »Kultlegende« ist doch nur ein Zauberwort, mit dem nichts erklärt ist, wenn zum Beispiel im ersten Thessalonicherbrief – also vielleicht zwanzig Jahre nach Jesu Tod – diese »Kultlegende« bereits da ist. Die einzige Erklärung, wie diese sogenannte »Kultlegende« so schnell habe entstehen können, ist und bleibt doch die, daß diese Interpretation der ersten Christenheit im Selbstverständnis Jesu ihre erste und entscheidende Wurzel hat, daß also zwischen dem historischen Jesus und dem Christus des Glaubens tatsächlich ein Zusammenhang besteht, den Augstein aber deshalb leugnet, um das Christentum und die Kirche gänzlich aus der Welt zu schaffen.

23 Damit der Geist freier wehen kann – Wie kann eine Kirche der Zukunft gedacht werden?

Gespräch mit *Walter Ludin,* Zürich (1973)

Herr Professor Rahner, Ihr neuestes Buch trägt den Titel »Strukturwandel der Kirche als Aufgabe und Chance«. Wie stellen Sie sich – ganz allgemein vorerst – die Zukunft der Kirche, die hier angesprochen ist, vor?

In der kommenden Gesellschaft, die zum Teil schon da ist, wird das Christentum nicht mehr als von der Gesellschaft allgemein anerkannt von einer Generation an die andere weitergegeben. Da dann die Menschen nicht als Christen geboren werden, sondern es erst durch eigenen Entschluß werden, ist notwendigerweise eine aktivere Verkündigung des Christentums erforderlich.

Verwirrung des Volkes?

Als erstes möchte ich aus Ihrem Buch eine Stelle herausgreifen, die im Augenblick gerade für die schweizerische Situation von besonderer Brisanz sein könnte. Sie fordern, theologische Meinungen müßten bis zum strikten Beweis des Gegenteils als rechtgläubig präsumiert werden.

Ich bin nicht der Meinung, daß eine römische Behörde nicht auch dort, wo sie nicht Unfehlbarkeit in Anspruch nehmen kann, gegen eine bestimmte Lehre Einspruch erheben dürfte. Grundsätzlich ist dies ihr Recht. Die Frage ist nur, mit welcher Nüchternheit sie vorgeht.

Es geht hier bloß um das allgemeine Prinzip der Präsumtion: Ist das Lehramt nicht verpflichtet einzugreifen, wenn das gläubige Volk durch neue Auffassungen verwirrt wird?

Nun, es gibt in der Theologie immer wieder neue Meinungen, die schockieren, weil sie ungewohnt und dennoch richtig sind. Wenn vor 40 Jahren jemand gesagt hätte, die fünf sogenannten »Bücher Moses« stammten nicht von Moses selbst, hätte er die normalen Gläubigen und sogar die Exegeten schockiert. Ob im konkreten »Fall Pfürtner«, um ein schweizerisches Beispiel zu nehmen, der konkreten kirchlichen Mentalität nicht doch ein unberechtigt großer Schock versetzt wurde, ist eine andere Frage.

Es gibt aber gewisse »Verwirrungen des Volkes«, die einfach nicht zu vermeiden sind. Wenn man sich immer auf die sogenannte Verwirrung des Volkes beruft, muß man daran denken, daß es unter Umständen andere Gruppen in der Kirche gibt, die durch eine reaktionäre und bloß traditionelle Theologie mindestens ebenso verwirrt sind. In moraltheologischen Dingen melden junge Leute ihre »Verwirrung« zwar nicht in gleichem Stil an wie die älteren. Aber verwirrt sind sie doch. Und auf diese Verwirrung will man keine Rücksicht nehmen. Aber auch sie muß einkalkuliert werden, indem man sich fragt: Wer ist denn verwirrt? Wer sind jene, die ihre Meinung in unschönen Schmähbriefen (wie sie etwa mir häufig zugehen) zeigen? Diese sind nicht »das Volk«, sondern nur eine bestimmte geistes-soziologische Gruppe der Christen. Da stellt sich die Frage: auf wen muß ich am meisten Rücksicht nehmen? Auf die traditionellen Christen oder auf solche, die morgen die Kirche sein werden?

Das »klärende Wort« des Lehramtes

Wie müßte nun in einer solchen Situation ein »klärendes Wort« des Lehramtes aussehen?
Man müßte mehr als früher vom Amt der Kirche her den Mut haben, zuzugeben, daß man in dieser oder jener Frage einfach noch kein klärendes Wort zur Verfügung hat. Man müßte den Christen klar machen, warum dies so ist. Dafür wären die Grundprinzipien in dieser Frage dem Volk in lebendiger Weise anzubieten. Zum Beispiel: Wenn ich nur sage: »Nach Denzinger (Nummer so und so) ist die Ehe unauflöslich« und dann daraus Konsequenzen ziehe, die vielleicht nicht unbedingt zwingend sind, dann habe ich etwas Falsches getan. Denn damit habe ich die letzte Grundüberzeugung von der Unauflöslichkeit der Ehe nicht so lebendig und verständlich ausgesagt, wie man es heute tun könnte.
Man könnte in einem »klärenden Wort« die Unklarheit bestimmter Lösungen von Fragen klarmachen. Damit aber die Leute nicht meinen, heute wisse man überhaupt nicht mehr, was gilt, müssen die Grundpositionen lebendig und anschaulich

dargelegt werden. Ein Beispiel: Daß die Sexualität unter gesamtmenschlichen und deswegen unter sittlichen und somit unter christlichen Normen steht, ist heutzutage keineswegs selbstverständlich. Das könnte man weniger moralisierend sagen und dabei nicht so tun, als ob man in jeder Einzelfrage hundertprozentig das noch wiederholen müsse, was die alten Moralisten gesagt haben. Dann aber kann ich immer noch unter Umständen hinzufügen: Schau in dein Leben hinein, ob du nicht der Überzeugung sein kannst, daß du, wenn du das und das tust oder nicht tust, in deinem konkreten Leben und Gewissen mit dieser von mir vorgetragenen Grundkonzeption einig bist!

Einmischung der Kirche in Politik?

Sie schreiben, die Kirche müßte den Mut zu konkreten Weisungen haben, und zwar gerade auch in gesellschaftspolitischen Fragen. Als bei uns in der Schweiz kirchliche Kreise zu der Frage der Waffenausfuhr Stellung bezogen, stießen sie auf starken Widerstand.

An »konkrete Weisungen«, wie ich sie mir vorstelle, ist man noch nicht gewohnt. Der Normalchrist hat den falschen Eindruck, entweder müsse die Kirche im Namen des moraldogmatischen Christentums absolut verbindliche Normen bieten oder sich still verhalten. Aus ganz abstrakten erkenntnistheoretischen Gründen des Verhältnisses zwischen Theorie und Praxis gibt es meiner Meinung nach noch andere Möglichkeiten, beispielsweise ein Handlungsmodell für eine Gesellschaft oder gesellschaftliche Gruppen, wobei man nicht einfach sagen kann, daß man bei entgegengesetztem Handeln die letzten Prinzipien des Christentums verrät. Oder es gibt auch eine Pluralität von Modellen, die man anbieten kann.

In einer Konsumgesellschaft kann der Pfarrer sicher nicht sagen, wer einen Mercedes 300 habe, sei kein Christ mehr. Aber die Pfarrer oder auch die Bischöfe müßten es doch fertig bringen, einen Imperativ oder einen Anstoß zu einem gewissen Lebensstil zu geben. Sonst kommt die Kirche in die Situation, daß die theoretischen Prinzipien immer abstrakter werden und ihre Effizienz auf das konkrete Leben immer geringer wird. Das alles setzt natürlich voraus, daß eine solche Weisung einerseits ernstgenommen wird und anderseits nicht falsch verstanden wird im Sinne einer moraltheologischen absoluten Norm.

Sie sagen, diese Weisungen müßten ernstgenommen werden. Aber in Wirklichkeit kommt immer wieder der Vorwurf, die Theologen oder die Pfarrer und Bischöfe seien in politischen Fragen nicht kompetent, da diese ohnehin sehr komplex seien und selbst die Fachleute überforderten.

Die Kompetenz der Fachleute kann meistens nur abstrakt-theoretisch verschiedene Handlungs- und Entscheidungsmodelle entwickeln, im Grunde genommen aber nie die politische Entscheidung für ein bestimmtes Modell mitliefern. Die eigentliche Zielsetzung können die sogenannten Fachleute nicht angeben. Nehmen Sie Ihr Beispiel mit dem Waffenausfuhrverbot: Es gibt sicher für die eine wie für die andere Entscheidung gute und schlechte Gründe. Man kann sich nicht eine solche Entscheidung ausdenken, bei der man »alle Hasen fängt«. Man muß sich entscheiden und sich nüchtern sagen: das und das kommt etwas ins Hintertreffen. Trotzdem machen wir es so aus diesen und diesen letzten Einstellungen.

Hätte der Theologe also im Vergleich zum Fachmann die Wertvorstellungen in den Entscheidungsprozeß einzubringen?

Ja, gewiß. Ein mehr utilitaristisch denkender profaner Mensch wird doch nie die christliche Grundvorstellung in einen solchen Entscheidungsprozeß richtig hineinbringen, etwa: daß das Törichte unter Umständen das Wahre sein kann, daß der Christ auch im konkreten Leben etwas mit der Bergpredigt zu tun haben kann. Wenn der andere trotzdem zur christlichen Entscheidung kommt, soll es uns freuen. Wir wollen kein Monopol haben. Aber daß Gewaltlosigkeit u. U. das Christliche ist, trotz all der Torheit, die darin zu sein scheint, ist etwas,

was der Verkündiger des Christentums in die Überlegungen der Fachleute einbringen muß.

Ist es nicht so: Wer in politischen Sachfragen als Theologe oder Prediger diesen christlichen Beitrag leistet, stößt bei vielen auf harten Widerstand.

Ja, man muß heute mit Konflikten leben! Wenn einer gegen eine Predigt für das Waffenausfuhrverbot protestiert, übersieht er vielleicht, daß die Predigt das ernsthafte Angebot einer Überlegung für eine Entscheidung ist, die er in der Abstimmung treffen muß. Wenn er anders entscheidet, als der Prediger es ihm nahelegt, muß er sich mit dem Prediger ja nicht tödlich verfeinden und auch nicht notwendigerweise als Christ ein schlechtes Gewissen haben.

Ein »utopischer Vorschlag« für die Ökumene

In Ihrem Buch machen Sie den – wie Sie selbst schreiben – »utopischen Vorschlag«, in der Ökumene zuerst die institutionelle Einheit zu suchen, aus der heraus dann eine lehrmäßige Einheit erwachsen könnte.

Selbstverständlich setzt diese institutionelle Einheit voraus, daß diejenigen, die in dieser Institution sind, nicht gewisse Dinge, die andere in dieser Kirche zu ihrem Glaubensgut rechnen, in einer existentiellen Glaubensentscheidung leugnen. Wenn für mich der Papst zur wahren Kirche Christi gehört, kann ich nicht mit einem in der gleichen Kirche sein, der den Papst als Antichristen bezeichnet. Wenn er hingegen zugesteht, daß der Papst vielleicht eine nützliche Funktion hat, und wenn er trotzdem nicht dem I. Vatikanum zustimmen kann mit seinem Unfehlbarkeitsdogma, ist es für mich möglich, mit ihm in der gleichen institutionellen Kirche zusammenzuleben. Denn in der katholischen Kirche gibt es ja faktisch viele Leute, die genau das gleiche Verhalten zum Papst haben.

Warum soll die Rechtfertigungslehre heute noch ein Stein des Anstoßes sein? Oder die Mariologie? Gewiß, es gibt noch

Protestanten, die allergisch werden, wenn von Maria gesprochen wird. Aber für andere macht eine nüchterne Mariologie
keine so ernsthafte Schwierigkeit, daß sie sie als kirchentrennend betrachten müßten.

*Angenommen, die Voraussetzungen für eine institutionelle
Einheit ohne vorherige absolute lehrmäßige Übereinstimmung
wäre vorhanden: Haben Sie konkrete Vorstellungen davon, wer
den Plan realisieren müßte?*
Das Amt verharrt in diesen Dingen leider in Immobilität. Vom
römischen Einheitssekretariat hörte man schon lange Zeit
nichts mehr. Rom scheint den Eindruck zu haben, innerhalb
der römisch-katholischen Kirche gäbe es so viele Schwierigkeiten, daß die ökumenischen Fragen aufs Eis gelegt werden
müssen. Ich würde aber schon meinen, daß Rom die Initiative
ergreifen müßte. Das kann natürlich nicht von heute auf
morgen gehen. Die kirchenrechtlichen Regelungen dieser
Einheit müßten entwickelt werden. Aber warum kann Rom
nicht erklären, daß unter gewissen Voraussetzungen eine
andere Kirche in die Einheit der katholischen Kirche aufgenommen werden kann und den Status einer römisch-katho-
lisch-unierten Kirche hat? Rom hat sich bisher, soweit mir
bekannt ist, noch nie dazu geäußert, welche Eigenständigkeit
eine solche Kirche haben dürfte.

Stichwort Synode

*Wie weit könnten die einzelnen Länder, beispielsweise durch
ihre Synoden, auf die erwähnte institutionelle Einheit hinar-
beiten?*
In Deutschland sind die Bischöfe außerordentlich zurückhal-
tend. Es geht wenig voran. Ich weiß nicht, ob in der Schweiz die
Bischöfe unbefangener sind und die Synode mehr Mut hat . . .
*Das Stichwort Synode ist gefallen. Was müßte getan werden, daß
die Synode nicht einfach nur Papier produziert, ohne daß
dadurch auf der sogenannten Basis des Kirchenvolkes sich etwas
ändert?*

Die Arbeit der Synode würde beachtet, wenn sie sich auch nur in relativ wenigen Punkten zu einer Entscheidung durchringen könnte, die nicht selbstverständlich ist und die für das konkrete Leben der Christen Auswirkungen hat. Das Volk muß erkennen, daß nicht einfach allgemein geredet wird, ohne einen bestimmten Weg einzuschlagen, der vielleicht nicht einmal der einzig notwendige sein muß.

Sie meinen also, die Synode dürfe keine »dogmatische Lehranstalt« sein, sondern sie müsse konkrete pastorale Entscheidungen fällen.

Ja, diese Entscheide müssen wirklich in die Praxis eingreifen, indem sie ihr eine lebendige Bestätigung geben oder sie wirksam ändern.

24 Der Papst, die Kontestatoren und das Heilige Jahr

Gespräch mit *Erika Ahlbrecht-Meditz* im Saarländischen Rundfunk, I (1973)

Notwendige Konflikte und Versöhnung in der Kirche

Herr Professor Rahner, der Papst hat die Hoffnung ausgesprochen, daß das Heilige Jahr zu einer Versöhnung der verschiedenen Gruppen innerhalb der Kirche führt. Nun spricht er damit eine Sache aus, die, so glaube ich, auch vielen Gläubigen Sorge macht; vor allem, weil es für sie neu und ungewohnt ist, daß in der Kirche Opposition laut wird, daß Meinungsverschiedenheiten ausgesprochen werden, daß auch in scharfer Form, in polemischer Form Meinungsdifferenzen zum Ausdruck gebracht werden. Ich glaube nun nicht, daß Opposition schlechthin dem Wesen der Kirche widerspricht. Was meinen Sie dazu?

Ja, ich würde natürlich zunächst sagen, daß es vielleicht auch in der Kirche beklagenswerte Opposition, Konfrontation gibt, die entweder die letzten Grundüberzeugungen des Christentums, die nun einmal zum Christentum und zur Kirche gehören, bedrohen; ferner, daß es lieblose Konfrontation gibt, daß es Uneinigkeit gibt, die dem Auftrag der Kirche der Welt gegenüber wirklich schädlich ist. Wie groß das Ausmaß einer solchen Opposition ist, das, so meine ich, ist sehr schwer abzuschätzen. Insofern und soweit es solche wirklich beklagenswerte Opposition und Konfrontation gibt, könnte man natürlich schon das Heilige Jahr zu einem Jahr der Versöhnung erklären und wünschen, daß es in dieser Hinsicht von allen Seiten aus etwas mehr Verständigung, Liebe, gegenseitiges Aufeinander-Hören usw. gibt. Aber man muß sich doch darüber klar sein, daß es nicht so ist, daß dort, wo katholischer Glaube gegeben ist, daß dort, wo eine Institution Kirche anerkannt ist, einfach alles nur in selbstverständlicher Versöhntheit leben könne. Nein, es muß und soll in der Kirche verschiedene Richtungen geben. Diese Verschiedenheit der Richtungen gehört zum notwendigen Leben der Kirche, sie ist ein notwendiges Element der Dynamik der Kirche in die Zukunft hinein. Erwarten zu wollen, daß alles friedlich, daß alle derselben Meinung sind, das wäre nicht nur kein schöner Traum, sondern dies ist auch eine absolute Unmöglichkeit, die niemand im Ernst wünschen darf. Man braucht nicht zu meinen, man könne mit ganz einfachen Prinzipien: hier Konfrontation, dort Versöhnung, weiterkommen, sondern man muß vernünftig, ruhig, liebevoll miteinander suchen und von Fall zu Fall wird man sehen, was eigentlich auf beiden Seiten gemeint ist. Kann man sich dann einigen, so muß man sich einigen und so kann man eine solche Verschiedenheit auf sich beruhen lassen, sie sogar als einen positiven Reichtum in der Kirche betrachten. Oder muß man in einem anderen Fall nun wirklich sagen: Nein, hier müssen wir uns einigen, hier müssen wir zu einer Entscheidung kommen. So etwas wie eine Entscheidung in der Kirche ist natürlich dann in den einzelnen

Fragen eine sehr verschiedene Größe. Eine Einigung oder Entscheidung in einer eigentlich lehrhaften Sache ist natürlich etwas ganz anderes als eine Entscheidung in einer, sagen wir einmal, pastoral theologischen Marschroute oder im Kirchenrecht usw. Wir haben immer die Aufgabe, in Einheit und Frieden und Liebe miteinander zu leben, aber daß innerhalb eines solchen Lebens auch Konflikte, Meinungsverschiedenheiten notwendig und nützlich sind, ist selbstverständlich.

Sie haben also zu Anfang gesagt, die unerwünschte Opposition ist die Opposition, die die Grundlagen des Glaubens in Frage stellt, die lieblos argumentiert und lieblos mit Meinungsgegnern umgeht. Nun glaube ich, daß die Schwierigkeit gerade darin liegt, daß die einen meinen, hier wäre noch gar keine Grundlage gefährdet, hier wäre etwas in Frage gestellt, über das man reden könnte, und die andere Seite meint, hier wäre bereits etwas Unverzichtbares angegriffen worden; und auch was die Lieblosigkeit anbelangt, ist es doch oft so, daß, wenn in einer gewissen Schärfe argumentiert wird und meinetwegen auch in einer gewissen polemischen Weise, daß hier auf der anderen Seite bereits eine gewisse Lieblosigkeit registriert wird, die einfach letztlich keine Lieblosigkeit ist, sondern eine Sprache, die man vielleicht noch nicht gehört hat, aber die der Sache vielleicht doch angemessen ist. Ich sehe hier vor allem psychologische Schwierigkeiten. Ich glaube in der Theorie ist man sich doch bald einig, daß man sagt: Wir müssen in der Liebe bleiben, wir müssen an der Einheit festhalten und wir müssen in den letzten Dingen einig bleiben, aber in der Praxis, glaube ich, wird es dann recht schwierig.

Nun, was die Einigkeit oder Nichteinigkeit in den letzten Grundhaltungen des christlichen Glaubens angeht, so muß man natürlich zunächst einmal ganz nüchtern sagen: Es gibt natürlich keine Prinzipien, die man so formulieren kann, daß aus ihnen eindeutig und von vornherein, gleichsam in der Mechanik eines Computers herauskommt, woran festzuhalten ist und was freigegeben werden kann. Solche Prinzipien, die die konkrete Geschichte so regulieren könnten, daß schlechterdings die Geschichte der Kirche reibungslos abläuft, gibt es natürlich von vornherein nicht. Und selbstverständlich kann man natürlich in dieser oder jener Hinsicht, oder in diesem oder jenem Punkt darüber streiten, ob das zu den fundamentalen unaufgebbaren Überzeugungen des Glaubens der Kirche gehört oder eben nicht. In solchen Dingen muß man aufeinander hören, muß man miteinander reden, muß man, wenn Sie so wollen, auch miteinander streiten. Beide Teile müssen sich dann gegenseitig zu überzeugen suchen, daß auf den gemeinsam anerkannten Grundüberzeugungen und sofern sie gemeinsam anerkannt sind, wirklich dieses oder jenes sich ergibt bzw. sich nicht ergibt für weitere Artikulationen des christlichen Glaubens. Ich bin natürlich als normal katholischer Christ davon überzeugt, daß es dann bei solchen Fragen auch unter Umständen, wo eben eine solche Notwendigkeit gegeben ist, eine zwar nicht autoritäre, aber doch autoritative Entscheidung des kirchlichen Lehramts fällig sein kann, die von den Christen, näherhin von den katholischen Christen, respektiert werden müßte in der inneren Überzeugung, daß dort, wo die Kirche auch mit ihrem Amt und durch ihr Amt hindurch wirklich eine definitive Entscheidung gibt, der Geist Gottes auch tatsächlich am Werk ist.

Unfehlbarkeit und Glaubenssinn des Gottesvolkes

Jetzt möchte ich eine ganz konkrete Sache ansprechen. Ich erinnere Sie an die Auseinandersetzungen um Hans Küng und seine Thesen zur Unfehlbarkeit oder an das Problem »kirchliches Amt«. Für eine große Öffentlichkeit sieht dieses Sprechen der Kirche in solchen Kernfragen katholischen Selbstverständnisses so aus, daß ein konkreter Theologe oder ein konkreter Theologenkreis mit einer Vatikanischen Behörde, nämlich der Glaubensbehörde, in Streit gerät und daß eine Behörde, die wiederum besetzt ist mit einem zufälligen Sortiment von Theologen und kirchlichen Amtsträgern, jetzt für die Kirche – aus für

die breite Öffentlichkeit unverständlichen Gründen – entschei-
det: das ist richtig, das ist falsch. Es ist dann schwer für den
normalen katholischen Christen einzusehen, warum diese Stelle
für uns in den letzten Fragen bindend reden kann.

Ja, nun ist es natürlich gerade in den beiden Beispielen, die Sie angesprochen haben, gar nicht so, daß hier schon irgendwie eine mit einer absoluten, letzten Verbindlichkeit erlassene Entscheidung gefallen wäre. Der Dialog, die Diskussion, die Auseinandersetzung und die Konfrontation gehen ja weiter, und zwar nach Prinzipien, die von der Kirche selber als solche anerkannt sind. Die Glaubenskongregation in Rom z. B. kann ja nach dem ganz orthodoxen Selbstverständnis der Kirche gar keine definitiven Entscheidungen erlassen. Das bedeutet natürlich nicht, daß sie für einen normalen Christen eine vernachlässigbare Größe wäre, über die er einfach großzügig hinweggeht. Aber es bedeutet, daß man nach den Prinzipien der Funktion des kirchlichen Lehramts solchen Entscheidungen eine zwar, wie man zu sagen pflegt, authentische aber gar nicht definitive Relevanz zuerkennen muß.

Welche Bedeutung kommt denn bei diesen Auseinandersetzungen dem vielzitierten Glaubenssinn des ganzen Gottesvolkes zu?

Die Frage des Glaubenssinns des ganzen Gottesvolks ist natürlich hinsichtlich seiner Praktikabilität für die Bildung einer lehramtlichen Entscheidung eine nur sehr schwer greifbare Größe. Das bedeutet natürlich nicht, daß der Glaubenssinn des Gottesvolkes keine Bedeutung habe, sondern daß die kirchenlehramtlichen Institutionen selber immer wieder auf diesen Glaubenssinn des Volkes Gottes rekurrieren, ihn einkalkulieren müssen in ihren Entscheidungen. Wenn Sie dann sagen, ja das tun die aber nicht, sie sind zu sehr von irgendeiner Schultheologie borniert, so daß ihnen alle Vorschläge letztlich gleichgültig sind, dann würde ich folgendes sagen: Einerseits ist zuzugeben, daß eine solch zu geringe Rücksichtnahme auf den Glaubenssinn des Volkes Gottes de facto bei den Römischen Instanzen vorkommen kann. Ich bin jedoch, das sage ich genauso unverhüllt, davon überzeugt, daß dort, wo wirklich eine absolute Entscheidung von den lehramtlichen Instanzen gefällt wird, und wo man eine solche Entscheidung richtig versteht und interpretiert, ein absoluter Dissens zwischen der institutional verfaßten lehramtlichen Entscheidung und dem Glaubenssinn des Volkes nicht passieren wird. Es ist dies natürlich immer wieder eine Hoffnung, die im Laufe der Geistesgeschichte der Kirche immer wieder neu eingelöst werden muß.

Glauben Sie nicht, daß es gewisser struktureller Voraussetzungen bedarf, daß diese innerkirchliche Kommunikation zwischen Lehramt und Gottesvolk als Ganzes funktioniert? Muß es nicht für Kommunikationsformen eine strukturelle Verankerung geben?

Das I. und II. Vatikanum sprechen ja davon, daß der Papst zum Beispiel, wenn er eine lehramtliche Entscheidung trifft, dann auch die notwendigen menschlichen Mittel anwenden muß, damit diese Entscheidung sachgemäß, dem Geiste des Evangeliums und der Glaubensüberzeugung der Kirche entsprechend geschieht. Selbstverständlich würde auch ich meinen, daß diese konkreten menschlichen Mittel, die das Amt in der Kirche nach offizieller kirchlicher Lehre und Überzeugung anwenden muß, heute transparenter gemacht, in einem gewissen Sinn genauer institutionalisiert werden müßten, und schließlich in ihrem Funktionieren in der Öffentlichkeit der Kirche deutlicher greifbar sein müßten.

8 *Verleihung des Guardini-Preises. Mit Franz Henrich von der Katholischen Akademie in München (1970)*

9   Auf der Tagung der Internationalen Zeitschrift »Concilium«. Daneben Hans
    Küng (1970)

10   Mit Heinrich Wild (Kösel-Verlag) und Johann B. Metz in München

IV Die Chance
des Christentums heute

25 Wer hofft, wird nicht sterben

Gespräch mit *Erika Ahlbrecht-Meditz* im Saarländischen
Rundfunk, II (1974)

Die Bedeutung der Auferstehung heute

*Herr Professor Rahner. Auch für schlichte Gläubige ist heute der
Bericht von der Auferstehung Jesu nicht mehr wörtlich zu
verstehen bzw. nicht mehr als Reportage eines historischen, so in
allen Einzelheiten beobachteten Geschehens. Auch die einfachen Gläubigen wissen, diese Berichte sind die Zeugnisse der
ersten Gemeinde. Es sind eher Bekenntnisse als tatsachengerech-
te Beschreibungen. Auf der anderen Seite glaube ich, daß für
viele Christen heute weniger der auferstandene Christus als der
Jesus, wie er als Mensch unter Menschen gelebt hat, wichtig ist.
Mit anderen Worten, für viele Christen, und ich glaube gerade
für solche, die es noch sehr ernst nehmen mit ihrem christlichen
Daseinsverständnis, genügt es, in Jesus eine Gestalt oder auch
ein Lebenskonzept zu finden, das ihrem eigenen Dasein hier und
jetzt Sinn zu geben vermag. Was kann nun dem gegenüber heute
noch die Auferstehung bedeuten?*
Sie haben jetzt zwei ganz verschiedene Fragen angesprochen.
Zunächst einmal die richtige Interpretation der Berichte über
die sogenannten Auferstehungserscheinungen und das in
solchen Berichten eigentlich Gemeinte, nämlich die Überzeu-

gung, daß Jesus lebt und mit seinem Schicksal gerettet in Gott geborgen ist. Das ist die eine Frage, die Sie gestellt haben. Die ganz andere Frage ist natürlich die, ob die Auferstehung, die wir als Christen nach dem normalen, christlichen Bekenntnis für uns erwarten als die Gerettetheit unseres eigenen Daseins in Gott, heute für den existenziellen Vollzug des menschlichen Lebens noch eine Bedeutung habe. Zum ersten möchte ich zunächst sagen, daß man natürlich jetzt alle Probleme, die damit gegeben sind, hier nicht in zwei Sätzen bewältigen kann. Ich würde sagen, selbstverständlich ist die Überzeugung, Jesus lebt, jene Überzeugung, die in einer Begegnung mit dem konkreten Jesus von Nazaret und seinem Todesschicksal in der Kraft dessen geschieht, was wir »Geist Gottes« nennen, etwas anderes, etwas Grundlegenderes und Fundamentaleres als die Einzelberichte von den Erscheinungen des Auferstandenen. Selbstverständlich lebt letztlich das, was hier berichtet wird, und die Glaubwürdigkeit und das richtige Verständnis dessen, was berichtet wird, von dieser letzten, fundamentalen Grundüberzeugung. Mehr möchte ich jetzt im Augenblick über diese erste Frage nicht sagen. Ich möchte nur andeuten, daß man also hier glaubensgemäß und dem historischen Realismus gerecht werdend miteinander reden kann. Hier, glaube ich, gibt es keine unüberwindlichen Schwierigkeiten auch für einen modernen Christen, wenn er gerade diese letzte Grundüberzeugung von der Gültigkeit und Bleibendheit Jesu und seines Geschicks vor Gott nicht notwendigerweise, schlechterdings begründet empfindet. Das braucht er eben nicht von den Auferstehungserscheinungen her, denn diese sind in einem gewissen Sinn das Abgeleitete gegenüber dieser letzten Glaubensgrundüberzeugung. Dieses Verhältnis ist letztlich nicht umgekehrt, wenn wir auch diese beiden Dinge nicht einfach auseinanderreißen können, sondern in etwa ein gegenseitiges Bedingungsverhältnis annehmen können. Das ist jetzt etwas abstrakt und allgemein gesagt, aber ich meine, im Augenblick müßte das genügen, weil mir jetzt Ihre zweite und fundamentalere Frage wichtiger erscheint.

Auf diese Frage ist sehr differenziert, so meine ich, zu antworten. Sehen Sie, wenn jemand in einer letzten Grundhaltung sein eigenes Leben als Leben der Treue, der Liebe, des Verzichten-Könnens, des unbedingten Stehens zu seinem Gewissen, ob es nützlich ist oder nicht, durchhält, dann würde ich sagen, ist er ein Geretteter, einer in der Gnade Gottes Lebender, gleichgültig ob und wie er nun das, was sich aus der gelebten Grundhaltung ergibt, begrifflich objektiviert und artikuliert. So kann jemand seine Uninteressiertheit hinsichtlich der Frage des Lebens nach dem Tode erklären. Ich würde aber sagen, auch ein solcher kann in seiner letzten Grundentscheidung etwas tun, was richtig interpretiert, im Grunde genommen doch das einschließt und unthematisiert vollzieht, was wir Christen als die »Auferstehung der Toten«, das »Gerettetsein eines Menschen vor Gott für immer« nennen. Aber, und dies nun ausdrücklich zugegeben und unterstrichen, würde ich eben trotzdem sagen: Die Auferstehung der Toten, das ewige Leben, das endgültige Bei-Gott-Sein – mit seiner eigenen Freiheitsgeschichte – ist eine unabdingbare Glaubensüberzeugung des Christentums, die nicht aufgegeben werden kann und darf, ganz egal, wie weit der sogenannte heutige Mensch damit etwas anfangen zu können erklärt.

Denn warum soll ich dieses mein Leben, wie Sie ja selbst gesagt haben, absolut ernst nehmen, wenn das Ganze dieses Lebens im Grunde genommen sich ins Nichts, ins Leere hin auflöst? Welchen sachlichen Grund sollte ich haben, dieses mein Leben als das Leben einer radikalen, absoluten Entscheidung, die durchzutragen ist, aufzufassen, wenn im Grunde genommen alles und alle in eine letzte Nichtigkeit hinein- und zurückfallen? Die kirchliche Verkündigung müßte ohne jeden Abstrich ihrer eigentlichen Substanz so reden, daß der betreffende Mensch, der das hört, entdecken kann, daß dies ja gerade das ist, was er vielleicht zwar selber nicht oder schlecht oder primitiv artikuliert, aber in seinem eigenen Leben vollzieht. Wenn ich sage, wie verhältst du dich zu den Toten von Auschwitz und Majdanek usw., hast du das Recht und den Mut, diese Leute einfach als den Dünger zu betrachten für eine spätere Zukunft, oder mußt du dich vor ihnen selber verantworten; wenn ich dies sage, dann versteht vielleicht ein Mensch von heute leichter, daß man nicht so leicht dahinsagen kann, mit dem Tode sei alles aus. Wenn ich aber das ewige Leben so schildere, daß diese Sätze vom ewigen Leben gewissermaßen zum Vollzug der Existenz des Menschen einfach von außen indoktriniert hinzukommende Sätze sind und ein Leben zu schildern scheinen, das einfach zusätzlich nach dem Tod ein seliges Weiterwursteln ist, dann kann natürlich der betreffende Mensch nicht begreifen, daß die Botschaft des Christentums den innersten, persönlichen Existenzvollzug artikulieren, schildern und anrufen soll, den er ja vielleicht in Wirklichkeit doch vollbringt.

Die Auferstehungsbotschaft für alle

Glauben Sie nicht, daß es vielleicht die Angst um diese sogenannte Substanz ist, die die kirchliche Verkündigung hindert, so zu sprechen, daß sie sich noch verständlich macht über den Kreis ihres Stammpublikums hinaus?
Jede Institution trägt in sich die Versuchung, das offiziell Artikulierte, eben weil es schon einmal artikuliert ist, gleichsam nur noch in sich zu betrachten, ohne gleichsam auf die ursprünglichen Quellen einer solchen Überzeugung zurückzugehen. Da werden gewissermaßen Parteiprogramme in ihrer Formulierung zu Tode geritten. Man nimmt sich nicht mehr die Mühe, immer wieder aufs neue lebendig zu fragen, wo kommt das denn her, wo kann ich das in meiner eigenen Existenz entdecken, wie bildet sich so etwas aus der innersten Mitte meiner Existenz immer wieder neu, selbst, wenn ich diese offizielle Formulierung nicht hätte? Dieses Nicht-immer-wieder-Zurückgehen auf das ursprünglichste, vom Geist Gottes getragene Daseinsverständnis, dies macht dann die kirchliche Verkündigung irgendwie positivistisch, doktrinär, unbeweg-

lich. Es entsteht der Eindruck, das hat ja mit mir, so wie ich wirklich bin, wenig zu tun. Es ist genauso, als wenn Sie einem Menschen, der liebt, eine tiefsinnige Lehre vom metaphysischen, anthropologischen Wesen der Liebe explizieren. Dies könnte zur Folge haben, daß er seine eigene, persönliche Daseinserfahrung als liebender Mensch mit diesem komplizierten, doktrinären Gebilde schlicht nicht mehr zusammenzubringen vermag. Aber grundsätzlich ist eine solche Synthese möglich. Wenn also die kirchenamtlichen Verkünder der Lehre der Kirche, ich möchte dies einmal so formulieren, den Mut hätten, sich selber loszulassen und bei sich selber nachzusuchen – gleichsam einmal unabhängig von der amtlichen Doktrin – wo ist denn nun bei mir dasjenige, was ich da amtlich sage, dann könnten sie sicher das Gemeinte auch wieder viel lebendiger, viel ursprünglicher formulieren. Es würden dann vermutlich nicht alle, aber doch sehr viele Zuhörer entdecken, daß sie gemeint sind in dem, was die Kirche vom Menschen, vom ewigen Leben, von der Auferstehung der Toten lehrt.

Darf ich zum Schluß noch einmal auf unser eigentliches Thema zurückkommen: Auferstehung und ewiges Leben? Wie würden Sie jetzt in einer undoktrinären Weise, in einer Kurzformel sagen, was Auferstehung bedeutet?

Es gibt sicher sehr viele Möglichkeiten und auch heute assimilierbare Formeln, um eine solche letzte Glaubensüberzeugung zu objektivieren und zu formulieren. Ich möchte einmal ganz massiv nur folgendes sagen: Wenn einer bekennt, ich, dieser konkrete Mensch, kann mich vor der Verantwortung meines Lebens in seiner Aufgabe und Freiheit nicht drücken, indem ich mich sozusagen zwischen den Kulissen der Weltgeschichte hindurch ins Leere, ins Nichts verschwinden lasse, wer dies zugibt, der hat eigentlich das zugegeben, was wir mit »Unsterblichkeit der Seele« benennen und was wir – ich nenne hier nur zwei verschiedene Worte – im Grunde genommen als »Auferstehung der Toten« in der Sprache der Christen meinen.

26 Was macht die Ehe christlich?

Gespräch mit *Winfried Römel* im SWF/SFB (1974)

Zur positiven Würdigung des Sexuellen in der Ehe

Herr Professor Rahner, die Menschen haben zu allen Zeiten über die Liebe zwischen Mann und Frau, über die Ehe nachgedacht. Über das Verständnis, was Ehe sei, ist viel geschrieben worden, viel Schönes aber auch viel Bitteres und Hartes. Es ist also nichts Neues, wenn heute über Ehe auch die alten Fragen gestellt werden, beispielsweise nach dem Sinn der Sexualität, nach der Kindererziehung, nach dem Zusammenleben in einer Familie. In der Kirche hat es diese Fragen auch gegeben, aber vielleicht war doch das Zweite Vatikanische Konzil ein Einschnitt in dieser Hinsicht. Sie waren Konzilstheologe, wie hat sich damals diese Diskussion über Ehe im Konzil eigentlich entwickelt?

Nun, ich war nicht unmittelbar an der Aussage des Konzils über die Ehe beteiligt. Man muß, glaube ich, bedenken, daß innerhalb der katholischen Kirche schon vor dem *Zweiten Vatikanischen Konzil* eine sehr ausgiebige Diskussion über Wesen und Sinn der Ehe, der Sexualität im Gange war. Unter Pius XII. haben diese Diskussionen auch zu Reaktionen des kirchlichen Lehramts geführt, die nicht immer sehr glücklich waren, die aber, weil sie keine definitiven Lehren aufstellten, die Diskussion nicht hinderten oder gar abbrachen. Und so war im Zweiten Vatikanischen Konzil doch schon eine Stimmung unter der Theologenschaft und auch unter den Bischöfen gegeben, die in mancher Hinsicht wenigstens zu einer Neuformulierung der kirchlichen Ehe führten. Die Unterschiede waren nicht so fundamental, wie man sich das manchmal denkt. Aber in solchen Dingen haben natürlich auch Akzentverschiebungen und Formulierungen, die gegenüber der Ehe eine positivere Haltung zeigen, doch eine große Bedeutung. Und so kam es schließlich im Zweiten Vatikanum zu einer Wiedererklärung der Sakramentalität der Ehe und – das ist ja selbstverständlich – auch zu einer Erklärung der in der kirchlichen Lehre und Tradition vom Neuen Testament her schon gegebenen Inhalte wie der Unauflöslichkeit einer echten, menschlich richtig geschlossenen, sakramentalen Ehe. Es kam dabei natürlich zu einer gewissen Akzentverschiebung, insofern der Leitgedanke von der Partnerschaft in einer Ehe zu einer positiven Würdigung des Sexuellen als solchem geführt hat.

Jene positive Betonung des Sexuellen war doch ein Novum?

Bis zu einem gewissen Grad kann man das sicher sagen: Es gab bekanntlich sehr erhebliche Wandlungen in der Geschichte der theologischen Interpretation der Sexualität, angefangen von den Kirchenvätern, besonders von Augustinus an, über die mittelalterliche und die nachtridentinische Theologie bis eben auf den heutigen Tag. Man kann natürlich sagen, daß die Kirche nicht in ihren Definitionen, aber in der praktisch herrschenden und auch bei den Theologen festgehaltenen Lehre in der Vergangenheit sehr oft eine zögernde, eine mißtrauische Haltung gegenüber der Sexualität als solcher an den Tag gelegt hat.

Wo kommt dieses Mißtrauen eigentlich her? Es wird ja so viel, auch sehr viel Törichtes, gerade über diese Fragestellung geschrieben. Man macht unter anderem den Vorwurf, wie denn beispielsweise Bischöfe oder Geistliche dazu kommen, sich überhaupt zur Thematik »Ehe« zu äußern; sie sind ja selbst nicht verheiratet. Wie kann es eigentlich dazu kommen, daß dieser törichte Vorwurf immer wieder auf den Tisch kommt?

Nun, ich würde auf der einen Seite zugeben, daß in der kirchlichen Lehre der Vergangenheit, wie ich schon sagte, sehr viel Mißtrauisches, Negatives, Abwehrendes, sich Fürchtendes gegeben war, so daß der eigentlich geschlechtliche Vorgang mit seiner »Konkupiszenz«, wie man das nannte, sehr oft so aufgefaßt wurde, als ob er allein dadurch gerechtfertigt würde, daß er als Mittel der Zeugung neuen menschlichen Lebens dient. Man kann natürlich sicher sagen, daß besonders seit Augustinus ein gewisser manichäischer Zug in die kirchliche

Ehelehre gekommen war. Aber ich meine, wenn man das schon ehrlich und unbefangen zugibt, dann muß man natürlich auch die Gegenfrage stellen: Woher kommt denn dieser manichäische Zug selber in die Welt, in die Köpfe, in die Herzen der Menschen? Ich muß Ihnen gestehen, daß ich früher als Beichtvater oft den Eindruck hatte, daß diese Leute, die ein merkwürdig gebrochenes Verhältnis zu ihrer Sexualität in der Ehe hatten, dieses nicht von der kirchlichen Lehre hatten, sondern daß da ursprünglichere Abwehrreaktionen am Werk waren als bloß die äußere, kirchliche Indoktrination. Man konnte oft den Eheleuten sagen: »Das und das ist durchaus menschlich und deswegen auch durchaus christlich, ist deshalb auch etwas, das mit Sünde und solchen Dingen gar nichts zu tun hat«, und trotzdem brachte man sie über solche Hemmungen nicht hinweg, obwohl man sie kirchenamtlich belehrte! Wenn man also jammert und mit Recht klagt, in der Kirche hätten sich manichäische, leibfeindliche, platonische Tendenzen ausgewirkt, so muß man doch weiterfragen, woher diese denn kommen? Gerade wenn man sagt: »Das sind außerchristliche Einflüsse, die mit dem Neuen Testament und mit einer Gläubigkeit an Gott, also auch des Schöpfers der Sexualität, gar nichts zu tun haben«, dann muß ja erst recht wieder gefragt werden, woher kommen denn diese anderen Bösewichte, die die Kirche in ihrer Mentalität so verzerrt und gestört haben. Gerade also wenn dies außerchristliche Dinge sind, muß man erst recht wieder erklären, wo sie herkommen. Und da, so meine ich, zeigt sich eben doch, daß die Sexualität nicht so eine harmlose Sache ist, sondern, weil sie im Grunde die tiefsten und letzten menschlichen Wirklichkeiten als Ganze berührt, hat sie eben mit der ganzen Fragwürdigkeit der Endlichkeit, der Korrumpierbarkeit des Menschlichen überhaupt zu tun. Von da aus wird die Sexualität in Mitleidenschaft gezogen. Ihre Geschichte in der Menschheit war ja nie, auch nicht außerhalb des Christentums, einfach ein Paradies innerhalb des Geschlechtlichen, und gerade dadurch sind doch die großen menschlichen Tragödien entstanden. Mit anderen Worten:

Man soll mutig und deutlich von alten kirchlichen, manchen theologischen Auffassungen über die Sexualität abrücken und das hat das *Zweite Vatikanische Konzil* auch getan. Aber man soll nicht so tun, als ob früher da nur ein paar klerikale Bösewichte am Werk gewesen wären, die die Sexualität verteufelt haben, weil sie selber davon ausgeschlossen worden sind.

Was kann man theologisch
unter partnerschaftlicher Eheform verstehen?

Das führt natürlich auf ein anderes Problem. Es ist ja der Umstand durchaus wichtig, daß es im Bewußtsein der Menschen heute stärker zur Geltung kommt, daß die Kirche die Sexualität nicht ablehnt, sondern sie voll bejaht. Aber wie Sie doch auch sehr richtig sagten, bringt dies neue Probleme mit sich.
Deutlich wird diese Problematik in den Darbietungen der Boulevardpresse, die doch zeigen, daß eine platte Auffassung von Sexualität den Menschen nicht befreit, sondern ihm vielmehr neue Zwänge auferlegt.
Hier wird von der Kirche aus ein neuer Weg gesucht, ein partnerschaftlicher Weg. Wiederum ein Modewort unserer Gesellschaft: »Partnerschaft«, insbesondere spricht man ja von »partnerschaftlicher Eheform«. Was versteht eigentlich der Theologe darunter, wenn er sagt, wir müßten heute eine partnerschaftliche Eheform zu verwirklichen suchen?
Nun, zunächst einmal muß der Theologe von der Tatsache ausgehen, die ihm im Alten und Neuen Testament als Grundaussage bestätigt und nicht desavouiert ist, daß nämlich Mann und Frau zwei absolut gleichwertige, wenn auch verschiedene Ausprägungen der einen menschlichen Wirklichkeit sind.
Das ist eigentlich eine großartige Aussage. Ich finde das sehr schön, denn hinter diesen Worten verbirgt sich doch eigentlich eine sehr große Wertschätzung des Menschen überhaupt, und zwar als Mann und als Frau.

Man hat natürlich früher oft die Frau in einer bestimmten Weise untergeordnet. Selbst bei Thomas von Aquin gibt es von der alten Biologie her Vorstellungen, als ob die Frau gewissermaßen ein nicht ganz geglückter Mann sei, so sehr er auch die Frau als notwendig erachtet, damit Kinder entstehen können. Von einer solchen Konzeption ist natürlich die Theologie und auch das *Zweite Vatikanische Konzil* abgerückt. Mann und Frau sind gleichwertig. Dabei betont die Kirche – und das ist ja nur im Dienste einer großartigen Interpretation des Geschlechtlichen – Mann und Frau seien verschieden; eine Nivellierung dieses Unterschiedes kann ja nicht im Interesse der Ehe und nicht im Interesse des Glücks, des Selbstvollzugs und der Selbstverwirklichung des einzelnen Menschen sein. Was es nun konkret in einer bestimmten gesellschaftlichen Ordnung bedeutet, daß Mann und Frau zwar gleichwertig, aber verschieden sind, das ist im einzelnen eine schwer zu beantwortende Frage. Ich meine, man sollte hier den früheren Zeiten mit ihren Praktiken und Haltungen in einer nüchternen Weise gerecht werden. Es gibt keinen absoluten und für alle Zeiten gleichmäßig geltenden Standard des konkreten Verhältnisses zwischen Mann und Frau im allgemeinen und in der Ehe im besonderen. Aber heute werden wir sagen: Wenn und insofern heute eine Gleichberechtigung zwischen Mann und Frau gegeben ist oder wenigstens angestrebt wird, dann ist es auch für die christliche Ehe hier und jetzt absolut wünschenswert und gefordert, daß die christliche Ehe diesem allgemeinen gesellschaftlichen Status von Mann und Frau entspricht, also möglichst partnerschaftlich geführt wird. Einzelfragen – zum Beispiel, ob bei Meinungsverschiedenheiten zwischen Mann und Frau in der Ehe die letzte Stichentscheidung beim Mann sein soll, oder ob sie absolut verpflichtet sind so lange zu diskutieren, bis ein Konsens entstanden ist – müssen individuell gelöst werden...

... Oder im Berufsleben: Das ist ja ein sehr konkreter Fall für viele Ehen, daß heute Mann und Frau arbeiten. Sie haben Kinder und dies bringt natürlich sehr viele Probleme mit sich. Eine partnerschaftliche Ehe ist also keineswegs, wie man

vielleicht oft meint, eben die Ablösung einer alten Form der Ehe, d. h. der Frau vom Herd, wie es sehr oberflächlich gesagt wird, sondern sie bringt auch tatsächlich neue Probleme mit sich.

Darüber kann der Theologe nichts sagen, das sind gesellschaftliche, gesellschaftlich sich verändernde und auf freien Entscheidungen, nicht nur des einzelnen, sondern auch der Gesellschaft beruhende Dinge, über die man von einem prinzipiell theologischen Standpunkt aus wenig sagen kann.

Anonyme und scheinbar christliche Ehe

Aber Sie sagten mir, daß eine christliche Ehe sich an solchen Leitbildern, die sich heute eigentlich in unserer Gesellschaft durchgesetzt haben, orientieren sollte. Dies bringt jedoch nun gleich die Frage mit sich: Worin unterscheidet sich eine christliche Ehe von einer anderen, sagen wir einmal, nicht christlich geführten Ehe? Oder noch anders gefragt: Was ist eigentlich das speziell Christliche an einer Ehe? Die Synode der Bistümer in der Bundesrepublik Deutschland wird sich mit diesem Problem ja nun befassen, und wenn man dort liest, was Ehe im Verständnis des christlichen Glaubens heißt, dann klingt das alles sehr theoretisch und wenig konkret. So heißt es dort beispielsweise: »Christliche Ehe ist in Glaube, Liebe, Hoffnung gelebte Ehe, sie ist in christlicher Gemeinde als dem konkreten Ort der Erlösung und des Heils gelebte und mit der Heilskraft der Kirche beschenkte Ehe.« Ich glaube, das sind Worte, die nach außen hin gesagt, schwer verständlich sind. Wie könnte man sie übersetzen? Was ist christliche Ehe?

Ja, zunächst muß man sich einmal klarmachen, daß man das Wort »christlich« verstehen kann als ein Prädikat der Ganzheit der menschlichen Wirklichkeit, so wie sie als die eine ganze und volle Wirklichkeit von Gott gemeint ist; oder man kann »christlich« als das Spezifische im Unterschied vom Menschlichen verstehen. Im ersten Sinne umfaßt das Wort »christlich«

auch alles echte, volle, reine Menschliche, im zweiten Falle ist es ein Spezifikum eben des christlich Menschlichen. Im zweiten Sinne kann und muß ich auch noch einmal unterscheiden zwischen der Frage, ob ein solches Christliches eine Wirklichkeit ist, die von dem her gelebt wird, was wir Christen »Gnade«, »Selbstmitteilung Gottes« nennen, oder ob dieses so aus der Gnade heraus gelebte Menschliche auch ein reflexchristliches Wissen um sich selber erhalten hat. Sehen Sie, das *Zweite Vatikanum* lehrt ausdrücklich, daß sehr viele Menschen (man könnte vielleicht auch sogar sagen, hoffentlich alle) das gnadenhafte, übernatürliche Heil finden – auch dann, wenn sie keine Christen sind, sogar auch dann, wenn sie meinen, Atheisten sein zu müssen, vorausgesetzt nur, sie sind dem Spruch ihres letzten Gewissens gehorsam und treu. In solchen Menschen, die scheinbar gar keine Christen sind, ist also dann nach der Lehre des Zweiten Vatikanums anonym, unreflektiert und unthematisiert doch eigentlich das letzte, eigentlich Christliche, nämlich die Gnade und die Verbindung mit Gott in einer Hoffnung auf ein ewiges Leben, mitgegeben. Es gibt selbstverständlich auch anonym christliche Ehen, nämlich da, wo zwei sich wirklich lieben, einander treu sind, in guten und bösen Tagen einander helfen, wo sie wirklich letztlich den Absprung aus ihrem eigenen Egoismus in eine wirkliche Liebe des anderen, die sich ihm anvertraut, fertigbringen. Dort also ist ein gnadenhaftes Ereignis in der Kraft der Gnade Gottes gegeben. Mit anderen Worten: Selbst dann, wenn diese beiden gar nicht getauft sind, ist eine anonym christliche Ehe gegeben. Es ist sehr schwer konkret zu sagen: Da ist eine christliche Ehe und da ist eine andere. Für den Blick von außen kann es sein, daß hier eine christliche Ehe ist, von der wir dann sagen können, sie sei sehr schlecht und miserabel und da ist eine nichtchristliche Ehe, von der wir werden sagen können, sie sei sehr gut. Ja, wir werden als Theologen sagen müssen: Diese Ehe der Christen ist gar nicht christlich und diese andere Ehe, die scheinbar gar nicht christlich ist, weil diese beiden gar nicht Christen sind oder sein wollen, ist in ihrer innersten, existenziellen und gnadenhaften Verfassung eine anonym christliche Ehe.

Sie haben eben ein sehr schönes Wort gesagt, nämlich christliche Ehe sei »Absprung aus dem eigenen Egoismus« und überall dort, wo dieser Absprung aus dem eigenen Egoismus stattfinde, wo zwei Menschen sich also wirklich lieben, da könne man umfassend sagen, hier sei christliche Ehe. Es gibt also offensichtlich sehr viele Menschen, die sich dessen gar nicht bewußt sind, die aber nichtsdestoweniger eine solche christliche Ehe leben.

Die christliche Wirklichkeit der Ehe und das sakramentale Zeichen

Natürlich darf ich gleich etwas hinzufügen, damit ich nicht mißverstanden werde. Sehen Sie, in der katholischen Theologie unterscheidet man bei allen Sakramenten zwischen dem sakramentalen Zeichen (z. B. Taufe) und dem, was da passiert; oder denken Sie an den Empfang des eucharistischen Brotes oder an eine Handauflegung des Bischofs oder zum Beispiel auch an das Ehewort von Getauften vor der Kirche. Alle diese Zeichen sind etwas anderes als die durch sie bezeichnete Wirklichkeit der Gnade, der inneren, existenziellen, von Gott getragenen Verfassung des Menschen. Nun, weil dem so ist, kann es bei allen Sakramenten selbstverständlich so sein, daß die gnadenhafte Wirklichkeit gegeben ist ohne das sakramentale Zeichen, ja es kann sogar sein, daß das sakramentale Zeichen vollzogen wird, ohne daß das, was es bezeichnet, wirklich auch in dem Sakramentenempfänger realisiert wird. Infolgedessen kann es sein, daß das Existenzielle und Gnadenhafte einer christlichen Ehe in zwei Eheleuten gegeben ist, ohne daß sie das sakramentale Zeichen der Ehe empfangen haben, weil sie keine Christen sind und weil sie nicht vor der Kirche ihr Jawort gegeben haben; oder es kann sein, daß das sakramentale Zeichen da ist, ohne daß diese innerste Wirklichkeit einer von Gott sanktionierten, gnadenhaften, gleichsam

237

ins Unendliche eröffneten Liebe da ist. Nun kann ich natürlich sagen, christliche Ehe ist nur in diesem Vollsinne da, wenn der Liebe zweier Ehepartner die Wirklichkeit der Gnade geschenkt ist und wenn zusätzlich das sakramentale Zeichen gegeben wurde.

Die christliche Ehe ist also Voraussetzung, wenn man so will, für die sakramentale Ehe, kann man das so sagen?

Die gnadenhafte Vereintheit zweier Menschen in Liebe ist das, was das Sakrament bewirken und gleichzeitig voraussetzen will. Das sakramentale Zeichen ist nach katholischer Lehre ein wirksames Zeichen und es ist trotzdem ein Zeichen, dessen Wirksamkeit absolut von einer inneren Verfassung und einem inneren Vollzug des Sakramentenempfängers abhängig ist, so daß dann, wenn dieser Vollzug gegeben ist, auch die innere Gnade schon gegeben ist, die das Sakrament bezeichnen und bewirken will. Das ist eine komplizierte Sache, auf die wir jetzt nicht ausführlich eingehen können. Aber Sie haben ganz recht, wenn Sie sagen: Das sakramentale Zeichen will und setzt jene innere von der Gnade Gottes gleichsam getragene, und zu Endgültigkeit und Freiheit befreite Liebe der Ehepartner voraus und sollte auch nur dann empfangen werden, wenn diese Voraussetzung gegeben ist. Katechismusmäßig formuliert, würde man sagen: Zwei Christen müßten eigentlich im Stande der Gnade das Sakrament der Ehe vor der Kirche empfangen und das sakramentale Zeichen vor der Kirche setzen. Mit anderen Worten: Sie müßten eine innerste, vom heiligen Geiste Gottes getragene Liebe und auch eine Liebe zueinander haben, wenn sie das Sakrament der Ehe in der Kirche tatsächlich vollziehen und dieses nicht profanieren und entweihen wollen.

Synode – Anstoß zu einer positiven Diskussion?

Herr Pater Rahner zum Schluß eine Prognose: Ist zu hoffen, daß durch die Beratungen der Synode in Würzburg, die ja nur ein

Segment aus der ganzen Diskussion darstellen, doch im inner-kirchlichen und außerkirchlichen Raum für diese Fragen ein Anstoß zu einer positiven Diskussion gegeben werden könnte? Ich hoffe, daß dies der Fall ist. Es gibt natürlich in dem Zusammenhang mit den wenigen Dingen, die wir eben besprochen haben, sehr viele offene und schwierige Fragen, etwa: Wie muß und soll eine christliche, katholische Sexualmo-ral hinsichtlich der Nichtverheirateten genau aussehen? Wann ist eigentlich jene innere Einstellung von zwei Menschen, jener innere gegenseitige Überantwortungswille zweier Menschen gegeben, so daß man sagen kann: Sie schließen wirklich eine unauflösliche Ehe. Wie soll die Kirche sich gegenüber wieder-verheirateten katholischen Geschiedenen verhalten, deren neue Ehe einer unauflöslichen Ehe entgegensteht? Können sie zu den Sakramenten zugelassen werden? Unter welchen Voraussetzungen kann das denkbar sein? Über diese und andere Fragen gibt es auch noch sehr kontroverse Standpunkte innerhalb der katholischen Kirche. Denken Sie nur an den neuen Fall mit dem Moraltheologieprofessor in Freiburg in der Schweiz, Stephan Pfürtner. Denken Sie auch an die Auseinan-dersetzungen, die sich hinsichtlich der Behandlung der wieder-verheirateten Geschiedenen für die Synode anmelden. Es ist also nicht so, daß wir jetzt nach dem *Zweiten Vatikanischen Konzil* von Klarheit zu Klarheit schreiten, sondern es sind sehr viele dunkle, schwierige Fragen vorhanden, in denen auch Katholiken, die sich der Kirchenlehre verpflichtet fühlen, uneins sind. Aber man darf doch vielleicht hoffen, daß die Synode zur weiteren Klärung aller dieser Fragen mindestens einmal einen Anstoß gibt.

27 Zugänge zum theologischen Denken

Gespräch mit Theologiestudenten im Proseminar von *Albert Raffelt* an der Universität Freiburg/Br. (1974)*

Pater Rahner, wir wollen uns in diesem Abschlußgespräch im Proseminar »Einführung in die Theologie Karl Rahners« mit einigen Punkten Ihrer Theologie beschäftigen, die von zeitgenössischen Denkern nicht immer ohne Widerspruch akzeptiert worden sind. Dies soll ein wenig in die Weite und den Stand heutiger Theologie einführen, einer Theologie, die ja ganz wesentlich von Ihnen mitbestimmt wurde.

Man pflegt ja oft im Zusammenhang mit Ihnen Männer wie Heidegger und Maréchal zu erwähnen. Es sind dies Denker, von denen Sie in irgendeiner Weise beeinflußt sein sollen. Weniger oft ist die Rede etwa von Bernhard Welte, obwohl Sie doch zusammen mit ihm in Freiburg studiert haben. Gibt es zwischen Ihnen beiden eine gewisse Abhängigkeit, ich denke etwa an Weltes Christologie. Man sagt ja, Ihre Christologie habe durchaus eine Veränderung erfahren.

Zu meiner Philosophie und Theologie gehört Veränderung

Zunächst, so glaube ich, hatte ich damals, während meines Studiums in Freiburg (1934–1936) überhaupt keinen persönlichen Kontakt mit Bernhard Welte. Er war, wenn ich mich recht erinnere, Sekretär von Erzbischof Gröber und hat sich damals noch mit Fragen der Theologie der Firmung befaßt[1]. Weltes Aufsatz erschien dann ja in dem Chalkedon-Sammelwerk[2].

Wenn Sie mich jetzt fragen, wie damals die gegenseitige – oder einseitige – Abhängigkeit war, dann muß ich sagen: Das weiß

* Die Rekonstruktion der Fragen und die Überschriften von der Redaktion.
[1] Vgl. *B. Welte,* Die postbaptismale Salbung, Freiburg 1939.
[2] *A. Grillmeier/H. Bacht* (Hrsg.), Das Konzil von Chalkedon. Geschichte und Gegenwart, Würzburg 1954.

1 *Als Synodenexperte. Mit Kardinal Julius Döpfner und Johann B. Metz*

2 *Auf der Gemeinsamen Synode der Bistümer in der Bundesrepublik Deutschland (1971–1975) in Würzburg*

13 *Als Befürworter eines Strukturwandels der Kirche. Auf der 6. Vollver-sammlung der Würzburger Synode (1974)*

14 *Auf der 8. Vollversammlung der Würzburger Synode (1975). Mit dem päpstlichen Nuntius Guido Del Mestri*

ich nicht mehr. Was die von Ihnen erwähnte Christologie angeht, so würde es mich selber interessieren, ob überhaupt eine gewisse Veränderung in meiner Christologie vorgekommen ist – etwa von einer spekulativen Logos-Theologie der Inkarnation als der Selbstaussage Gottes, der, wenn er sich selber aussagen will, gewissermaßen gar nicht anders sich selber sagen kann als eben haargenau in der »Grammatik« dessen, was man »Mensch« nennt (weil man – in Klammern gesagt – sonst gar nicht oder nur mirakulös verstehen kann, wieso man im Ernst als Christ sagen kann, daß Gott Mensch geworden ist), also von dieser Christologie auf der einen Seite zu einer Aszendenz-Christologie, die vom Menschen Jesus ausgeht, der als »Aussage« von uns und als »Zusage« von Gott der Angenommene, der Garant des Glückens einer übernatürlichen Transzendentalität des Menschen ist. Das also ist für mich ein Problem: Passen bei mir die zeitlich hintereinanderkommenden Dinge wirklich zusammen? Es ist ja nicht notwendigerweise so, daß eine Aszendenz-Christologie, die gleichsam als letzten Punkt das *et verbum caro factum est* hat, nicht in einem gewissen, vorsichtigen Sinn umgekehrt werden kann zu dieser Logos-Christologie, wie sie in den ersten Aufsätzen gegeben war. Ich selber kann, wie schon erwähnt, diese Frage nicht einfachhin beantworten.

Wenn ich mich allerdings selber kritisch betrachten wollte, dann würde ich vielleicht sagen: Der spekulative Mut war in der früheren Periode – sofern es eine solche überhaupt gibt – größer als in der zweiten Periode. Man könnte vielleicht sagen: Zu Beginn war ein beinahe pantheistischer – natürlich nur »beinahe«! – spekulativer Schwung der Einheit von Welt und Gott vorhanden, und in der zweiten Periode stand eher die Frage am Anfang: Kann ich beim Blick auf Jesus, den Gekreuzigten und Auferstandenen, glauben, daß ich nicht in den absoluten Abgrund der Sinnlosigkeit falle?

Das sind natürlich menschlich und spekulativ verschiedene Ansätze. Diese brauchen sich zwar im letzten Sinn nicht zu widersprechen; aber ich würde mich auch nicht schämen, wenn man mir nachweisen würde, daß da ganz verschiedene, ursprünglich gar nicht miteinander vermittelte und versöhnte Denkansätze gegeben sind. Denn ich würde sagen: Zu meiner Philosophie und Theologie gehört gerade, daß man nicht an einem Nullpunkt ist und stehen kann, von dem aus alles gleichsam manipuliert oder durchschaut wird oder von dem her wie aus einem letzten Einheits-Systemansatz spekuliert wird. Aber Sie wollten Fragen stellen und ich nicht eine improvisierte Vorlesung halten ...

Wenden wir uns einem anderen Aspekt Ihrer Theologie zu, einem Gesichtspunkt, dessen Ausarbeitung uns Gelegenheit gibt, zugleich einer weiteren kritischen Stimme Gehör zu verschaffen. Ich meine: Wo ist der Platz von Leid, von Kreuz, vom Leiden Christi und einer »theologia crucis« in dieser Theologie? Hans Urs von Balthasar nämlich kritisiert ja K. Rahner an diesem Punkt[3].

Zuallererst darf ich vielleicht auf die Dissertation von Anselm Grün OSB über meine Kreuzestheologie hinweisen. Pater Grün behauptet – und das ist, so glaube ich, die Grundthese dieser Arbeit –, daß bei mir durchaus eine Kreuzestheologie gegeben sei. Dies aber zeigt, daß meine Theologie insofern ungerechtfertigt von den Kritikern – sowohl von Hans Urs von Balthasar wie von Bert van der Heijden[4], um zwei Beispiele zu nennen – abgelehnt wird. Überdies glaube ich sagen zu dürfen: Man meint, ein transzendentalphilosophischer Ansatz schließe eo ipso eine *theologia crucis* aus. Ich würde aber sagen, daß eine richtig verstandene »Transzendentalitäts-Philosophie« eine solche ist, in der der Mensch gerade das in eine unsystematisierbare Unbegreiflichkeit abspringende Subjekt ist. Dies sei gegen den deutschen Idealismus gesagt, und ich weiß nicht, ob das nicht bei Heidegger im Grunde genommen genauso ist und mutatis mutandis ebenso bei Husserl usw. Von da aus, würde

---

[3] Vgl. *H. Urs von Balthasar,* Cordula oder der Ernstfall (Kriterien 2), Einsiedeln 1966.

[4] Vgl. *B. van der Heijden,* Karl Rahner. Darstellung und Kritik seiner Grundpositionen (Sammlung Horizonte Nr. 6), Einsiedeln 1973.

ich sagen, ist doch der Tod – der reale *Tod,* nicht natürlich die bloße Spekulation darüber in einem Hörsaal – der einzig reale Vollzug dieser Grundstruktur des Menschen. Und ich würde das auch gegenüber östlicher Mystik behaupten. Alle buddhistische Gelassenheit, alles Sich-mit-Leib-und-Seele-Lassen, wie dies die großen Zen-Meister lehren, das ist alles schön und recht, es ist wichtig; aber es kann doch im Grunde nichts anderes sein als die Vorübung jenes Lassens – oder eben Nicht-Lassens –, das im wirklichen Tod gegeben ist.

Wenn Sie nun von da aus den Tod Jesu als das exemplarische Glücken – nicht nur *in se,* sondern auch *quoad nos* – eines solchen realen Absprungs in die Unverfügbarkeit Gottes konzipieren, dann entsteht die Frage: Kann von diesem Ansatzpunkt aus in genügender Weise das christliche Erlösungsdogma konzipiert werden? Natürlich könnte man über das hinaus, was bei mir zu finden ist, sehr viel mehr Fragen stellen.

Nach dieser grundsätzlichen Vorbemerkung möchte ich nun die Frage nach einer Soteriologie bei mir stellen, und zwar folgendermaßen: Wie siehst du den (in einem gewissen entmythologisierenden Sinne) Grundansatz für ein Verständnis der christlichen Erlösungslehre, einen Ansatz, der in einem gewissen Sinn, wenn Sie so wollen, sehr natürlich, normal, beinahe profan ist und der etwas ist, das wir inchoativ wirklich nachvollziehen können? Ich brauche nicht im ersten Ansatz einer Soteriologie das Gesamt der Logos-Inkarnations-Theologie bereits zu haben, sondern ich bekomme diese von jenem Ansatz her. Wenn ich sagen kann: Da ist ein Mensch, dem dieser radikale und totale Absprung gelungen ist und der dabei wirklich angekommen ist, und wenn das für mich tatsächlich innerlich, geistig greifbar ist – denn das gehört natürlich noch dazu –, dann, so würde ich behaupten, habe ich ansatzweise sowohl eine Soteriologie als auch eine Christologie.

Was weiß man denn so genau vom lieben Gott?

Man könnte natürlich zunächst einmal gegen mich einwenden, daß die Inkarnation dann mehrmals passieren könnte. Aber dann würde ich antworten: »Lieber scholastischer Theologe, der du aus dem Mittelalter kommst, du kannst am wenigsten beweisen, daß eine Inkarnation nur einmal stattfinden *kann*.« Ich würde zwar sagen, es sei ein Unsinn, sich vorzustellen und zu denken, sie könne mehrmals stattfinden. Vielleicht habe ich sogar gegen diese Vorstellung bessere Gründe geliefert als sie üblicherweise gegeben sind. Die Einmaligkeit Jesu ist natürlich eine ontologische, aber sie ist dies, weil sie eine soteriologische ist, weil es sinnvollerweise nur einmal in der Geschichte diese Antwort Gottes in dem für uns greifbaren Auffangen des Menschen durch Gott geben kann. Deswegen gibt es eben nur den einen Christus. Aber was daran nicht einmalig ist, das passiert auch bei allen Menschen...

Wenn Sie mir sozusagen »christologisch am Zeug flicken« wollten, dann müßten Sie einmal bei meinem etwas rationalistischen, antimythologischen Gefühl ansetzen, einem Gefühl, das sich bei mir einstellt, wenn ich sehe, daß man in der Normal-Frömmigkeit und Normal-Schuldogmatik aus dem *verbum incarnatum* gewissermaßen eine neue Ebene, also nicht den Gipfelpunkt der begnadeten Welt, sondern eine gleichsam darüber hinausgehende nochmals »höhere Nähe« zwischen Gott und der Welt macht. Diese Auffassung halte ich nämlich für mythologisch. Ich sehe auch nicht ein, warum man nicht die wirklichen und echten Daten der dogmatisch verpflichtenden Christologie ohne solche mythologischen Vorstellungen sagen und halten kann.

Hugon, ein scholastischer Theologe der 20er Jahre in Rom, hat, wenn ich mich recht erinnere, die Frage gestellt: Wenn Sie wählen müßten zwischen Inkarnation und Begnadigung oder wenn Sie die menschliche Wirklichkeit Jesu wählen lassen müßten zwischen dem einen oder dem anderen, was würden Sie dann vorziehen? Der Durchschnittschrist würde sagen: Selbstverständlich die hypostatische Union. In Wahrheit sagt aber sogar der alte Scholastiker: »Nein, nein! Was hätte der Mensch Jesus von der hypostatischen Union, wenn er nicht auf diese Weise mit Gott verbunden wäre, wie sie uns in der *visio beatifica* und in der Gnade auch zuteil wird?« Anders ausgedrückt: Die Deifikation der Welt durch das Pneuma Gottes ist die menschlich und spekulativ fundamentalere Grundkonzeption für das Christentum, aus welcher sich – weil diese Vergöttlichung der Welt sich auch historisch meldet und in ihrer Geschichte an einen irreversiblen Punkt kommen muß – die Inkarnation und Soteriologie gewissermaßen als inneres Moment ergeben, von wo aus ich dann (wenn ich es aus irgendwelchen anderen Gründen als gegeben voraussetze) natürlich auch die Vergöttlichung der Welt im Pneuma Gottes »ableiten« oder als Konsequenz konzipieren kann. Aber der Sache nach muß man letztlich sagen: Ich hoffe, weil und insofern ich auf die Vergöttlichung der Welt hoffe. Und ich möchte sagen: Als in meinem transzendentalen »Hochmut« denkbar, ja als von mir erhofft erfahrene, kann ich auch an eine Inkarnation glauben, von wo aus dann aber natürlich in diesen Inkarnationsglauben all das einzubringen ist, was sich aus der geschichtlichen Offenbarung ergibt. Dann erst bin ich der Meinung, daß dieser Inkarnationsglaube a) keinen mythologischen Beigeschmack hat und b) doch die wirklich verpflichtenden Daten der katholischen Christologie impliziert oder einholt.

Aber noch einmal zur Kreuzestheologie: Wenn ich jetzt mehr als diesen Verweis auf eine Grundkonzeption des Todes überhaupt sagen sollte, dann müßte ich genauer wissen, worin meine Nicht-Kreuzestheologie, das Ungenügen meiner Kreuzestheologie besteht. Wenn ich jetzt zum Gegenangriff antreten wollte, dann würde ich allerdings sagen, daß es eine moderne Tendenz (ich will nicht sagen Theorie, aber doch Tendenz) gibt – sowohl bei Hans Urs von Balthasar wie bei Adrienne von Speyr (natürlich bei dieser noch viel mehr), aber auch unabhängig davon bei Moltmann –, die eine Theologie des

Todes Gottes konzipiert, welche mir im Grunde genommen gnostisch erscheint. Um – einmal primitiv gesagt – aus meinem Dreck und Schlamassel und meiner Verzweiflung herauszukommen, nützt es mir doch nichts, wenn es Gott – um es einmal grob zu sagen – genauso dreckig geht. Ich weiß natürlich und habe das ja auch schon betont, daß es durchaus von der klassischen Inkarnationslehre bzw. Theologie der hypostatischen Union her eine sinnvolle und ernste Aussage darüber gibt und geben muß, die ich auch nicht leugnen oder vernebeln will, daß *Gott* gestorben ist (ohne deswegen in einen Patripassianismus zu verfallen). Aber auf der anderen Seite gehört es doch zu meinem Trost, daß Gott, wenn und insofern er in diese Geschichte selber als in seine eigene eingestiegen ist, jedenfalls auf andere Weise eingestiegen ist als ich. Denn ich bin von vornherein in diese Gräßlichkeit hineinzementiert, während Gott – wenn dieses Wort überhaupt noch einen Sinn haben soll –, in einem wahren und echten und mich tröstenden Sinne der *Deus impassibilis,* der *Deus immutabilis* usw. ist. Und bei Moltmann und anderen meine ich eine Theologie eines absoluten Paradoxons und eines Patripassianismus, vielleicht auch einer Schellingschen Projektion der Gespaltenheit, der Zwiespältigkeit, der Gottlosigkeit, des Todes in Gott selbst hinein zu spüren, bei der ich erstens sage: Was weiß man denn so genau vom lieben Gott . . . und bei der ich zweitens fragen würde: Was nützt mir denn das als Trost im wahrsten Sinne des Wortes? Hier wäre also nochmals auch diejenige Kreuzestheologie, die meine Kreuzestheologie – vielleicht mit Recht – als ungenügend betrachtet, selber genauer daraufhin anzuschauen, ob denn eine solche Kreuzestheologie richtig oder christlich verpflichtend ist. (Vielleicht kann man ein orthodoxer Nestorianer sein oder auch ein orthodoxer Monophysit. Unter dieser Voraussetzung bin ich lieber ein orthodoxer Nestorianer.)

Der sich mitteilende Gott ist von Anfang an die innerste Mitte der Welt

Inwiefern kann man sagen, Jesus habe die Erlösung erwirkt, wenn das, was Erlösung bedeutet, auch schon lange vor ihm in der ganzen Menschheitsgeschichte da war?

Wenn Sie im Neuen Testament nachschlagen, sehen Sie zwei Aussageströme, die sich beinahe zu widersprechen scheinen. Wie heißt es da bei Johannes? »Der (Heilige) Geist war noch nicht gekommen, weil Jesus noch nicht verherrlicht war« (Joh 7,39b). Auf der anderen Seite finden wir dort eine Grundkonzeption einer universalen Tätigkeit des Geistes als des innersten entelechischen Prinzips der Welt überhaupt. Wir haben eine Lehre des Glaubens, die von der unmittelbaren Botschaft über Jesus als solchen unabhängig ist, und wir haben eine Lehre, als ob nur im Glauben an eben den Gekreuzigten und Auferstandenen Heil möglich wäre. Dann haben wir natürlich in der kirchlichen Tradition die Konzeption, daß die vorausgehende Heilsgeschichte – z. B. in besonderer Weise bei Maria – *intuitu meritorum Christi* geschieht.

Sie können die Welt und ihre Geschichte so auffassen, als ob dauernd senkrecht von oben gnadenhafte, heilschaffende Interventionen Gottes geschehen, oder Sie können Sie auch so auffassen, daß die innerste Mitte der Welt der sich selbst mitteilende Gott ist, der, weil er sich selber an das Nicht-Göttliche mitteilen kann, überhaupt erst derjenige ist, der das von sich andere schaffen kann. Und wenn Sie also sagen: Die Welt ist von vornherein finalisiert und dynamisiert durch eine innerste Selbstmitteilung Gottes an die Welt, der das von sich andere sich überhaupt nur entgegensetzt, um sich ihm mitzuteilen, dann haben Sie von vornherein eine universale und übernatürliche Offenbarung enthaltende Konzeption der Geschichte überhaupt. Dann ist letztlich Offenbarungsgeschichte und Weltgeschichte zwar nicht einfach identisch, aber überall und immer koexistent; dann ist natürlich auch Offenbarungs- und Heilgeschichte koexistent – was ja im Grunde genommen jeder Theologe sagen müßte, der es nur gewöhnlicherweise nicht ausdrücklich erklärt.

Sie brauchen sich nur die Dogmatische Konstitution *Dei Verbum* des II. Vatikanums anzuschauen. Das Kapitel über die Offenbarung fängt dort damit an[5], daß den Ureltern irgendetwas Offenbarungsmäßiges von Gott gesagt wurde. Dann kommt der Salto mortale von 2 Millionen Jahren zu Abraham. Was dazwischen war, wird durch die *providentia* Gottes überdeckt; aber was das genauer bedeutet, darüber schweigt des Sängers Höflichkeit.

Wenn Sie nun eine von vornherein gnadenhaft dynamisierte und durch die Selbstmitteilung Gottes finalisierte Geschichte auf die Unmittelbarkeit Gottes in der Glorie und *visio beatifica* hin annehmen, dann entsteht natürlich die Frage, in welchem Sinn ich an einem bestimmten Punkt – Inkarnation Christi, Kreuz etc. – sagen kann: Alles – das Spätere genauso wie das Frühere – geschieht durch Christus, in Christus, wegen Christus. Zunächst muß man wissen – das wissen die Schultheologen auch, aber am Schluß vergessen sie's dann doch –, daß natürlich der Heilswille Gottes uns gegenüber nicht primär die Folge des Kreuzes Christi, sondern primär die dem Kreuz und dem Christusereignis vorausgehende Ursache des Christusereignisses ist. Er hat uns geliebt und uns *deswegen* seinen Sohn gesandt (vgl. Joh 3,16). Die volkstümliche Konzeption, als ob wir einen rabiat bösen Gott gehabt hätten, der dann merkwürdigerweise durch das Kreuz Christi in dem Sinne versöhnt werden mußte, daß er nicht selber die freie, von nichts bedingte Ursache eben dieser Erlösung selber gewesen wäre, – eine solche Konzeption ist schlicht und einfach Unsinn. Selbstverständlich muß ich sagen können: Ich bin *durch* Christus erlöst, obwohl Christus selber die Folge, der Effekt und nicht die Ursache des Erlösungswillens ist, der sich und insofern er sich auf mich bezieht. Es müßte hier eben eine Kategorialität von Ursächlichkeit ausgearbeitet werden, die

[5] Kapitel 2, bes. Artikel 3.

vielleicht noch deutlicher gemacht werden könnte, als es in unserer normalen Soteriologie gegeben ist. Wenn und insofern diese Heilsgeschichte als übernatürlich finalisierte und dynamisierte notwendigerweise auf das Christusereignis hinzielt als auf ihre geschichtliche, und zwar irreversible geschichtliche Erscheinung, kann ich auch ein solches Ereignis als Ursache der Heilsgeschichte verstehen. Das ist dann vielleicht ein so nicht üblicher Begriff von Ursächlichkeit, den man besser verdeutlichen müßte, als ich es im Augenblick unternehmen kann. Aber ich meine, in dieser Richtung müßte das gehen. Die Erscheinung, in der sich das Erscheinende selber zu seiner eigenen Wesensvollendung und Endgültigkeit bringt, kann auch mit Recht als die Ursache des Erscheinenden konzipiert werden.

Hier wäre vielleicht auch das ins Spiel zu bringen, was ich über das Realsymbol gesagt habe[6]. Sie erinnern sich vielleicht noch an Pascal: Wenn Sie wirklich vor jemandem eine höfliche Verbeugung machen, dann ist das nicht nur eine Konsequenz und nachträgliche Verlautbarung Ihres Respekts vor dieser Person, sondern sie ist die – wenn auch vom Respekt selber verschiedene – leibhaftige, geschichtliche Erscheinung, durch die hindurch sich der Respekt selber setzt und vollzieht[7].

Sie haben dasselbe Problem wie bei der Soteriologie auch in der Sakramententheologie. Es ist ja nicht zu leugnen, daß Kinder in den Himmel kommen, die nicht getauft sind. Was soll denn dann die Taufe? Wenn Sie sagen: Da wird eben das, was sich ereignet, irgendwie nochmals verlautbart, es erscheint in der Gemeinde usw., dann ist das schön und recht; aber man kann Ihnen dann sofort einwenden: Das ist eben eine Verlautbarung, die für die Existenz des Verlautbarten – also des Heilswirkens Gottes gegenüber diesem Kind – gleichgültig ist. Dann sind Sie

---

[6] Vgl. *Rahner*-Register (Zürich 1974) 150, wo allerdings die »klassischen« Stellen über das Realsymbol nicht genannt sind, nämlich: Zur Theologie des Symbols, in: Schriften zur Theologie IV, Einsiedeln 1960, 275–311.

[7] *K. Rahner* denkt vielleicht an das Fragment 317 der Pensées, *L. Brunschvicg*-Ausgabe (»Le respect est: Incommendez-vous...«).

bei einer extrinsezistischen Symbolismuskonzeption des Sakraments, die der Lehre der Kirche, nach der die Sakramente *wirksame* Zeichen sind, nicht gerecht wird. Mit anderen Worten: Sie müssen ein Konzept haben, in dem die Wirkung in einer sinnvollen Weise gleichzeitig die Ursache – wenn man so sagen kann – selber sein kann. Im existentiell-konkreten Leben wissen wir das ja, nur können wir es sehr schwer auf solche Wirklichkeiten anwenden. Ihre Verbeugung, d. h. die Veränderung der Wirbelsäule, ist an und für sich nichts Existentielles. Und trotzdem kann es durchaus so sein, daß nur unter diesem Zeichen, bei diesem symbolischen Vorgang wirklich das passiert, was da symbolisiert wird. Natürlich müßte man jetzt die inchoative Sakramentalität des menschlichen Daseins überhaupt entwickeln. Dann könnte man die Sakramente der Kirche als ganz spezifische ekklesiale Konkretionen dieser Grundsakramentalität konzipieren und so die Universalität des Heils mit der Partikularität der Sakramente versöhnen, ohne deswegen die Wirksamkeit der Sakramente zu leugnen – vorausgesetzt, daß man diese Wirksamkeit nicht wieder selber mißversteht. Und in einem ähnlichen Sinne müßte man die Universalität des Heilswillens Gottes, der in seinem Geist überall die Dynamik der Weltgeschichte ist – überall dort nämlich, wo Existenz vollzogen wird –, versöhnen mit der Partikularität des geschichtlichen Ereignisses Jesu, von wo aus man dann vielleicht nochmals eine weitere Theologie eines christlichen Trostes angesichts der massiven Partikularität des Christentums in der Welt und Weltgeschichte entwickeln könnte zur Beantwortung eben auch der Frage, aus welchen Gründen es u. U. heilsprovidentiell von Gott nicht nur zugelassen, sondern gewollt sein kann, daß viele oder sogar die Mehrzahl der Menschen kein unmittelbar verbalisiertes und institutionalisiertes Verhältnis zu Jesus Christus haben und daß sie sich trotzdem davon nicht selber dispensieren können.

Was ist die Grundaussage Ihrer Theologie, und wie würden Sie diese auf der Kanzel gegenüber »normalen Leuten« formulieren?

Auf der Suche nach der Kunst, theologisch zu reden und verstanden zu sein

Ich würde gerne einmal zuerst eine *Vorfrage* stellen: Wie bringt man zusammen, daß ich z. B. ein absoluter Laie hinsichtlich eines Fernsehapparates bin und trotzdem u. U. einen solchen benutze? Hier haben wir doch eine gewisse Diastase von einem echten Umgang, der für mich wichtig ist, mit einer Wirklichkeit, die ich nicht verstehe.

Nun beobachten wir in der Theologie sicher einen Trend zu einer größeren Abstraktion. Ich kann ja nicht sagen: Da oben sitzt der liebe Gott im *caelum empyreum,* das eine ganz bestimmte letzte Kugelschicht ist, die die Welt einschließt; dort sitzt also auch Jesus Christus, denn: *ascendit super omnia caeli.* Darüber hat sich Suarez noch den Kopf zerbrochen, ob Jesus noch im *caelum empyreum* sein muß, weil es ja außerhalb keinen Ort gibt, oder ob er doch darüber sitzen muß, denn er ist eben *über* allen Himmeln. Das wurde im aristotelischen Weltbild ganz wörtlich gedeutet. So kann man heute nicht mehr denken.

Wenn ich von der Auferstehung des Fleisches rede und es bezweifelt wird, daß meine Auferstehungskonzeption christlich genug sei, weil ich sage, Auferstehung sei nichts anderes als die absolute Vollendung und das Gerettet-Sein des konkreten Menschen, so sehe ich nicht ein, wie mein Kritiker sich unter Auferstehung mehr vorstellen kann[8]. Wo er sich mehr vorstellt, kommt er in Probleme, wie etwa, ob man im Himmel auch noch ißt, was für eine Haartracht man da hat, ob man dort groß und klein, dick und dünn auftritt oder ob es so ist, wie *Origines* angeblich gemeint haben soll, daß alle zu runden Kugeln umgewandelt zu denken sind, als der Gestalt der Vollendung eines ausgedehnten Körpers. Wenn man solche Sachen nicht

---

[8] Gemeint ist der Aufsatz von *K. Neumann,* Suchen und suchend verstehen. Die Christologie Karl Rahners, in: Christ in der Gegenwart 26 (1974) 221–222.

macht, dann wird heutzutage die theologische Aussage notwendigerweise abstrakter, als sie es früher war.

Gibt es nun Weisen, wirklich theologisch zu reden und trotzdem unmittelbar verstanden zu werden? Solche Möglichkeiten gibt es zweifellos auch. Ich kann die Auferstehung gewiß auch einem gewöhnlichen Menschen verständlich machen.

Wir sitzen gewiß nicht auf den kalten Wolken und singen Hallelujah. Das würde auf die Dauer doch sehr langweilig werden, und die kalten Füße sind auch nicht angenehm. Das kann ich mir also in diesem Sinne nicht »vorstellen«. Man denke doch nur einmal an »aufgeklärte Theologen«, die doch wahrscheinlich für die *assumptio* der Mutter Gottes wenig übrig haben – obwohl das eine sehr gescheite und gute Sache ist –, was denn Jesus nach seiner Auferstehung mit seinem Leib gemacht hätte, wenn's im Himmel keinen Adressaten, keinen Bezugspunkt von derselben Art gäbe? Deswegen ist es selbstverständlich, daß die Geretteten vor Jesus mit Leib und Seele im Himmel, in der Vollendung sind. Und ich finde es auch selbstverständlich, daß diese Vollendung bei uns mit dem Tod eintritt. Der Himmel ist doch nicht solch ein »Salat« von leibhaftig Auferstandenen auf der einen Seite und »flatternden Seelen« auf der anderen. Aber »vorstellen« kann ich mir das natürlich nicht.

Wenn jemand formuliert: Ich werde ankommen, ich werde gerettet sein – wobei er nicht sofort unterscheiden (bzw. zwar unterscheiden, aber nicht trennen) muß zwischen dem, was man Leib und Seele nennt –, dann würde ich ihm antworten: Wenn Du das sagst und bekennst mit Deinem Munde, mit Deinem Herzen (um mit Paulus zu reden), dann glaubst Du an die Auferstehung. Das heißt also: Man kann doch von der Auferstehung auch heute noch in der Predigt reden. Ich wollte damit aber nur bemerken: Es gibt zwischen der notwendigerweise abstrakter gewordenen theologischen Aussage und der Verkündigungsaussage durchaus begehbare Brücken und Übersetzungen.

Aber gibt es nicht auch ein anderes Verhältnis zwischen diesen beiden Größen, das analog wäre zu meinem Bedienen des Fernsehers? Sie kennen ja eine popularisierende Literatur etwa über Plasmaphysik oder ähnliches. Ich verstehe diese auch noch nicht. Aber das Radio kann ich andrehen. Gibt es nicht diese beiden verschiedenen Weisen auch im Verhältnis zwischen theologischer Aussage und Predigt und nochmals eine merkwürdige Interferenz zwischen beiden?

Hier kommt noch einmal in ganz anderer Weise die Theologie der Sakramente hinein. Ich sage z. B.: Ich will in Glaubensgemeinschaft mit Papst Paul VI. und den Bischöfen stehen. Wie stellt man das nun fest? Ja, wir beten beide das gleiche *Credo*. Woher weiß ich aber, daß im Kopf von Paul VI. und in meinem Kopf das gleiche bei der gleichen Formel geschieht? Wenn Sie sagen: »Marsch! Aus der Tür hinaus!«, und der Angeredete geht aus der Tür hinaus, dann haben Sie eine Verifikation dafür, daß er das offenbar verstanden hat. Aber wie stellen Sie die Übereinstimmung des inneren Bewußtseins fest? Auf diese Frage gibt es sicher nicht eine einzige Antwort, sondern die Antwort auf eine solche Frage hat sicher verschiedene Komponenten, die analysiert und dann synthetisiert werden müssen. Aber ich würde doch sagen: Für mich ist in dieser Hinsicht von Bedeutung, daß wir beide getauft sind. Das ist sicher einmal passiert! Und wir partizipieren beide an dem realen einen Vorgang der Eucharistie, egal, was dabei jeder von uns auf eigene Rechnung und Gefahr denkt.

Solche und ähnliche Dinge gehören in diese Frage der Diastase von Theologie und Verkündigung auch hinein. Wenn fromme orthodoxe Christen manchmal sagen, daß es früher klarer war und jetzt alles in der Theologie durcheinander ist, dann ist das natürlich nicht immer falsch, doch vielleicht zu 60%. Warum? Früher hatten sie eine Formel gehört. Weil sie an diese Formel gewöhnt waren, meinten sie, sie hätten diese verstanden. Während wir heute z. B. drei Formeln hören, und weil diese auf den ersten Blick nicht *unisono* klingen, meint man, nichts zu verstehen. Vielleicht verstehen aber solche Leute heute in Wirklichkeit mehr als damals.

Zur transzendentalen Erkenntnis und zur nachvollziehbaren Theologie des Gebetes

Ich möchte Sie noch nach dem Verhältnis von Transzendental-Philosophie und -Theologie zur Geschichte/Geschichtlichkeit fragen.

Die richtige transzendentale Erkenntnis hat als wesentliches inneres Moment die Erkenntnis der Geschichtlichkeit des Menschen in sich, also auch die ihrer eigenen Bedingtheit. Ich muß deshalb z. B. bekennen, daß ich nicht transzendental philosophieren würde, wenn ich nicht die Philosophie von Maréchal und Heidegger studiert hätte.

Bei der Geschichtlichkeit und Transzendentalität handelt es sich natürlich um die am schwierigsten zu verstehenden Grundstrukturen der menschlichen Existenz, die nicht auf eine einzige reduziert werden können und die sich gegenseitig bedingen. Was nun in den Vordergrund des Bewußtseins tritt, ist nochmals geschichtlich bedingt und impliziert eine transzendentale Reflexion. Dazu kommt natürlich noch, daß alle transzendental arbeitende Theologie selbstverständlich weiß, daß sie das, was sie tut, nicht täte, wenn sie nicht vorher im praktischen Vollzug des Religiösen konkret-christlich gelebt hätte. Wenn ich etwa frage: Gibt es einen transzendentalen Willen des Menschen aus der Einheit seines Wesens heraus zur Auferstehung? Wenn ich dies dann bejahe und aufzuzeigen versuche, dann behaupte ich natürlich dadurch nicht, daß ich auf diese Idee gekommen wäre, wenn ich im Leben noch nie etwas von Auferstehung – und zwar von meinem guten alten Pfarrer – gehört hätte. Es ist damit genau so, wie wenn die Bauersfrau zu mir sagt: Hier sind zwei Äpfel, die kosten soundsoviel, und da hast Du vier, die kosten doppelt soviel. Dann hat sie Logik betrieben, obwohl sie noch nie einen Funken von aristotelischer Logik gehört hat und diese auch, wenn sie davon hörte, nicht verstehen würde. So kann einer bei der Rede von Kreuz und Auferstehung Jesu durchaus etwas konkret religiös vollziehen, ohne transzendentale Theologie betrieben zu haben. Wenn aber nun einmal gewisse Probleme – auch wieder in geschichtlicher Situation – aufgegeben sind, dann bleibt nichts anderes übrig, als sich mit dem Denzinger zu befassen und philosophisch und transzendental zu denken. Die Bauersfrau in Neapel, die gemeint hat, daß aus dem Ätna das Höllenfeuer herausraucht, und keinen Zweifel an der Existenz der Hölle hatte (»Man sieht's da ja...«), war im Grunde gar nicht so dumm; sie war aufgeklärter – wenn man so sagen kann – als viele heutige Zeitgenossen, weil sie nämlich die absolute Bedrohung ihrer Existenz auf diese Weise überhaupt realisiert hat. Und diese Realisation ist auch heute noch gültig; aber wenn ich jetzt sage, der Rauch dort könne nicht von der Hölle kommen, dann muß ich mir einige theologische Gedanken einfallen lassen, um eben das zu halten und neu zu realisieren, was ich dieser Bauersfrau durchaus als von ihr vollzogen zuerkenne. Theologen sind nicht gescheiter als die frommen Leute, oder vielleicht gescheiter, aber nicht religiöser.

Wie stehen Sie im Rahmen der heutigen »Entmythologisierung« zum Gebet?

Dazu habe ich schon viel geschrieben[9]. Ich würde es, um etwas Neues zu sagen, jedenfalls bedauern, wenn eine enthusiastische Pfingstlerbewegung in der Kirche auftreten würde mit der Folge, daß alle Probleme um das Gebet von vornherein beseitigt wären. Es gibt ja in dieser Hinsicht die merkwürdigsten Sachen. Vor einer Woche kam ein amerikanischer Universitätsprofessor, Ordinarius für Pharmachemie, zu mir; ein Mann von solcher Intelligenz und solchem wissenschaftlichen Training, daß er es durchaus zum Nobelpreisträger bringen kann. Dieser Mann stellte sich als hundertprozentiger Pfingstler vor. Er erzählte von der Geisttaufe und ähnlichen Dingen; er sprach von einem Durchbruch in die letzte christliche

---

[9] Z. B.: Gebet – Zwiegespräch mit Gott? In: *J. de Vries/W. Brugger* (Hrsg.), Der Mensch vor dem Anspruch der Wahrheit und der Freiheit, Frankfurt 1973, 229–238; vgl. auch: Thesen zum Thema Glaube und Gebet/Vom Beten heute/Das Beten ist auch eine Tat, alles in: *K. Rahner,* Chancen des Glaubens (Herder-Tb. 389) Freiburg 1971, 65–90.

Existenz, einem Durchbruch in die Freiheit Gottes... Er sprach also von einer Erfahrung, die durchaus denkbar ist, wenn sie auch bei uns meist eher auf die Palette des ganzen Lebens verteilt ist. Auf der anderen Seite ist es zum Verzweifeln, wie naiv ähnliche Leute ihre Eingebungen, ihr Gefühl des Friedens, der Freiheit, der Führung des Heiligen Geistes absolut mit dem unmittelbaren, punktförmigen Eingriff Gottes identifizieren. Dies ist ein Beispiel für die sehr große Gefahr einer solchen allzu naiven Gebetstheologie. Solche Theologie kann leicht ins Auge gehen, falls es nämlich mit den Einfällen, die unmittelbar als die pure Eingebung Gottes empfunden werden, doch nicht so weit her ist. Diese guten Leute haben natürlich keine blasse Ahnung, was in der Geschichte des Christentums – wenn auch vielleicht unter anderen Etiketten – über solche Dinge schon nachgedacht und auf welche Weise mit ihnen experimentiert worden ist. Ich wollte aber damit nur sagen, daß eine Theologie des Gebetes, die rational ist, ohne in einer dummen Weise rationalistisch zu sein, heute sicherlich zu den notwendigen Dingen gehört; nicht in dem Sinne, daß man heute gescheiter über das Gebet redet und stattdessen nicht betet, sondern damit solche pneumatisch-enthusiastischen Bewegungen in der Kirche nicht übermorgen wieder versanden.

28 Zur Beendigung des römischen Lehrverfahrens gegen Hans Küng

Gespräch mit der *WDR-Redaktion* (1975)

Keine disziplinären Maßnahmen

Herr Professor Rahner, in dem Spruch der römischen Glaubenskongregation wurde Hans Küng als außerhalb der Glau-

bensgemeinschaft Stehender ermahnt, seine abweichenden Auf-
fassungen nicht zu wiederholen. Wir möchten Sie bitten, Stellung
dazu zu nehmen.

Ich komme nur ungern der Bitte des WDR nach. Ich meine
aber, nicht kneifen zu sollen. Und ich hoffe, daß andere
Theologen ebenso deutlich ihre Meinung sagen. In drei
Minuten kann man nicht viel sagen, ich muß deshalb notwendig
etwas simplifizieren. Zunächst möchte ich sagen, daß ich mich
freue, daß die römische Glaubenskongregation den Streit
zwischen ihr und Küng nicht durch disziplinäre Maßnahmen
irgendeiner Art beschlossen hat. Das war immer mein Wunsch,
den ich auch sehr oft öffentlich ausgesprochen habe. Allerdings
möchte ich dem hinzufügen, daß ich wie immer so auch heute
der Meinung bin, daß das römische Lehramt unter Umständen
auch heute noch in bestimmten anders gelagerten Fällen ein
Anathem sprechen kann und muß, das auch kirchenrechtliche
Folgen hat. Selbst Küng könnte dies grundsätzlich dann nicht
bestreiten, wenn er auch heute noch zu der Erklärung der
dreizehn Unterzeichnertheologen vor ein paar Jahren steht, die
er mitverfaßt und unterzeichnet hat. Eine Regelung der
Verfahrensweise in Rom in solchen Fällen ist natürlich noch
einmal eine andere Frage.

Das Recht der Kirche, die Definitionen der Konzile
als Norm aufrechtzuerhalten

Ich möchte zu dieser Sache noch etwas hinzufügen. Ich sehe
nicht ein, warum Rom und auch die deutschen Bischöfe in
anderen Fragen, in denen viel unwichtigere und offenere Dinge
vorliegen, viel härter als in diesem Fall Küngs reagierten. Muß
man denn Sorge haben, daß man vor der publizistischen Macht
Küngs Angst hatte und darum in diesem Fall so vorsichtig
vorging? Zweitens, in der Sache selbst, um die es ging, bin ich
immer noch eindeutig gegen Küng, was ich nie verhehlt habe,
obwohl mir das Walter Jens als *faux pas* ankreidet. Für mich

sind Definitionen von Konzilien immer noch absolut verpflichtende Normen eines katholischen Theologen, weil neben vielen anderen Gründen die Gewichtigkeit einer Wahrheitsaussage und ihre verpflichtende Kraft keine sich ausschließenden Gegensätze sind. Somit bin ich auch mit der römischen Erklärung mit einer kleinen Nuance, die hier unwichtig ist, in voller Übereinstimmung. Ich bin auch durchaus einverstanden mit der Erklärung der Deutschen Bischofskonferenz. Sie hat meiner Überzeugung nach durchaus Recht in dem, was sie an die Adresse Küngs sagt. Ich gestehe drittens, daß für mich die Erklärung Küngs in der Tat unverständlich ist, und daß ich darüber nicht sehr glücklich bin. Aber dies zu begründen, dazu ist im Moment keine Zeit mehr.

29 Zukunft im Pluralismus

Gespräch mit den Redakteuren der Evangelischen Kommentare, *Hans Norbert Janowski* und *Eberhard Stammler* (1975)

Müssen Meinungsverschiedenheiten kirchentrennend sein?

Herr Professor Rahner, in der nachkonziliaren Periode hat die ökumenische Bewegung eine erhebliche Stagnation erfahren. Wodurch ist dieser Rückschritt begründet?
Zunächst darf ich darauf hinweisen, daß der Begriff der nachkonziliaren Periode etwas problematisch ist. Denn vieles, was in allen Kirchen an Säkularismus im weitesten und neutralen Sinn während der letzten zehn oder fünfzehn Jahre eingebrochen ist, hat mit dem Konzil unmittelbar nichts zu tun. Infolgedessen ist die Frage, wieweit die ökumenische Bewegung stagniert, etwas differenzierter zu beantworten. Vieles an dieser Stagnation ist nicht so sehr eine römische oder bischöf-

liche Reaktion gegen das Konzil, sondern eine richtige oder falsche Reaktion gegen diesen Einbruch eines säkularisierten Geistes in die Kirchen. Das bewirkt natürlich Reaktionen, die der ökumenischen Bewegung sicher nicht zuträglich sind.

Hat es das katholische System nicht auch als eine gewisse Gefahr empfunden, daß die Konzilsbewegung der Freiheit des Gewissens ein bedeutenderes Hausrecht einräumte?

Ja, ich glaube, sie hat mehr Hausrecht bekommen, denn die Erklärungen über die Gewissensfreiheit, über die Beziehung der Kirche sogar zu den nichtchristlichen Religionen, die sehr differenzierte Beurteilung des Atheismus sind natürlich Aussagen, die nicht mehr rückgängig gemacht werden können. Auf Grund dieser konziliaren Erklärungen gibt es in der katholischen Kirche Bewegungen, die teils mit ihrer Substanz und ihrem letzten Glaubensbewußtsein vereinbar sind, teils aber auch nicht. Wenn dann die katholische Kirche gegen letztere reagiert, meine ich noch nicht prinzipiell einen Rückschritt gegenüber dem Konzil sehen zu müssen.

Spielt dabei nicht auch eine gewisse Angst um die Stabilität der tradierten Institution eine Rolle?

Sicher ist sie vorhanden und ruft da und dort, vielleicht sogar in einem nicht unerheblichen Maß, Reaktionen von Rom und den Bischöfen hervor, mit denen man nicht notwendigerweise einverstanden sein muß. Sicher gibt es eine gewisse gegenläufige Tendenz gegenüber dem Geist des Konzils. Es ist natürlich die Frage, ob dies auf die Dauer wieder die Vorherrschaft gewinnt, und da bin ich absolut vom Gegenteil überzeugt. Ich meine allerdings auch, daß man es als Katholik nicht automatisch im Namen der Freiheit und des Geistes ablehnen muß, wenn Rom bremst oder Gefährdungen sieht. Wenn jemand zum Beispiel eine Gott-ist-tot-Theologie verkündet, bin auch ich dafür, daß die Kirche ein Nein sagt.

Haben Sie den Eindruck, daß eventuell auch von evangelischer Seite die ökumenischen Kontakte erschwert wurden?

Da bin ich zu wenig kompetent. Als ein für ökumenische Einigungsbestrebungen interessierter Mensch meine ich allerdings, daß alle Amtskirchen bremsen und sich auf alte kontroverstheologische Schwierigkeiten hinausreden. Weder auf evangelischer noch auf katholischer Seite ist, was die Amtskirche angeht, ein heftiger Wille zu entdecken, in der ökumenischen Frage weiterzukommen.

Wie beurteilen Sie im Rahmen dieser nachkonziliaren Entwicklung die Würzburger Synode, an der Sie ja auch mitgewirkt haben?

Daß es sie gibt und gegeben hat, ist gut. Es ist viel Vernünftiges und auch Weiterführendes gesagt worden. Aber auf der anderen Seite ist die Synode doch zu betulich, das Gegebene festzuschreiben; sie hat keine spektakulären Initiativen, wo eine wirkliche Entscheidung nach einer Kontroverse fällt, gebracht.

Uns interessiert dabei besonders die Bedeutung des Laienelements. Sind von ihm wesentliche Initiativen zu erwarten?

Gemessen an den früheren Zeiten, an der Pianischen Epoche, wo wir doch eine massive Kleruskirche waren, ist sicher vieles weitergegangen. Ob der Einfluß dieses Laienelements nicht sehr viel massiver hätte sein können, ist natürlich eine andere Frage. Die Auswahl der Laiensynodalen ist zweifellos schon so kanalisiert gewesen, daß schon von da aus im Urteil der Bischöfe gewissermaßen kein großes Unglück passieren konnte.

Wenn nun nach Ihrer Meinung ein gewisser Pluralismus dem Wesen der Christenheit entspricht, wie läßt er sich mit den traditionellen Strukturen der Konfessionen vereinbaren?

Wenn man als Katholik im Ernst und nicht erst in tausend Jahren an eine Einigung der Kirchen denken will, dann muß man sich darüber klar sein, daß die sich so einenden Kirchenkörper eine größere Differenz untereinander haben, als es für das landläufige katholische Verständnis in der Pianischen Epoche gedacht wurde. Im *Zweiten Vatikanischen Konzil* wären da durchaus noch Potentialitäten zu entwickeln, weil es – allerdings nur sehr theoretich und abstrakt – die Eigenart, Selbständigkeit und Verschiedenheit der großen und regionalen Eigenkirchen betont hat. Wenn bei uns die großen, kontinentalen Bischofskonferenzen einmal wirklich Einfluß bekommen, dann wird sich bei aller Einheit der katholischen Kirche mit und unter dem Papst doch eine erhebliche Differenzierung entwickeln können.

Welche Folgerungen leiten Sie daraus für Einigungsmöglichkeiten unter den Konfessionen ab?

Die Frage der Lehrunterschiede ist natürlich eine andere Frage als die Frage der rechtlichen Unterschiede der Kirchen, die sich einigen sollen. Ich bin als »alter« Katholik, der ich bleiben werde, zwar der Meinung, daß niemand, der der künftigen Kirche angehören will, ausdrücklich, dezidiert und öffentlich die Dogmen leugnen und im Namen des Evangeliums verwerfen darf, die die bisherige katholische Kirche als absolut verbindlich erklärt hat. Aber ich frage: Tut das ein gläubiger evangelischer Christ heute wirklich, wenn wir die erlaubten oder geduldeten Interpretationsmöglichkeiten dieser Dogmen innerhalb der katholischen Kirche einkalkulieren? Wenn wir voraussetzen im Blick auf den faktischen Glauben bei den katholischen Christen, daß in der »Hierarchie der Wahrheiten« bestimmte Dogmen der katholischen Kirche bei den katholischen Glaubenden einen ganz verschiedenen Stellenwert haben, ja unter Umständen faktisch in ihrem Glaubensbewußtsein so gut wie inexistent sind? Von da aus bin ich der Meinung, daß es nicht sicher ist, daß von den alten kontroverstheologischen Fragen her (unter Voraussetzung der Anerkennung irgendeines realen Petrusamtes) noch die alten Unterschiede bestehen, die kirchentrennend waren.

Immerhin könnten gewisse Differenzen im Blick auf die von Ihnen entwickelte »transzendentale Anthropologie« vermutet werden. Sind in ihr nicht Elemente einer »natürlichen Theologie« enthalten, die im protestantischen Denken auf Widerstand stoßen können?

Man müßte natürlich klären, ob solche Meinungsverschiedenheiten kirchentrennend sein müssen. Wenn man schon von meiner Theologie reden soll, dann würde ich allerdings den

Vorwurf, als ob das eine sogenannte natürliche Theologie und Religionsbildung von unten wäre, radikal ablehnen. Der Begriff einer konkreten, menschlichen Transzendentalität geht von der Voraussetzung aus, daß diese in ihrer innersten Mitte von dem, was man Gott, Gnade, Selbstmitteilung Gottes nennt, schon dynamisiert und finalisiert ist. Diese innerste Gnadenhaftigkeit und Aufgebrochenheit des Menschen durch die Gnade Gottes, die überall als Angebot an die gesamte Geschichte der Welt, des Geistes und der Religionen gegeben ist, muß sich natürlich in dem Wort (in dem üblichen Sinn der Theologie) konkretisieren, reflektieren und objektivieren. Sicher werden mir da manche evangelische Theologen widersprechen. Aber trotzdem würde ich sagen, daß das verbalisierte Wort des Evangeliums, das mich trifft, bei mir schon eine innerste Begnadetheit als Angebot an die Freiheit voraussetzt. Nur unter dieser Voraussetzung kann es im Grunde genommen wirklich gehört werden.

Auch ein Nichtchrist kann schon ein Glaubender sein

Damit berühren Sie das auch in der evangelischen Theologie umstrittene Thema der Anknüpfung.
Das alte, auch bei uns gegebene Problem der sogenannten Anknüpfung ist für mich ein falsch gestelltes Problem. Denn ich kann gar nichts anderes als der sein, an den Gott mit seiner Gnade immer schon angeknüpft hat. Wenn ich mit dem Wort des Evangeliums auf einen Menschen zukomme, dann muß und darf ich immer schon voraussetzen, daß nicht nur in diesem Augenblick die Begegnung mit Gott allererst geschieht, sondern daß Gott mit seiner Gnade dem Träger des verbalisierten Offenbarungsworts schon längst vorausgelaufen ist.
Ist also die anima *eine naturaliter christiana?*
Da würde ich mit der alten katholischen Schultheologie unterscheiden zwischen einer *anima,* wie sie immer schon faktisch existiert – und in diesem Sinn würde ich die Frage

bejahen –, und einem abstrakten Begriff eines metaphysisch veranlagten Geistes, und da würde ich dann ruhig mit einem Fragezeichen antworten.

Wie aber kann auf dem Hintergrund der bereits angelegten Gnadenhaftigkeit das Wort des Evangeliums noch eine richtende Instanz sein?

Sowohl der katholische als auch der evangelische Christ sind doch davon überzeugt, daß das Wort des Evangeliums im Munde Jesu und in der Heiligen Schrift die objektiv richtige und glückliche Verbalisierung jener innersten Gnadenhaftigkeit ist, die ich im Menschen voraussetze. Deswegen kann und muß sich der Mensch, um seine eigene begnadete Existenz richtig zu interpretieren, – nachdem er das begriffen hat – an diese äußere Norm halten. Im Bild gesprochen: Wenn ich keine musikalische Anlage habe, kann ich Mozart nicht verstehen – wenn ich sie aber habe, kann mir Mozart doch gewissermaßen auf die Sprünge helfen, diese meine eigene musikalische Vorgegebenheit zu entfalten und richtig zu verstehen.

Findet nun diese gnadenhaft angelegte Existenz in Christus nur ihre vollkommenste Darstellung, oder kann sie auch in anderen Religionen bruchstückhaft oder ansatzweise in Erscheinung treten?

Ja, sie kann es. Ich würde mich auf die Erklärung über die nichtchristlichen Religionen des II. Vatikanums berufen und mehr noch darauf, daß in der Kirchenkonstitution und in der Missionskonstitution des Vatikanums sowie in *Gaudium et spes* mit der Möglichkeit gerechnet wird, daß derjenige, der keine geschichtliche Verbindung mit Jesus Christus hat, trotzdem ein Glaubender gegenüber der göttlichen Offenbarung sein kann. Das Vatikanum sagt natürlich: Wie das möglich ist, das weiß Gott und nicht wir. Das schließt nicht aus, daß man sich trotzdem weitere Gedanken darüber macht. Und insofern würde ich durchaus sagen, daß auch ein Nichtchrist nach der Auffassung der katholischen Kirche im letzten Kern seiner Existenz schon im eigentlichen Sinne ein Glaubender sein kann, bevor ihn das gesatzte Wort des Evangeliums trifft.

Wenn auch der ein Glaubender sein kann, der noch nicht durch das Wort des Evangeliums getroffen ist, gibt es dann das Heil auch extra ecclesiam?

Dieses Wort *nulla salus extra ecclesiam,* das mindestens schon bei Cyprian vorkommt, würde natürlich ein Küng mehr oder weniger radikal als falsch erklären. Ich würde jedoch immer noch meinen, es hat einen richtigen Sinn. Die Formulierung ist insofern natürlich problematisch, als die Frage nicht einhellig beantwortet werden kann, wo die Grenze jener Kirche ist, außerhalb deren es kein Heil gibt. Da wird natürlich der katholische Theologe (nicht erst durch das Zweite Vatikanum) betonen, daß jeder Mensch, der in letzter Treue seinem Gewissen verpflichtet handelt, nicht schlechthin und in jeder Hinsicht *extra ecclesiam* ist. Auf der anderen Seite soll aber auch nicht die konkrete Kirche, das Wort des Evangeliums, die konkrete Taufe als belanglose Zeremonien erscheinen, von denen man sich ohne weiteres dispensieren kann.

In der Praxis ergeben sich daraus für die Kirchen doch wohl einige Probleme?

Jede christliche Kirche wird letztlich wünschen und hoffen, daß sich die Menschen durch die Taufe ihnen eingliedern, und sie werden einen solchen Schritt als eine heilsbedeutsame Sache erachten; gleichzeitig werden sie der Meinung sein, daß Gottes Gnade letztlich doch nicht an diese Institutionalitäten und Verbalisationen in einer absoluten Weise gebunden ist. Sie werden der Meinung sein, daß Gott nicht über die Zwirnsfäden stolpern muß, die für uns ganz sinnvoll sind. Daraus entsteht natürlich das Problem, wie man diese beiden Aspekte in einer sinnvollen Weise zusammenbringen kann.

Wenn es dabei zum Stichentscheid kommt, würden Sie dann sagen, daß Gewissensverpflichtung einen höheren Rang hat als der »consensus ecclesiae«?

Wenn man von Rang reden soll, dann würde ich mit Newman sagen: Bevor ich mein Glas auf den Papst erhebe, erhebe ich es auf das Gewissen. Aber das ist keine Sache, die in der heutigen katholischen Kirche nicht akzeptiert wäre.

Kann es aber faktisch nicht kirchensprengend werden, wenn das Gewissen die oberste Instanz ist und es in aktuellen Fragen wie etwa im Blick auf die päpstliche Enzyklika Humanae vitae anders entscheidet, als es das Lehramt für richtig hält?

Hier sind in der katholischen Theologie zwei Dinge zu unterscheiden: Welches Verhältnis haben lehramtliche Instanz und Gewissen dort, wo das Lehramt der Kirche nicht mit einer höchsten Verpflichtung spricht? Dort hat ja das Lehramt selbst dem Gewissen die Prärogative zugesprochen. Wo jedoch das katholische Lehramt mit einer allerletzten definitorischen Verbindlichkeit spricht, ist es auch für eine katholische Theologie selbstverständlich, daß diese Autorität vom Gewissen akzeptiert werden muß, welches dabei nicht von der Autorität dieses Lehramts ausgeht, sondern es gewissermaßen in einer von daher noch nicht normierten freien Entscheidung annimmt.

Dann trete, um deine Seele zu retten,
aus der katholischen Kirche aus

Kann sich das Gewissen auch vom Lehramt distanzieren?
Das eben würde jeder katholische Theologe zugeben, daß möglicherweise jemand um seines Heiles willen verpflichtet ist, sich gegen dieses Lehramt zu stellen, weil er den Eindruck hat, das Lehramt habe in einer solchen Erklärung falsch gehandelt; dann ist er natürlich nicht mehr Katholik, aber die Gewissensgeschichte eines einzelnen Menschen kann ohne letzte schwere Schuld auch nach katholischem Verständnis in eine solche Situation kommen. Objektiv wäre es für eine katholische Interpretation falsch, aber subjektiv absolut verpflichtend. Wenn also jemand zu mir sagt, er sehe nicht ein, daß es eine Heilige Dreifaltigkeit gebe, wie sie der Papst definiert hat, so würde ich ihm antworten: Dann trete, damit du deine Seele rettest, aus der katholischen Kirche aus.

Welche Gestalt einer zukünftigen Theologie sehen Sie auf dem

Hintergrund der gegenwärtigen Auseinandersetzung mit den Religionen und den Ideologien?

Die Theologien der Zukunft werden in einem erheblichen Maß pluralistisch sein. Sie müssen natürlich in einer ehrlichen Kongruenz zurückbezogen bleiben auf den einen und selben Glauben der Kirche, die sich immer noch zu Jesus Christus, dem Gekreuzigten und Auferstandenen, als dem letzten Zusagewort Gottes an uns bekennt. Unter der gemachten Voraussetzung einer, wenn auch noch nicht radikal zu sich selbst gekommenen Begnadetheit der Welt scheint es mir selbstverständlich zu sein, daß eine Theologie der Zukunft auch von nichtchristlichen Religionen etwas lernen kann. Warum soll nicht in der Mystik des Sufismus oder in einer östlichen Erleuchtungsmystik so etwas passieren, was wir im Grunde genommen Rechtfertigung, Gnade, Heil nennen? Wenn es nun in einer von anderen geschichtlichen und kulturellen Situationen bedingten Gestalt uns entgegen tritt, würde es vielleicht auch mir als christlichem Theologen klarer, was eigentlich Gnade und Offenbarung bedeutet.

Dann kann der Heilige Geist also auch in anderen Religionen, ja sogar Ideologien wirken?

Sicher. Ich bin allerdings radikal gegen jeden Atheismus, und wo die Ideologie eines Staates eines Tages den Atheismus als unaufgebbares Element erklärt, kann ich zu einer solchen Staatsideologie nur nein sagen. Das hindert mich aber zum Beispiel nicht, daß ich die christlichen Potentialitäten meiner eigenen Lehre von Gerechtigkeit und Liebe, vom Staat und von Sozialität des Menschen in einer neuen, radikaleren Weise erkennen kann, als ich es ohne diese Ideologie, die ich ablehne, getan hätte.

Eine solche Begegnung hat dann weniger einen missionarischen Charakter, sondern sie versteht sich als Dialog im Sinn einer Zweibahnstraße.

Jeder Dialog tendiert letztlich auf einen Konsens; er hat ein kämpferisches Element auf einen, mindestens grundsätzlich anzustrebenden, Konsens hin. Er ist eine Zweibahnstraße, aber damit ist nicht gesagt, daß sich auf den beiden Straßen nach der einen oder nach der anderen Seite dasselbe bewegt. Auf der Straße, die von der Kirche zu den Nichtchristen führt, bewegt sich die Botschaft von der unüberbietbaren Normativität und Heilsbedeutung Jesu Christi. Von der anderen Seite kommt vielleicht etwas ganz anderes, was für mich auch wichtig sein kann.

Ist damit aber nicht der Absolutheitsanspruch des Christentums in Frage gestellt?

Nein. Der Absolutheitsanspruch des Christentums sagt ja nur, daß in Jesus Christus in einer unüberholbaren, einmaligen, irreversiblen Weise die Gnade Gottes gegeben ist und daß sie grundsätzlich auch für den anderen verpflichtend ist, wobei ich diese Gnade in meinem Dialog auch bei dem andern als wirksam voraussetze.

Dann enthält dieser Dialog also doch eine missionarische Komponente?

Auch nach dem Missionsdekret des Zweiten Vatikanums ist nichts dagegen einzuwenden, daß zum Beispiel der Missionar mit allgemeinhumanen Einsichten und Taten anfängt. Aber solange und soweit er Christ sein will und im Dienst der christlichen Botschaft steht, hat er letztlich eine missionarische Absicht.

Wie verstehen Sie nun angesichts dessen die missionarische Aufgabe?

Die existierenden nichtchristlichen Religionen sind ja nicht Gebilde von einer reinen Objektivation des richtigen Verhältnisses von Gott und den Menschen, sondern sie sind tiefgehend auch negativ depravierte, also nicht nur unvollkommene Religionen (wobei man natürlich fragen kann, ob es so etwas ähnliches nicht auch bei uns gibt). Insofern sind solche Menschen in ihrem Heil auf eine entscheidende Weise gefährdet, und schon von da aus würde ich – obwohl dies vielleicht nicht der letzte theologische Grund ist – die Mission immer noch als sehr bedeutsam und notwendig erachten.

Wir Theologen müssen uns gemeinsam den Fragen der säkularisierten Welt stellen

Wie beurteilen Sie in diesem Zusammenhang die Konzeptionen einer politischen Theologie, einer Theologie der Befreiung, die sich ja auch auf den Dialog mit anderen Ideologien einläßt?
Selbstverständlich hat das Ganze des Christentums auch eine gesellschaftliche, um nicht zu sagen politische Dimension, wobei ja die gesellschaftliche Dimension keine partikuläre Dimension des Menschen ist, sondern, wenn auch unter einem ganz bestimmten Aspekt, das Ganze des Menschen meint. Insofern kann die Theologie, weil sie dem Menschen sagen soll, was er selber ist, die gesellschaftliche Dimension nicht auslassen. So ist die Theologie als Ganzes auch gesellschaftspolitisch und gesellschaftskritisch – und zwar nicht nur in dieser oder jener Sache im Sinn einer sogenannten christlichen Sozial- lehre –, sondern auch die Trinität ist richtig verstanden letztlich eine gesellschaftspolitisch relevante Größe. Es kommt hinzu, daß eine Theologie, die ankommen will, eine Botschaft des Christentums, die missionarisch sein will, natürlich in die konkrete gesellschaftliche und politische Situation des Men- schen hineinzielen muß.
Das ist die eine Seite. Und wo liegen nun Ihre Bedenken auf der anderen Seite?
Auf der anderen Seite kann man das Christentum natürlich nicht auf eine gesellschaftliche Emanzipationsbewegung ad- äquat reduzieren. Dagegen verwehrt sich mit Recht das Christentum: Weil man den einzelnen nicht einfach auf seine gesellschaftliche Funktion reduzieren kann und weil der Mensch und die Geschichte sich eben immer selber transzen- dieren auf das absolute Geheimnis hin, das wir Gott nennen – auf den Gott, der sich überall und erst recht in Jesus Christus als der geoffenbart hat, der sich über alles geschichtlich Machbare hinaus selber als unsere absolute Zukunft zugesagt hat. Von da aus ist eine Theologie der Befreiung mit Vorbehalt zu verstehen. Wenn man Befreiung im Sinne der *eleutheria* des

Neuen Testaments auffaßt, kann man unter diesem Schlüssel-
wort natürlich alles subsumieren, was das Christentum dem
Menschen von ihm und von Gott zu sagen hat. Aber dann ist
diese Freiheit, zu der uns die Gnade Gottes in Jesus Christus
befreit, nicht einfach zu identifizieren mit einer gesellschaftlichen Emanzipiertheit des Menschen, denn wenn diese auch
adäquat da wäre, wäre der Mensch immer noch nicht adäquat
frei.

*Was würden Sie nun abschließend von der evangelischen
Theologie erwarten, und in welche Richtung gehen Ihre
Wünsche?*

Ich würde sagen, die sogenannten traditionellen kontroverstheologischen Fragen gibt es vielleicht auch heute noch, und sie
sollen ruhig weiter bedacht werden. Man kann dann zu noch
deutlicheren Übereinstimmungen als bisher kommen, etwa in
der Frage der Ämter, des Petrusamtes, der Sakramente und des
Verhältnisses von Tradition und Neuem Testament. Aber
letztlich meine ich doch, daß wir Theologen aller Konfessionen
heute in einer sehr gemeinsamen Weise und in gegenseitiger
Beeinflussung und Arbeit uns den Fragen stellen müßten, die
sich nicht die konfessionellen Christen gegenseitig stellen,
sondern die säkularisierte Welt dem Christentum gemeinsam
stellt. Wenn wir in dieser Hinsicht einen größeren Konsens und
eine größere Kraft und Mut und Begeisterung aufbrächten,
dann würden wahrscheinlich die kontroverstheologischen Fragen mit ihrem geringeren existentiellen Gewicht für uns
deutlich werden, und dann würden sich diese Sachfragen
zweifellos viel leichter lösen lassen.

30 Nur eine kleine Episode?

Gespräch mit den Redakteuren der Welt am Sonntag *Paul C. Martin* und *Felix Schmidt* (1976)

Häresieverdacht und Schismagefahr?

Herr Professor Rahner, ein Wort ist aufgetaucht, das aus dem Sprachgebrauch verschwunden schien: Es heißt Schisma, Kirchenspaltung. Es sieht so aus, als wolle sich ein Teil der Katholiken von Rom lossagen und dem französischen Bischof Lefebvre folgen, der dem Papst und der Amtskirche vorwirft, die Tradition des Katholizismus verraten zu haben und das »Innere der Kirche zu zerstören«. Was sagen Sie dazu?

Wenn man das Wort Schisma ins Spiel bringt, dann muß man auch das andere Wort, das in der Theologie als Gegenstück gilt, erwähnen: Häresie. Wenn Lefebvre den Papst als Häretiker, als Ketzer bezeichnet...

... Das tut er ...

... dann ist Lefebvre nach katholischem Glaubensverständnis nicht nur Schismatiker, sondern selber auch Häretiker.

Lefebvre glaubt die »unverfälschte Lehre« gegen die »neue konziliare Kirche« verteidigen zu müssen. Das heißt, die Beschlüsse des II. Vatikanischen Konzils – Dialog mit Andersgläubigen und Reform der Liturgie – sind ihm zu liberal.

Wenn jemand den Wunsch hat wie Lefebvre, auch in Zukunft die alte tridentinische Liturgie zu benutzen, dann kann man darüber sachlich und vernünftig reden. Ein solcher Wunsch ist keine Häresie.

Warum hat der Vatikan überhaupt die lateinische Messe verboten, wo doch jahrhundertelang die Messe in lateinischer Sprache zelebriert wurde?

Die lateinische Messe als solche ist nicht verboten. Aber es ist absolut falsch, daß die lateinische Kirchensprache eine unaufgebbare, notwendig aus dem Wesen der Kirche folgende Sache sei. In Rom hat man zunächst die Liturgie griechisch gefeiert, bis ins dritte Jahrhundert hinein. Da hätte Lefebvre damals auch sagen können, man darf das Latein nicht einführen, oder ich will mal boshaft reden: Warum lernt Lefebvre nicht Aramäisch, damit er die Liturgie in der Sprache Jesu vollziehen kann?

Wenn man das neue Meßbuch ansieht und mit dem alten vergleicht, dann sind aber viele unverständliche Worte geblieben. Wer weiß denn, was »Kyrie eleison« heißt?

Eine solche Frage müßten Sie an Herrn Lefebvre richten. Denn gerade das Hochamt, das er feiert, hat viel mehr schwer nachvollziehbare Riten, Gesten und Worte. Aus Ihrer Frage könnte man höchstens folgern, daß man die Liturgie noch radikaler hätte reformieren müssen.

Glauben Sie, daß es bald eine weitere katholische Kirche geben wird?

Nein. Lefebvre, der behauptet, am Trienter Konzil und am Ersten Vatikanum festzuhalten, müßte dann doch einen anderen Papst herbringen. Wo kriegt er den her, wo ist die Legitimation eines solchen Papstes?

Wie es aussieht, scheint Lefebvre am jetzigen Papst festhalten zu wollen?

Wie kann er das vereinbaren mit der Erklärung, der Papst sei ein Häretiker? Hier hat sich der gute Erzbischof in eine Sackgasse verrannt.

Wie erklären Sie sich, daß Lefebvre einen so großen Anhang hat? In Frankreich spricht man von etwa 30 Prozent der Katholiken. Und auch in der Schweiz und in Deutschland hat er bereits einen nicht ganz unbedeutenden Anhang.

Man muß da differenzieren. Es gibt eine Anzahl von frommen, praktizierenden Katholiken, die sich in einer gewissen Antipathie gegen die heutige Kirche wenden. Doch die haben nichts mit jenen Katholiken zu tun, die entschlossen wären, eine neue Kirche zu gründen.

Sie bilden doch selber Priester aus. Die Zahl der Studenten ist im Laufe ihres Berufslebens zurückgegangen. Bei Lefebvre aber drängt man sich.

Das ist nicht zu vergleichen. Zählen Sie mal alle Leute, die in Priesterseminaren sich in Deutschland auf das Priestertum vorbereiten, zusammen. Dann ist die Zahl der Leute, die aus aller Herren Länder bei Lefebvre im Schweizer Städtchen Econe zusammengeströmt sind, immer noch eine vergleichsweise kleine Zahl.

In Econe waren ungefähr 100 Priester-Aspiranten, fast soviel wie in Frankreich überhaupt Seminaristen gezählt werden.

Da könnte man die Frage stellen, sind diese Econe-Priester diejenigen, die die lebendige und große Geschichte Frankreichs weitertragen können.

Warum spielen Sie Zahl und Entschlossenheit der Lefebvre-Anhänger, eine neue Kirche zu gründen, absichtlich herunter?

Ich möchte getrost abwarten, wie viele der jetzt statistisch feststellbaren Anhänger von Lefebvre wirklich zu dieser Kirche übertreten würden.

Ist die Haltung des Papstes Lefebvre gegenüber nicht viel zu starr? Warum paßt denn ein auf vier Jahrhunderten aufbauender Traditionalismus nicht unter das Dach der großen katholischen Kirche?

Die Kirche hat durchaus für verschiedene Mentalitäten Platz. Aber im Gegensatz zu anderen Leuten, die mit Rom in Fehde sind, bestreitet Lefebvre die Autorität des Papstes. Und das ist einfach nicht mehr katholisch. Ich sage noch einmal, das ist nicht katholisch.

Es gibt viel Wichtigeres als die Sprache der Liturgie

Die Linken in der katholischen Kirche nennen den Papst einen verstockten Reaktionär, der die Probleme der Zeit verkenne. Die Rechten, von Lefebvre angeführt, brandmarken ihn als linken Progressisten, der dem Zeitgeist huldige. Wie reimt sich das zusammen?

Die extrem gegensätzlichen Beurteilungen, die es ja in allen Dingen des menschlichen Lebens gibt, zeigen in unserem Falle darauf hin, daß der Papst im großen und ganzen, von Einzelheiten abgesehen, den richtigen Kurs eines offenen Konservativismus steuert. Der paßt natürlich weder den ganz Linken noch den ganz Rechten – um mal die Extreme so fragwürdig zu charakterisieren. Damit sind Einzelfragen noch gar nicht berührt: ob die Enzyklika »Humanae vitae« nicht hätte anders ausfallen müssen, als sie ausgefallen ist, ob manche Kurienreformen radikaler hätten sein können, ob man die Papstwahl auch hätte anders machen können – darüber kann man nach römischer Überzeugung reden.

Es scheint, daß der Papst keine klare Linie hat. Der Vatikan scheint Management-Probleme zu haben.

Vielleicht könnte er eine klarere, eine überzeugendere, eine transparentere Linie haben. Das kann mit der persönlichen Eigenart des Papstes zusammenhängen. Sagen Sie mir mal einen Menschen, der an hoher leitender Stelle steht, dem Sie nicht auch den Vorwurf eines Zickzack-Kurses machen könnten. In Dingen, die Ermessensfragen sind, bleibt Ihnen ja gar nichts anderes übrig, als abzuwägen und dann zu entscheiden. Und eine Entscheidung in solchen Ermessensfragen ist dann dem einen zu rechts und dem anderen zu links.

Wir wollten Sie nur auf den Zwiespalt hinweisen, daß die Kirche in einem Teil, nämlich in der Liturgie, sich unnötig progressistisch gibt. Diese Reformen haben doch dem normalen katholischen Ehepaar nicht so sehr auf den Nägeln gebrannt, sie waren nicht so ungeheuer dringlich wie zum Beispiel die Lösung der Probleme im Sexualbereich, die die Kirche im Augenblick sicher nicht zeitgemäß beantwortet.

Ich persönlich als unmaßgebender Theologe habe zum Beispiel meine Vorbehalte sowohl gegen die Enzyklika »Humanae vitae« wie gegen die kürzlich erlassene Erklärung über die Sexualmoral. Aber bedenken Sie doch, daß die amtliche Kirche durchaus das Recht und die Pflicht hat, gegen Auflösungserscheinungen im Bereich des Sittlichen Stellung zu nehmen. Ob sie das sehr klug, sehr exakt und sehr effizient gemacht hat, mag ja eine andere Frage sein. Aber einfach zu sagen, heute wollen die Leute auf dem Gebiet der Sexualmoral etwas anderes hören, also muß die Kirche da klein beigeben – das kann ich nicht hinnehmen.

Die Probleme sind dringlicher geworden.

Selbstverständlich sind die Probleme auf dem Gebiet der Sexualmoral existentiell wichtiger als die Frage, ob man eine lateinische oder deutsche Kirchensprache hat, deswegen sind sie auch schwieriger und mit größerer Verantwortung und mit größerer Vorsicht zu lösen.

Lefebvre – keine Konsequenzen für die Zukunft der Kirche?

Herr Professor, dürfen wir wieder zurückkommen auf Lefebvre? Was würde der deutsche Episkopat tun, wenn eine ganze Gemeinde mit ihrem Seelsorger zu Lefebvre überlaufen würde?

Wenn sich eine Gemeinde wirklich von Rom lossagt, könnte der deutsche Episkopat das nur als Schisma und Häresie verurteilen und müßte sich bemühen, möglichst vielen Leuten aus einer solchen gefährdeten Gemeinde klarzumachen, daß ein solcher Schritt unkatholisch und auch sinnlos ist. Das könnte nichts als eine Sekte werden, so wie es in Amerika unzählige gibt.

Das Christentum hat ja vor 2000 Jahren auch als Sekte angefangen.

Auch zur damaligen Zeit haben sich Größen wie Origines oder Clemens von Alexandrien schon heftig bemüht, einen Kontakt mit der großen Geisteswelt der damaligen Zeit zu bekommen. Die Kirche hat sich in einem gewissen Sinn auch angepaßt, sie ist ja durch Paulus aus ihrem palästinensisch-jüdischen Milieu unter ungeheuren Schwierigkeiten herausgetreten, um eine Kirche zu werden, die in einen Dialog mit der Zeit kommt. Lefebvre soll das machen, und nicht nur »Freimaurer und Protestanten beschimpfen«.

Lefebvre behauptet, der Papst wolle mit ihm nicht mehr sprechen. Das ist aber ganz unchristlich.

Er behauptet zwar, er würde nicht vom Papst empfangen. Er war doch schon mal da, wenn ich recht unterrichtet bin. Doch der Papst will mit Lefebvre nur unter der Bedingung der wirklichen Anerkennung seiner Autorität verhandeln. Das ist eine Selbstverständlichkeit. Ich kann mit dem Bundeskanzler nicht verhandeln, wenn ich gleichzeitig bestreite, daß er ein legitimer Inhaber seines Amtes ist.

Der Papst hat dem Erzbischof Lefebvre die Lehrerlaubnis und die Ausübung seiner liturgischen Funktion bereits untersagt. Das ist die zweithöchste Strafe, die der Papst verhängen kann.

Nicht Strafe, das ist eine Maßnahme.

Das nächste ist die Exkommunikation. Wenn der Papst Sie jetzt um Rat fragen würde, ob er Lefebvre in Acht und Bann tun soll, was würden Sie ihm raten?

Ich habe nichts dagegen, daß der Papst das jetzt im Augenblick noch nicht macht. Es würde mich auch nicht sehr wundern, wenn er es trotzdem täte.

Welche Konsequenzen hat der Konflikt mit Lefebvre für die Zukunft der Kirche?

Ich hoffe, daß er keine hat oder keine großen hat, und daß er eine merkwürdige kleine Episode im westeuropäischen Katholizismus bleibt. Eigentlich bin ich davon überzeugt, daß die Geschichte durch Lefebvre nicht geändert wird.

V Hoffnung wider alle Hoffnung

31 Heiliger Geist –
Gibt es ihn noch in der Welt von heute?

Gespräch mit *Gerhard Ruis,* Salzburg (1976)

Mitten im Alltag drängt sich die Erfahrung des Geistes selber vor

Im Zeitalter der Technik, einer geplanten Menschenführung, der Massenmedien, der rationalen Psychologie wie der Tiefenpsychologie ist es für den Menschen von heute im Bereich seiner Erfahrung nicht gerade leicht, etwas zu entdecken, was er Wirksamkeit des Heiligen Geistes zu nennen wagen würde. Gibt es in unserer profanen Welt Heiligen Geist?
Nun, ich möchte gerade darlegen, daß man auch heute – und zwar mitten im sogenannten Alltag – die Erfahrung des Geistes machen kann. Diese Erfahrung ist eine von der Gnade erhobene und radikalisierte transzendentale Erfahrung. Es ist also nicht eine Erfahrung, die von einer unmittelbar von außen kommenden, objektiven Gegenständlichkeit herkommt, die dann von der Alltagsreflexion oder von den psychologischen Wissenschaften entdeckt und beschrieben werden könnte. Es handelt sich vielmehr um eine Grenzerfahrung, die die Bedingung der Möglichkeit der Alltagserfahrung ist.
In der Mitte unserer Existenz, die sich immer über jedes angebbare Einzelne hinaus in das scheinbar Leere des absoluten Geheimnisses bewegt, da sitzt die Erfahrung Gottes und,

durch die Gnade radikalisiert, die Erfahrung des Geistes. Diese Erfahrung ist meistens anonym, wird von uns nicht reflektiert, nicht in Worte gefaßt, verbalisiert, wird sogar meistens von uns, die wir zu den einzelnen Gegenständen des Alltags und ihren Aufgaben entfliehen, verdrängt. Aber sie ist da, und sie wird eben doch in bestimmten Augenblicken auch in sogenannter Alltagsexistenz erfahren. Sie drängt vor, bietet sich auch der Reflexion und der Freiheit des Menschen an. Für solche Geisterfahrung oder Gotteserfahrung im Geist fehlt es nicht an Beispielen[1].

Ist diese Geisterfahrung nun etwas ganz Neues, hat es sie in dieser Form, wie es sie angeblich heute gibt, nicht auch schon früher gegeben?

Doch, selbstverständlich, für meine Theologie, oder überhaupt für eine vernünftige katholische Theologie, ist es selbstverständlich, daß alles geistig-personale Handeln des Menschen durch die zuvorkommende Gnade Gottes erhoben, auf die Unmittelbarkeit Gottes hin ausgerichtet, vergöttlicht ist, wie wir zu sagen pflegen. Mit anderen Worten, diese Erfahrung ist immer und überall in der ganzen Länge und Breite der menschlichen Existenz und ihrer Geschichte gegeben, nur ist sie meistens nicht reflektiert, nicht verbalisiert. Sie wird nur meist vom Menschen, der in den Alltag und in seine Aufgaben hinein flieht, verdrängt, unbeachtet gelassen, als etwas, was seinen Alltag stört. Doch der geistliche Mensch, der hat eben gerade den Mut, sich dieser Erfahrung, die im Grund genommen überall gegeben ist, zu stellen, sie zu pflegen, sie vorzulassen, sie nicht zu unterdrücken, sondern anzunehmen.

Wenn ich Sie recht verstehe, gibt es also, wenn ich das so sagen darf, keine Not an Heiligem Geist heute, sondern es liegt faktisch am Partner des Geistes Gottes, am Menschen also, der, wie Sie sagten, wegen seines hektischen Lebensstiles, der Oberflächlichkeit seines Verhaltens nicht dazu kommt, die Einwirkungen des Geistes zu reflektieren, zu Wort zu bringen, also sich bewußt zu

---

[1] Vgl. *K. Rahner,* Erfahrung des Geistes. Meditation auf Pfingsten, Freiburg/Br. 1977.

machen und sie zu pflegen. Was läßt sich da nun tun, um das zu erreichen?

Man kann natürlich meditieren. Man kann die innere Sammlung, wie die alten Aszeten sagten, pflegen, man kann ruhig werden, man kann gleichsam sein Bewußtsein zu entleeren suchen von der Vielfalt irdischer Dinge und Aufgaben. Aber auch mitten im Alltag drängt sich immer wieder diese Erfahrung des Geistes selber vor. Dort, wo selbstlos geliebt wird, dort, wo alle Pflicht getan wird, die auf keinen Lohn mehr rechnet, dort, wo der Tod und seine Unbegreiflichkeit gelassen angenommen wird, dort, wo man gut ist, ohne Dank zu ernten, überall dort macht man eine Erfahrung des Heiligen Geistes, auch wenn der einzelne Mensch vielleicht diese Erfahrung in dieser theologischen Sprache nicht zu interpretieren vermag.

Lebe nach deinem Gewissen und liebe dein Leben, dann kommst du zur Erfahrung des Geistes

Das hieße dann also nichts anderes, als daß in dieser Massengesellschaft gar nicht so sehr ein Mangel, eine Abwesenheit von Geist festzustellen wäre. Aber was ist dann dieser ›Geist‹? Ist es jener, von dem Sie einmal sagten, er müsse nicht immer kirchlich etikettiert sein?

Selbstverständlich sollte ein Christ im Laufe seines Lebens diese Geisterfahrungen, die über das ganze menschliche Leben ausgebreitet sind, intensiver machen. Er sollte sie intensiver in entschlossener Freiheit annehmen, gleichsam aufhalten und ausleiden. Und insofern kann man natürlich sagen: Wenn man Geisterfahrung nur diejenige Erfahrung des Geistes nennt, die in Freiheit und Entschlossenheit angenommen wird, dann kann man natürlich auch feststellen, heute sei Geisterfahrung seltener geworden durch den Lärm des Alltags, auch, daß sie mehr als in früheren Kulturen überdeckt wird. Aber auf der anderen Seite läßt sich feststellen, daß als Angebot der souveränen Freiheit Gottes, die den Lauf des einzelnen

Menschenlebens lenkt und immer wieder vergöttlichen will, die Geisterfahrung immer gegeben ist.

Könnte das den Christen nicht einen Vorwurf von seiten mancher Zeitgenossen einbringen? Nennen wir sie einmal die Humanisten, jene, die sagen, sie meinten es gut mit den Menschen, soziale Idealisten – es gibt sie ja auch noch –, die sich für die Schwachen und Elenden verantwortlich fühlen, sich mit ihrer Not solidarisieren, Initiativen zur Sozialreform ergreifen, für mehr Gerechtigkeit, für mehr Gleichheit kämpfen. Sie könnten den Christen, die dieses Tun auf Einwirken des Heiligen Geistes zurückführen wollen, lebhaft replizieren: Geht doch nicht auf solche Seelenfängerei. Damit wollen wir nichts zu tun haben! Und nicht nur sie, auch mancher Christ möchte vielmehr fragen, ob sich denn der Geist Gottes nicht gerade und besonders in der Kirche als anwesend erweisen muß. Nicht nur zu Pfingsten ruft sie: »Veni creator spiritus.« Doch wo bleibt er dort?

Ja, ich würde sagen, dort, wo in letzter Selbstlosigkeit geliebt wird und der Mensch wirklich den Sprung in das Geheimnis, in die unbelohnte Liebe, in eine letzte, radikale Treue wagt und vollbringt, da hat er mit Gott und seinem Geist schon zu tun gehabt, da hat er ihn angenommen. Ob er das so erfaßt, so thematisieren und verbalisieren kann oder nicht, das ist gewiß auch noch einmal eine wichtige menschliche, glaubensmäßige und theologische, aber letztlich doch sekundäre Frage. Es kommt tausendmal im Leben vor, daß ein Mensch durchaus echte, wurzelhafte Erfahrungen, ohne deren Anerkennung als Erfahrung des Heiligen Geistes, macht, sie hat, sie besitzt und trotzdem diese Erfahrungen falsch deutet oder eine richtige Interpretation dieser Erfahrungen ablehnt – dennoch hat er diese Erfahrung. Ein Psychologe, der nach seiner Theorie meint, alles menschliche Denken sei im Grunde genommen bloß sinnliche Erfahrung, Assoziation, behavioristisch usw., lehnt eine Geistinterpretation seiner eigenen Erfahrung ab. Er macht sie aber trotzdem. Und so kann es natürlich tausendmal im Leben vorkommen, daß einer echte Geisterfahrung macht, aber mit einer richtigen, mit einer theologischen, glaubensmäßigen Darstellung und Interpretation dieser Erfahrung nicht fertig wird, diese Interpretation ablehnt und dabei dann meint, er habe auch die Erfahrung selber abgelehnt, nämlich des Heiligen Geistes, die er ja trotzdem im Grunde genommen gemacht hat. Wer restlos und absolut liebt, der hat auch damit schon, ob er es weiß oder nicht, ob er es in seiner Theorie annimmt oder nicht, Gott geliebt und ist dem Mysterium des Heiligen Geistes begegnet.

Wie kommt solche Geisterfahrung nun zustande? Es gibt sicherlich viele Menschen, die aus dem Geist heraus leben wollen, die dem Geist gehorsam sein, die dem Geist treu sein wollen. Aber ist es nun mit diesem Willen schon geschehen? Was muß an Disposition mitgebracht werden, damit dieses geheimnisvolle Zusammenwirken von Heiligem Geist und den Kräften des Menschen sich ereignen kann?

Ja, ich kann hier natürlich nicht im einzelnen aszetische, spirituelle Normen und Rezepte ausbreiten. Ich würde sogar ganz schlicht sagen: Lebe in absoluter Treue zu deinem Gewissen in einer wirklich sich um Selbstlosigkeit bemühenden Liebe zum Nächsten dein Leben, lies dabei in der Schrift und empfange von dort die genauere Interpretation, die Aufschließung deiner Erfahrung, dann kommst du schon zu einer Erfahrung des Geistes und auch zu einem der Lehre des Christentums entsprechenden Verständnis dieser Erfahrung von Geist.

32 Der lange Marsch durch die Hoffnung

Gespräch mit *Erich Kock* von Caritas in NRW (1976)

Bevor ich auf Ihre Fragen, so gut ich es kann, zu antworten versuche, möchte ich zwei Vorbemerkungen machen:
1. Ich war zwar Mitglied der Sachkommission I der Synode in Würzburg, aber der eigentliche Verfasser des Hoffnungspapiers war (von Verbesserungen und Verschlimmbesserungen durch die Synode selbst abgesehen) Professor J. B. Metz eigentlich allein. Er wäre also derjenige, der auf Ihre Fragen antworten müßte. Ich selbst fühle mich sehr inkompetent, obwohl diese Erklärung der Synode, amtlich gesehen, durch die Sachkommission I ausgearbeitet wurde.
2. Der Leser dieser Antworten auf Ihre Fragen muß sich von vornherein darüber klar sein, daß diese Fragen und somit auch die Antworten nur weniges und vielleicht nicht einmal das entscheidend Wichtige dieser Synodenerklärung berühren.

Synodenvorlage – ein Bekenntnis zur Hoffnung wider alle Hoffnung

Ernst Bloch schrieb den Satz: »Es war die Erde, die den Heiland brauchte und das Evangelium.« Wird nicht gerade die Vergangenheitsform dieses Satzes inzwischen durch zahllose Zeitgenossen bestätigt?
Ich meine zunächst, daß es Bloch in seinem Satz vor allem auf das Wort »Erde« ankommt. Wenn man als Christ voraussetzt, daß diese Erde unter der Dynamik Gottes als Ihres Schöpfers und Begnadigers steht und von daher eine Finalität auf die Unmittelbarkeit Gottes hat, muß man als Christ an sich diesen Satz Blochs nicht notwendigerweise ablehnen. Was die von Ihnen angesprochene Vergangenheitsform dieses Satzes angeht, so kann man als Christ nur sagen: Die christliche Hoffnung lebt auch heute noch in zahllosen Zeitgenossen; zu

dieser Hoffnung gehört es wesentlich, daß sie sich selbst als unbesiegbar und ewig hofft und davon überzeugt ist, daß der Gott dieser Hoffnung über alle vermeintliche oder wirkliche Hoffnungslosigkeit und über die Hoffnungen, die sich selber nicht christlich interpretieren, siegen wird im ewigen Leben, das wir Christen hoffen. Eine gewisse Unbeweisbarkeit unserer Hoffnung, die an ihrer Interpretation als »vergangen« durch viele Zeitgenossen deutlich wird, gehört zum Wesen unserer Hoffnung selber, die keine Hoffnung wäre, wäre sie nicht eine Hoffnung wider alle Hoffnung.

» Die Gottesbotschaft unserer Hoffnung widersteht einer totalen Anpassung der Sehnsucht des Menschen an seine Bedürfniswelt.« Dieser Satz steht im Abschnitt 1 Zeile 40 der von Professor Metz entworfenen Synodenvorlage. Was ist mit einem solchen Satz vor allem gemeint?

Ich finde eigentlich den angesprochenen Satz sehr verständlich. Die Gottesbotschaft unserer Hoffnung heißt uns mehr und Radikaleres, nämlich Gott, zu hoffen als die Befriedigung jener Bedürfnisse, die in unserer kurzsichtig profanen Welt entstehen. Unsere Hoffnung reicht doch wesentlich und radikal über unsere Konsumgesellschaft hinaus. Und nur wenn wir einen radikalen und unbegrenzten Anspruch erheben, der aus der innersten Mitte unseres mit Gott begnadeten Daseins aufbricht, können wir Christen sein. Der Christ kann seine Hoffnung nicht auf das zurückschrauben, was ihm seine unmittelbar erfahrenen Bedürfnisse anbieten.

Was glauben Sie: Wie ist die Kluft zwischen den religiösen Erwartungen und der Tageswelt, die Kluft zwischen dem Anspruch der Religion auf alle Bezirke des Daseins und den tatsächlich säkularisierten Verhältnissen zu schließen?

Wenn Sie den Akzent auf das »Wie« legen, dann bin ich eigentlich überfragt. Aber schließlich doch nur darum, weil dieses Überfragtsein zum Wesen der Hoffnung selber gehört. Eine Hoffnung wäre keine solche mehr, wenn sie ein festes Rezept hätte, was man als durchschaubares und manipulierbares bloß anwenden müßte, damit sich diese Hoffnung durchsetzt. Die Hoffnung hofft nicht auf sich, sondern auf den unbegreiflichen Gott, der sich in ihrem scheinbaren Scheitern selber durchsetzt. Und dann: Gerade »die säkularisierten Verhältnisse« sind doch so, daß sie selber den Menschen, wenn er sich nichts vormacht, vor die Frage stellen, ob er auf den hoffe, den wir als den Unbegreiflichen Gott nennen, oder – eingestandenermaßen oder uneingestanden und verdrängt – an der Sinnlosigkeit unseres Daseins verzweifelt.

Der von der Sachkommission I eingebrachte Text nennt sich »ein Bekenntnis«. Sind Sie der Meinung, daß es bereits so weit ist, daß man die Hoffnung bekennen muß?

Es ist immer so weit, daß man die Hoffnung »bekennen« muß, d. h. sich selbst immer neu gegen alle Hoffnung zur Hoffnung entschließen muß und dem Nächsten in Liebe deutlich machen muß, daß man nur in solcher Hoffnung wirklich frei und erlöst ist. Eine theoretische Aussage über die Hoffnung ist immer nur auf der Basis eines Bekenntnisses, d. h. einer freien Entscheidung und einer öffentlichen Bezeugung in der Gesellschaft möglich.

Ein Versuch, der Kirche die Sprache zurückzugeben

Die Vorlage nennt als einen Grund für die wachsende Verzweiflung der Zeitgenossen eine anonyme Kraft, die den Menschen offenbar nötigt, überspielt und den »Surrogaten der Sehnsucht« überantwortet. Die überlieferte Theologie hatte für diese anonyme Kraft einen Namen und wagte ihn auszusprechen. Wie sehen Sie diesen Zusammenhang?

Ich glaube, daß die »anonyme Kraft«, der Sie einen Namen geben wollen, so vielschichtig und komplex ist, daß man in diesem Zusammenhang und bei der Kürze des Synodendekrets doch besser von einer genaueren Namengebung absieht. Denn hier kann man nun nicht gut ausdrücklich von »Teufel«, »Erbsünde«, »Sünde der Welt«, »geschichtlicher Schuld« usw. sprechen. Solche Artikulationen vorzunehmen ist dem Leser nicht verwehrt, sie gehören aber doch wohl nicht ausdrücklich an diese Stelle.

Der Text der Vorlage widerspricht der Illusion der Leidensfreiheit, dem Wissenschaftsglauben, der Unempfindlichkeit und der Ablehnung der Trauer. Sind Sie der Meinung, daß in solchen Worten die Lebensstimmung unserer Gegenwart zulänglich eingefangen ist?

Die »Illusion der Leidensfreiheit«, der »Wissenschaftsglaube«, die »Unempfindlichkeit und die Ablehnung der Trauer« beschreiben gewiß nicht adäquat allein die Lebensstimmung unserer Gegenwart. Aber daß die genannten Dinge zu dieser Lebensstimmung heute gehören und gerade dann, wenn sie verdrängt werden; daß die Entlarvung solcher »Stimmungen« notwendige Voraussetzung dafür ist, wenn man ein Verständnis für die christliche Hoffnung wecken will, das kann man im Ernst nicht bezweifeln.

Über Religion zulänglich und betroffen zu sprechen, ohne die Überlieferung zu verraten, scheint immer schwieriger zu werden. Würden Sie den Text der Sachkommission I auch als einen Versuch betrachten, einer Kirche die Sprache zurückzugeben, der es offenbar die Sprache verschlagen hat?

Ich bin nicht Metz, und darum darf ich wohl unbefangen sagen: Ja, dieser Text kann ruhig als *ein* Versuch betrachtet werden, einer Kirche die Sprache zurückzugeben, der es heute vielfach die Sprache verschlagen hat. Daß diese neue Sprache die Überlieferung nicht verrät, scheint mir offenkundig zu sein. Damit ist nicht geleugnet, daß diese neue Sprache vielen oder manchen ungewohnt klingt und nicht einfach die Sprache von schlechthin allen in der Kirche ist. Das hat sich ja auch in den Diskussionen der Synode selbst über diesen Text gezeigt. Eine solche einfach allen von vornherein gemeinsame und selbstverständliche Sprache ist heute einfach nicht möglich und braucht es in einer Kirche auch nicht zu geben, in der der Geist Gottes mit vielen Zungen reden kann. Ich meine aber, die Sprache des Textes könne sehr viele Menschen von heute innerhalb und außerhalb der Kirche erreichen, und zwar gerade solche, deren

Ohr die bisher übliche Sprache auf unseren Kanzeln nicht mehr leicht erreicht.

Die Kirche redet nicht selten in der Sprache einer Behörde und sie handelt wie eine Behörde. Was kann und sollte sie tun, um dies zu ändern?

Eine »Behörde« in der Kirche muß es geben. Diese hat nun einmal, teils unvermeidlich, teils vermeidlich, ihre eigene Sprache, zumal wenn sie von Rom aus in die ganze, sehr verschiedenartige Kirche sprechen muß. Diese Sprache der Behörde könnte gewiß selber auch sehr viel deutlicher und unbefangener, ohne die Überlieferung zu verraten, von den Verstehenshorizonten her und mit den Sprachmitteln der heutigen Zeit sprechen. Auch die »kirchlichen Behörden« sollten unbürokratischer reden und handeln. Das wird nur geschehen, wenn die Amtsträger selbst aus der Zeit heraus reden und handeln, die im Grunde genommen auch ihre ist, obwohl sie sehr oft im elfenbeinernen Turm der Vergangenheit der Kirche sich verschanzen und meinen, nur so sei das reine Evangelium zu retten. Jede Zeit bleibt Gottes Zeit und bietet die Sprache an, die man verwenden muß, um die Hoffnung haben zu können, in ihr verstanden zu werden. Eine gewisse Ungleichzeitigkeit zwischen den Sprachen, die tatsächlich in der Kirche gesprochen werden, ist in Geduld und Liebe zwischen den »Ungleichzeitigen« zu tragen.

Erreicht der Sprachstil der von Johannes B. Metz entworfenen und vorgetragenen Vorlage auch einen einfachen Leser? Sehen Sie eine Notwendigkeit, den Text in die Sprache des kirchlichen »Fußvolks« zu übertragen?

Ich weiß nicht recht, wer mit dem »einfachen Leser« gemeint ist. Ich habe schon oft die Erfahrung gemacht, daß der sogenannte »einfache Gläubige« viel weniger Protest gegen eine ihm bisher ungewohnte religiöse Sprache erhebt als sogenannte »Gebildete«, die die Kirche immer nur so haben wollen, wie sie sie von ihrer Erziehung und Jugend her gewohnt sind als »Pfarrer«, die nur das verständlich finden, was sie selbst in ihrem vergangenen Theologiestudium in der damaligen

Sprache gelernt haben. Damit leugne ich nicht, daß vieles in diesem Text auch noch in die Sprache des »Fußvolkes« übersetzt werden muß. Aber das ist ja auch so bei jedem amtlichen Credo der Kirche und auch bei den anderen Dekreten dieser Synode.

Glauben Sie, daß sich der kleine Mann aus der großen Hoffnung dieses Synodentextes seine kleine Alltagshoffnung herausdividieren kann? Ich meine denjenigen, der sich mit den Schulängsten seiner Kinder, mit verstopften Straßen und mit steigenden Lebensmittelpreisen herumschlagen muß? (Es müssen ja nicht gleich die Welthandelspreise sein.)

Ich meine, daß der »kleine Mann« diesen Text über die christliche Hoffnung nur wirklich versteht und würdigen kann, wenn er ihn in Konfrontation mit seinen »kleinen Alltagshoffnungen« und auch »Alltagshoffnungslosigkeiten« liest und würdigt. Natürlich enthält der Text keine billigen Rezepte darüber, wie man seine – natürlich sehr ernsthaften – Alltagshoffnungen praktisch realisieren kann. Aber, und das ist wichtiger, der Text spricht ein Bekenntnis zu der christlichen Hoffnung, die alle alltäglichen Hoffnungslosigkeiten (der Schuld, des Todes usw.) umgreift und in die unbegreifliche Gnade Gottes selber einbirgt. Die sogenannten Alltagshoffnungen müssen durch die Tat des Menschen selbst erfüllt werden, und der Christ hat nicht nur noch eine Hoffnung, wenn diese Tat scheitert, sondern diese christliche Hoffnung ermutigt zu diesen Taten, gibt ihnen ihren letzten Sinn und ihre letzte Freiheit, und zwar eben auch dann noch, wenn sie an den Grenzen des Todes und der Schuld und der Vergeblichkeit scheitern. Und umgekehrt: Die tapfere kleine Hoffnung des Alltags (trotz allem nüchternen Rechnen mit dem Scheitern) ist die reale Vermittlung und die Probe der absoluten Hoffnung, die Gott selber ist und die ER trägt und befreit.

Kirche der menschenfreudigen Nähe und der radikalen Hoffnung

Der Text der Vorlage spricht von der menschenfreundlichen Nähe Jesu zu den Ausgestoßenen und Gedemütigten, den Sündern und Verlorenen. Was würden Sie den Mitarbeitern der Caritas raten, um diese menschenfreundliche Nähe glaubwürdig zu machen?

Eine schwere Frage, von der ich nicht meine, ich könne sie schnell und gut beantworten. Wenn Jesus sagt (Mt 25,31 ff.), man begegne in aller Wahrheit ihm in den Ausgestoßenen und Gedemütigten, den Sündern und Verlorenen, dann muß man auch umgekehrt sagen, daß die Mitarbeiter der Caritas diesen Menschen gegenüber sich so verhalten müssen, daß diese Menschen in den Mitarbeitern der Caritas Jesus finden können: in ihrer Demut, ihrer Solidarität mit diesen Armen, in ihrer Selbstlosigkeit, in ihrer Hoffnung gegen alle Hoffnung, in ihrem Vertrauen, das durch keine Enttäuschungen besiegt wird, in ihrer Achtung der Würde, die auch der Elendeste unverlierbar hat, in ihrer Freude, in einem wahren Mitleiden mit dem Leidenden. Ich weiß keine andere Antwort als die Aufforderung bei Paulus (Phil 2,5): Habt die Gesinnung in euch, die auch in Christus Jesus ist.

Was müßte nach Ihrem Ermessen geschehen, damit die Kirche auch als »kleine Herde« ein Zeichen für die Welt sein kann und nicht zur freudlosen Sekte wird?

Jedenfalls darf die Kirche keine freudlose Sekte sein. Wenn sie aus dem Geist lebt, den die Erklärung über die Hoffnung bezeugen will, dann ist sie eine Kirche der radikalen Hoffnung und kann dann auch nicht freudlos sein, weil sie dann nicht eine Kirche der Exekution von Gesetzen ist, sondern der unsagbar herrlichen Verheißung Gottes über alle Schuld und über allen Tod hinaus entgegengeht. Wenn sie diese Verheißung, die nicht nur ihr, sondern allen gilt, in Hoffnung aufnimmt und bezeugt, dann ist sie für die ganze Menschheit liebend und hoffend offen; sie ist dann nur in einem sehr vorsichtig zu verstehenden

Sinn die »kleine Herde«, weil sie sich ja dann nicht als eine geschlossene Gesellschaft der allein für das Heil Privilegierten versteht, sondern die Aufgabe hat (wie das Zweite Vatikanische Konzil sagt), das »Sakrament«, d. h. das Zeichen des Heiles aller zu sein. Freilich muß noch vieles in der Kirche geschehen, damit die Kirche oder genauer: die Menschen in der Kirche sich nicht als die überanstrengt und verdrossen durch das Gesetz Überlasteten verstehen und empfinden, sondern als die von Tod und Schuld Befreiten und zur Hoffnung Ermächtigten, die keine Grenze hat.

Nichts scheint so wenig künftig, so vergangen wie die Toten. Welchen Dienst könnte die Kirche tun, damit auch die Toten Zukunft haben?

Die Hoffnungserklärung tritt mit Recht für die Toten ein und sieht hier in christlicher Hoffnung ein Charakteristikum des Christentums gegenüber dem heutigen gängigen Daseinsverständnis. Natürlich haben die Toten ihre eigene ewige Zukunft bei Gott und durch Gott und nicht durch uns selbst. Aber durch unsere Hoffnung haben sie auch eine Zukunft bei uns selbst, und weil in dem alle umfassenden Heilsplan Gottes das Heil jedes einzelnen von der Heilstat aller mitgetragen ist, ist letztlich auch das Heil, die Zukunft der Toten über alle Ungleichzeitigkeit hinweg mitgetragen von unserer Heilstat, die in unserer Hoffnung geschieht. Das ist denkbar, weil die Hoffnung der Kirche auch unerschütterlich hofft, daß sie, diese kirchenbildende Hoffnung, selber nie untergeht.

Auf ihrer Sitzung vom 22. 11. 1975 stimmten von 266 an der Abstimmung beteiligten Synodalen 225 mit »ja« und 26 mit »nein«, bei 15 Stimmenthaltungen, für die Vorlage »Unsere Hoffnung – ein Bekenntnis des Glaubens in dieser Zeit«. Worauf führen Sie die breite Mehrheit und die teilweise erregten Debatten, die vorausgingen, vor allem zurück?

Die Abstimmung auf der Synode ergab trotz der vielen Einwände in der Diskussion eine überraschend große Majorität. Das hat vermutlich viele Gründe, die zusammenwirkten. Ein großer Teil der Synodalen hat gewiß immer diese Vorlage als ihre eigene, als Bekenntnis ihrer eigenen Hoffnung empfunden. Es hat wahrscheinlich einige wenige gegeben, die der Ansicht waren, daß man im Namen des rechtgläubigen Christentums der Vorlage oder einzelnen Aussagen in ihr eindeutig widersprechen müsse. Manchen hat sicher diese oder jene Akzentsetzungen oder der Stil des Textes weniger gefallen. Das Abstimmungsergebnis scheint mir aber gegen manchen Pessimismus, der bei uns verbreitet ist, zu beweisen, daß man auch heute noch die frohe Botschaft der Hoffnung, den Glauben der Kirche so aussagen kann, daß eine ganz große Majorität in der Kirche diese Aussage als ihre eigene hört und bekennt.

33 Nach der Synode –
Erwägungen zur Zukunft der Kirche

Gespräch mit *Leo Waltermann* im WDR (1976)

II. Vatikanum – ein Abschluß, der nicht rückgängig gemacht werden kann

Pater Rahner, die katholische Kirche galt lange Jahrhunderte hindurch als relativ starr und als unveränderlich beharrend, ein Faktum, auf das Johannes XXIII. vielfach mit Blick auf das Konzil hingewiesen hat. Schon in der Vorphase gab es bekanntlich deshalb viele Überlegungen, bestimmte Erwartungen, Änderungswünsche. Das Konzil fand dann statt – mit vielen wichtigen Texten und mit vielen guten Vorsätzen. In der Bundesrepublik veranstaltete man dann den Essener Katholikentag von 1968, auf dem ein deutsches Nationalkonzil gefordert wurde, aus dem schließlich die Gemeinsame Synode der deutschen Bistümer wurde. Wieder gibt es viele Texte, viele

Reden, viele Überlegungen, viele gute Vorsätze. Es hat sich so viel geändert, und man möchte einfach fragen: Wo stehen wir nun heute, wie sieht es aus?

Zunächst möchte ich doch noch einmal betonen, daß das, was ich das Ende der »pianischen Epoche« genannt habe – eine Zeit, die wir älteren Katholiken alle noch erlebt haben –, nicht eigentlich und in erster Linie vom Zweiten Vatikanischen Konzil herkommt. Dieses war vielleicht eine Art Katalysator, aber unsere heutige Situation ist nicht so sehr durch Reformen aus dem II. Vatikanum bedingt, sondern vielmehr durch die konkrete Situation der Kirche, die heute in weitaus größerem Maße als noch vor dreißig Jahren eine Weltkirche geworden ist. Unsere heutige Lage ist gekennzeichnet durch eine Situation, in der man sich nicht mehr in den elfenbeinernen Turm der Kirche jener pianischen Epoche zurückziehen kann. Mit anderen Worten: Alle diese Schwierigkeiten, die heute da sind, wären auch ohne das Konzil – vielleicht lediglich mit ein paar Jahren Verspätung – eingetreten. Sicher stehen wir in einer sehr schwierigen Übergangsperiode. Vieles aus der pianischen Epoche, also der Zeit zwischen 1850 und 1950, ist noch da; vieles hat auch durchaus heute noch sein Recht; vieles gehört auch in der katholischen Kirche nach ihrem eigenen theologischen und dogmatischen Selbstverständnis zu ihrem unaufgebbaren Wesen. Auf der anderen Seite ist die ganze weltgeschichtliche, die kulturgeschichtliche und die soziologische Situation weithin anders geworden. Die Kirche kann sich gewissermaßen nicht mehr auf ihr Binnenleben zurückziehen, und deshalb haben wir, so glaube ich, mehr oder minder all das, was wir heute in der Kirche leben, erleben, erleiden, loben oder bedauern.

Ich habe, offen gestanden, den Eindruck, es herrsche heute zuviel Bedauern vor; man bedauert doch zu sehr das, was sich geändert, was sich verändert hat. Gleichzeitig habe ich das Empfinden, daß diese Kirche, die eine Weltkirche in einem geographisch umfassenden Sinn geworden ist, gleichzeitig ein Stück Welt verloren hat. Ich habe den Eindruck, daß sie versucht ist, sich zurückzuziehen, und daß sie auch in Gefahr ist, sich gewissermaßen in eine Festung zurückzuziehen und von den Mauern dieser Festung aus sämtliche Botschaften, Ermahnungen etc. zu formulieren – mit dem Erfolg, daß doch gegenwärtig immer weniger Leute auf sie hören, sie ernst zu nehmen scheinen, ihre Dienste in Anspruch nehmen. Ist das alles damit erklärt, daß man nun Worte wie das von der »kleinen Herde« zitiert?

Ich glaube, man muß sehr wohl unterscheiden zwischen einer letzten Grundstruktur der Kirche sowohl in der heutigen Zeit wie in der Zukunft und gewissen kurzfristigeren Gegenbewegungen. Ich bin davon überzeugt, daß das Zweite Vatikanische Konzil wirklich einen Abschluß der pianischen Epoche bedeutet, einen Abschluß, der nicht rückgängig gemacht werden kann. Auf der anderen Seite sehen wir natürlich sowohl bei uns in Deutschland als auch erst recht in Rom viel Angst über Wildwuchs, über Entwicklungen, die nicht sein sollen – ob mit Recht oder zu Unrecht, dies sei dahingestellt. Wir konstatieren viel Zögern, eine ausgeprägte Neigung zu bremsen, die Strömungen wieder irgendwie besser in den Griff zu bekommen, zu kanalisieren, den ordnungsgemäßen Ablauf des Lebens der Kirche stärker in den Griff zu bekommen. Aber letztlich meine ich doch, daß das nur gewisse sekundäre Gegenbewegungen sind. Aufs große und ganze gesehen, so denke ich, ist die Kirche auf einer Fahrt in eine unbekannte Zukunft. Sie kann nicht mehr einfach konservativ beharren; sie weiß auch nicht recht, wie sie diese neue Zukunft faktisch dem Leben der Kirche und dem Auftrag des Evangeliums gemäß bewältigen kann, und so kommt dann eben doch – fast glaube ich unvermeidlicherweise – jene Situation, in der wir heute leben. Dieser Säkularisierungsprozeß, den wir erleben, ist nicht vom II. Vatikanum inauguriert worden. Es wäre zuviel erwartet, wenn man meinte, daß er durch die Arbeit des Konzils einfach hätte aufgefangen und abgebremst werden können.

Die christlichen Kirchen, die kirchlichen Amtsträger haben ja primär auch eine Verantwortung. Müßte man nicht überlegen, wie die Kirche der Zukunft aussehen könnte? Sie haben Überlegungen dazu bereits unter ganz bestimmten Stichworten angestellt, wie die »entklerikalisierte«, »offene« Kirche.

Ich meine, hier kann und muß die Kirche sich noch in sehr vielen Hinsichten – bei einem radikalen Aufrechterhalten ihres Wesens und ihrer Botschaft – ändern. Da gibt es noch zu viele Dinge, die einfachhin »einmal so waren«, Dinge, die früher vielleicht auch mit Recht in dieser Weise bestanden, die aber eben heute nicht mehr so sein können und nicht mehr so sein sollen, weil sie der heutigen konkreten Situation nicht mehr entsprechen. Wieweit und wo die genauen Grenzen zwischen dem Aufrechterhalten ihres Wesens und dem Verbleiben bei ihrer Botschaft – und zwar in einer lebendigen Konkretheit ihrer Zukunft – einerseits und den Dingen andererseits liegen, die die Kirche aufgeben kann und soll, das ist natürlich im einzelnen sehr schwer zu sagen. Die Kirche ist und bleibt immer eine geschichtliche Größe, eine außerordentliche Wirklichkeit geschichtlicher Bedingtheit, und kann nie eine abstrakte Größe werden, die sich gleichsam einmal so gereinigt hat, daß sie gar nicht mehr in der konkreten und sich immer wieder neu wandelnden Geschichte steht. Deshalb muß dieser Tatsache, daß also auch die Kirche der Zukunft eine geschichtlich bedingte Kirche sein wird, dadurch Rechnung getragen werden, daß die Kirche nicht ewig auf ihrer alten Gestalt, auf ihren herkömmlichen Verfahrensweisen (wie z. B. ihrem alten Tonfall des Predigens, des Normen-Verkündens usw.) beharrt.

Die Synode, um die Chance der geschichtlichen Stunde nicht zu verpassen?

Die Gefahr, die ich sehe, ist die, daß man die Stunde, die Chance verpassen kann. Wir haben es ja in der Geschichte erlebt. Es hat christliche Länder gegeben, in denen heute keine Kirche mehr existiert. Denken Sie an Nordafrika und an Kleinasien: Dort befinden sich bekanntlich alte Bischofssitze, von denen unsere

Weihbischöfe heute ihre Titel beziehen. Eine Kirche, die gekommen ist, kann also gehen, sie kann abhanden kommen. Wir haben nun in der Bundesrepublik die Gemeinsame Synode der Bistümer gehabt mit all ihren Papieren und Beschlüssen. Ich finde, es gibt zumindest zwei sehr vorzügliche Texte, die zu lesen sich lohnt, und die des Nachdenkens wert sind. Ich denke an das Papier über die Hoffnung und an das Papier über die Arbeiterschaft. So deutlich wurde doch wohl im deutschen Katholizismus diese verpaßte Chance noch nie genannt. Wenn nun aber in der Bundesrepublik die Kirche der Zukunft konzipiert wird, besteht dann nicht die Gefahr, daß man eben nicht mehr jene ganze Botschaft der Kirche vermittelt?

Ich würde sagen, selbstverständlich birgt eine konkrete, regionale Kirche immer die Gefahr in sich, gewisse Aufgaben, die sie hat und die sie auch wahrnehmen könnte, zu versäumen und dadurch die Chance einer geschichtlichen Stunde zu verpassen. Ich nehme darüber hinaus durchaus an, daß wir heute in Deutschland befürchten müssen, solch eine Stunde eines blutigen Sich-Konfrontieren-Lassens mit der anstrengenden Zukunft zu verpassen. Konkret ist die Sache natürlich immer sehr schwierig, denn die Frage ist ja gerade die: Worin besteht der Anruf dieser konkreten Stunde, und was müßte man tun? Daß zum Beispiel die Synode sich relativ viele Papiere zuletzt vorgenommen und dann auch noch recht viele verabschiedet hat, das zeigt für mein Gefühl einen rührenden Willen, der Sache zu entsprechen. Es zeigt vielleicht aber auch ein bißchen, daß man nicht so recht wußte, in welche Kerbe man nun eigentlich hauen sollte und was die wenigen, gewissermaßen archimedischen Punkte sind, an denen man die Sache voranbewegen könnte. So hat man doch über fast alles sehr gut, sehr klug, sehr engagiert geredet, aber am Schluß hat vielleicht der einzelne Christ und auch vielleicht der einzelne Pfarrer und der Pfarrgemeinderat den Eindruck, man wisse immer noch nicht, was nun eigentlich die Stunde gebietet.

Sie haben dieser Synode vorgeschlagen, doch zunächst einmal ein Grundkonzept zu entwickeln; man müsse doch wenigstens einmal wissen, worauf man hinauswolle. Herausgekommen sind achtzehn Beschlüsse und sechs sogenannte Arbeitspapiere, das heißt also Papiere, die von Kommissionen erarbeitet worden sind, ohne noch einmal vom Plenum diskutiert und abgewickelt worden zu sein[1].

Die Möglichkeiten institutionalisierter Modellfindung sind ja zunächst einmal mit dem Konzil der Weltkirche und der Synode ausgeschöpft. Solche Treffen kann man ja nicht beliebig oft wiederholen.

Auf der einen Seite bin ich natürlich auch der Meinung, daß alle Institutionalismen, alle Gesetze, alle Normen etc. jene Dinge nicht ersetzen können, die man christlich »Geist«, »Begeisterung«, »innerer, vom Geist Gottes bewirkter Eifer« nennt. Auf der anderen Seite werden solche institutionalisierten Strukturen ihren positiven Sinn haben. Ich glaube, daß man auf der Synode ein wenig vor lauter Bäumen den Wald nicht mehr gesehen hat, denn sonst wären ja diese vierundzwanzig Papiere vermutlich gar nicht entstanden. Es gab meiner Erinnerung nach keine grundsätzliche Generaldebatte darüber, was eigentlich auf der Synode geschehen müßte. Die vorbereitenden Kommissionen haben einen ungeheuren Katalog von Themen entwickelt, so daß wirklich alles und jedes irgendwo seinen Platz gefunden hatte. Die Zentralkommission hat dann die einzelnen Kommissionen mit einzelnen ausgewählten Themen betraut, aber die Frage, welches der oder die eigentlichen archimedischen Punkte wären, bei denen die Synode wirklich nach einer langen, kämpferischen Debatte einen Beschluß hätte fassen können – diese allgemeine Überlegung hat es auf der Synode nicht gegeben. Ich würde nicht sagen, daß die einzelnen Papiere nicht gut und nützlich sind, aber ich meine, da fehlte irgendetwas.

Auf der Synode und besonders wieder nachher waren die Bischöfe die Führungsautoritäten. Wie stehen Sie dazu?

---

[1] Vgl. Gemeinsame Synode der Bistümer in der Bundesrepublik Deutschland, Freiburg/Br., Bd. I, 1976 und Bd. II, 1977.

Selbstverständlich, die Bischöfe haben ja immer – teils mit Recht, teils manchmal auch nicht ganz mit dogmatischem Recht – ihren autoritativen Führungsanspruch in der Kirche unterstrichen. Nach der Synode geht manche Angelegenheit gewissermaßen an die Bischöfe zurück. Bei aller Mitwirkung kirchlicher Gremien in mehr oder minder demokratischer Weise sind nun die Bischöfe gefragt, was sie aus der Synode machen. Hier aber würde ich meine zuerst genannte Befürchtung noch einmal unterstreichen, denn der Episkopat weiß auch nicht so recht – er hat zumindest in keinem Beschluß darüber Rechenschaft abgelegt –, in welche der vierundzwanzig Kerben, die mit dieser Synode gegeben sind, er nun eigentlich wirklich hauen soll. Um dies also boshaft weiter zu sagen: Daß man in alle vierundzwanzig Kerben wird hauen können, dies zu glauben übersteigt meine Hoffnung oder meine Erwartung. Wenn die Bischöfe das aber nicht tun, dann müßten sie natürlich sagen, wo denn die entscheidenden Punkte sind, an denen man wirklich weiterkommen könnte und weiterkommen müßte. Angesichts der Handlungsweisen der Bischöfe wird doch sehr oft der Eindruck entstehen, daß sie im Einverständnis mit Rom handeln müssen, daß sie die Einheit der Kirche zu bewahren gezwungen sind und viele Dinge gar nicht entscheiden können, weil sie in römische Kompetenz fallen. Insofern habe ich den Eindruck, daß – bei allem Respekt vor Rom und vor der einmaligen Stellung des Papsttums – in der römisch-katholischen Kirche die deutschen Bischöfe zu wenig Initiative, auch Rom gegenüber, entfalten. Die deutsche Kirche ist doch nach dem Verständnis des Zweiten Vatikanischen Konzils nicht einfach bloß ein Verwaltungsbezirk einer homogenen, universalen Weltkirche, sondern eine eigenständige Kirche, die nicht nur in Kleinigkeiten – etwa in Sachen Kirchenschmuck, Altarschmuck oder in Hinsicht auf die »Bekleidung« der Pfarrer – Eigenständigkeit hat, sondern sie ist eine Kirche, die durchaus ein eigenständiges, eigengeprägtes Leben haben sollte. Aber ich muß sagen: Wenn ich auf die Synode zurückblicke, dann finde ich, daß gerade die Frage der *viri probati,* die Frage der Behandlung wiederverheirateter Katholiken, die Problematik der Laienpredigt etc. einfach zu sehr nach Rom abgeschoben worden sind. Selbst wenn man sagt, diese und jene Dinge seien undogmatischer Art, sie seien aber von allgemein kirchlichem Interesse, dann sehe ich als Dogmatiker deswegen noch lange nicht ein, warum über solche Dinge erst dann etwas von Bischöfen gesagt werden kann, wenn Rom diese Antworten selbst schon für die Gesamtkirche gegeben hat. Ich glaube z. B., daß man über die Frage der Behandlung Wiederverheirateter durchaus Genaueres und Praktikableres hätte sagen können, als es auf der Synode geschah. Ich bin darüber hinaus der Meinung, daß die deutschen Bischöfe durchaus das Recht hätten, darüber etwas zu sagen, ohne vorher das Problem durch alle römischen Instanzen laufen zu lassen.

Erwarten Sie, daß unsere deutschen Bischöfe nicht in jeder Hinsicht jedem römischen Wink nachgeben, sondern daß sie von ihren Rechten Gebrauch machen, von den Rechten, die ihnen auch das Konzil gegeben hat?

Ja, das würde ich erwarten. Ich rechne damit, daß Zeiten kommen werden, in denen die Inanspruchnahme einer größeren Eigenständigkeit seitens der Regionalkirchen von der allgemeinen weltkirchlichen Situation her gar nicht vermieden werden kann, so daß Rom dann zwangsweise einsieht, daß es immer noch Rom bleiben kann und der Papst Papst bleiben kann, ohne daß ein solcher Zentralismus weiter praktiziert wird.

Müssen es die äußeren Verhältnisse sein, die die Kirche zwingen...

Nein, es müßte nicht so sein, aber es wird oft so sein. Man braucht nur in die Kirchengeschichte zu schauen: 1790 hätten – vielleicht lediglich in Besinnung auf die allgemeine gesellschaftliche Situation – die deutschen Fürstbischöfe auch von selber einsehen können, daß ihre Zeit abgelaufen war. Aber es mußte Napoleon kommen, um ihnen dies beizubringen. Sie waren daraufhin furchtbar erschrocken und meinten, die

Kirche ginge zugrunde. Dreißig Jahre später hat man jedoch gemerkt, daß man durchaus auch ohne diesen mittelalterlichen Feudalismus christ-katholisch, bischöflich und päpstlich sein kann.

Wird bald die Kirche entbehrlich?

Aber damals, Pater Rahner, geschah das Ganze noch auf der Basis einer Volkskirche. Was wir jedoch heute erleben, ist das Auseinanderfallen dieser Volkskirche. Es stellt sich ja nicht nur die Frage, warum die Leute die Dienste der Kirche nicht mehr in Anspruch nehmen, und es geht hierbei auch weniger um die Frage, weshalb in den Großstädten viele Kinder nicht mehr getauft werden, sondern entscheidend dreht sich die Problematik um die tatsächliche Erfahrung, ob ein Mensch ohne Kirche und ohne ihre Ansprüche, Dienste und Auskünfte in dieser Welt als guter Mensch, anständig, erfolgreich, fair, solidarisch leben kann. Wir haben doch heute einen Erfahrungshorizont, der – subjektiv gesehen – die Kirche entbehrlich machen kann. Sehen Sie eine Möglichkeit, den Horizont subjektiver Erfahrungen aufzubrechen, das heißt den Leuten zu sagen, daß es damit eben nicht getan ist, bloß Mitmensch zu sein, Mitverantwortung zu tragen?

Zunächst einmal würde ich die Tatsache, die Sie beschrieben haben, als faktisch gegeben anerkennen. Es ist damit natürlich nicht die theologische Frage beantwortet, wieweit solche anständigen Leute, die mit ihrem Leben fertigzuwerden behaupten, dies auf lange Sicht und in der ganzen Länge, Breite und Tiefe ihres Lebens tatsächlich fertigbringen. Zweitens wäre es natürlich eine weitere theologische Frage, inwieweit und auf welche Weise auch letztlich nachweisbar immer noch ein Rest geschichtlichen Christentums einem solchen Leben zugrunde liegt und in welchem Maße das darin verborgen ist, was wir »Gnade Gottes« nennen. Zweifellos wird es natürlich auch so sein, daß viele Dimensionen des menschlichen Bereichs ohne eine unmittelbare Leitung seitens der Kirche und des institutionell verfaßten Christentums auskommen und weiterhin auskommen werden. Aber ich bin davon überzeugt, daß es letzte Lebensfragen gibt, die eben doch auch die objektivierte und – wenn Sie so wollen – institutionalisierte Antwort nur durch das kirchliche Christentum bekommen. Wieweit und wieviele konkrete Menschen heute und in der Zukunft diese Antwort als ihre eigene durch die Gnade Gottes aus der Mitte ihrer eigenen Existenz kommende Antwort annehmen werden, das wage ich nicht vorherzusagen. Ich bin aber davon überzeugt, daß es in der Welt – um einmal ganz vorsichtig zu sein – immer eine greifbare Zahl von Menschen gibt, bei denen die innerste Lebensfrage und die innerste von innen kommende Antwort einerseits und das im Sakrament, im Wort und in kirchlicher Institution objektivierte Christentum andererseits sich zu einer Einheit begegnen. Im übrigen ist es doch nicht so, daß das Christentum von heute sich irgendwie überflüssig und altmodisch vorkommen müßte – auch nicht angesichts der faktischen, modernen Welt. Warum denn auch? Denn ich möchte eine letzte Antwort auf das tiefste Geheimnis, das ich mir selber bin; ich möchte etwas mit Gott zu tun haben; ich möchte eine letzte Hoffnung auf die Endgültigkeit und die wahre Wirklichkeit meiner Existenz haben. Ich möchte nicht in der Banalität des Alltags aufgehen; ich möchte mich auch solidarisch wissen mit den Menschen der Vergangenheit, die nicht einfach nur die Voraussetzung einer irgendwie utopischen Zukunft von Glück und Konsum sind. Wo gibt es denn für alle diese und hundert andere ähnliche Fragen eine Antwort außer im Christentum? Denn die eigentliche Botschaft des Christentums besteht gerade in der Antwort auf jene angedeuteten Fragen, in dieser letzten einen Hoffnung. Von da aus, aus einer solchen Erfahrung heraus, kann ich im Grunde genommen erst das ganze detaillierte System des christlichen Glaubens überhaupt einigermaßen sinnvoll verstehen und annehmen.

34 Die Sorge um den richtigen Begriff des Christlichen

Gespräch mit *Michael Albus* im ZDF anläßlich des Erscheinens von »Grundkurs des Glaubens« (1976)

Pater Rahner, Ihr Buch »Grundkurs des Glaubens« ist zweifellos das theologische Buchereignis dieses Jahres. In der Verlagsankündigung steht der Satz, daß dieses Buch ein Vermächtnis Karl Rahners an die Nachwelt darstelle. Es ist von einer Gesamtschau die Rede. Sie selbst sagen aber im Vorwort, daß der Leser nicht erwarten dürfe, eine abschließende Zusammenfassung Ihrer theologischen Arbeit darin zu finden. Was ist dieses Buch nun eigentlich?

Ein Vermächtnis schreibe ich überhaupt nicht. Dieses Buch ist natürlich insofern eines, das meine ganze Theologie wiedergibt, als es thematisch eben so mehr oder minder das Gesamte der katholischen Dogmatik umkreist. Aber es ist auf der anderen Seite auch wieder nicht die Zusammenfassung meiner theologischen Lebensarbeit, wenn man das so sagen darf; auch deswegen nicht, weil in meinen anderen Werken sehr viele Einzelthemen viel genauer, viel tiefschürfender behandelt worden sind, als es in diesem Buch überhaupt möglich ist.

Sie sagen, Sie wollen das Christentum, seinen »Begriff« in die Verstehenshorizonte eines Menschen von heute einrücken, so gut es geht. Ich habe ein wenig Sorge, daß der Mensch von heute das Buch nach den ersten fünfzig Seiten zuklappt und fragt, ob man das alles so kompliziert sagen muß? Kann das nicht einfacher gesagt werden?

Diese Sorge teile ich, und ich spreche ja diese Sorge in meinem Vorwort aus[1]. Aber sehen Sie, es gibt natürlich doch Themen, die man nicht einfach beliebig auf jedwedes denkbare Niveau, jedes denkbaren Lesers senken kann. Sie können Atomphysik

---

[1] Vgl. dazu auch: *K. Rahner* zu »Grundkurs des Glaubens« in: Schriften zur Theologie, Bd. XIV, Einsiedeln 1980, 48f.

im Grunde genommen nun auch nicht so darstellen, daß jeder am Abend bevor er einschläft, so etwas mit Verstand lesen kann. Ich hoffe auch, daß es Multiplikatoren gibt, wie man das heute so nennt, die dieses Buch lesen, durcharbeiten, sich die nötige Mühe geben und dann schauen, wie sie das eigentlich und letztlich Gemeinte anderen Leuten verständlicher mitteilen können, nachdem ich es einmal auf meine Weise zu sagen versuchte.

Wenn Sie es knapp formulieren müßten, was würden Sie dann zur Absicht und zum Motiv Ihres Werkes sagen?

Ich möchte dem Leser im Grunde genommen nur das Einfache sagen, daß der Mensch immer und überall und zu allen Zeiten, ob er es weiß oder nicht, ob er es reflektiert oder nicht auf das unsagbare Geheimnis seines Lebens verwiesen ist, das wir Gott nennen und daß er im Blick auf Jesus den Gekreuzigten und Auferstandenen die Hoffnung haben kann, daß er mit seinem Leben jetzt und erst recht nach seinem Tod bei diesem Gott als seiner eigenen Vollendung ankommen wird.

35 Hörer der Botschaft

Gespräch im FS 2 des ORF anläßlich der Verleihung des Innitzer-Preises durch Kardinal *Franz König,* Wien (1976)

Es ist mir persönlich eine besondere Freude und Genugtuung, Herrn Professor Rahner, den großen Innitzer-Preis überreichen zu können. Ich darf noch eine kleine Anekdote anfügen. Vielleicht weiß er es selbst nicht mehr. Im Jahre 1962 habe ich ihn brieflich eingeladen, ob er nicht als Konzilstheologe mit mir nach Rom gehen wolle. Daraufhin antwortete er, er sei noch nie in Rom gewesen und hätte Angst vor dieser Aufgabe. Inzwischen hat er diese Angst abgelegt, und ich freue mich, daß ich Pater

Rahner jetzt diesen Preis überreichen darf – nicht zuletzt auch in Anbetracht dieser Verbindung, die so viele Jahre zurückliegt. Herzlichen Glückwunsch.

Meines Wissens – aber vielleicht täusche ich mich – ist der Kardinal-Innitzer-Preis, den der Herr Kardinal und das Kuratorium mir zuerkannt haben, zum ersten Mal einem Nicht-Österreicher zugesprochen worden und zum ersten Mal einem Theologen. Beides ist gewiß nicht einfach selbstverständlich, sondern muß als eindrucksvolles Zeichen der Geistesfreiheit dieses Kuratoriums dankbar gewürdigt werden. Ich kannte den Kardinal, dessen Name der Preis trägt, denn ich stand zwischen 1939 und 1944 im Dienst seines Seelsorgeamtes. Er hat mich davor bewahrt, zum Militär des damaligen Regimes gezwungen zu werden. Sie, Herr Kardinal König, haben mich als Theologen zum Zweiten Vatikanischen Konzil nach Rom mitgenommen. Dies war, so meine ich, gerade damals nicht selbstverständlich.

Eine Summe der Theologie heute?

Herr Prof. Dr. Rahner, Sie haben im Herbst ein Buch veröffentlicht, das Sie »Grundkurs des Glaubens«[1] nennen. Mir scheint, daß es vor dem Hintergrund Ihres umfangreichen Schrifttums zwei Besonderheiten aufweist: Es ist einmal eine Zusammenfassung des Christentums, und es wendet sich zum anderen an einen wissenschaftlich, aber nicht unbedingt theologisch-wissenschaftlich vorgebildeten Leserkreis. Zur ersten Frage: Ist es überhaupt möglich, heute noch so etwas wie eine Summe der Theologie anzubieten?

Ja, in dem Sinne einer völlig ausgebauten Sache, die allen Erfordernissen einer modernen theologischen Wissenschaft Rechnung trägt, kann man so etwas natürlich heute nicht mehr machen. Wenn Sie denken, daß die mehrere tausend Seiten

---

[1] Freiburg/Br. [12]1982

umfassende neue katholische Dogmatik *Mysterium Salutis* von einem sehr großen Kreis Fachgelehrter geschrieben worden ist, dann ist natürlich klar, daß ein einzelner in diesem Sinne allein für sich nicht mehr wissenschaftlich arbeiten und dabei eine ganze Summe des Glaubens schreiben kann. Das ist hier allerdings auch nicht beabsichtigt, denn es soll lediglich eine erste Einführung in das Ganze des Christentums sein. Wie weit es eine Summe meiner eigenen Theologie ist, das ist noch eine andere Frage.

Wenn man aber doch eine »Zusammenfassung« – mag man es auch nicht so in der Theologie nennen –, aber doch eine Zusammenfassung, eine Einführung in den Begriff des ganzen Christentums schreibt, so muß man ein Konzept haben, man muß von etwas ausgehen. In letzter Zeit ist in vergleichbaren Veröffentlichungen immer wieder von der Figur Jesu Christi ausgegangen worden. Das tun Sie nun eigentlich nicht, obwohl im sechsten Kapitel Jesus einen Hauptteil des Buches einnimmt. Von welchem Konzept gehen Sie aus, um dieses Ganze aufzurollen?

Vom Hörer der Offenbarungsbotschaft ausgehen

Es wird natürlich auch heutzutage keine allein-seligmachende Methode mehr geben, der gemäß man eine solche Gesamtdarstellung oder -einführung in das Christentum aufbauen sollte. Aber ich meine, es ist durchaus sinnvoll, vom Hörer der Offenbarungsbotschaft auszugehen. Es ist deshalb zunächst zu fragen, welchen Hörer das Christentum voraussetzt, um so diesem Hörer gewissermaßen sein eigenes Selbstverständnis anzubieten und ihn zu fragen, ob er das Gesagte in sich realisieren kann. Dann müßte man von Gott sprechen, von der Heilsgeschichte im allgemeinen und dann eben zu Jesus Christus kommen als Gottes Sohn und als dem unüberbietbaren Gipfelpunkt dieser Heilsgeschichte. Daraus müßte man dann schließlich Konsequenzen für die Kirche und für christliches Leben ziehen. Diese Skizze ist natürlich ein Aufbau, der nicht den Anspruch erhebt, der einzig denkbare zu sein. Aber ich denke, daß dies ein sinnvoller möglicher Aufbau ist, und mehr soll es nicht sein.

Sie schreiben also für einen Menschen, der zwar denkt, dem es wichtig ist, die Anstrengung des Begriffs auf sich zu nehmen, der aber doch nicht wissenschaftlich-theologisch denkt. Ist es aber möglich, heute noch die wissenschaftliche Theologie, die ja Ihrem Ansatz zugrunde liegt, einem solchen Menschen, also einem Nicht-Theologen zu vermitteln?

Nun, ich will dem Nicht-Theologen im allerletzten nicht theologische Wissenschaft, sondern ein Verständnis des Christentums und seiner Botschaft vermitteln. Natürlich ist damit ein Typus von Menschen angesprochen, von deren Anzahl ich nichts weiß. Wenn mir jemand sagt, das Buch sei viel zu schwierig für ein großes und breites Publikum geschrieben, dann würde ich sagen: Gut, dann sollen es eben die lesen, die mit ihm fertig werden können. Wenn das schließlich Priester, Theologen, Verkündiger sind, dann müssen diese dann eben noch einmal überlegen, wie sie das so Gesagte für ihren eigenen Zuhörerkreis umsetzen können.

36 Umkehr in die Zukunft

Gespräch mit *Peter Pawlowsky* im FS 1 des ORF (1976)

Weihnachten – Fülle und Wende der Zeit?

Herr Professor Dr. Rahner, die Christen haben gestern Weihnachten gefeiert, und sie reden deshalb von der Menschwerdung Gottes und von der Fülle und Wende der Zeit. Wenn ich nun versuche, den emotionellen Hintergrund zu schildern, auf dem solche Worte formuliert werden, so glaube ich, daß alle Jahre wieder Erwartungen hochgespielt werden, die im Grunde genommen immer wieder enttäuscht werden. Man muß sich nämlich fragen – und zwar jeder einzelne, der Weihnachten feiert –: Ist das wirklich die Wende der Zeit; ist das für mich die Fülle der Zeit; was ist da eigentlich geschehen, und was feiern wir hier eigentlich? Ja, und so wechseln zyklisch, würde ich sagen, alle Jahre wieder Erwartungen, Enttäuschung und Resignation, denn was hat sich eigentlich geändert für den Christen durch das, was hier gefeiert wird?

Gewiß, daß ein Christ in seinem eigenen Leben und im Erleben seiner eigenen Geschichte, in seiner eigenen Gesellschaft und Zeit, in einem dauernden Wechsel von erfüllten und enttäuschten Erwartungen lebt, dies alles gehört zunächst einmal zum menschlichen Leben, das in Geduld und natürlich in Hoffnung ausgetragen werden muß. Aber trotzdem hat der Christ, so würde ich sagen, eine absolute Hoffnung für die schlechthinige, unbedingte Erfüllung seines Daseins, die zwar noch aussteht, die noch Zukunft ist, aber die durch jenes Ereignis, das wir zyklisch an Weihnachten begehen, eine absolute, feste und für uns greifbare Verheißung erhalten hat.

Wenn man aber diese Geschichte, seitdem Jesus von Nazaret in die Welt gekommen ist, ansieht, so kann man doch meinen, daß sich nicht viel geändert hat.

Zunächst einmal würde ich sagen, daß man nach einem äußeren Eindruck urteilend durchaus sagen kann: Die Weltgeschichte war ja schon lange vor Jesus durch Jahrtausende hindurch im Gange, vielleicht sogar durch Jahrmillionen – wer weiß das genau zu sagen. Auch nach Jesu Lebzeiten hat sich an der Geschichte nicht viel geändert. Es finden immer noch Kriege statt, es gibt immer noch Elend, immer noch Verzweiflung. Es gibt immer noch Hunger, und es wartet auf jeden Menschen immer noch der Tod. Insofern scheint sich allerdings wirklich nicht sehr viel geändert zu haben.

Man müßte das alles sogar noch verschärfen, denn auch in der Geschichte der Kirche, die ja gerade dieses Weihnachtsereignis pflegt, hat es doch vieles gegeben, das nicht nach Wende aussieht. Man braucht ja nur an die Hexenprozesse zu denken, an die Inquisition, an den Widerstand gegen manche Befreiung, an die Arbeiterfrage im vorigen Jahrhundert. Man kann eine ganze Menge aufzählen, anhand dessen man sagen kann, auch innerhalb der Kirche sei das Heil keineswegs ausgebrochen.

Freilich ist die Kirche nicht eine Oase paradiesischer Art, in der alles ganz anders oder viel herrlicher und wunderbarer ist, als außerhalb dieser Grenzen in dem sogenannten »profanen Bereich«. Nein, die Kirche besteht aus sündigen Menschen, ist also eine Kirche der Sünder. Ja, sie ist sogar selbstverständlich, obwohl wir sie als die heilige bekennen, eine sündige Kirche, die die Last des Menschseins, die Geschichte der Armseligkeit, der Enttäuschungen mittragen muß und die eigentlich gerade darin und nicht in der Oase der Seligkeit den Glauben an die unendliche Zukunft bewahren, realisieren und weitertragen muß. Wenn wir von der »Wende der Geschichte«, von der »Fülle der Zeit« reden, wenn wir Christen mit Recht eine sehr radikale Zäsur durch die Menschwerdung Gottes, durch das Kommen des Gekreuzigten und Auferstandenen bekennen, dann bedeutet das ja nicht, daß vorher eine schlechterdings gnadenlose, von Gottes Vorsehung, von der Kraft seiner Gnade, seiner Zuwendung zur Welt und von seiner Liebe nicht getragene Menschheitsgeschichte gewesen wäre. Wir bekennen ja im Credo immer wieder »den Heiligen Geist, der gesprochen hat durch die Propheten«. Mit anderen Worten: Auch vor Jesus gab es im Grunde genommen schon eine im letzten christliche, das heißt eine von der Gnade getragene und auf die letzte Vollendung durch Gott hingetriebene Geschichte.

Oder: ein Meilenstein der Geschichte?

Also kann man unter dem Ereignis der Menschwerdung Jesu doch keine Zäsur und deshalb auch keine besondere Wende, sondern sozusagen nur einen »Meilenstein« der Heilsgeschichte sehen?

306

Ja, auf den ersten Blick scheint, gemessen an der äußeren Erscheinung der Geschichte vor und nach Jesus, jenes denkwürdige Hell-Dunkel von Gottes Klage, Licht und Treue einerseits und der Armseligkeit, Endlichkeit und Geschichtlichkeit des Menschen andererseits genau deshalb dasselbe zu sein, weil eben die Geschichte vor Jesus im Grunde genommen schon eine christliche Geschichte war. Wenn Sie nun fragen, inwiefern aber dann trotzdem eine wirkliche und echte Zäsur gegeben ist, dann würde ich sagen: einfach deshalb, weil durch Jesus und in ihm, dem Auferstandenen, Gott die Welt so angenommen hat, daß er in seinem mächtigen und sich auf die Dauer durchsetzenden Heils- und Seligkeitswillen nicht mehr zurück kann. Vor Jesus bestand sowohl in der Erfahrung der Glaubens- wie in der Erfahrung der Weltgeschichte das Drama aus der Frage, ob die Geschichte gut oder schlecht ausgehen wird. Durch Jesus und mit Blick auf ihn wissen wir jetzt erst sicher: Diese Geschichte, die immer noch weitergeht, dieses immer noch sehr schädlich und entsetzlich und furchtbar in den Tod verfallend aussehende Drama der Weltgeschichte geht eben für alle diejenigen gut aus, so würden wir vielleicht mit der Schrift sagen, die da glauben, auf Gott vertrauen und ihrem Gewissen folgen – wenn auch dieser gute Ausgang noch entfernt ist, offen, ambivalent, gleichsam ein Angebot ist an die Freiheit der Menschheitsgeschichte. Das alles ist aber keine Selbstverständlichkeit, sondern es ist, so möchte ich sagen, beinahe ein unglaublicher Optimismus, den ein Christ trotz seiner sehr enttäuschenden Erfahrung mit der Weltgeschichte hat und aufrecht erhält, und zwar allein im Blick auf Jesus.

Hat das nicht in der Kirchengeschichte oft dazu geführt, daß man gesagt hat: Das Reich Gottes ist angebrochen, und wir realisieren es nun über den Tod und das Leben der jetzt Lebenden hinweg? Hat es nicht dazu geführt, daß man oft meinte, man könnte diese Utopie mit Gewalt, mit Druck in die Wirklichkeit umsetzen? Aber es ist doch dieses gute Ende immer noch ausständig.

Dieses gute Ende ist immer noch ausständig. Zwei Dinge aber sind zu unterscheiden: Weder die Kirche noch die profane

Gesellschaft dürfen so tun, als ob sie durch ihr eigenes Bemühen, das ja nach allen Seiten immer wieder am Tod des Menschen scheitert, dieses Reich der ewigen Versöhnung, des Lichtes und der Herrlichkeit Gottes selber hier im Laufe der Geschichte erzwingen und herbeiführen könnten.

Heißt das also, daß der Fortschritt, die Humanisierung, also alles, worum sich die Menschen bemühen, für das Heraufkommen des Reiches Gottes irrelevant sind?

Nein, keineswegs, denn zu der eben gesagten ersten These muß ich noch hinzufügen: Überall, wo durch ein individuelles und gesellschaftliches Bemühen nach Kräften – bei allem Realismus – dafür gesorgt wird, daß es etwas anständiger, etwas liebevoller, etwas gerechter, etwas humaner in der Welt zugeht, kann man sagen, daß alle diese Versuche konkreter Realisationen des wirklichen Glaubens an das von Gott her auf uns in der Geschichte zukommende Reich Gottes sind. Wenn ich frage, was eigentlich »christlich glauben« heißt, dann darf ich nicht sagen: Das heißt, »den Spatzen in der Hand halten« und nebenbei noch die angebliche Hoffnung hegen, daß es trotz aller Fürchterlichkeit der Weltgeschichte irgendwo doch zu einem guten Ende kommt; sondern ich muß diesen Glauben in den Taten meines Lebens realisieren. Das bedeutet aber, daß ich diese Realisation, so könnte man vielleicht in unserem Zusammenhang einmal formulieren, nur dadurch echt, existentiell und wahrhaft vollziehen kann, daß ich aus Liebe zum Nächsten – bleiben wir jetzt ganz im Bild – diesen Spatzen in der Hand (unter Umständen) loslasse, um so zu bekennen, daß ich die ewige Vollendung durch die Tat Gottes erwarte. Sehen Sie, die sogenannten Konservativen scheinen mir oft die Leute zu sein, die da sagen: Das ewige Reich Gottes mag nur kommen, wir haben nichts dagegen, aber vorläufig versteifen wir uns einmal ängstlich und reaktionär auf das, was wir jetzt haben. Die sogenannten Progressiven dagegen scheinen mir oft jene zu sein, die meinen: Mag die heutige Zeit untergehen, wir schaffen auf dem Boden der sterbenden und geopferten Generationen von heute selber und aus eigener Macht das

Paradies der Zukunft. Zwischen diesen beiden Extremen bewegen sich, so glaube ich, die wahrhaft glaubenden Christen. Sie sind eigentlich nicht die stur Konservativen, die die Gegenwart behalten wollen, weil sie nicht wissen, was in der Zukunft kommt, und sie sind nicht jene, die die Gegenwart opfern zugunsten einer bloß ausständigen Generation. Christen sind Menschen, die glauben; das aber heißt auch, die immer dann, wenn die Zeit des Opferns da ist, dadurch den Glauben realisieren, daß sie an einer menschlicheren Zukunft arbeiten, Schritt für Schritt – ohne aber deswegen zu meinen, sie könnten das Reich Gottes schon so verwirklichen, daß es vor unserer Enttäuschung im Tod für uns oder für eine weitere Generation als das Reich Gottes gegeben sei.

Weihnachten und die Unbegreiflichkeit des Todes

Dann aber heißt es also doch noch einmal für den einzelnen, für das Leben des einzelnen: Die Kirche verschont uns auch nach Weihnachten nicht mit unbequemen Texten. Es wird deshalb auch wieder in diesem Jahr jene Stelle bei Lukas gelesen, die den Weltuntergang schildert. Gerade heute, am Tag nach Weihnachten, wird ja überdies das Fest eines Märtyrers gefeiert, das heißt also eigentlich die Ermordung eines Menschen. Der Tod ist einerseits überwunden, andererseits aber hat ihn jeder Mensch vor sich. Deshalb meine Frage: Ist nun der Tod überwunden, oder ist er es nicht?

Ich würde sagen, er ist im Glauben, in der Hoffnung, in der Zuversicht und in der Bereitschaft, ihn anzunehmen als das Kommen Gottes, überwunden. Er ist nicht so überwunden, daß wir ihn nicht ausleiden müßten und all das, was individuell für den einzelnen gegeben ist, der seinen Tod vor sich hat. Dies ist gewissermaßen die Signatur auch der Weltgeschichte als ganzer. Ob man aber nun die bildhaften, die apokalyptischen Schilderungen eher negativer Art in der Heiligen Schrift des Neuen Testaments, die ja sehr düstere und schwere Zeiten bezeichnen, wörtlich zu nehmen hat, oder ob diese Schilderungen lediglich die existentielle Haltung der Bereitschaft auch zum Untergang im eigenen Tod plastisch darstellen wollen, das mag hier eine Frage sein, die man auf sich beruhen lassen kann. Jedenfalls aber ist für den Christen in seiner eigenen, individuellen Existenz klar, daß er durch die Unbegreiflichkeit des Todes hindurchgehen muß. Er ist gefragt, wie er damit fertig wird. Nimmt er es an in einer letzten, glaubenden Gelassenheit und Hoffnung auf das, was wir erhoffen als die von uns unverfügbare Erfüllung, »Gott« genannt, oder nimmt er diesen Tod an in einer letzten, vielleicht verdrängten, aber wahren Verzweiflung, daß alles letztlich in einer Sinnlosigkeit des Todes endet. Insofern geht die eigentliche Frage dahin, ob wir im Glauben, in der Hoffnung und in der Liebe zum Nächsten den Tod überwinden, oder ob wir den Tod nur als das letzte Ende eines absolut sinnlosen Daseins grimmig und verzweifelt erleiden.

Trotzdem ist auch verheißen, daß der Tod einen Tod haben wird, daß der Tod zu Ende gehen wird und daß der Herr kommt. Was heißt das nun, »Kommen des Herrn«, wenn es mit Weihnachten, mit dem Anfang, mit diesem Jesus von Nazaret nicht getan ist? Woraufhin geht die Verheißung, daß Christus dann endgültig kommen wird?

In der christlichen Sprache unterscheidet man bekanntlich sehr oft zwischen einer »ersten Ankunft Christi« oder des ewigen Wortes Gottes an Weihnachten und einer »letzten Ankunft Gottes« in dem Menschensohn am Ende der Zeiten. Ich würde lieber sagen, diese Ankunft Gottes in seiner eigenen Weltgeschichte, welche als Ankunft die Weltgeschichte rettet und auf ein seliges Ziel hinbringt, hat selber einen Anfang und ein Ende. Gott hat sich schon eben in dem, was wir an Weihnachten bekennen, in diese Welt eingesetzt. Jetzt aber geht es vermutlich für unendlich lange Zeiten durch Enttäuschungen und Abstürze hindurch weiter, aber schließlich und endlich läuft es für den einzelnen wie für die Menschheit auf ein unwiderruflich festes Ziel zu, eben auf das Licht, den Frieden und die letzte

Versöhnung. Dieses Ereignis nennen wir dann die »zweite Ankunft des ewigen Gottes in dieser Welt«.

Das heißt: Das letztgenannte »Weihnachten« bezeichnet jenen Aspekt, demzufolge Weihnachten erst bevorsteht. Wie lebt aber nun der Christ in dieser Zwischenzeit? Es geht ja nicht nur um den Tod, sondern um die Endlichkeitserfahrungen, die wir ständig, die wir täglich machen. Wie wird man damit fertig? Immer wieder wird zwar erfahren, daß es einen Sinn gibt, aber er wird auch immer wieder zerstört.

Ich meine, die Erfahrung des Sinnes innerweltlicher Werte in der Liebe, in der Treue, in der Herrlichkeit, in der Schönheit, in der Wahrheit usw. sind einerseits endlich, und als solch endliche sind sie in ihrer Positivität eine Verheißung und in ihrer erfahrenen Endlichkeit ein Hinweis darauf, daß wir diese Einzelerfahrungen immer in der Hoffnung auf diese unend-liche Erfüllung übersteigen müssen. Das tun wir natürlich nur, wenn wir uns in einem gewissen Sinne diese gehabten, ergriffenen, genossenen innerweltlichen Werte immer wieder in einer bestimmten glaubenden Gelassenheit nehmen lassen können. In dieser Weise ist der Christ, möchte ich sagen, der Genießende und doch nicht der Genußsüchtige, nicht der die Gegenwart Auskaufende, wie es im Neuen Testament einmal heißt. Aber doch ist er derjenige, der sich weiterführen läßt, der das, was ihm gerade jetzt gegeben ist, sich auch hoffend wieder nehmen lassen kann, der trotzdem weitergeht und so in Geduld und Hoffnung sein eigenes Leben durchlebt, bis ihm, eben durch die dunkle Pforte des Todes hindurch, – nach seiner Hoffnung – das Ganze und die Fülle seines Lebens, die Gott heißt, auf einmal und für immer gegeben werde.

Wenn ich zu diesem Leben ja sage . . .

Daß überhaupt an diesen Sinn der einzelnen Erfahrungen geglaubt werden kann, ist also durch den Blick auf diesen Jesus ermöglicht, dessen Erscheinen in der Welt zu Weihnachten gefeiert wird. Darf ich eine persönliche Frage an Sie stellen? Sie sind als Theologe und Kirchenmann jemand, der sich für diesen Jesus entschieden hat. Kann man sagen, was Sie an diesem Jesus nicht losgelassen hat? Ich meine etwas, das Sie dermaßen nicht losgelassen hat, daß Sie ein ganzes Leben damit zu tun haben.

Das ist natürlich eine sehr intime und eine sehr umfassende Frage, auf die nur sehr schwer eine Antwort gegeben werden kann. Ich würde sagen, daß Ganze des Lebens Jesu, sein Wirken, sein Kreuz, seine Lehre und auch das, was wir Christen seine »Auferstehung« nennen, überzeugt mich als ein Ganzes, Einziges. Ich habe den glaubenden Eindruck, auf dieses Leben kann man sich gleichsam verlassen. Wenn ich zu diesem Leben ja sage, wird es in mein Leben – so gut oder so schlecht ich es vermag – aufgenommen. Wenn ich dieses Leben zum Gesetz meines Lebens mache und ich Glaube, Hoffnung und Liebe zu Gott und zum Nächsten realisiere – wie gesagt, so gut oder so schlecht, so schön oder so erbärmlich, wie man das eben fertigbringt –, dann hat man (oder: dann habe ich) die Hoffnung, daß dieses Leben eine sinnvolle, eine ewige Erfüllung erfährt.

Wie stellen Sie sich Ihre Zukunft vor, haben Sie sich das schon gefragt?

Nun, ich habe mir diesbezüglich nicht mehr viel vorzustellen. Nüchtern gesehen muß man sagen: Es stecken nicht mehr viele Möglichkeiten darin, aber dies macht ja auch nichts. Ich wußte von vornherein, daß ich einmal sterben muß, und ich will diese schlichte Tatsache nicht verdrängen. Ich will sie nicht aus meiner Berufszeit verbannen, als ob ich mit dieser fundamentalen Tatsache meines Lebens nichts zu tun hätte. Ich weiß natürlich auch nicht, was ich tun werde, wie es mir gehen wird, wie ich empfinden werde und ob ich das Sterben gleichsam geistig-personal fertigbringen werde, wenn diese Stunde aller Stunden kommt. Aber ich suche doch – so gut ich kann – so zu leben, daß ich, sobald diese Stunde kommt, vielleicht auch mit Jesus und mit manchem Heiligen sagen muß: Gott, mein Gott, warum hast du mich verlassen, um gleichzeitig mit demselben Jesus am Kreuz zu sagen: Vater, in deine Hände empfehle ich meinen Geist. Dann aber hoffe ich, daß dort, wo ich nichts mehr zu sagen habe, Gott mir sein volles, sein erfülltes, sein umfassendes Wort des Lebens, des Friedens, der Gnade und auch der Vergebung meiner Schuld sagen wird, auf daß ich dann trotz allem sagen kann: Es ist alles gut geworden.

37 Zum Streit um Adveniat

Gespräch mit der *WDR-Redaktion* anläßlich der Kritik gegenüber der Erklärung deutscher Theologen (1977)

Herr Professor Rahner, Sie haben die heftig kritisierte Erklärung zu Adveniat mitunterzeichnet. Wie stehen Sie jetzt dazu?
Ich möchte zur ganzen Sache drei Dinge sagen.
Erstens, wenn es vielleicht auch etwas egozentrisch klingt, so möchte ich doch zunächst bemerken, daß ich glaube, meine Unterschrift überlegt unter die in Frage stehende Erklärung deutscher Theologen gesetzt zu haben[1]. Ich habe mit anderen ein Buch über die Theologie der Befreiung herausgegeben, ich kenne nicht wenige südamerikanische Theologen, ich habe den Kern der Angelegenheit in Frankfurt letzten August mit einem lateinamerikanischen Theologen verhandelt, stundenlang. Ich kenne seit Jahren Arbeiter, Priester, Gruppen in Lateinamerika. Bei mir waren schon mehrere lateinamerikanische Bischöfe zu Besuch etc. Aber wenn ich mich deutlicher auf meine Gewährsmänner und Quellen drüben berufen würde, würde ich sie zu sehr gefährden.
Zweitens, unsere ganze Erklärung richtet sich intern und in

---

[1] Vgl. Angriff und Abwehr. Berichte, Kommentare und Dokumente zum Streit um Adveniat und die »Theologie der Befreiung«, hrsg. vom Studienkreis Kirche und Befreiung, Aschaffenburg 1979.

ihrer Stoßrichtung gar nicht gegen Adveniat, sondern gegen die von Bischof Hengsbach geleitete Gruppe, die sich »Kreis Kirche und Befreiung« nennt. Um das zu erkennen, muß man allerdings den ganzen Text unserer Erklärung lesen und darf sich nicht auf willkürliche Kurzmeldungen in der Presse oder sonstwo verlassen, die den Eindruck erwecken, es handle sich um eine Aktion gegen Adveniat. Es handelt sich um den Kreis Kirche und Befreiung, der allerdings personell und organisatorisch mit Adveniat verfilzt ist. Dieser Kreis aber verteufelt die lateinamerikanische Theologie der Befreiung als Ganzes und schlechthin als zum Kommunismus führend und darum als unkatholisch. Das aber ist keine Sache eines bloßen Theologengeplänkels, denn wenn lateinamerikaniche Militärdiktaturen, die mit Brachialgewalt gegen ihre Gegner vorgehen und sich doch als christlich deklarieren, sich auf einen europäischen Konsens darüber berufen könnten, daß die Theologie der Befreiung zweifellos eine unchristliche Sache sei, dann wird dieser akademische Streit zu einer Sache, bei der es Theologen und Priestern drüben um Kopf und Kragen geht. Darum mußten wir reden. Wir hätten natürlich sagen können, daß auch wir nicht mit allen Spielarten einer Theologie der Befreiung einverstanden sind, aber es würde die Theologie der Befreiung als Ganze pauschal verteufeln, und das ist einfach falsch, und darüber mußten wir reden.

Drittens, was auch immer Professor Norbert Greinacher außerhalb unserer Erklärung gesagt haben mag, ich und andere Unterzeichner der Erklärung haben nichts gegen Adveniat als solches. Unsere Absicht war nicht die Gebefreudigkeit der Katholiken diesem Werk gegenüber herabzumindern. Freilich haben wir auch unsere großen Bedenken gegen die personelle und organisatorische Verflechtung zwischen Adveniat und dem genannten Kreis. Wir fragen nach den finanziellen Quellen dieses Kreises. Wir zweifeln auch vorläufig immer noch an einer von den genannten Tendenzen des Kreises eindeutig unbeeinflußten Verteilung der Gelder durch Adveniat. Das ist es, was ich sagen wollte.

38 Kirche in säkularisierter Umwelt

Gespräch mit den Redakteuren der Herder-Korrespondenz,
Hans Georg Koch und *David A. Seeber,* (1977)

Mit unseren Zeitgenossen die Ratlosigkeit aushalten

*Herr Professor Rahner, man kann den Eindruck haben, die
Kirche befinde sich bei uns gegenüber einer Gesellschaft, die sich
immer deutlicher von ihr zu entfernen scheint, in einer tiefen
Ratlosigkeit, und dies trotz eines neu erwachten – vielleicht
trügerischen – kirchlichen Selbstbewußtseins, das aus Zeichen
einer religiösen Wiederbelebung und aus immer manifester
werdenden gesellschaftlichen Aporien einen Aufschwung für die
Kirche erwartet. Worin sehen Sie die Ursache für diese Bewußt-
seinslage?*

Das Verhältnis der Kirche zu der sie umgebenden Kultur und
Gesellschaft war in der Geschichte meistens viel problemati-
scher, als wir im Rückblick meinen, aber es war in der Regel
klarer konturiert als heute. Es gab Zeiten, in denen die Kirche
so eine Art Bannerträger der gesellschaftlichen und kulturellen
Entwicklung war, und es gab Zeiten, in denen sich die Kirche
entschieden und geschlossen dieser Entwicklung entgegenstell-
te, wobei aber diese Entwicklung selbst klare Konturen hatte.
Wenn die Kirche heute ratlos scheint, dann liegt das auch
daran, daß die Gesellschaft ratlos ist. Beides gehört zusammen,
und ich frage mich manchmal, ob das denn, vom Glauben her
gesehen, so furchtbar schlimm ist. Warum sollten gerade wir
Christen und die Kirche in einer Zeit der Ratlosigkeit überall
Bescheid wissen, statt mit unseren Zeitgenossen diese Ratlosigkeit auszuhalten? Und ich glaube, wir müssen uns vielleicht
darauf einstellen, daß die weitere Geschichte grauer und
verschwommener aussehen und weniger Raum haben wird für
große und klare geistige Profile.

*Wenn das tatsächlich so sein sollte, müßte dann die Kirche nicht
entweder imstande sein, Farbe in dieses eintönige Gemälde zu
bringen, oder aber an ihrer weiteren Zukunft irre werden?*

Ich glaube gar nicht, daß es für den Glauben auf so eine zukunftsprognostische Perspektive für die Kirche ankommt. Überlegen Sie sich mal, unter welchen Umständen etwa ein Jude im ersten christlichen Jahrhundert nach der Tempelzerstörung seinen Glauben an die Verheißungen Gottes bewähren mußte. Rein äußerlich gesehen war es ja für ihn zum Verzweifeln: das Heiligtum von Heiden zerstört, das Volk in alle Himmelsrichtungen zerstreut und überall von einer abweisenden anderen Kultur umgeben bzw. halb erstickt. Was ich sagen will: Es sind nicht die Zukunftsaussichten, die Hoffnung machen, sondern die Tatsache, daß trotz aller – vielleicht noch wachsender – äußerer Unscheinbarkeit immer noch Menschen da sind, die in einem letzten Ernst an Gott als das absolute Geheimnis ihrer Existenz glauben, die der unbedingten Verantwortung in ihrem Leben nicht ausweichen, die beten, die den Tod annehmen. Und wenn gar keiner mehr da wäre, verflucht und zugenäht, dann mache ich Gott eben die Freude, daß es mich noch gibt.

Ich fürchte, daß man sich zu bequem vertröstet über die Misere der Kirche

Aber wenn man unsere aktuelle Situation anschaut, stellt man doch zweifellos einen Umschlag von einem Optimismus im Gefolge der Aufbruchstimmung des Konzils zu der betrübten und enttäuschten Feststellung fortschreitender kirchlicher Erosion fest....

Die Frage ist, ob das mit dem Konzil im Grunde genommen etwas zu tun hat oder ob nicht das Konzil in einer durchaus sichtbaren Providenz Gottes gewisse Auffangstellungen gegenüber einer Entkirchlichung gebaut hat, die auf jeden Fall gekommen wäre, weil die Gestalt, die die Kirche von Pius IX. bis Pius XII. geboten hat, ganz gewiß nicht geblieben wäre. Die Situation ist da. Man muß sie vernünftig theologisch deuten. Man müßte sich klarer machen, unter welchem Konzept man

Existenz und Funktion der Kirche in dieser Welt sieht. Wenn wir die Kirche zu sehr sehen als das einzige Schiff auf dem stürmischen Meer der Welt, in dem man gerettet werden kann, dann kommen wir in theologische Schwierigkeiten. Wenn man aber mit dem II. Vatikanum das Kirchenverständnis mehr unter die Leitidee der Kirche als Sakrament des Heiles der Welt stellt, ist damit vielleicht auch ein Verständnis der Entkirchlichung der Welt gegeben, das es dem Christen weniger schwermacht, pessimistisch zu resignieren und gleichsam nur noch verängstigt das Ende des Christentums oder der Kirche abzuwarten.

Die theologische Deutung hängt aber in der Luft, wenn es nicht Zeichen dafür gibt, daß das zahlenmäßige Schrumpfen nicht alles bleibt, sondern daß die Kirche als »Sakrament« lebendig wirksam ist...

Es gibt solche Zeichen. Ich würde z. B. die Pfingstbewegungen, die es auch in der katholischen Kirche gibt, in ihrem charismatischen Enthusiasmus nicht von vornherein belächeln. Ich würde auch sagen: Gott sei Dank melden sich wieder ein paar Priesteramtskandidaten mehr für die Seminare. Aber ich würde gleichzeitig auch fürchten, daß man solche Zeichen der Hoffnung überschätzt und sich dann kirchenamtlich zu bequem vertröstet über die Misere der Kirche in unserer Zeit und deshalb nicht den Mut zu wirklich neuen Wegen der Evangelisation findet.

An diesem Mut scheint es gerade zu fehlen. Wenn wir nur einen Moment bei dem von Ihnen erwähnten Ansteigen der Zahl der Priesteramtskandidaten bleiben: Wird da kirchenamtlich nicht allzu vorschnell eine kleine Besserung zu einem großen Wandel umstilisiert, wodurch man sich gegen grundlegende Fragen absichert, die auf dem Sektor des priesterlichen und pastoralen Dienstes anstehen?

Da ist ohne Zweifel etwas Wahres dran, und ich halte es gar nicht für gut, wenn so getan wird, als ob man auf diesem Gebiet nicht einmal mehr Fragen stellen dürfte, als beständen für Veränderungen in der Ämterstruktur oder bei den Zulassungsbedingungen zum Amt in absehbarer Zeit keine Chancen. Aber noch viel wichtiger scheint mir, daß ja durch die kleinen Hoffnungszeichen, wie es die Zunahme der Seminaristen und die anderen vorhin genannten Dinge sind, die wirklich herausfordernden Schwierigkeiten nicht behoben sind: die Unfähigkeit zu beten, das Unvermögen, mit den Sakramenten etwas religiös Lebendiges, Lebens- und Existenztragendes anfangen zu können usw. Da müßte die Kirche in einem harten Realismus sehr viel mehr tun, als sie faktisch tut.

Wenn man nach neuen Elementen der Religiosität fragt, wird oft auf die Entwicklung kleiner Gemeinschaften und Gruppen verwiesen. Man spürt bei uns nicht sehr viel davon, in der Dritten Welt vielleicht mehr. Sind diese Gruppen aber nicht ein zu vielfältiges und zu unspezifisches Phänomen, als daß sie ein Gegengewicht gegen das Ausbluten der Pfarreien und die Entvölkerung der Orden darstellen könnten?

Wie groß solche Gruppen bei uns in Deutschland sind, weiß ich nicht, das ist auch schwer faßbar. Es gibt aber, so habe ich den Eindruck, überhaupt eine Wanderungsbewegung religiösen Lebens in weniger institutionalisierte, weniger kirchenamtlich geleitete Gruppen und Schichten von Menschen hinein. Das wäre gar nicht so schlimm. Wo steht es denn geschrieben, daß alle religiöse Initiative und Lebendigkeit schon gleich am Anfang kirchenamtlich abgesegnet, kirchenamtlich kanalisiert sein müsse, wie das im Normalfall die Bischöfe zu meinen scheinen?

Können solche Gemeinschaften aber halten, was manchmal von ihnen erwartet wird, oder läuft das alles in viele Gettos auseinander?

Es gibt sicher verheißungsvolle Ansätze der Neubildung wirklich christlicher Gemeinden von unten. Auch hier müßte die Amtskirche mutiger und unbefangener fördern und zulassen, als es üblich ist. Man sollte doch keinen Gegensatz prinzipieller Art zwischen Basisgemeinden und kirchenamtlich konstitutionalisierten Pfarreien schaffen. Warum könnte es nicht lebendige Pfarrgemeinden unter der Führung eines irgendwie ein bißchen charismatisch-lebendigen Pfarrers, der aus dem üblichen Seelsorgstrott herausbrechen kann, geben, die im Grunde genommen echte Basisgemeinden sind? Ich glaube, daß es auch solche Pfarreien schon gibt. Grundsätzlich sollten Basisgemeinden sich nicht als eine neidische oder überhebliche Konkurrenz gegenüber der normalen Pfarrei empfinden.

Sehen Sie in diesen Basisaktivitäten eine Chance oder eine Schwierigkeit für die Suche nach der Einheit der Kirchen?

Die Aktion 365 habe ich einmal in Frankfurt – ob es richtig war, sei dahingestellt – ermahnt, in ihren lebendigen Gruppen von katholischen und evangelischen Christen nicht so eine Art dritte Konfession zu entwickeln, wodurch dann das ökumenische Problem nicht gelöst, sondern noch erschwert werden würde. Solche Probleme sind natürlich mit den Basisgruppen gegeben. Aber wir müssen uns auch fragen, ob nicht gerade solche Gemeinschaften interessierte Nichtchristen irgendwie anziehen bzw. inkorporieren können oder ob das nicht geht.

Christliche Majorität in der Gesellschaft – früher und heute

Haben solche Gemeinden nicht um so mehr Chancen, je mehr sie nicht nur für sich selber christlich leben, sondern als ihre letztlich primäre Aufgabe das Zeugnis nach »draußen« sehen?

Wenn sie wirklich echt christlich lebendig leben, dann geben sie natürlich Zeugnis. Ich wollte auch die Frage der Chance nicht nur auf die Basisgruppen bezogen wissen, sondern auf all das wenige und erbärmlich wenige, was man überhaupt an Hoffnungszeichen nennen kann. Hinsichtlich dieser Chancen würde ich nüchtern und kritisch fragen, wozu und wofür soll das denn eine Chance sein? Soll das eine Chance sein, daß die Kirche gewissermaßen wieder in der großen gesellschaftlichen Öffentlichkeit jene dominierende Position zurückerobert, die sie vielleicht einmal gehabt hat? Geht es um die Chance, daß die Kirche nicht hinsichtlich der Zahl der getauften Christen zu sehr abnimmt, daß die Zahl der Gottesdienstbesucher, die Zahl der Paare, die sich kirchlich trauen lassen, nicht zu sehr abnimmt? Oder geht es um die Chance für das echte religiöse Leben des Gebetes, der Hoffnung auf Gott, des Fertigwerdens mit dem Leben, mit der grauen, irgendwie hoffnungsarmen, kulturell wenig begeisternden Zeit?

Das zweite und das dritte wird man nicht ganz trennen können...

Natürlich wäre sehr zu wünschen, daß die angesprochenen Gruppen zahlreicher und größer werden, daß lebendige Pfarreien nicht nur 5 Prozent, sondern wenigstens 10 Prozent der getauften Christen umfassen. Ich frage mich aber ganz nüchtern, welche Hoffnungen wir denn für die Kirche realistisch hegen dürfen. Ist es theologisch und geschichtsprognostisch gegeben, daß ich die Christenheit als eine gesellschaftliche Majorität in der Gesellschaft anstreben und daran den Erfolg der Kirche messen muß? Vielleicht ist das einfach nicht mehr drin, und vielleicht war diese Majorität in früheren, nachkonstantinisch-mittelalterlichen Zeiten weniger ein religiöses als ein kulturelles Phänomen. Jedenfalls kann ich theologisch und vom Glauben her den Erfolg der Kirche nicht daran messen, wie nah oder wie fern sie eine Majoritätsbildung in der profanen Gesellschaft ist.

Denken aber nicht gerade die leitenden Persönlichkeiten der Kirche immer noch mehr in den Kategorien des kirchlichen Milieus und des davon ausgehenden gesellschaftlichen Einflusses und weniger in den Kategorien der geistlichen und religiösen Ausstrahlung?

Darf ich zunächst einmal eine simple Feststellung machen: Es ist doch heute noch so, daß sich die höheren Amtsträger der Kirche aus einem homogenen und selbstverständlich-christlichen Milieu rekrutieren. Das wird, was die Tatsache angeht, niemand bestreiten. Ich frage mich, ob es nicht schön wäre, wenn nächstens – sagen wir mal – ein Drittel der deutschen Bischöfe aus Leuten bestünde, die sich persönlich durch Gottes Gnade, so wie ein Augustinus, erst zum Christentum durchringen mußten. Sie hätten vielleicht eine viel größere Sensibilität für die Frage, wie man eigentlich heute das heutige säkularisierte Heidentum christianisieren könnte. Wie das geht, das müßte eigentlich unsere Bischöfe in ihren schlaflosen Nächten bewegen. Ich weiß natürlich nicht, was sie in ihren schlaflosen Nächten bewegt, vielleicht ist es sogar das. Aber dann spüre ich zuwenig Auswirkungen davon.

Noch mehr als ihre Herkunft prägt wahrscheinlich den Amtsstil der Bischöfe ihre gesellschaftliche Position, aufgrund derer sie immer noch mehr äußere – auch materielle – Einflußmöglichkeiten haben, als der faktischen inneren Ausstrahlung der Kirche entsprechen würde ...

Natürlich, daß die Kirche auch heute noch – trotz einer Abnahme in dieser Hinsicht seit 1945 – gesellschaftspolitisch eine stärkere Position hat, als im Falle, wenn sie sich diese neu erobern müßte durch die spirituelle Ausstrahlungskraft ihrer Repräsentanten, darüber sollten wir uns Christen, Priester und Bischöfe keiner Täuschung hingeben. Aber natürlich können auch die höheren Amtsträger nicht selber gewaltsam einen Nullpunkt herstellen, um zu demonstrieren, welche charismatisch-spirituelle Ausstrahlungskraft sie haben unabhängig von dem gesellschaftspolitischen Gewicht ihrer Stellung. Einen einzelnen Bischof schnell zu kritisieren oder gar zu verurteilen wäre sicher völlig verkehrt. Ich habe erst vor einem Jahr ungefähr einmal eine Situation erlebt, wo eine bis zu achtzig oder mehr Prozent nicht eigentlich christliche Versammlung in Deutschland durch die schlichte Ehrlichkeit und Bescheidenheit eines Bischofs und seinen Mut zum christlichen Zeugnis doch sehr beeindruckt war. Das gibt es zweifellos, und man sollte es nicht übersehen oder miesmachen.

Versäumnisse und Ängstlichkeiten, die die Ausstrahlungskraft der Kirche herabmindern

Trotzdem darf man die angesprochene Diskrepanz zwischen gesellschaftlichem Einfluß und wirklicher Ausstrahlungskraft nicht unterschätzen...

Die Potenz einer solchen Ausstrahlung ist schon vorhanden. Natürlich brennt in der Lampe der Kirche das Licht der Wahrheit Gottes und Jesu Christi immer noch. Aber die Frage ist, wie präsentiert die Kirche dieses Licht Christi, wieweit sind die Scheiben, durch die es durchscheinen muß, nicht undurchlässig oder zuwenig durchlässig geworden? Wie könnten und müßten Lehre und Leben der Kirche, der Kirchenmänner sein, so daß sie überzeugender wirkten? Es sind zweifellos Versäumnisse, Ängstlichkeiten, angstvolles Nur-Weitermachen im bisherigen Stil gegeben, die die Ausstrahlungskraft der Kirche herabmindern.

Ist man sich nicht – das scheint ein Hauptproblem zu sein – kirchlich viel zu wenig dessen bewußt, daß schon in unserer Generation, aber erst recht in der nachwachsenden eine völlig gewandelte Kirchlichkeit und Religiosität oder auch eine völlig neue Art der Abstinenz davon gelebt wird?

Von neuer Religiosität ist ja viel die Rede. Aber ist sie schon über das irgendwie Ahnungshafte und Gemütshafte hinaus zu einer solchen existentiellen Ernsthaftigkeit und Verantwortung gewachsen, daß die Frage des Verhältnisses dieser Religiosität zur Kirche ernsthaft gestellt werden kann? Daß viele moderne Menschen sich nicht mehr mit einem platten Rationalismus bescheiden, wie es viele sogenannte Gebildete des neunzehnten und der ersten Hälfte des zwanzigsten Jahrhunderts getan haben, daß sie der Wissenschaft und der Machbarkeit auch des Menschlichen und Gesellschaftlichen gegenüber skeptischer geworden sind und daß damit also die Frage des Religiösen von einer neuen Seite wieder auftaucht, das alles ist schon richtig.

Aber diese Skepsis als solche ist ja noch nicht schon religiös...

Da hätte ich auch meine Zweifel. Solange sich diese religiösen Anwandlungen noch nicht so radikalisiert haben, daß sich die Leute bewußt sind, daß es dabei um Kopf und Kragen geht, christlich gesprochen: um ein ewiges Leben, das man auch verfehlen kann, solange bedeutet das auch noch keine wirklich neue Möglichkeit für die Kirche. Sie erscheint dann höchstens als einer unter vielen Läden, die Befriedigung gewisser religiöser Ahnungen anbieten, vielleicht sogar als Spezialinstanz für die Sinngebung wie der Zahnarzt fürs Zahnweh, aber nicht als die Planke des Heiles auf dem stürmischen Meer der Welt.

Ob die Kirche schon wieder zu einer Frage für den auf neue Art religiösen oder auch nichtreligiösen Menschen wird, ist die eine Seite des Problems, die andere ist die, ob die Kirche die Schwierigkeiten dieser Menschen genügend ernst nimmt. Weiß man nicht, was man ihnen sagen soll?

Es ist natürlich heute auch unter den Christen schwieriger geworden, von der Heilsnotwendigkeit der Kirche zu reden. Wenn Sie noch einen Apologeten des 19. und des beginnenden 20. Jahrhunderts lesen, dann wird er sagen, wer nicht getauft ist, der geht eben verloren, der hat die heiligmachende Gnade nicht, die Erbsünde ist ihm nicht genommen. Da war natürlich dann die Frage der Notwendigkeit der Taufe, der konkreten Kirchlichkeit viel unmittelbarer dringlich als heute, wo auch ein Normalchrist sagt, na ja, selbstverständlich lasse ich meine Kinder taufen...

... auch das ist nicht mehr so selbstverständlich...

... aber wenn sie nicht getauft wären, dann kommen sie, wenn es überhaupt einen Himmel gibt, auch so hinein. Das Problem ist ja tatsächlich theologisch schwieriger, als es einem katholischen oder evangelischen Biblizisten noch vor 50 Jahren schien. Ich kann auch selber nicht einfach und ohne jede Dialektik ein ungetauftes Kind als nur für den Limbus und nicht für den Himmel geeignet bezeichnen, wie man das früher getan hat. Da zeigt sich eben, daß wir uns auch von innen, vom Christentum her mit der Kirchlichkeit der Religion und des

Gottesverhältnisses schwerer tun als frühere Zeiten. Es ist sicher noch viel zu tun, um den Menschen zu überzeugen, daß seine ursprünglich erfahrene, wenn vielleicht auch nur bescheiden sich artikulierende Religiosität eben doch in der Kirche ihren richtigen sinnvollen Platz hat.

Aber nicht nur Kirchlichkeit, sondern schon Religiosität und Glaube überhaupt drohen heute aus dem Bewußtsein zu verschwinden, weil es nicht mehr gelingt, in sie einzuüben. Die Eltern sind in der religiösen Erziehung verunsichert, der Religionsunterricht ist vielfach diffus, die Jugendarbeit steht großenteils nur auf dem Papier...

Das sind natürlich schwierige Dinge. Nehmen Sie mal eine Mutter, die früher in einem christlichen Milieu aufgewachsen war, die hatte wegen der Selbstverständlichkeit des Christentums natürlich keine Hemmungen, ihre Gebetspraxis ihrem Kind in einem durchaus guten Sinn anzudressieren. Heute hat so eine Mutter, auch wenn sie religiös interessiert ist, doch Schwierigkeiten, mit ihren Kindern zu beten, die es früher nicht gegeben hat. Das kann man nicht mit einem Imperativ oder mit der Proklamation einer Verpflichtung der Eltern, ihre Kinder religiös zu erziehen, aus der Welt schaffen. Der Religionsunterricht steht in derselben Situation. Auch der kleinste Lausbub sieht heute schon, daß viele Gastarbeiter Moslems sind und die Jugoslawen eigentlich von Staats wegen Atheisten sein müßten, daß der Papa niemals am Sonntag in die Kirche geht usw. Das sind Binsenwahrheiten...

Den Samen über alle möglichen Felder und Wege streuen

Aber sind sie in der Pastoral genügend präsent?

Ich fürchte, nein. Es geht ja darum, die nüchterne Einsicht zu gewinnen, daß man den Samen, um mit Jesus zu reden, über alle möglichen guten und schlechten Felder und Wege streuen muß und nur im kleinen Bezirk des Feldes der Aussaat wirklich zu einer kirchlich guten Ernte kommt, daß aber trotzdem die

Aussaat für weite Bezirke der menschlichen Gesellschaft, die amtlich oder ausdrücklich gar nicht christlich sind, außerordentlich wichtig ist. Was wir vorhin Ausstrahlung nannten, müßte auch bedeuten, daß es Wirkungen bei unterschiedlichsten Leuten hat, ohne daß diese Leute dann im engeren Sinne kirchlich werden. Es gibt ja das bekannte Phänomen, daß sich, wenn ich recht unterrichtet bin, in Japan bei Volkszählungen doppelt so viele Leute als Christen bekennen, als es kirchlich registrierte Christen gibt. Mit einem ähnlichen Phänomen ist auch bei uns zu rechnen, daß nämlich die Ausstrahlung zwar tatsächlich da ist, aber nicht automatisch den kirchlichen Raum vergrößert.

Sie sprechen vom Christentum oder der Kirche als dem früher Selbstverständlichen und dem heute Unselbstverständlichen. Das heißt doch – abstrakt gesagt – nichts anderes, als daß der Zusammenhang von Freiheit und Religion, von Freiheit und Glaube, von Freiheit und Kirche in einer ganz radikalen Weise neu gegeben ist. Natürlich hat die Bindung des Glaubens an die Freiheit theoretisch immer gegolten, aber heute ist das zu einem ganz praktischen Datum geworden, und darauf dürften sich weder die Gemeinden noch die Pfarrer und die hohen Amtsträger hinreichend eingestellt haben ...

In der Theorie der Gewissensfreiheit hat zweifellos das *Zweite Vatikanische Konzil* einen sehr respektablen und erheblichen Fortschritt gebracht. Der macht aber jetzt umgekehrt gerade für den Christen die Einsicht schwerer, daß er konkret in seiner individuellen Existenz zu einer Glaubensentscheidung absoluter Art verpflichtet und aufgefordert sein kann, obwohl andere Leute diese Entscheidung anders oder gar nicht treffen. Der Christ ist von einer Unmenge anderer Leute umgeben, die Nichtchristen sind oder praktisch keine Christen sind, denen er aber trotzdem guten Glauben, eine Treue gegenüber dem eigenen Gewissen und eine reale Heilschance nicht abspricht. *Trotzdem die Glaubensentscheidung als absolut heilsbedeutsam anzuerkennen, das ist wohl noch viel mehr eine existenziell-praktische als eine theologisch-theoretische Schwierigkeit ...*

Beides hängt natürlich zusammen, und damit wird das kirchen-amtliche Lehren, Predigen und Verlautbaren noch nicht richtig fertig. Vom Papst angefangen bis zum Kaplan auf der Kanzel wird die »fundamental-theologische« – ich meine jetzt nicht nur theoretische, sondern auch existentielle – Glaubensbe-gründung nicht mit der Glaubensaussage genügend mitgelie-fert, meist wird nur eine Berufung auf die formale Autorität der Kirche geliefert, als ob die formale Autorität der Kirche überzeugender wäre als die Inhaltlichkeit des Gesagten. Meistens ist es aber umgekehrt.

Kommt diese Fehlkalkulation nicht auch dadurch zum Aus-druck, daß Sachkonflikte innerkirchlich immer noch häufig in Autoritätskonflikte umgemodelt werden?

Ich will die formale Autorität der Kirche, des Lehramtes, des Papstes, der Bischöfe usw. wahrhaftig nicht bestreiten. Aber es ist doch klar, wenn diese formale Autorität glaubensmäßig schwerer angenommen wird als viele andere Inhalte des Glaubens über Gott, über einen letzten Sinn des Daseins usw., dann kann ich die Möglichkeit der Assimilation der Glaubens-aussagen nicht in erster Linie und vor allem auf die formale Autorität der Kirche stützen. Alban Stolz, der einflußreiche Pastoraltheologe und geistliche Volksschriftsteller aus dem vorigen Jahrhundert, hat in den Zweifeln seiner frühen Zeit noch gesagt, alles sei ihm unklar bis zur Existenz Gottes und der Unsterblichkeit der Seele, aber er hat gleichzeitig in einer Art existentiellen Gewaltaktes erklärt, er glaube, was die römisch-katholische Kirche glaubt. Später hat er natürlich dann auch sicher ein inneres Verhältnis tiefster, beinahe mystischer Art zu diesen Glaubensinhalten gewonnen. Aber in dieser existentiel-len Reihenfolge geht es heute nicht mehr.

Ist an den Defizienzen der Verkündigung nicht auch die Theologie beteiligt, insofern sie dort, wo die Amtsträger auf ihre formale Autorität rekurrieren, sich auf ihre formale Wissen-schaftlichkeit zurückzieht?

Es gibt viel Theologie, die sich einfach unter Ausklammerung der letzten Glaubensentscheidung innerhalb des wissenschaft-

326

lich erfaßbaren Bereiches der Glaubensaussagen bewegt, die sich aber für die existentielle Aneignung nicht eigentlich interessiert. Mit einer solchen Theologie allein ist heute nichts mehr anzufangen. Ein frommer und gläubiger Theologieprofessor hat mir einmal gesagt, die Gottheit Christi könne man vom Neuen Testament her nicht wirklich begründen. Da könnte man genausogut Arianer sein. Aber was dazu zu sagen ist, das sage eben das kirchliche Lehramt. Solche Schizophrenie auf der einen Seite fideistischer und auf der anderen Seite rationalistisch-wissenschaftlicher Art geht auf die Dauer nicht mehr.

Theoretische Erwägungen über die richtige Sprache in der Theologie helfen wenig

Gerade von einer tragfähigen Theologie und der Fähigkeit der kirchlichen Amtsträger, sich ihrer zu bedienen, dürfte es abhängen, ob sich die Kirche, ohne sich abzukapseln, offensiv auf die Gesellschaft wirklich einlassen kann oder nicht. Worauf kommt es an, wenn man da die richtige Sprache finden will?

Theoretische Erwägungen über die richtige Sprache in der Theologie helfen so wenig wie Rezepte für ergreifende Lyrik. Man muß auf die Sache selbst sehen und versuchen, *sie* so zu sagen, daß man sie ergreift und von ihr ergriffen wird. Aber das kirchliche Lehramt sollte allen ernsthaften Versuchen, die alte Wahrheit *neu* zu sagen, so daß die Aussage nicht von vornherein veraltet klingt, größtes Vertrauen und Toleranz entgegenbringen. Denn wenn man die alte Sache neu sagt, klingt sie in den Ohren, die an die alten Aussagen gewohnt sind, nur zu leicht als Veränderung der Sache selbst, obwohl es in Wirklichkeit gar nicht so ist. In solchen neuen Aussagen sollte man alte Begriffe nicht ängstlich meiden. Wer aber gar nicht ohne sie auskommt, der zeigt, daß er an den Menschen von heute nur vorbeiredet.

Sind nicht auch einfach innerkirchliche Hindernisse da, die die Theologie in ihren positiven Möglichkeiten nicht zur Entfaltung kommen lassen? Ist in den Gemeinden nicht die Angst vor theologischen Erkenntnissen immer noch verbreitet und in anderer Weise auch beim kirchlichen Lehramt, das mehr Absicherung von der Theologie erwartet als Anstöße?

Die Theologie ist deswegen, weil sie Glaubenswissenschaft ist und sein soll und sein will, kein Asyl der Dummheit und Beschränktheit und Faulheit im Denken und ist keine Dispensierung von kritischer Infragestellung radikalster Art. Die Gemeinden müssen dazu erzogen werden, mit all der Problematik einer heutigen Theologie zu rechnen, zu wissen, daß die Pfarrer auch nicht alles wissen, zu wissen, daß unter Umständen wichtige fundamentale Glaubensaussagen beinahe unvermeidlich mit einem gewissen Amalgam zeitbedingter Vorstellungsmodelle usw. vorgetragen werden, die sich später als falsch herausstellen. Die Leute müssen damit vertraut gemacht werden, daß zwar der Papst das Recht und die Pflicht hat, Enzykliken über konkretere Glaubens- und Sittenfragen zu erlassen, daß diese ernsthaft zu respektieren sind, daß aber trotzdem nicht die Garantie gegeben ist, daß alles, was da drin steht, endgültige Wahrheit ist. Wenn die Christen bei jeder Gelegenheit in totale Unsicherheit verfallen und meinen, man wüßte überhaupt nicht mehr, was geglaubt werden soll, dann sind sie eben falsch erzogen.

Das ist aber noch weitgehend der Fall, und nach wie vor tragen gerade offizielle Verlautbarungen eher zur Befestigung als zur Veränderung dieses Zustandes bei...

Die deutschen Bischöfe haben ja in ihrem Schreiben an alle mit der Glaubensverkündigung Beauftragten Wichtiges und Richtiges über den Sinn und die Grenzen der Lehrgewalt in der Kirche gesagt. Nur scheinen sie das dort nicht ausdrücklich anzuwenden, wo sie Stellung nehmen zu konkreten Fragen. Dort tun sie dann plötzlich wieder so, als ob es überhaupt keinen Zweifel geben könnte, was in dieser und jener konkreten Frage das Richtige ist. Wenn die Bischöfe in einem

Einzelfall ihren sehr legitimen Standpunkt verteidigen, dann könnten sie ja trotzdem den Christen darauf aufmerksam machen, mit welcher Endgültigkeit oder Nichtendgültigkeit sie da reden und argumentieren.

Amtlicherseits herrscht viel zu sehr das Leitbild der Uniformität

Hinter diesen Schwierigkeiten des Lehrens steckt doch die unbewältigte Aufgabe, Identität der Kirche bzw. ihrer Botschaft und Pluralität in Lehre und Leben der Kirche zusammenzubringen. Macht sich das nicht immer wieder bemerkbar, nicht bloß im theologischen Bereich, sondern auch im ethischen bzw. sozialethischen, aber auch im politischen Bereich?

Natürlich herrscht amtlicherseits viel zu sehr das Leitbild der Uniformität, und wo man Pluralität faktisch zulassen muß, tut man es mit schlechtem Gewissen. Beides hängt wohl letztlich mit einer Unsicherheit im wirklich Grundlegenden zusammen. Wenn man es besser fertigbringen würde, die eigentliche Grundsubstanz des Christentums dem Christen so existentiell assimilierbar beizubringen, daß er kapiert, darauf verlasse ich mich, und ohne das kann ich im Grunde genommen nicht leben und sterben, dann könnte man auch innerhalb der Kirche zwar nicht jedwede Meinung propagieren lassen, aber sehr viele dulden, obwohl man selber sie als falsch beurteilt. Anders ausgedrückt: Wenn jemand der Überzeugung ist, daß der lebendige Gott als unbegreifliches Geheimnis trotzdem eine absolute Nähe und Selbstmitteilung uns gegenüber hat, und wenn er sich zweitens auf diese durch sich selbst vergöttlichende Nähe des erbarmenden, vergebenden Gottes verläßt im Blick auf Jesus den Gekreuzigten und Auferstandenen, und wenn er drittens es als eigentlich selbstverständlich empfindet, daß dieser Glaube gemeinsam mit anderen gelebt wird in dem, was man die Kirche nennt, von der ich doch auch ohne genauere geschichtliche Untersuchungen weiß, daß sie die am wenigsten unterbrochene Kontinuität mit Jesus von der Urkirche her hat, dann, meine ich, ist ein solcher Mensch ein römisch-katholischer Christ.

Beim Versuch, sich über diese Grundsubstanz im einzelnen weiter zu verständigen, tauchen aber dann schon die Schwierigkeiten auf...

Sicher, nur soll man sich dann nicht auf das hohe Roß setzen und irgendwelche theologischen Einzelfragen für andere oder für sich dezidiert – und ohne weitere Diskussion zuzulassen – entscheiden. So dumm sollte man gerade heute in unserem skeptisch-relativistischen Zeitalter wahrhaftig nicht sein. Wenn jemand seine vielleicht sehr winterlich dürftige, aber trotzdem die Substanz des Christentums in der gesagten Weise erreichende Gläubigkeit hat und sich prinzipiell offenhält für die Entfaltungen dieser Substanz in der kirchlichen Verkündigung, dann braucht er sich nicht mit allen Einzelkatechismusfragen oder mit allen Einzelaussagen des Credos des Volkes Gottes von Paul VI. herumschlagen.

Ist aber nicht die Meinung verbreitet, gerade einer skeptischen Grundstimmung damit begegnen zu müssen, daß man möglichst vollständig und geschlossen die ganze Lehre nebst allen bis ins einzelne entfalteten praktischen Konsequenzen präsentiert?

Das geht eben nicht, weil es aus – ich möchte sagen – beinahe physischen Gründen der Endlichkeit menschlicher geistiger Energie heute unmöglich ist, eine positive Synthese und Integration zwischen allem, was ich als Christ einerseits und als profaner Menschen andererseits weiß, herzustellen. Unser geistiges Fell ist in unvermeidlicher Weise viel mehr gefleckt, als es früher der Fall war. Ein Suárez konnte noch das ganze profane Wissen einerseits, soweit es überhaupt eine existentielle und religiöse Relevanz hatte, und seine Theologie andererseits in eine positive Synthese integrieren. Das kann man heute nicht, und zwar nicht nur bezüglich von Subtilitäten wissenschaftlicher oder religiöser Art, sondern auch in wichtigen Dingen. Nehmen wir ein konkretes Beispiel: Ich bin gar nicht für die Seelenwanderung. Aber wenn ich die ungeheure

Verbreitung dieser Vorstellung im Osten der Welt und die Selbstverständlichkeit, mit der man sie dort akzeptiert, sehe, dann würde ich als Christ, der für sich selber dafür gar nichts übrig hat, doch sagen, ich weiß nicht so genau, was da nun eigentlich doch Richtiges, das mir entgeht, dahintersteckt, und ich weiß nicht so genau, mit welchen existentiell wirklich wirksamen Gründen ich einem beikomme, der einer solchen Lehre anhängt.

Ist das nicht ein etwas extremes Beispiel, das schon in die Substanz der Glaubensüberlieferung hineinreicht?

Weil es ein extremes Beispiel ist, läßt sich damit gut zeigen, was ich meine. Natürlich bin ich als Christ der Überzeugung, daß ich mit meinem Tod vor dem Gericht Gottes stehe – was auch »nur« ein Bild ist – auf Tod und Leben. Aber diese christliche Überzeugung, die ich absolut festhalte, ist damit noch nicht einfachhin die Ablehnung dieser Reinkarnationslehre in dem Sinn, daß von ihr nichts übrigbleibt als eine Dummheit. Wie jetzt dann ein Respekt davor und meine christliche Überzeugung genauer zusammenpassen, das weiß ich nicht so sicher. Obwohl ich so viel Zeit hatte, Theologie zu treiben, bin ich noch nicht zu einer geistesgeschichtlichen Erklärung des Werdens dieser Überzeugung bzw. zu einer klaren Synthetisierung oder Ablehnung vom Glauben her gekommen. Solche und ähnliche Dinge gibt es viele.

Die Grundüberzeugung mit der Selbstkritik verbinden

Je stärker die existentielle Realisierung der Grundsubstanz des Glaubens gelingt, desto unbefangener kann das Verhältnis zu einzelnen Lehraussagen sein?

Ich meine jedenfalls, dem heutigen Christen wäre geholfen, wenn ihm einerseits die vorhin skizzierte Grundüberzeugung des Christentums und andererseits der Mut zu einer skeptischen Relativierung seiner eigenen Meinungen beigebracht würde. Das gilt auch für respektable Amtsträger und Theologen, die oft zu sehr von ihren Auffassungen überzeugt sind. Bei manchen schwierigen Dingen kann man es getrost der weiteren individuellen und kollektiven Geistes- und Theologiegeschichte überlassen, daß sie sich auf eine deutlichere und klarere These hinentwickeln.

Das Konzil hat ja von der Hierarchie der Wahrheiten gesprochen. In der kirchlichen Lehrverkündigung wird aber nach wie vor einfach Aussage neben Aussage gestellt, die Gottessohnschaft neben den Primat, die ewige Zukunft neben das Priestertum der Frau. Das setzt sich in der Moralverkündigung fort, wo dann im sexualethischen Bereich – wie in dem Bericht von Erzbischof Degenhardt vor der Bischofssynode – Schwangerschaftsabbruch unvermittelt neben vorehelichem Geschlechtsverkehr steht. Wenn man aber selbst Unterscheidungsvermögen vermissen läßt, kann man kaum überzeugend zur Unterscheidung der Geister auffordern...

Im großen und ganzen ist das richtige, tiefsinnige, schöne und wichtige Wort von der Hierarchie der Wahrheiten mehr oder weniger ein Wort geblieben. Man müßte aber sagen, daß es nicht nur gewissermaßen verschiedene »hierarchische Grade« bezüglich der objektiven Wahrheit, sondern auch eine existentielle Hierarchie der Wahrheit, eine berechtigte Verschiedenheit der existentiellen Assimilierbarkeit der Wahrheiten durch den einzelnen und sogar über den einzelnen hinaus bei gewissen gesellschaftlichen und kollektiven Gruppen gibt. Ich frage mich manchmal, ob wir von den Erfahrungen, die die Protestanten in einer vierhundertjährigen Geschichte mit ihrer innerkirchlichen Vielfalt gemacht haben, nicht mehr zu lernen haben, als wir meinen. Natürlich ist die Vielfalt dort auch ausgeufert. Der alte Bultmann hat mir einmal in einem Brief, in dem er seine Bedenken in dieser Richtung äußerte, geschrieben, er könne mich manchmal fast um den Papst beneiden. Aber wir selber müssen wohl erst noch lernen, daß es eine größere legitime Vielfalt innerhalb des einen Glaubens und der einen Kirche geben kann und darf, als wir gemeinhin annehmen. Es dürfte in der eigentlich amtlichen Verkündigung nichts als gleichberechtigte Aussage geduldet werden, was sicher und eindeutig gegen die definierte Lehre, und erst recht nicht, was gegen die Grundsubstanz des Christentums ist. Das bedeutet aber noch nicht ohne weiteres, daß man jedwedem eine positive Assimilierungskraft jeder an und für sich nicht diskutablen Wahrheit zuschreiben kann und muß und darum so tun müsse, als ob jeder Katholik bei ein wenig gutem Willen zu jedweder Wahrheit der Kirche ein positives Verhältnis haben und bekunden müsse.

Ist eine solche Differenzierung zwischen prinzipieller Geltung einer Glaubenswahrheit und der faktischen Verpflichtung des einzelnen Gläubigen auf sie nicht letzten Endes inkonsequent?
Warum sollte es in der Kirche unmöglich sein, daß gewisse Wahrheiten zwar nicht geleugnet, daß sie vielmehr der existentiellen Assimilierung der Christen angeboten werden, daß sie aber nicht immer und überall und bei allem praktiziert und realisiert werden? Wenn jemand kommt und sagt: Du, ich verstehe nicht, was die unbefleckte Empfängnis der Mutter Gottes bedeutet, ich kann damit schlechterdings nichts anfangen; dann würde ich sagen: Lieber Freund, du hast wahrhaftig keinen Grund, diese Wahrheit zu leugnen, wenn du aber damit vorläufig nichts anfangen kannst und genug zu tun hast, an Gott und an das ewige Leben zu glauben, dann hast du durchaus das Recht, dich mit deinem Christentum in der Kirche zu begnügen und brauchst nicht den ganzen Katechismus auswendig zu lernen und dann so zu tun, als ob du mit all dem etwas anfangen könntest. So etwas ist doch auch vielleicht für größere Gruppen in der Kirche denkbar.

Formulieren Sie damit ein ökumenisches Prinzip?
Wenn Sie so wollen, ja. Nehmen wir einmal an, wir brächten eine Einheit mit den evangelischen Christen zuwege. Wir müßten dann doch von diesen Christen nicht verlangen, daß sie dieselbe Andacht zum Papsttum haben, wie wir sie zwischen Tridentinum und Pius XII. legitimerweise gewohnt waren. Es dürfte keiner sagen, der Papst ist der Antichrist, er dürfte nicht im eigentlichen Sinne das richtig verstandene Dogma des

Ersten Vatikanums leugnen, aber er könnte doch ein anderes Verhältnis zum Papst haben wie die Katholiken, vielleicht sogar nur, wie es etwa ein Thomas-Christ im 12. Jahrhundert hatte, der zwar wußte, daß es einen Bischof von Rom gibt, der ein besonderes Gewicht hat, ohne daß das aber in seiner religiösen Denkwelt und alltäglichen kirchlichen Praxis eine allzu große Rolle gespielt hätte.

Verfälschungen des Christentums, die schlimmer sind als amtlich festgestellte Häresien

Ist es gegenüber der Aufgabe, angemessen zwischen Identität der Botschaft und Pluralität der Aussageformen zu differenzieren, nicht doch wichtiger und zugleich schwieriger, dort Grenzen zu ziehen, wo die Glaubenssubstanz als solche ideologisch verfälscht wird? Hat die Kirche dafür überhaupt das geistige Instrumentarium?

Wir müßten in der katholischen Kirche viel mehr damit rechnen, daß es latente, aber tiefgehende Verfälschungen des genuinen Christentums gibt, die nicht reflektiert werden, die aber viel schlimmer und wichtiger sind als gewisse amtlich festgestellte Häresien, die im theologischen Disput aufgetaucht sind und dann lehramtlich von der Kirche verworfen worden sind. Es könnte ja sein, daß – sagen wir mal – eine gewisse großbürgerliche oder *kleinbürgerliche Spießbürgermentalität konservativer Haltung* im Grunde genommen, so wenig sie sich thematisch objektiviert, eine viel größere Häresie ist, als wenn jemand behauptet, es gibt keine Engel, oder unter der Erbsünde könne er sich nichts vorstellen. So etwas ist durchaus möglich. Daß man solche diffusen Zeitmentalitäten gar nicht kritisch zur Gegebenheit bringt und sie nicht im Namen des Christentums als furchtbare Häresien verwirft, das kommt vielleicht eben daher, daß die amtlichen Vertreter der Kirche samt ihren Theologen irgendwo in einem Bezirk leben, in dem solche Häresien nur »sterilisiert« auftreten. Das übrige ist dann in der bösen Welt gegeben, die man sowieso nicht mitmacht und gegen die Widerspruch zu erheben man schon gar nicht mehr der Mühe wert findet.

Mit einer solchen Einstellung verbaut man sich natürlich die Möglichkeit, die Adressaten der Verkündigung dort anzusprechen, wo sie wirklich stehen. Wenn man das aber erreichen will, wo muß man ansetzen, um die heutige Situation und den in ihr lebenden Menschen zu treffen?

Ich bin gar nicht für ein »horizontalistisches« Christentum. Gott, seine Ehre, die Verantwortung des Lebens vor dem Gericht Gottes, die Hoffnung des ewigen Lebens, Jesus Christus, der Gekreuzigte und Auferstandene bleiben die ewigen zentralen Themen des Lebens und der Verkündigung der Kirche. Aber könnte es bei uns zulande nicht doch so sein, daß, wenn die amtlichen Vertreter der Kirche in Lehre und Praxis noch viel deutlicher und radikaler einträten für Gerechtigkeit in der Welt auch gegen einen bei uns weitverbreiteten *spießbürgerlichen Egoismus,* wenn sie in diesem Sinn mehr »politische Theologie« trieben, sie auch eher für ihre letzten Wahrheiten bei denen Gehör fänden, auf die es morgen ankommt, zumal das Gebot der Nächstenliebe nach Jesu Wort eins ist mit dem der Gottesliebe? Es ist doch merkwürdig: Die Kirche sagt, daß sie damit rechne, daß »die Welt« ihre Botschaft für töricht und veraltet halte. Muß sie sich dann nicht selbstkritisch bei ihrer Verkündigung prüfen, ob ihre Lehre von Gerechtigkeit und Liebe nicht zu entschärft und abstrakt vorgetragen wird, wenn diese Lehre keinen Widerspruch findet?

Lebensdaten Karl Rahners

(5. 3.) 1904	In Freiburg i. Br. geboren
1913–1922	Realgymnasium in Freiburg
1922	Eintritt in den Jesuitenorden (Noviziat in Feldkirch/ Voralberg)
1924–1927	Studium der Philosophie an den Ordenshochschulen Feldkirch und Pullach bei München
1927–1929	Junioratsmagisterium in Feldkirch-Tisis
1929–1933	Studium der Theologie an der Ordenshochschule in Valkenburg (Holland)
(26. 7.) 1932	Priesterweihe in München – St. Michael
1933–1934	Tertiat in St. Andrä im Lavanttal (Kärnten)
1934–1936	Studium der Philosophie an der Universität Freiburg/Br.; Arbeit am Werk »Geist in Welt«
1936	Studium der Theologie an der Universität Innsbruck
(19. 12.) 1936	Promotion zum Dr. theol. an der Theologischen Fakultät der Universität Innsbruck
(1. 7.) 1937	Habilitation für das Fach Katholische Dogmatik an der Universität Innsbruck; Privatdozent
1939	Erscheint das Buch »Geist in Welt«
1941	Erscheint das Buch »Hörer des Wortes«
1939–1944	Dozent in Wien; Mitarbeiter am Seelsorgsinstitut in Wien (Ordinariatsrat); Vortragsreisen.
1944–1945	Seelsorge in Mariakirchen (Niederbayern)
1945–1948	Dozent für Dogmatik an der Ordenshochschule in Pullach bei München; theologische Kurse im Bildungswerk München
(August) 1948	Wieder Dozent an der Theologischen Fakultät in Innsbruck
(30. 6.) 1949	O. Professor für Dogmatik und Dogmengeschichte an der Universität Innsbruck
(31. 3.) 1954	Associé de la Société Philosophieque de Louvain (Belgien)
1954	Erscheint der 1. Band von »Schriften zur Theologie«
1957 ff.	Herausgeber der 2. Auflage von »Lexikon für Theologie und Kirche« und der Reihe »Quaestiones disputatae«
1961	Erscheint »Kleines Theologisches Wörterbuch«
1962	Peritus des Zweiten Vatikanischen Konzils
(20. 2.) 1964	Ehrenzeichen der Landesregierung Tirol in Würdi-

	gung der Verdienste auf dem Gebiet der Wissenschaft
(25.3.)1964	O. Professor für christliche Weltanschauung und Religionsphilosophie an der Universität München
(13.5.) 1964	Dr. theol. h. c. der Theologischen Fakultät der Universität Münster/Westfalen
(21.11.) 1964	Dr. h. c. der Universität Straßburg
1964 ff.	Herausgeber von »Handbuch der Pastoraltheologie«
(26.6.) 1965	Träger des Reuchlin-Preises der Stadt Pforzheim
(23.3.) 1966	Dr. iur. h. c. der juristischen Fakultät der Notre Dame University (USA)
(1.4.) 1967	Ordinarius für Dogmatik und Dogmengeschichte an der Theologischen Fakultät der Universität Münster/Westfalen
(12.10.) 1967	Dr. h. c. der Saint Louis University (USA)
(1.4) 1968	Empfang der Universitätsmedaille von Helsinki (Finnland)
(27.4.) 1969	Mitglied der Päpstlichen Theologenkommission
(9.6.) 1969	Dr. theol. h. c. der Yale University (USA)
(18.3.) 1970	Träger des Romano-Guardini-Preises der Kath. Akademie in Bayern (München)
(6.5.) 1970	Großes Bundesverdienstkreuz mit Stern der Bundesrepublik Deutschland
(6.6.) 1970	Dr. phil. h. c.. der Universität Innsbruck
(23.6.) 1970	Mitglied des Ordens Pour le mérite für Wissenschaften und Künste (Bundesrepublik Deutschland)
(3.9.) 1971	Prof. emeritus
(1.10.) 1971	Honorarprofessor für Grenzfragen von Theologie und Philosophie an der Hochschule für Philosophie in München
(2.2.) 1972	Dr. theol. h. c. der Universität Löwen (Belgien)
(10.5.) 1972	Ehrenmitglied der American Academy of Arts and Sciences Boston (USA)
(18.6.) 1972	Honorarprofessor für Dogmatik und Dogmengeschichte an der Theologischen Fakultät der Universität Innsbruck
1972	Erscheint »Strukturwandel der Kirche«
(20.10.) 1973	Sigmund-Freud-Preis für wissenschaftliche Prosa 1973 der Deutschen Akademie für Sprache und Dichtung
(19.5.) 1974	Dr. h. c. Litterarum Humaniorum, Georgetown University, Washington, USA

(31. 5.)1974	Dr. theol. h. c. der Pontificia Universitas Comillensis, Madrid
(10. 7.) 1974	Corresponding Fellow of The British Academy
(15. 7.) 1974	Lorenz-Werthmann-Medaille des Deutschen Caritasverbandes
(6. 11.) 1974	Campian Award des Catholic Book Club of America Press
(8. 11.) 1974	Doctor of Humane Letters, University of Chicago, USA
(9. 11.) 1974	Doctor of Laws, Duquesne University, Pittsburgh, USA
1976	Erscheint »Grundkurs des Glaubens«
(4. 9.) 1976	Träger des Kardinal-Innitzer-Preises 1976

(Fortsetzung im Band II)

Nachweis der Veröffentlichungen

Die Zählung der hier nachgewiesenen Gespräche entspricht der Reihenfolge im Inhaltsverzeichnis; die Zeitangaben für die Hörfunk- und Fernsehsendungen beziehen sich jeweils auf den ersten Sendetermin. Manche Titel der Gespräche und Fragen im Text wurden in diesem Band leicht verändert oder neu eingeführt.

1 U. S. Catholic, Chicago, Oktober 1964, 6–8 Dt. Übersetzung von *H. Biallowons* – mit freundlicher Genehmigung vom Hrsg.: Claretian Publications, Chicago, USA.

2 The American Ecclesiastical Review, Washington, Oktober – 4/153 (1965) 217–230. Dt. Übersetzung von *H. Biallowons*.

3 America, New York, 12. Juni – 24/112 (1965) 860–863. Dt. Übersetzung von *H. Biallowons*.

4 Sichten, Studentenzeitschrift an der phil.-theol. Hochschule St. Georgen, Frankfurt/M. 4/1968, 18–25.

5 Sonntag, Olten, 22. September – 38/1968, 18–19.

6 Spiegel, Hamburg, 23. September – 39/1968, 166–176.

7 *Katholisches Tagebuch* im Zweiten Deutschen Fernsehen, Mainz, 18. Juli 1969.

8 America, New York, 31. Oktober – 13/123 (1970) 356–359. Dt. Übersetzung von *H. Biallowons*.

9 Der Volksbote, Innsbruck, 19. Dezember – 51 und 52/1970, 5 (die Zeitschrift wurde 1973 in »Präsent« umbenannt).

10 Westfälische Nachrichten, Münster, 24. Dezember. 1970, ohne Seitenangabe.

11 Westdeutscher Rundfunk, Köln, 1. November 1970.

12 *Mittagsmagazin* im Westdeutschen Rundfunk, Köln, 13. September 1971.

13 Treffpunkt, Zeitschrift des KSJ-Schwaz, Widum 1/1971, 35–36.

14 Nürnberger Nachrichten, Nürnberg, 24.–26. Dezember 1971, 17.

15 *Fragen an den Theologen* im Zweiten Deutschen Fernsehen, Mainz, 4. April 1971.

16 Wie Nr. 15: 16. Mai 1971.

17 Wie Nr. 15: 19. September 1971.

18 Wie Nr. 15: 20. Februar 1972.

19 Wie Nr. 6: 21. Februar – 9/1972, 112–119.

20 Münchener Katholische Kirchenzeitung (MKKZ), München, 2. Januar – 1/1972, 3–4 und 9. Januar – 2/1972, 12–13.

21 Wie Nr. 20: 5. November – 45/1972, 3–4.

22 *Tagesmagazin* im Westdeutschen Rundfunk, Köln, 5. Oktober 1972.

23 Neue Züricher Nachrichten, Zürich, 9. Juni 132/1973, ohne Seitenangabe.
24 Saarländischer Rundfunk, Saarbrücken, 9. Dezember 1973.
25 Wie Nr. 24: 14. April 1974.
26 Gemeinschaftsproduktion von Sender Freies Berlin und Südwestfunk, Baden-Baden, 28. Juli 1974.
27 Unveröffentlichtes Manuskript für die Abschlußsitzung des Proseminars von Dr. Albert Raffelt »Einführung in die Theologie Karl Rahners« an der Katholischen Fakultät der Universität Freiburg/Br., Sommersemester 1974.
28 Wie Nr. 11: 20. Februar 1975.
29 Evangelische Kommentare, Stuttgart 8/1975, 483–486.
30 Welt am Sonntag, München, 12. September – 37/1976, ohne Seitenangabe.
31 Presse, Wien, 5.–6. Juni 1976, 1.
32 Caritas in Nordrhein-Westfalen, Köln, März/April – 2/1976, 105–109.
33 Wie Nr. 11: 25. Juli 1976.
34 Wie Nr. 7: 21. November 1976.
35 Orientierung im FS 2 des Österreichischen Rundfunks, Wien, 11. Dezember 1976.
36 Theologie im Gespräch im FS 1 des Österreichischen Rundfunks, Wien, 26. Dezember 1976.
37 Wie Nr. 11: 6. Dezember 1977.
38 Herder-Korrespondenz, Freiburg/Br. 12/1977, 607–614.

Bildnachweis

Centre international de Reportages et d'Information Culturelle, Genf: 9
Karl-Rahner-Archiv, Innsbruck: 2, 3, 4, 7, 10, 11
KNA-Bild, Frankfurt/M.: 8, 12, 13, 14
Pontificia Fotografia Felici, Rom: 1
Dina Mariner-Pospesch, C., Salzburg: 6
Waschel, A., Wien: Umschlagfoto